INSTRUCTOR'S ANNOTATED EDITION Third Edition

Quant à moi…

| Témoignages des Français et des Francophones

MANUEL DE CLASSE

Jeannette D. Bragger
The Pennsylvania University

Donald B. Rice
Hamline University

Australia   Canada   Mexico   Singapore   Spain   United Kingdom   United States

Quant à moi…
Instructor's Annotated Edition
Third Edition
Bragger / Rice

Editor in Chief: *PJ Boardman*
Publisher: *Janet Dracksdorf*
Acquisitions Editor: *Lara Semones*
Senior Production Project Manager: *Esther Marshall*
Editorial Assistant: *Catherine Kraus*
VP, Director of Marketing: *Elana Dolberg*
Manufacturing Manager: *Marcia Locke*
Project Manager: *Sev Champeny*

Compositor/Art Manager: *Greg Johnson, Art Directions*
Photo Manager: *Sheri Blaney*
Photo Reseacher: *Linda Finigan*
Interior Designer: *Brian Salisbury*
Cover Designer: *Ha Nguyen*
Printer: *QuebecorWorld*
Cover Art: PastPresent Gallery, Celebration, Florida

Copyright © 2005 Heinle, a part of the Thomson Corporation. Heinle, Thomson, and the Thomson Logo are a trademark used herein under license.

Printed in the United States of America.
1 2 3 4 5 6 7 8 9 10   09 08 07 06 05 04

For more information contact Heinle, 25 Thomson Place, Boston, Massachusetts 02210 USA, or you can visit our Internet site at http://www.heinle.com

All rights reserved. No part of this work covered by the copyright hereon may be reproduced or used in any form or by any means—graphic, electronic, or mechanical, including photocopying, recording, taping, Web distribution or information storage and retrieval systems—without the written permission of the publisher.

For permission to use material from this text or product, submit a request online at:
http://www.thomson.com
Any additional questions about permissions can be submitted by email to thomsonrights@thomson.com

Library of Congress Cataloging-in-Publication Data
Bragger, Jeannette D.
  Quant à moi— : témoignages des Français et des Francophones : manuel de classe / Jeannette D. Bragger, Donald B. Rice. — 3rd ed.
     p. cm.
  "Instructor's annotated edition."
  Includes index.
  ISBN 0-8384-6043-7 — ISBN 0-8384-6051-8
  1. French language—Textbooks for foreign speakers—English.
I. Rice, Donald – II. Title.

PC2129.E5B67 2004
448.2'421—dc22

2003071189

Short Contents

INSTRUCTOR'S GUIDE

Visual Preface	IG-4
Program Organization	IG-11
Rationale	IG-12
Integration	IG-14
Flexibility	IG-16
Course Structure	IG-16
Table des matières	v
To the Student	x

Chapitre préliminaire	**2**
PREMIERE PARTIE	**7**
Chapitre 1	8
Chapitre 2	48
Chapitre 3	86
DEUXIEME PARTIE	**130**
Chapitre 4	131
Chapitre 5	163
Chapitre 6	205
Appendices	**243**
Lexique	**263**
Index	**281**
Maps	**284**

IG-3

Structure, organization, flexibility

Quant à moi..., Third Edition, is written for intermediate courses that emphasize meaningful in-class communication and in-depth exploration of Francophone cultures.

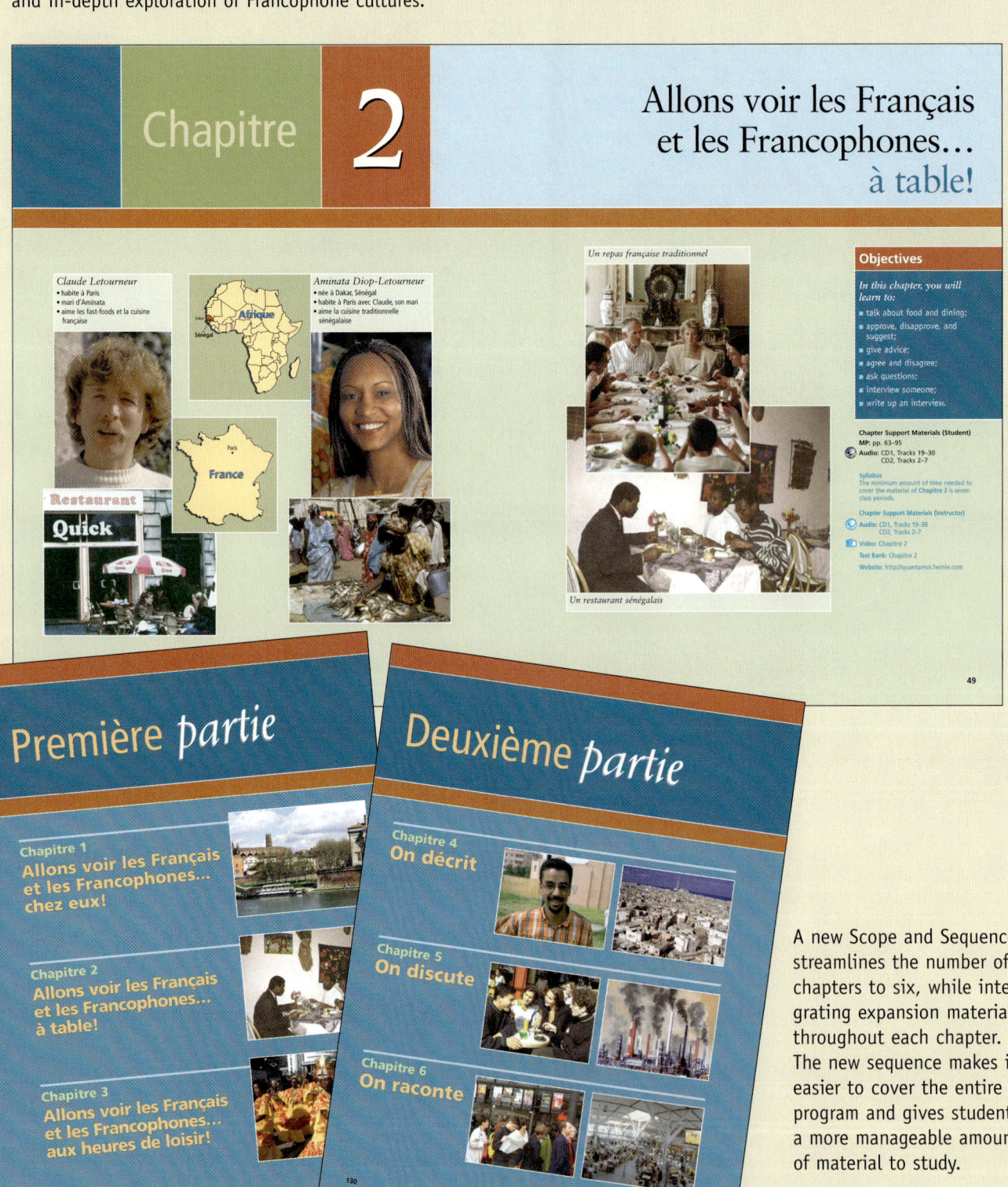

A new Scope and Sequence streamlines the number of chapters to six, while integrating expansion material throughout each chapter. The new sequence makes it easier to cover the entire program and gives students a more manageable amount of material to study.

Two-book format

It utilizes an easy-to-use **Manuel de préparation** for independent grammar review and practice, allowing class time to be devoted to the culturally rich communicative activities found in the **Manuel de classe**.

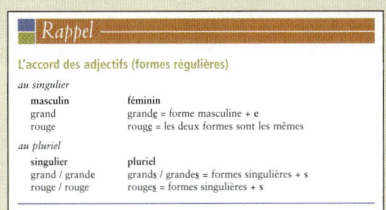

Grammar to support communication

The program provides a student-focused study and review guide. Additional grammar support involves incremental practice and more pair and group work designed to verify grammatical understanding and use before moving on to the communicative activities.

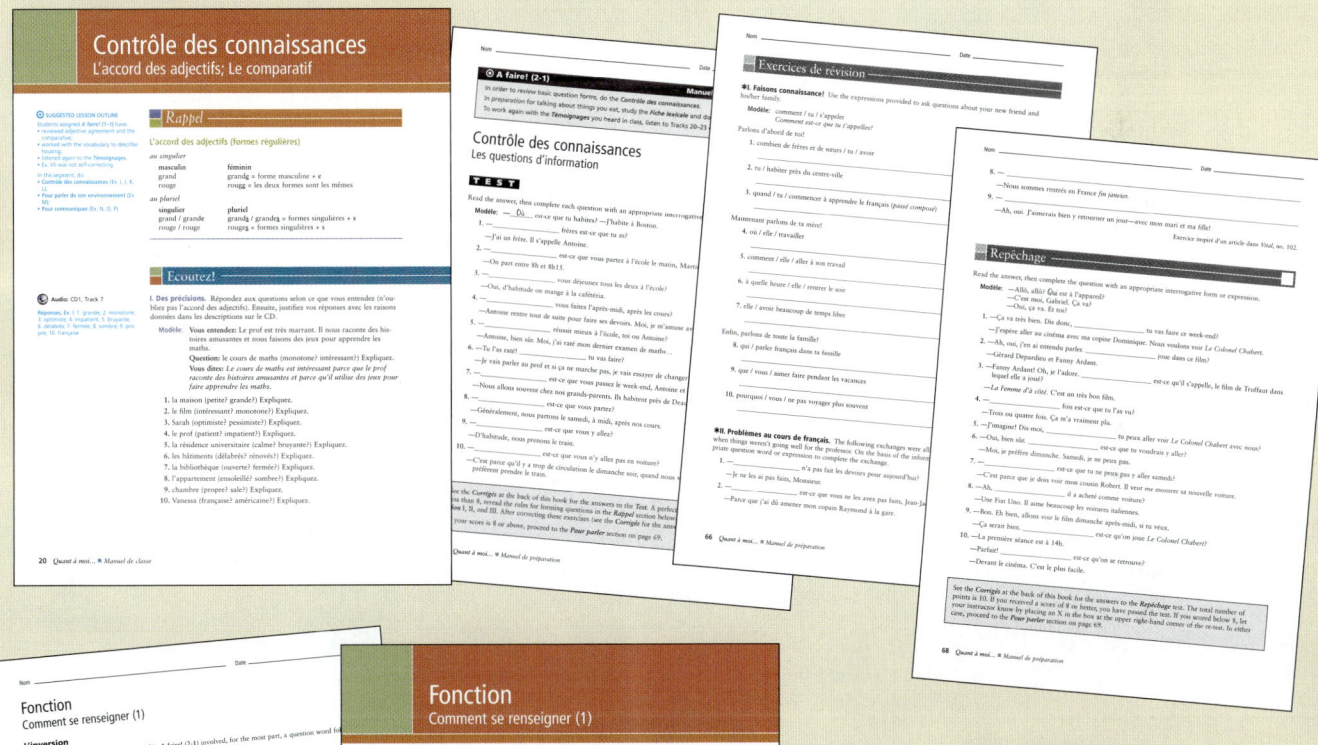

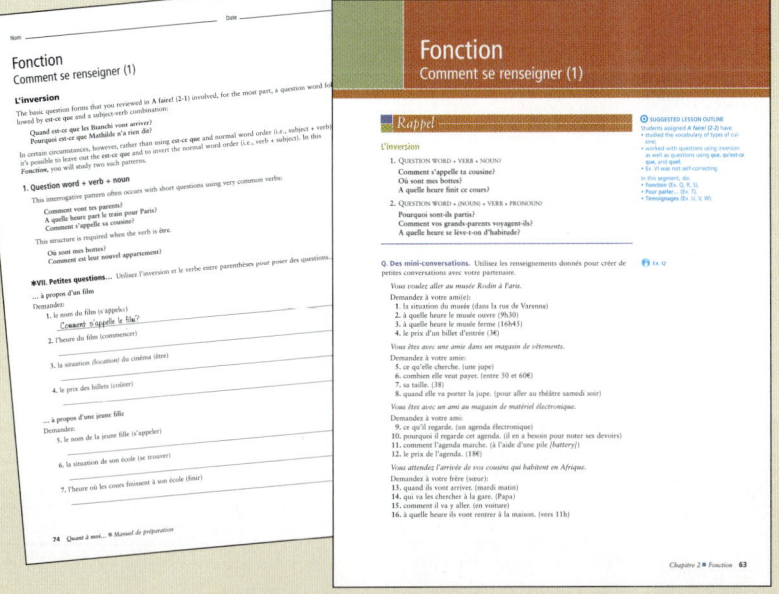

Self-correcting diagnostic tests in the **Manuel de préparation** provide a systematic self-review of basic structures. Students begin the *Contrôle des connaissances* by taking a self-correcting test on previously studied grammatical material. If they score below 80% or just want more review, they read the *Rappel*, do the *Exercices de révision*, and take a retest (*Repêchage*) before moving on to a new structure.

Cultural readings and understanding

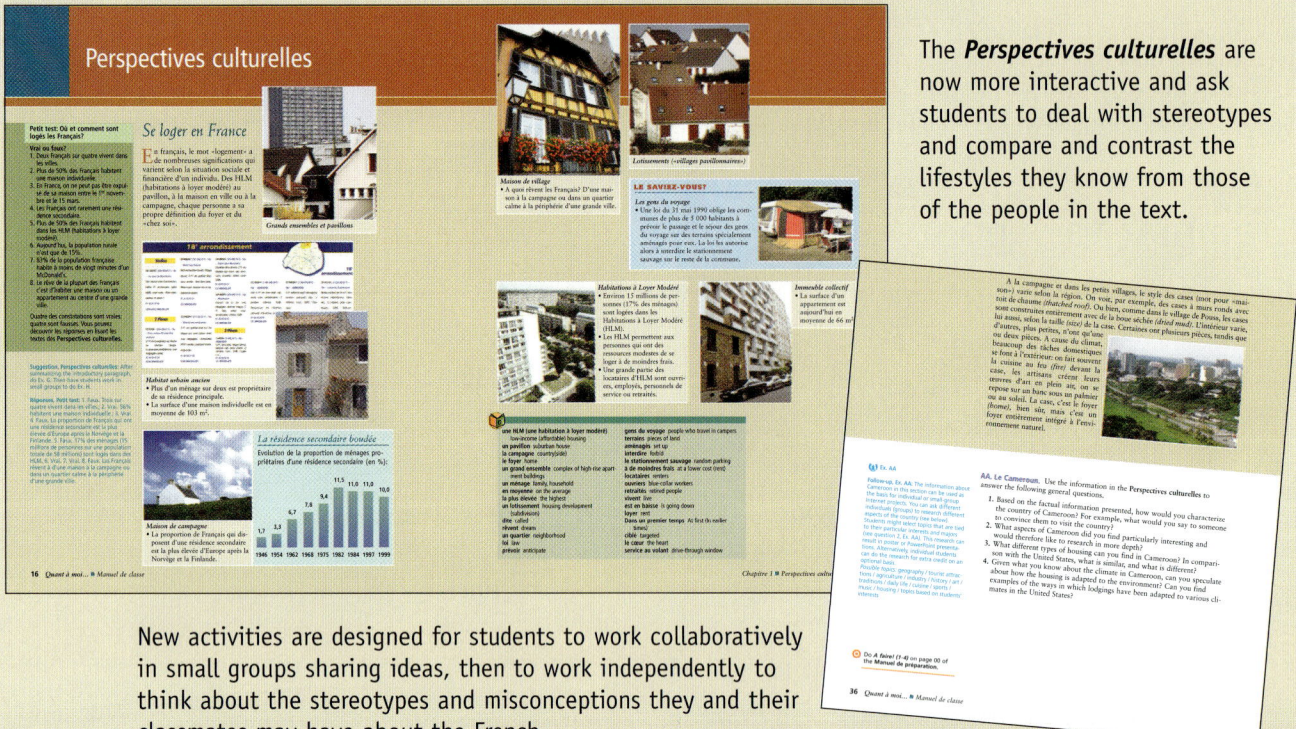

The *Perspectives culturelles* are now more interactive and ask students to deal with stereotypes and compare and contrast the lifestyles they know from those of the people in the text.

New activities are designed for students to work collaboratively in small groups sharing ideas, then to work independently to think about the stereotypes and misconceptions they and their classmates may have about the French.

A new section called **Documents déclencheurs** opens Chapters 1 through 3 and includes a variety of visual and written texts designed to introduce the chapter topics through that students are asked to examine.

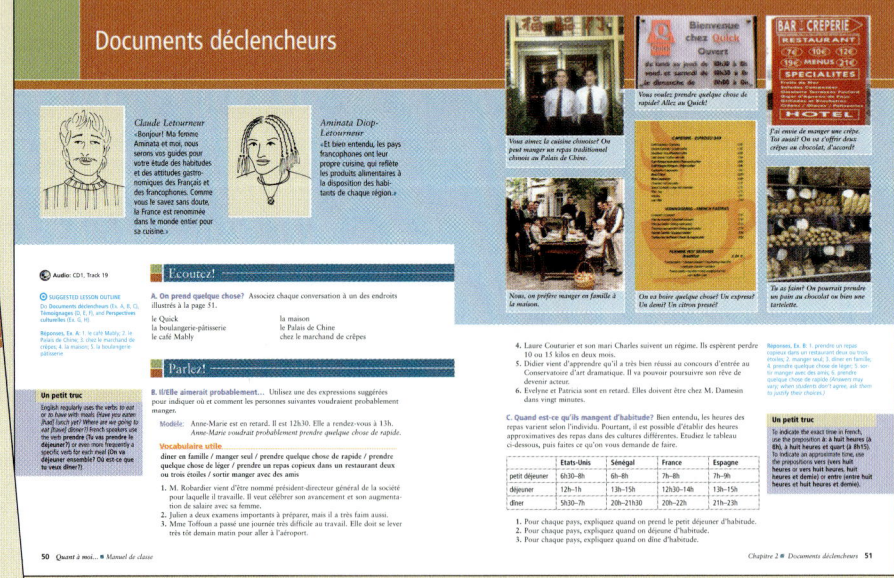

In Chapters 4–6, students will concentrate on the development of higher-level language skills with emphasis on communication of more abstract ideas.

IG-6

Emphasis on communication through writing and speaking

Throughout the program, students are given the opportunity to express their thoughts and develop their language skills through discussion and writing.

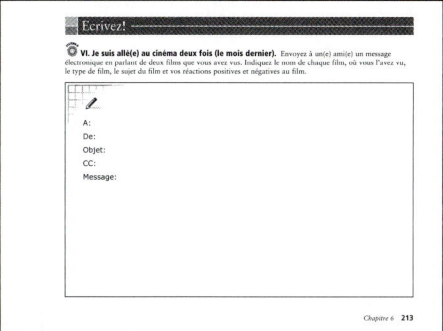

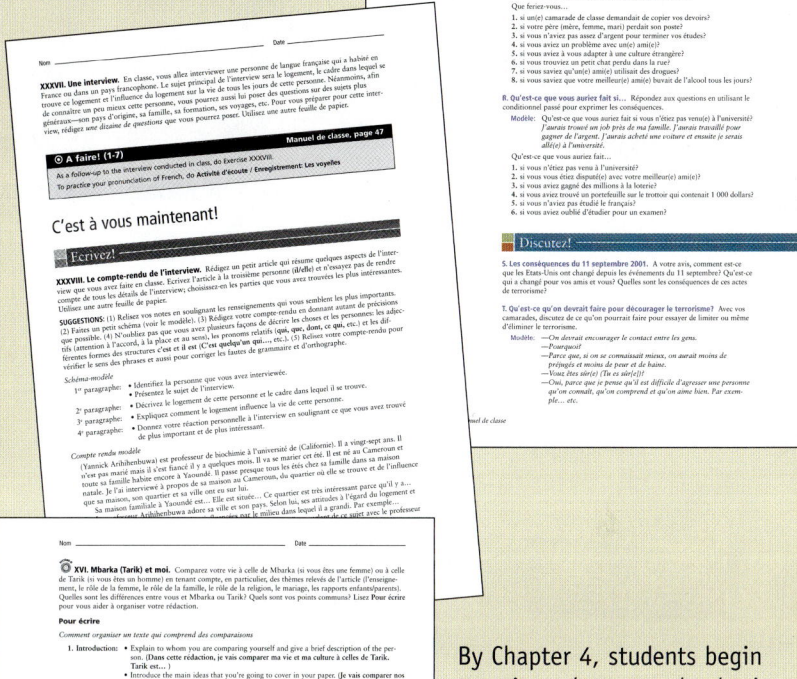

In the first part of the program, students progress from the sentence level to the paragraph to the multiple-paragraph level.

By Chapter 4, students begin to write coherent and cohesive compositions.

Putting thoughts into words

The *Fiche lexicale* sections present vocabulary and useful expressions for the various sub-categories of the chapter themes.

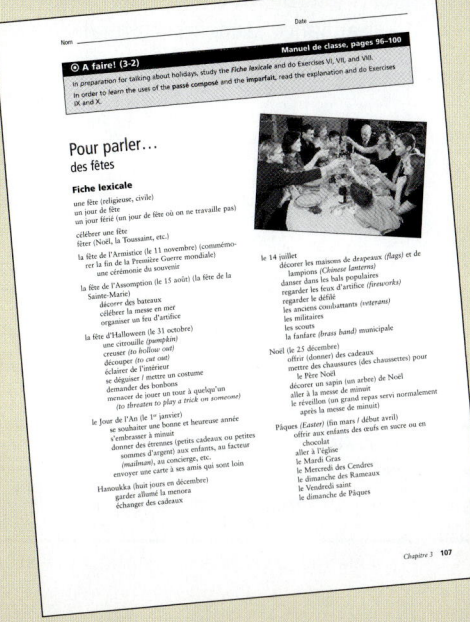

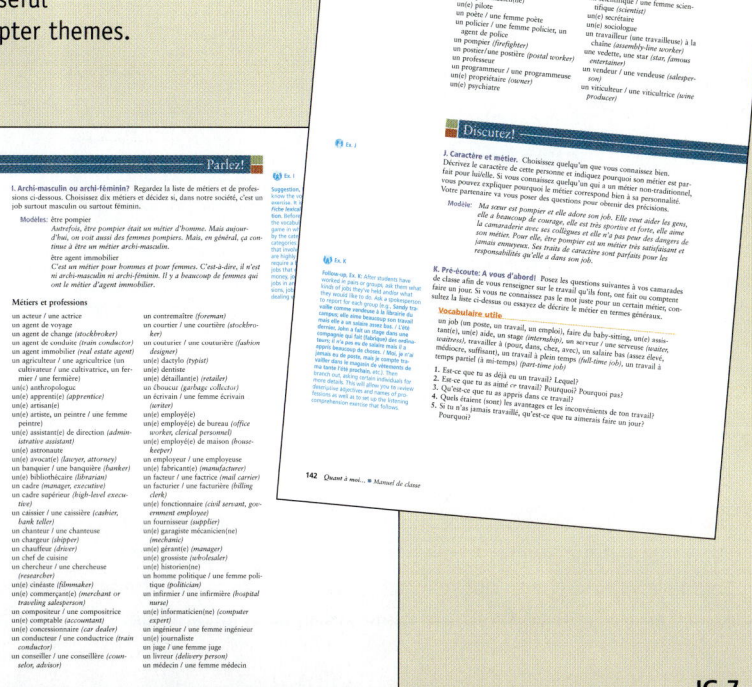

IG-7

Learning to listen and Listening to learn

During their beginning language study, students were asked primarily to understand simple conversations with relatively simple sentences in everyday concrete situations.

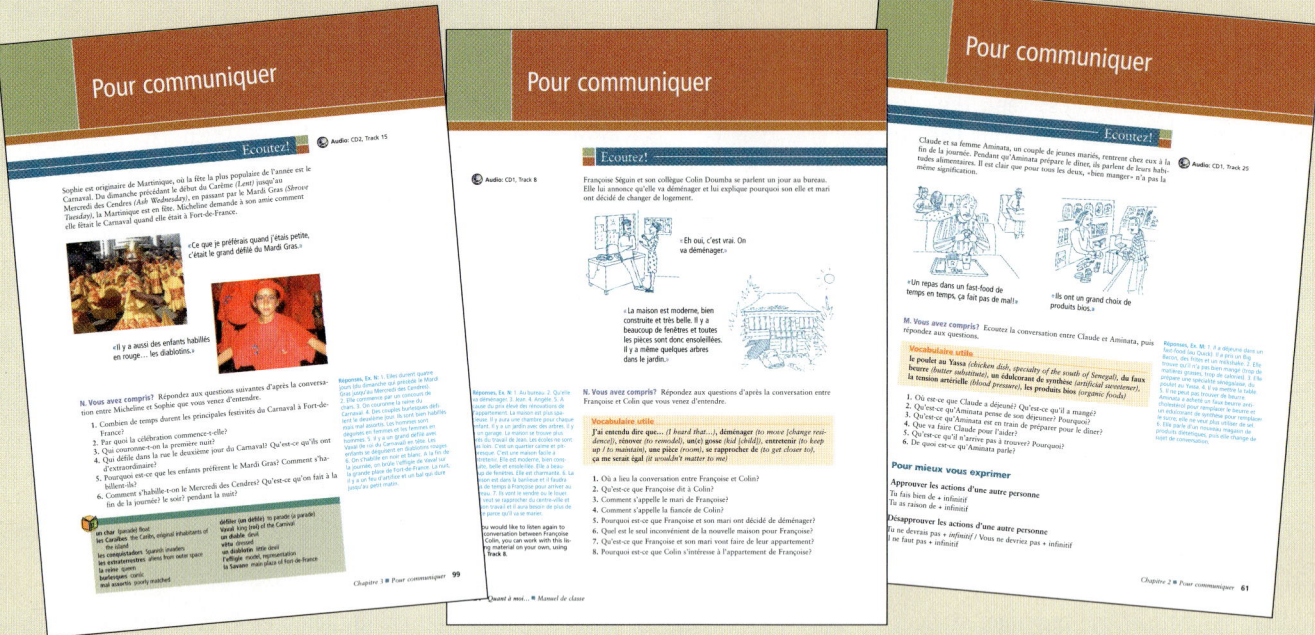

Although **Quant à moi...** continues to provide these types of situations, students are also led to understand longer stretches of connected discourse on a number of cultural topics *(Témoignages)*. They are guided from gist to detail, from surface meaning to simple interpretation.

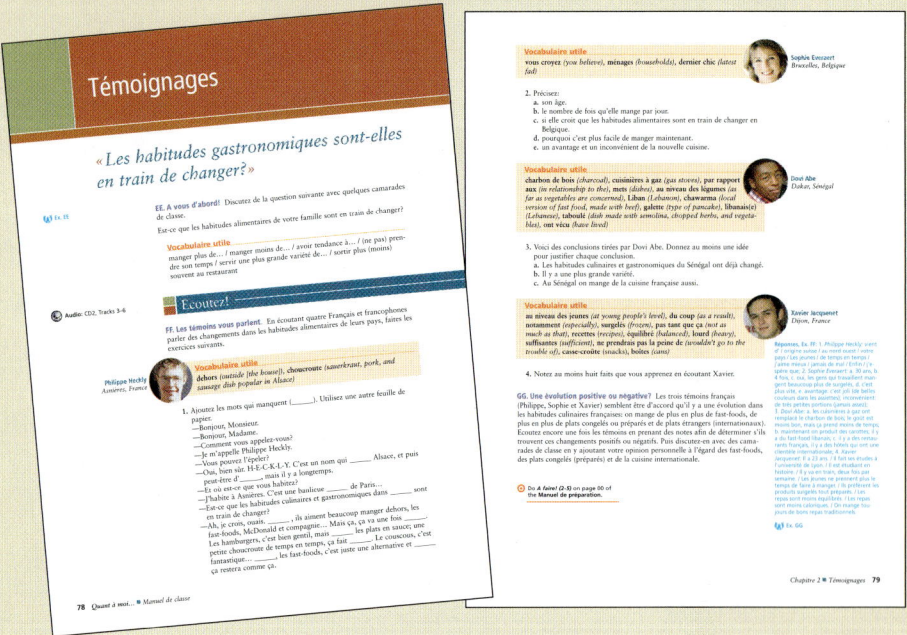

The *Témoignages* sections provide additional listening input and are designed to enhance students' cultural understanding.

The Audio Program contains the *Témoignages* and the *Pour communiquer* conversations and monologues. The recorded interviews represent a wide range of ages, ethnic and social backgrounds, and present various perspectives on the chapters' topics. Each of the oral segments is now accompanied by a progression of exercises in order to facilitate more systematic development of listening comprehension skills.

IG-8

Discovery through literature

The addition of several new readings make the literary excerpts more appropriate for students at the intermediate level.

In all cases, these texts are now interspersed with **Aide-Lecture** questions that guide students through the readings one segment at a time.

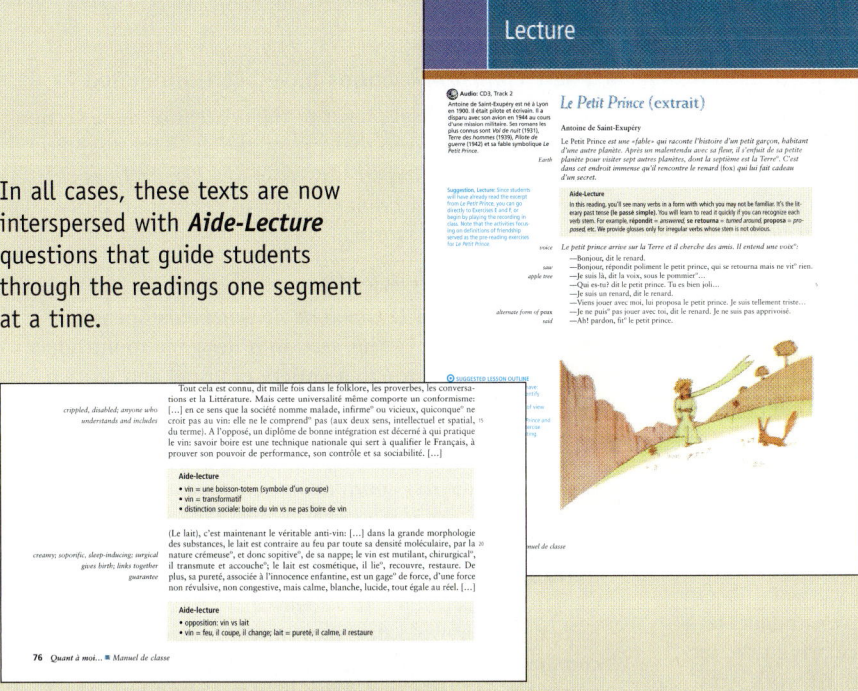

Video

The video segments are based on the chapter themes and present a cultural overview of chapter topics. Now available in both DVD and VHS formats, the video provides an opportunity for more listening input and cultural discovery through interviews of French and Francophone people and footage from locales such as Québec, Paris, and Guadeloupe. New video activities are now located on the *Quant à moi...* Website.

Website http://quantamoi.heinle.com

The text-specific Website contains self-scoring activities (*Activités auto-corrigées*), cultural exploration activities (*Perspectives culturelles*), and video activities. A section for instructors (*Pour les professeurs*) includes the video transcript and answer key as well as helpful teaching tips and information about the *Quant à moi...* program.

In cases where students have access to the computerized writing assistant, *Système-D*, an icon denotes where this may be handy. Correlations to the grammar, vocabulary and phrases guides are provided on the *Quant à moi...* Website.

Quant à moi... offers students many avenues to explore the richness and diversity of France and various Francophone cultures through a wide range of authentic texts, audio recordings, and video materials. Unique to **Quant à moi...** is the program structure: The **Manuel de classe** is designed to focus class time on meaningful communicative activities; the **Manuel de préparation** is used outside of class to refine students' grammatical competence, to develop writing skills, and to work on reading and listening comprehension. The self-correcting tests, a systematic approach to description, discussion, and writing, and culturally-provocative sources of input are some of the features that make **Quant à moi...** adaptable to a range of teaching and learning styles as well as to various course goals and timeframes.

GOALS

The primary goals of the **Quant à moi...** program are:
- the enhancement of grammatical competence (review of previously learned structures and acquisition of new structures and their uses);
- the refinement of communicative skills in the four skill areas (listening, speaking, reading, writing) and culture;
- the refinement in understanding of French and Francophone cultures;
- the enhancement of strategic competence (communicative strategies).

The program is built around a series of **Témoignages**, interviews with Francophone speakers of various ages and backgrounds who were interviewed specifically for **Quant à moi...** on all the chapter themes. Pedagogically, the program builds on themes, structures, vocabulary, and skills learned in beginning French courses; at the same time, it moves students to a more abstract level of language usage (particularly in the second part of the book). In so doing, they learn to work with more extended discourse and to deal with the cultural and sociological (as well as practical aspects) of the topics studied.

NEW TO THE THIRD EDITION

All of the topics, audio materials, readings, grammatical structures, and exercises have been re-assessed for their level of difficulty in an effort to further reduce the gap between the beginning and intermediate levels.

■ Reduced number of chapters

The number of chapters has been reduced from Preliminary + 7 to Preliminary + 6. This reduction makes it easier for the book to be covered during the various typical time frames in university programs, gives students a more manageable amount of material to study and acquire, and allows for more time to devote to the audio and video components of the program.

■ Revised preliminary chapter

As in the previous edition, the preliminary chapter is designed to reactivate the various conversational expressions used when one first meets someone (giving one's name, asking where the person is from, asking about studies and classes, saying what one did during vacation, introducing someone). However, rather than just giving input through the Audio CD, there is also written input through the portraits of five students who talk about themselves. Students therefore have both written and oral input before they are asked to talk about themselves.

■ The *Perspectives culturelles* dealing with stereotypes has been revised to become more interactive.

A series of questions about people from the U.S. ask students to reflect about stereotypes of "Americans." From there, students work in small groups to create lists of words that they believe characterize Americans. In the third phase, they're asked to think about the stereotypes they and their classmates may have about the French. This systematic approach to the examination of stereotypes should allow them to debunk not only some misconceptions about the United States but also about France.

■ The *Expansion* sections have been eliminated

Based on user feedback, most of the content of these sections has been integrated into the core materials in the chapters. For example, each chapter now contains *Perspectives culturelles* that focus on France as well as on various parts of the French-speaking world.

■ *Documents déclencheurs*

A new section called *Documents déclencheurs* opens Chapters 1 through 3. This section is designed to introduce the chapter topics through a variety of visual and written texts that students are asked to examine.

■ *Contrôle des connaissances*

- In the *Contrôle des connaissances*, students are first asked to take the *Test* to assess their control over a grammatical structure. If their score is below 80%, they are then asked to read the *Rappel*, do the *Exercices de révision*, and take the retest *Repêchage*). If students have a score of 80% or higher, they are told that they may leave the *Contrôle des connaissances* and do the exercises in the next section. The materials are organized accordingly, moving from the *Test* to the rest of the sections.
- The future has been removed as a tense that students are assumed to control. It is therefore presented as a new structure in the second half of the book.

■ Audio program (*Témoignages*)

- Each of the oral segments is now accompanied by a progression of exercises in order to facilitate more systematic development of listening comprehension skills.
- The *témoins* who are most difficult to understand have been eliminated and many of the *témoignages* have been shortened.

■ New readings

All of the readings have been updated and replaced to make them more accessible and interesting to students:
- magazine equivalents of *témoignages*
- less emphasis on statistics
- topics of greater interest to students
- linguistically more accessible to students at the intermediate level

■ More help with literary texts

- In some cases, the literary texts have been reduced in length.
- In all cases, these texts are now interspersed with *Aide-Lecture* questions that guide students through the readings one segment at a time.

- **More grammar exercises**

One of the significant changes in this edition is the addition of more structured and directed exercises in the *Rappel* sections of the **Manuel de classe**. With these additional exercises, it is easier to verify grammatical understanding and use before moving on to the communicative activities.

- **Intermediate WebTutor Advantage**

A new **WebTutor Advantage** on **WebCT** and **Blackboard** focuses on the grammar topics essential to Intermediate students' advancement. The comprehensive grammar presentations and self-correcting quizzes serve as invaluable independent study tools for students learning French with Quant à moi....

PROGRAM ORGANIZATION

The primary components of the Quant à moi... program are the **Manuel de classe** and the **Manuel de préparation** (accompanied by the Audio Program). As its name indicates, the **Manuel de classe** is to be used primarily in class with a focus on listening, speaking, and some reading and writing. The **Manuel de préparation** is designed to prepare students for effective participation in class: they review grammar, get their first acquaintance with new grammatical structures, prepare for discussions, and follow up on work done in class. Many of the exercises in the **Manuel de préparation** are self-correcting to facilitate the task of the instructor. The video and the Website provide additional sources of authentic input as well as practice of linguistic structures.

The program is divided into a preliminary chapter and two distinct parts. Each of the two parts includes three chapters. The total of six chapters in the two parts allow for easy division either in the semester or the quarter structure.

CHAPITRE PRELIMINAIRE: C'est la rentrée

The **Chapitre préliminaire** gives students the opportunity to get to know each other while reviewing basic phrases and vocabulary associated with social amenities (greetings, introductions, leave-taking), vacations, course schedules, and their immediate environment. The preliminary chapter includes both oral and written input as models for the activities they're asked to do. Because this chapter is intended to reactivate learned material and serve as a communicative warm-up for the course, it does not contain any new grammatical structures.

PREMIERE PARTIE (Chapters 1–3)

Part I focuses on the review and enhancement of material (grammar, vocabulary, communcative functions, topics) that students have already been exposed to in their previous study of French. The three chapters in the **Première partie** are free-standing and can be covered in any order, depending on the sequence and the pace the instructor wishes to give the class.

Chapters 1–3

- Each of the three chapters revolves around a theme (lodging, food, leisure time) with points of view represented by people from France and the Francophone world.
- Chapters 1-3 have as their point of departure the vocabulary, communicative functions, and grammar treated in typical first-year college French programs (levels 1, 2, 3 in secondary school). Students are therefore spiraling upward, from a review of previously learned material to the enhancement and refinement of that material in contexts and situations that remain, to a large extent, on the practical and familiar levels.

DEUXIEME PARTIE (Chapters 4–6)

In Part II, the focus shifts to the development of higher-level language skills required in the communication of somewhat more abstract ideas through discussion and writing. Since the review of previously learned material was completed in Part I, Part II presents 1) grammatical structures and vocabulary encountered previously but unlikely to have been acquired, and 2) new grammatical structures and vocabulary.

CHAPTER SECTIONS

■ In both Parts I and II, you will find the following sections, all of which are accompanied by oral and written exercises and activities:

- *Témoignages* (Ecoutez!) (**Manuel de classe, Manuel de préparation**) This section gives students the points of view of French and Francophone speakers (**les témoins**) on the various chapter topics. These authentic interviews are recorded on the Audio CDs and are accompanied by activities to be done both in and out of class.

- *Pour communiquer* (Ecoutez!) (**Manuel de classe**) This second set of recorded conversations and monologues involves more everyday exchanges based on the practical issues that emerge from the chapter themes. They are also recorded on the Audio CDs.

- *Parlez!* (**Manuel de classe**) This group of exercises may be accompanied by *Pour mieux vous exprimer* (communicative expressions). The activities range in type from semi-communicative to communicative and give students the opportunity to follow up on the materials on the audio CDs.

- *Perspectives culturelles* (**Manuel de classe, Manuel de préparation**) This section presents authentic readings, realia, and photos to examine a particular aspect (French or Francophone) of the chapter theme. Prereading and basic comprehension checks can be found in the **Manuel de préparation**.

- *Lisez!* (**Manuel de classe, Manuel de préparation**) This section occurs at various points in the chapter. It contains authentic readings followed by discussion activities. Prereading and basic comprehension checks can be found in the **Manuel de préparation**.

- *Ecrivez!* (**Manuel de classe, Manuel de préparation**) This section consists of writing activities that ask students to compose one or more paragraphs on a topic related to the chapter themes. Prewriting occurs in the **Manuel de préparation** and the activities are frequently followed by in-class peer editing (**Manuel de classe**).

- *Discutez!* (**Manuel de classe**) The activities in this section encourage students to participate in more in-depth discussions (with multiple-sentence discourse) on topics associated with the chapter themes.

- *Contrôle des connaissances* (**Manuel de préparation**) In Chapters 1–3, this section always refers to the review of grammatical structures learned in previous French study. Each section begins with a *Test*, then presents an explanation with exercises, and finally provides a *Repêchage* retest for students to assess their knowledge and use of the structure in question. In class, both structured and communicative activities provide another opportunity to use the structure before continuing on to the new grammar.

- **Fonction (Manuel de classe, Manuel de préparation)** This heading signals the introduction of a new grammatical structure.

- **Pour parler… (Manuel de classe, Manuel de préparation)** This section consists of a *Fiche lexicale* that presents vocabulary and useful expressions for the various sub-categories of the chapter themes. The *Fiche lexicale* is comprehensive in that it contains vocabulary already learned in most beginning language programs. Students therefore have the opportunity to reactivate previously learned vocabulary and learn new vocabulary for any given topic.

■ **Part II (Chapters 4–6)** includes a number of additional sections that reflect more abstract topics and an emphasis on the development of discussion and writing skills.

- Chapter 4 includes a **Portrait** (Francophone singer) and various **Reportages** from magazines.

- Chapter 5 includes three **Dossiers**, one for each of the issues covered in the chapter: **Les minorités visibles, le terrorisme, l'environnement.** In addition, the chapter contains a series of **Lectures** tied to the issues (excerpts from *Le Petit Prince*, articles about September 11, articles about pollution).

- Chapter 6 includes three **Documents de voyage** that guide students as they are asked to recount a trip (real or imaginary) from the itinerary to an e-mail message to an article in a newspaper. The **Lecture** sections are all excerpts from Michel Butor's *Réseau aérien*, giving students the opportunity to work with a longer literary text.

RATIONALE

The curriculum of intermediate college French courses is traditionally problematic. In preparing and refining **Quant à moi…**, we have identified and addressed three of the major challenging areas: *articulation*, *integration*, and *flexibility*.

Articulation

Challenges

- Intermediate classes tend to be heterogeneous, with students coming from a variety of backgrounds, including freshmen entering from high school, second-year students from your institution, transfer students, returning adult students, and those with various types of experiences in target language cultures and family situations. First exposure for most of these students has been through different textbooks, different teaching styles, different program emphases, and different immersion experiences.

- Even students who come from the same first-year college program bring to their intermediate courses widely differing levels of motivation, and linguistic control and performance.

- There is often a large vertical articulation gap between first-year and second-year college course content and materials as well as a significant horizontal gap among courses taught at the same level by different instructors.

The **Quant à moi…** solutions

1. Assessing student French language skills

Since accurate assessment of students is difficult, if not impossible, prior to their entry into the intermediate French course, we have devised an on-going, incremental approach to help reduce the impact of differing backgrounds, preparation, and abilities.

This is done through the **Contrôle des connaissances** in the **Manuel de préparation**. Prior to the introduction of new grammar in the preliminary chapter and Chapters 1-3, students are directed to take a self-correcting test on the following structures typically taught (and assumed to be more or less controlled) in first-year French programs:

Chapitre préliminaire:	The present tense of regular and irregular verbs
Chapitre 1:	Adjective agreement and basic comparatives
Chapitre 2:	*Yes/No* questions and information questions
Chapitre 3:	**Passé composé** and **imparfait** (forms only)

If students pass this chapter test, they are directed to proceed with the regular exercise sequence. If they do not pass, they review the basic rules provided with the grammar structure, do some self-correcting exercises, and then take a retest (*Repêchage*) before continuing with the regular exercise sequence. The goal of this out-of-class verification is to bring students closer together in terms of their grammatical base before moving on to new or expanded grammatical topics. It is hoped that this diagnostic intervention will both facilitate the task of instructors and give students a greater sense of security and continuity as they progress through the intermediate phase of their language learning.

2. Performance outcomes: listening, speaking, reading, writing, culture

Little or no consensus exists in the foreign language profession about the goals and objectives of intermediate courses nor about the performance outcomes that one might reasonably expect at the end of such courses. Furthermore, given students' various levels of proficiency, it is also difficult to assess very clearly the progress they make in intermediate courses. It is this general absence of goals, along with vague assessment procedures, that adds to the articulation problems from one level of language learning to the next, often putting students in the position of either working at levels too high for them (too great a gap between beginning and intermediate French) or working at levels that neither challenge them nor help them to progress (virtually no difference between materials in beginning and intermediate French). In order to strike a balance between these two extremes, we have continued to determine and refine smooth continuity from the beginning to the intermediate level. In terms of the four skills and culture, the progression from first-year college French (or equivalent level in secondary school) to the end of **Quant à moi…** is as follows:

Listening Comprehension

During their beginning language study, students were asked primarily to understand simple conversations with relatively simple sentences in everyday concrete situation. Although **Quant à moi…** continues to provide these types of situations (*Pour communiquer*) students are also led to understand longer stretches of connected discourse on a number of cultural topics (**Témoignages**). They are guided from gist to detail, from surface meaning to simple interpretation.

SPECIFIC MATERIALS FOR THE DEVELOPMENT OF LISTENING COMPREHENSION: The twin cornerstones of the listening program in Quant à moi... are the program-specific Video and the Audio CDs.

The Video accompanying Quant à moi... features segments that go with each chapter of the book. The segments present (1) a cultural overview of the chapter topics and (2) interviews of French and Francophone individuals about the themes presented in the chapters. The video-based activities are now located on the text-specific Website and take a systematic approach to listening comprehension, with pre-viewing, viewing, and post-viewing activities for each video segment.

The Audio CDs contain the *Témoignages* and the *Pour communiquer* conversations and monologues. The native French speakers recorded on the CDs represent a wide range of ages and backgrounds and thus present various perspectives on the chapters' topics. The speakers come from different parts of the Francophone world, a feature that offers students the opportunity to hear and become familiar with a broad range of accents. Moreover, the selection of individuals on the recordings is wide enough to maintain student interest. At the same time, because all the speakers reappear periodically throughout the program, students develop an impression of getting to "know" them. These recordings offer students ample practice in listening to native French speakers recorded at their normal rate of speech.

These two components are, of course, reinforced by the recommended use of French by the instructor and students during class time and, if possible, the occasional class visits by people from various French-speaking cultures.

Speaking

In their previous language study, students have focused primarily on sentence-level communication on concrete topics that are familiar to them. In Quant à moi... they learn to expand sentences, to connect sentences with an increased number of cohesive devices, to expand their discourse through the use of supporting statements and examples, to use communicative strategies more effectively, to enhance their ability to speak in connected discourse, and to apply these skills to a range of circumstances and topics.

SPECIFIC MATERIALS FOR THE DEVELOPMENT OF SPEAKING SKILLS: At the same time that vocabulary building occurs through the thematically organized *Fiches lexicales* in the **Manuel de préparation**, the in-class text introduces communicative strategies *(Pour mieux vous exprimer)* that enhance students' ability to interact and exchange information in a meaningful manner. This is followed by contextualized activities that range from conversations on practical topics to the discussion of ideas found in reading texts. To facilitate this latter task, Chapter 5 focuses on the development of discussion skills that are reinforced in Chapter 6, where students begin to develop their abilities to narrate and tell stories. The final performance measure at the end of each chapter is a set of discussion topics designed as cumulative activities that bring together the grammar, vocabulary, communicative strategies, and cultural content of that chapter.

Reading Comprehension

As students continue to develop their ability to understand the gist of simple connected texts that have a clear underlying structure, they also develop the ability to deal increasingly with details of such texts and to discern implications (below-the-surface meaning). They receive incremental exposure to more complex texts that lend themselves to multiple interpretations. Literary and non-literary French and Francophone texts are included in the program.

SPECIFIC MATERIAL FOR THE DEVELOPMENT OF READING SKILLS: In addition to short factual paragraphs that accompany photos, each chapter contains cultural and literary readings as well as selections from magazines. Literary readings are divided into short segments, each of which is accompanied by an *Aide-Lecture* that includes questions to determine general comprehension. Unfamiliar vocabulary is provided either in margin glosses (literary texts) or in the **DICO** (an unobtrusive list of key words with their translations).

In addition to these readings, more familiar realia pieces (ads, brochures, schedules, menus, etc.) are used throughout Quant à moi..., further giving students a sense of articulation between beginning and intermediate French course materials.

Writing

Students progress from the sentence level to the paragraph to the multiple-paragraph level. This includes the increased ability to use cohesive devices such as time indicators, cause and effect, transitions, etc.

SPECIFIC MATERIAL FOR THE DEVELOPMENT OF WRITING SKILLS: Most of the writing that students are directed to do is contained in the **Manuel de préparation**. The preparation for a major writing assignment, however, is usually done in class through brainstorming of ideas and vocabulary, through discussions and interviews, and through outlines. Furthermore, although the first draft may be written at home, students are often called upon to have their work scrutinized and corrected by peer editors in class before they write the final draft of their piece. For more focused peer editing, guidelines are provided that direct students to evaluate specific aspects of the piece that they are examining. By the time students reach Chapter 4, they will have written enough short texts (interview articles, short compositions, e-mails, etc.) based on models and should proceed to a more systematic examination of writing practices in the **Pour écrire** sections. Students are taken from the sentence to the paragraph to the multiple-paragraph levels with the goal of getting them to write a coherent and cohesive composition at the end of each chapter. In cases where students have access to the computerized writing assistant, *Système-D*, an icon denotes where this may be handy. Correlations to the grammar, vocabulary and phrases guides are provided on the Quant à moi... Website.

3. Articulation in content

In general, beginning language texts give students an introduction to some key cultural topics dealing with France and, less thoroughly, with the Francophone world. They also identify for students the behavioral and sociolinguistic protocols appropriate to basic survival contexts. One of the goals of Quant à moi... is to move from this still superficial treatment of culture to cultural input that will make students somewhat more sophisticated participants in French and Francophone cultures. At the very least, it is hoped that students will realize that cultural differences should not be viewed in a judgmental way and that, by extension, they will become more aware of their language behaviors as they interact in their own increasingly diverse environment.

Although some of the major topics and issues on which **Quant à moi...** is based—home, food, leisure time—are usually treated in beginning French programs, we have tried to take these basic concepts that define daily life and spiral them upward in a way that parallels the upgrading of language skills. In addition, Chapters 4-6 introduce topics that are less likely to appear in beginning French texts (work, current social issues such as crime, environment, terrorism, and a significant excerpt from a literary text). Students are thus asked to deal with all topics in a somewhat more complex fashion that requires them to make the connection between the concrete and the abstract. The move from practical action to that of sociocultural understanding introduces an intellectual dimension to the study of French.

SPECIFIC MATERIALS WITH CULTURAL CONTENT

- Each chapter highlights its themes from both a French and a Francophone perspective. The **témoins** represent various regions of France and various areas in the French-speaking world.

- The program-specific video, consisting of both descriptive voice-overs and interviews, provides additional information and insight about each of the cultural topics. The activities were developed specifically to develop student awareness of cultural practices.

- The text-specific Website provides students more opportunity to review and practice new grammar structures and vocabulary through self-scoring activities, and contains cultural exploration activities based on chapter themes and topics.

- Behavioral and sociolinguistic aspects of the culture continue to occupy an important place in the program in order to further the understanding that students bring with them from their beginning language courses.

- In most cases, readings and oral texts *(Témoignages)* are authentic. Students are asked to deal with ideas as well as with factual information.

- Finally, students are asked to work not just with France and the Francophone world but also with their own culture to identify and discuss differences and similarities. There is thus a three-way input that allows students to draw on their own experiences and knowledge to form a bridge to the target cultures.

In **Quant à moi...**, every effort has been made to ensure smooth articulation between beginning and intermediate French courses —between previously acquired knowledge and new acquisitions, between basic and more sophisticated skill levels, between the students' cultures and those about which they will learn.

INTEGRATION

Challenges

- Most intermediate programs still tend to group and isolate materials. In many instances, the texts contain long sections (e.g., structures, reading, activities) that instructors are expected to divide into manageable segments. It is therefore up to instructors to create their own integration through the syllabus.

- Many intermediate programs concentrate primarily on grammar, with reading, writing, and speaking activities relegated to a subordinate position. Even those that attempt to stress communication activities often fail to integrate communicative functions with the grammatical structures. In other words, the scope and sequence of the grammar are often not directly tied to the performance skills. The resulting isolation of skills from grammar tends to reinforce in students the belief that grammar is somehow separate from communciation.

Quant à moi... solutions

In response to this absence of integration, **Quant à moi...** has been carefully constructed to provide constant and systematic interaction among all skills, grammar, and culture as presented in the program components, both those used in class as well as those used outside of class.

For example, at the end of each chapter, students are asked to discuss and write about ideas associated with the context of that chapter. Each class day and each homework assignment incrementally leads students to the point where they are able to discuss and write at the level of ideas:

- input from **témoins**
- grammatical structures
- vocabulary (semantic fields associated with the themes)
- input from cultural and literary texts
- systematic practice through exercises and short writing assignments

The cumulative activities at the end of the chapters may be seen, in one sense, as the performance outcomes that students can reasonably be expected to reach if they have done their work diligently.

The tight integration of skills, materials, and ideas is underlined for both students and instructors via a simple system of cross-referencing.

Student Cross-References

Students are guided through the out-of-class text (**Manuel de préparation**) by a series of *A faire!* notes. When they complete a segment in the **Manuel de classe**, they see the following notation:

⊙ Do *A faire (1-1)* on page 18 of the **Manuel de préparation**.

When they turn to that page, they will find the following:

⊙ **A faire! (1-1)**   Manuel de classe, pages 10—19

In order to *review* adjective agreement and the comparative, do the **Contrôle des connaissances**.

In *preparation* for talking about your housing and the surroundings in which you live, study the **Fiche lexicale** and do Exercises III, IV, V, VI, VII.

To work again with the **Témoignages** you heard in class, listen to Tracks 3–6 of CD1 and do Exercises VIII and IX.

Students are thus made aware of what to do and how it relates to what will happen or what happened in class. Exercises marked with an asterisk in the **Manuel de préparation** are self-correcting.

Instructor Cross-References

Among the various other instructor annotations (e.g., materials needed for the chapter, minimum amount of time needed to cover the chapter, suggestions for activities, video and audio CDs, etc.), a cross-referencing system is provided in the margin notes in the **Manuel de classe** (Instructor's Annotated Edition). Called *Suggested Lesson Outline,* this note appears at the beginning of every segment (representing one or more class periods). First, it explains what students have done for homework and which exercises were not self-correcting (i.e., they should be corrected by the instructor). Second, the note suggests the materials that need to be covered in class before the next homework assignment.

Using *A faire! (1-1)* provided above as an example of what students have done for homework, the *Suggested Lesson Outline* for the instructor reads as follows:

⊙ SUGGESTED LESSON OUTLINE

Students assigned *A faire! (1-1)* have:
- reviewed adjective agreement and the comparative;
- worked with the vocabulary to describe housing;
- listened again to the **Témoignages**.
- Ex. VII was not self-correcting.

In this segment, do:
- **Contrôle des connaissances** (Ex. I, J, K, L);
- **Pour parler de son environnement** (Ex. M);
- **Pour communiquer** (Ex. N, O, P).

With this system of cross references, instructors are able to easily move back and forth between the **Manuel de classe** and the **Manuel de préparation**.

Integration Chart

The following chart outline the relationships between the various components as they work together in one chapter from each part of the program. These charts show how the three main components (**MC = Manuel de classe, MP = Manuel de préparation, CD = Audio CD**) are integrated and support each other.

We feel that Quant à moi... continues to be unique among intermediate programs in that it does not compartmentalize skills, grammar, and culture into separate and unrelated parts. As students progress through the program, they come to understand and appreciate the interrelatedness of skills, the importance of grammar to accurate communication, and the differences and similarities between their culture(s) and the target cultures. Furthermore, they learn that their out-of-class preparation and review are essential to their successful participation in the in-class activities and, more importantly, to their success in learning French. We therefore expect that **Quant à moi...** will help reinforce students' sense of responsibility for their own learning.

SAMPLE INTEGRATION CHART / CHAPITRE 1

Manuel de classe In class	Manuel de préparation Out of class
Cultural introduction (MC) Listening comprehension (CD) Cultural reading (MC)	*A faire! (1-1)* Review of known grammatical structure (MP) Vocabulary (MP) Listening comprehension (CD) Writing activity (MP)
Verification of review grammar (MC) Vocabulary reinforcement (MC) Listening comprehension (CD) Additional vocabulary (MC)	*A faire! (1-2)* Writing activity (MP) New grammatical structure (MP) Vocabulary (MP) Writing activity (MP)
Summary of new grammatical structure (MC) Communicative practice with new grammatical structure (MC) Listening comprehension (CD)	*A faire! (1-3)* New grammatical structure (MP) Listening comprehension (CD)
Summary of new grammatical structure (MC) Communicative practice with new grammatical structure (MC) Vocabulary reinforcement (MC) Cultural reading (MC)	*A faire! (1-4)* New grammatical structure (MP) Literary reading (MC/MP)
Analysis of literary reading (MC) Listening comprehension (CD)	*A faire! (1-5)* Listening comprehension (CD) Writing activity (MP) New grammatical structure (MP)
Summary of new grammatical structure (MC) Communicative practice with new grammatical structure (MC) Literary reading (MC)	*A faire! (1-6)* Communicative written review of new grammatical structure (MP) Written advance organizer for speaking activity (MP)
Speaking activity: interview (MC)	*A faire! (1-7)* Writing activity: interview article (MP)

FLEXIBILITY

Challenge

Intermediate programs come in all shapes and sizes. Some meet for one semester or two quarters only; others, for two semesters or three quarters. Some meet three times per week; others, four or even five. Courses have different emphases from institution to institution: some are interested mainly in grammar review; others begin tracking by skill (e.g., reading track, speaking track); others are four-skill courses.

Quant à moi… solutions

While trying to provide maximum articulation between beginning and intermediate programs and maximum integration within and between chapters, we have at the same time constructed *Quant à moi…* so that material can fit into a variety of programs.

Specific Structure of the Program

Première partie: Part I of *Quant à moi…* is preceded by a short preliminary chapter (designed to be done as an introduction to the course) and three free-standing chapters that may be presented in any order depending on instructor preferences and needs.

Chapitre préliminaire: La rentrée
Chapitre 1: Allons voir les Français et les Francophones… chez eux!
Chapitre 2: Allons voir les Français et les Francophones… à table!
Chapitre 3: Allons voir les Français et les Francophones… aux heures de loisir!

Deuxième partie: Part II of *Quant à moi…* also consists of three chapters that can be done in any order.

Chapitre 4: On décrit
Chapitre 5: On discute
Chapitre 6: On raconte

COURSE STRUCTURE

The *Suggested Lesson Outlines* divide each chapter into segments. These divisions are designed to provide you with a guide as to when to assign work in the **Manuel de préparation**. Depending on the size and ability of your class as well as on the nature of the material included in, each segment may correspond to slightly more or less than one class meeting. The following chart will be useful for planning purposes.

Chapitre préliminaire	2–3 class meetings
Chapitre 1	7–9 class meetings
Chapitre 2	7–9 class meetings
Chapitre 3	7–9 class meetings
	Total for *Première partie*: 23–30 class meetings
Chapitre 4	7–9 class meetings
Chapitre 5	8–10 class meetings
Chapitre 6	9–11 class meetings
	Total for *Deuxième partie*: 24–30 class meetings
	Total for entire book: 47–60 class meetings

COLLEGE AND UNIVERSITY COURSES MEETING FOR A FULL YEAR

Four or five times per week
Since these courses have between 104 and 120 class meetings per year, they can easily cover all chapters. This schedule would require at most 60 class meetings, not taking into account days for in-class testing. Consequently, the instructor would have ample time to add readings and/or cultural units.

Three times per week
These courses have between 84 and 90 class meetings per year, depending on the length of the semester. At a minimum, they could do the preliminary chapter and chapters 1 thru 3 in the first semester; chapters 4 thru 6 would then easily fit into the second semester.

ONE-SEMESTER COLLEGE AND UNIVERSITY COURSES

Four times per week
In this case, with approximately 56 class meetings available, complete 5 of the 6 chapters or omit sections of Chapters 4, 5, and/or 6.

Three times per week
In this case, with approximately 42 class meetings available, there would be just enough time to do all of the chapters, provided testing took place outside of regular class hours.

HIGH SCHOOL COURSES MEETING FOR A FULL YEAR

While the number of class meetings per *Suggested Lesson Outline* might vary in a fourth-year high school course, depending on the length of the class period as well as the size of the class, all of the chapters could no doubt be completed during one year. In some instances, there might also be time for the teacher to add readings and/or cultural units. In any case, the program would serve as a solid basis of preparation for all phases of the Advanced Placement Language Exam.

An alternative plan would be to use *Quant à moi…* over a two-year period. Part I, accompanied by readings and cultural units added by the teacher, could serve as a basis for the fourth-year course, which would emphasize grammar review and practical conversation. Part II, again accompanied by readings and cultural units added by the teacher, could serve as a basis for the fifth-year course, which would focus on discussion and writing.

In short, we feel that *Quant à moi…* is an intermediate text that can be easily adapted to a wide variety of time schedules and program goals.

Quant à moi...

Témoignages des Français et des Francophones

Third Edition

Quant à moi...

Témoignages des Français
et des Francophones

MANUEL DE CLASSE

Jeannette D. Bragger
The Pennsylvania University

Donald B. Rice
Hamline University

THOMSON
HEINLE

Australia   Canada   Mexico   Singapore   Spain   United Kingdom   United States

Quant à moi…
Third Edition
Bragger / Rice

Editor in Chief: *PJ Boardman*
Publisher: *Janet Dracksdorf*
Acquisitions Editor: *Lara Semones*
Senior Production Project Manager: *Esther Marshall*
Editorial Assistant: *Catherine Kraus*
VP, Director of Marketing: *Elana Dolberg*
Manufacturing Manager: *Marcia Locke*
Project Manager: *Sev Champeny*

Compositor/Art Manager: *Greg Johnson, Art Directions*
Photo Manager: *Sheri Blaney*
Photo Reseacher: *Linda Finigan*
Interior Designer: *Brian Salisbury*
Cover Designer: *Ha Nguyen*
Printer: *QuebecorWorld*
Cover Art: PastPresent Gallery, Celebration, Florida

Copyright © 2005 Heinle, a part of the Thomson Corporation. Heinle, Thomson, and the Thomson Logo are a trademark used herein under license.

Printed in the United States of America.
1 2 3 4 5 6 7 8 9 10 09 08 07 06 05 04

For more information contact Heinle, 25 Thomson Place, Boston, Massachusetts 02210 USA, or you can visit our Internet site at http://www.heinle.com

All rights reserved. No part of this work covered by the copyright hereon may be reproduced or used in any form or by any means—graphic, electronic, or mechanical, including photocopying, recording, taping, Web distribution or information storage and retrieval systems—without the written permission of the publisher.

For permission to use material from this text or product, submit a request online at:

http://www.thomson.com

Any additional questions about permissions can be submitted by email to thomsonrights@thomson.com

Library of Congress Cataloging-in-Publication Data
Bragger, Jeannette D.
  Quant à moi— : témoignages des Français et des Francophones : manuel de classe / Jeannette D. Bragger, Donald B. Rice. — 3rd ed.
     p. cm.
  "Instructor's annotated edition."
  Includes index.
  ISBN 0-8384-6043-7 — ISBN 0-8384-6051-8
  1. French language—Textbooks for foreign speakers—English.
  I. Rice, Donald – II. Title.

PC2129.E5B67 2004
448.2'421—dc22

2003071189

Table des matières

Chapitre préliminaire: C'est la rentrée! — 2
CINQ ETUDIANTS — 2
POUR COMMUNIQUER — 4
Ecoutez! 4
Parlez! 4
Pour mieux vous exprimer 4
    Demander et donner le nom de quelqu'un 4
    Demander et dire d'où on vient 4
    Demander et dire ce qu'on fait comme études 5
    Demander et dire ce qu'on a fait pendant les vacances 5
    Présenter quelqu'un 5
PERSPECTIVES CULTURELLES — 6
Les stéréotypes 6

Première partie — 7

Chapitre 1: Allons voir les Français et les Francophones... chez eux! — 8
DOCUMENTS DECLENCHEURS (Où habitent les Français?) — 10
Lisez! 11
TEMOIGNAGES: «Où est-ce que vous habitez?» — 14
PERSPECTIVES CULTURELLES — 16
Se loger en France 16
CONTROLE DES CONNAISSANCES — 20
Rappel: L'accord des adjectifs (formes régulières) 20
Rappel: L'accord des adjectifs (formes irrégulières) 21
Rappel: Le comparatif 22
POUR PARLER... de son environnement — 23
POUR COMMUNIQUER — 24
Ecoutez! 24
Parlez! 25
Pour mieux vous exprimer 25
    Parler de l'endroit où on veut habiter 25
    Raisons 25
FONCTION: Comment décrire les choses et les personnes (1) — 27
Rappel: La place des adjectifs 27
Rappel: Le sens des adjectifs 28
TEMOIGNAGES — 30
«Dans quelle partie de la maison est-ce que vous passez la plupart de votre temps?» 30
FONCTION: Comment décrire les choses et les personnes (2) — 32
Rappel: Les pronoms relatifs 32
POUR PARLER... de la maison — 34
PERSPECTIVES CULTURELLES — 35
Profil: Le Cameroun 35
Se loger au Cameroun 35
LECTURE: «La vie dans les HLM» de Christiane Rochefort — 37
TEMOIGNAGES — 39
«Comment le type de logement où vous habitez et sa situation influencent-ils votre vie?» 39
FONCTION: Comment décrire les choses et les personnes (3) — 42
Rappel (C'est/Ce sont, Il/Elle est, Ils/Elles sont) 42
Rappel (nationality, occupation, religion, social class) 43
Rappel (adjectives) 43
LECTURE: Extrait d'«Une vie de boy» de Ferdinand Oyono — 44
C'EST A VOUS MAINTENANT! — 47

Chapitre 2: Allons voir les Français et les Francophones... à table!   48

- **DOCUMENTS DECLENCHEURS**   **50**
  - Ecoutez!   50
  - Parlez!   50
- **TEMOIGNAGES:** «Quels repas est-ce que vous prenez?»   **52**
- **PERSPECTIVES CULTURELLES**   **55**
  - La cuisine en France   55
- **CONTROLE DES CONNAISSANCES**   **58**
  - Rappel: Questions qui ont pour réponse **oui** ou **non**   58
  - Rappel: Les questions d'information   59
- **POUR PARLER... de ce qu'on mange**   **60**
- **POUR COMMUNIQUER**   **61**
  - Ecoutez!   61
  - Pour mieux vous exprimer   61
    - Approuver les actions d'une autre personne   61
    - Désapprouver les actions d'une autre personne   61
    - Suggérer   62
  - Ecoutez!   62
  - Parlez!   62
- **FONCTION: Comment se renseigner (1)**   **63**
  - Rappel: L'inversion   63
  - Rappel: Les expressions interrogatives **que, qu'est-ce que** et **quel**   64
- **POUR PARLER... de la cuisine**   **66**
- **TEMOIGNAGES:** «Qu'est-ce que vous aimez manger?»   **67**
- **FONCTION: Comment se renseigner (2)**   **69**
  - Rappel: Les questions avec préposition   69
- **PERSPECTIVES CULTURELLES**   **71**
  - Le Sénégal et sa cuisine   71
- **POUR COMMUNIQUER**   **74**
  - Ecoutez!   74
  - Parlez!   74
  - Pour mieux vous exprimer   74
    - Exprimer votre accord   74
    - Exprimer votre désaccord   75
    - Conseiller   75
- **LECTURE:** «Les mythes, aujourd'hui—le vin et le lait, le bifteck et les frites» de Roland Barthes   **76**
- **TEMOIGNAGES**   **78**
  - «Les habitudes gastronomiques sont-elles en train de changer?»   78
- **FONCTION: Comment se renseigner (3)**   **80**
  - Rappel: L'interrogation (langage soigné)   80
  - Rappel: L'interrogation (langage courant ou langage de la conversation)   80
  - Rappel: L'interrogation (langage familier)   81
- **PERSPECTIVES CULTURELLES**   **82**
  - Les Français et le fromage   82
- **C'EST A VOUS MAINTENANT!**   **85**

Chapitre 3: Allons voir les Français et les Francophones... aux heures de loisir!   86

- **DOCUMENTS DECLENCHEURS**   **88**
  - Ecoutez!   88
  - Parlez!   90
- **TEMOIGNAGES**   **91**
  - «Comment passez-vous votre temps?»   91
- **PERSPECTIVES CULTURELLES**   **93**
  - Le temps des loisirs   93
- **CONTROLE DES CONNAISSANCES**   **96**
  - Rappel: Le passé composé   96
  - Rappel: L'imparfait   97

vi   *Table des matières*

POUR PARLER... des loisirs — 98
POUR COMMUNIQUER — 99
    Ecoutez! 99
    Pour mieux vous exprimer 100
        Situer les actions dans le passé 100
FONCTION: Comment parler du passé (1) — 101
    Rappel: L'emploi du passé composé et de l'imparfait—une seule action ou un seul état 101
    Rappel: L'emploi du passé composé et de l'imparfait—deux ou plusieurs actions ou états 103
POUR PARLER... des fêtes — 105
TEMOIGNAGES: «Comment passez-vous votre temps libre?» — 106
FONCTION: Comment parler du passé (2) — 108
    Rappel: Les verbes auxiliaires **avoir** et **être** 108
    Rappel: L'emploi du passé composé et de l'imparfait: narrations 108
PERSPECTIVES CULTURELLES — 110
    Les loisirs à la Martinique 110
POUR COMMUNIQUER — 112
    Ecoutez! 112
    Parlez! 113
    Pour mieux vous exprimer 113
        Proposer de faire quelque chose 113
        Accepter de faire quelque chose 113
        Refuser de faire quelque chose 113
        Fixer un rendez-vous 113
LECTURE: «Le cinéma à Fort-de-France» de Joseph Zobel — 115
TEMOIGNAGES: «Est-on en train d'évoluer vers une civilisation des loisirs?» — 118
FONCTION: Comment parler du passé (3) — 121
    Rappel: Le plus-que-parfait 121
    Rappel: L'expression **venir de** + infinitif 123
    Rappel: L'expression **depuis** 123
PERSPECTIVES CULTURELLES — 125
    Paris—musées et artistes 125
C'EST A VOUS MAINTENANT! — 129

Deuxième partie — 130

Chapitre 4: On décrit — 131

PORTRAIT: Meiji U Tum'si — 132
    Lisez! 132
POUR COMMUNIQUER — 134
    Pour mieux vous exprimer 134
        Décrire les personnes (les caractéristiques physiques) 134
    Parlez! 135
    Discutez! 136
    Pour mieux vous exprimer 136
        Pour décrire les personnes (le caractère) 136
REPORTAGE: Fille ou garçon: Tous les métiers sont permis! — 139
    Lisez! 139
    Parlez! 141
    Discutez! 142
    Ecoutez! 142
    Parlez! 144
    Discutez! 145
FONCTION: Comment exprimer la nécessité et la volonté — 146
    Rappel: L'emploi du subjonctif 146
    Ecoutez! 147
    Parlez! 147

Table des matières vii

REPORTAGE: Les jeunes de Casablanca — **149**
    Lisez! 149
    Parlez! 153
    Discutez! 153
FONCTION: Comment exprimer l'émotion — **154**
    Ecrivez! 154
    Rappel: L'emploi du subjonctif 154
    Ecoutez! 154
    Parlez! 155
    Discutez! 155
PORTRAIT: «Oui, à 17 ans, je suis en prison» — **156**
    Lisez! 156
    Ecoutez! 162
    Discutez! 162

Chapitre 5: On discute — **163**

LISEZ! — **164**
    L'Amitié 164
    Paroles libres: A quoi reconnaît-on ses ami(e)s? 166
POUR COMMUNIQUER — **169**
    Pour mieux vous exprimer 169
        Pour identifier quelqu'un 169
    Parlez! 169
    Discutez! 169
LECTURE: *Le Petit Prince* (extrait) d'Antoine de Saint-Exupéry — **170**
    Discutez! 173
DOSSIER: Les minorités visibles — **174**
    Le racisme expliqué à ma fille (extrait) de Tahar Ben Jelloun 176
POUR COMMUNIQUER — **177**
    Parlez! 177
    Pour mieux vous exprimer 177
        Demander l'avis de quelqu'un 177
        Donner son avis 177
    Discutez! 178
FONCTION: Comment exprimer la certitude et le doute — **179**
    Rappel: L'indicatif et le subjonctif pour exprimer la certitude et le doute 179
POUR COMMUNIQUER — **180**
    Pour mieux vous exprimer 180
        Dire qu'on est d'accord 180
        Dire qu'on n'est pas d'accord 180
    Parlez! 180
LECTURE — **181**
    «L'Amérique touchée au cœur» 181
    New York, la ville qui ne dort jamais, est devenue fantôme! 182
DOSSIER: Le terrorisme — **184**
    11 septembre un an déjà 184
    Le terrorisme: A qui la faute? 186
    Parlez! 188
    Discutez! 188
FONCTION: Comment exprimer l'hypothèse — **189**
    Rappel: Le conditionnel 189
    Parlez! 190
    Discutez! 190
LISEZ! — **191**
    Etes-vous terrorisés par la pollution? 191
DOSSIER: L'environnement — **193**
    Aurons-nous toujours de l'eau à boire? 195
    Comment recycle-t-on les ordures? 197

viii *Table des matières*

Parlez! 200
Discutez! 200
- **FONCTION:** Comment parler de l'avenir — **201**
 - Rappel: Le futur 201
 - Parlez! 202
- **C'EST A VOUS MAINTENANT!** — **204**
 - Discutez! 204

Chapitre 6: On raconte — 205

- **COMPTES RENDUS:** Les films de la semaine — **206**
 - Lisez! 206
 - Ecrivez! 207
 - Lisez! 208
 - Ecrivez! 210
- **POUR COMMUNIQUER** — **211**
 - Pour mieux vous exprimer 211
  - Classer les films 211
  - Donner sa réaction aux films 211
  - Dire ce qu'on a aimé ou pas aimé à propos d'un film 211
 - Ecoutez! 212
 - Parlez! 213
 - Discutez! 213
- **FONCTION:** Comment distinguer entre la voix active et la voix passive — **214**
 - Rappel: La voix active 214
  - La voix passive sans agent 214
  - La voix passive avec agent 214
  - La voix passive à valeur descriptive 214
 - Ecoutez! 214
 - Parlez! 214
- **DOCUMENT DE VOYAGE (1):** Un itinéraire — **216**
 - Parlez! 217
- **DOCUMENT DE VOYAGE (2)** — **216**
 - Ecrivez! 218
  - Un e-mail 218
 - Parlez! 219
 - Lisez! 220
  - Un article 220
 - Discutez! 221
- **LECTURE:** *Réseau aérien* (extraits) de Michel Butor — **222**
 - Ecrivez! 222
- **FONCTION:** Comment exprimer la négation — **224**
 - Rappel: Les expressions négatives 224
- **LECTURE:** *Réseau aérien* (suite) — **226**
- **LECTURE:** *Réseau aérien* (suite) — **229**
- **LECTURE:** *Réseau aérien* (suite) — **233**
 - Discutez! 239
 - Ecrivez! 240
- **C'EST A VOUS MAINTENANT!** — **242**
 - Discutez! 242

Appendice A 243
Appendice B 246
Lexique 263
Index 281
Maps 284
Photo Credits 288
Text/Realia Credits 289

To the Student

Bonjour! Welcome to **Quant à moi...**, a comprehensive intermediate French program designed to follow up on the beginning French course(s) you've taken in high school or college.

The **Quant à moi...** program consists of the following components:

- The **Manuel de classe** is your in-class textbook. You'll need to bring it to class every day.
- The **Manuel de préparation** provides follow-up to work done in class and preparation for your next class period(s). Your instructor may ask you to bring this to class also.
- The **Audio CDs** contain interviews with real speakers of French, so that you can experience and work with authentic spoken language on a regular basis. These speakers come from different parts of the French-speaking world and their speech patterns are unique to each one (faster, slower, regional accents, etc.). You don't need to bring the CDs to class, unless you want to listen to them in between classes.
- The **Website** provides self-scoring activities based on the grammar structures and words and phrases in each chapter. Also included are text-tied cultural exploration activities designed to give you more opportunity to explore authentic Francophone sites. Video activities to guide you through each video segment are also located on this site. If you have a copy of the computerized writing assistant, *Système-D*, then you should consult this site to find a correlation guide for the writing activities in your **Manuel de préparation**.

    http://quantamoi.heinle.com

Quant à moi... is organized into three sections as follows:

CHAPITRE PRELIMINAIRE: C'est la rentrée

This preliminary chapter helps you reactivate the French you already know as you get acquainted with your classmates and your instructor. Even if you're a bit rusty on the first day, you'll find that you'll get back into the language fairly easily through the familiar material in this chapter.

PREMIERE PARTIE

CHAPITRE 1: Allons voir les Français et les Francophones... chez eux!
CHAPITRE 2: Allons voir les Français et les Francophones... à table!
CHAPITRE 3: Allons voir les Français et les Francophones... aux heures de loisir!

Chapters 1–3 introduce you to three main themes important to French and Francophone cultures (as well as your own culture): (1) where people live; (2) what they eat; (3) how they spend their leisure time.

DEUXIEME PARTIE

CHAPITRE 4: On décrit
CHAPITRE 5: On discute
CHAPITRE 6: On raconte

In chapters 4–6, you'll get the opportunity to enhance your writing and discussion skills through a variety of topics of broad general interest. You'll deal with social issues that concern us all (crime, human relationships, terrorism, prejudice, the environment, etc.), and you'll read different types of texts (magazine articles, literary excerpts, short narratives, etc.) that will help you acquire the vocabulary and writing/discussion skills you need to engage in interesting exchanges either in writing (e.g., e-mails, compositions, papers) or in speaking.

Acknowledgments

Many people have contributed to the development of **Quant à moi...** We would like to thank Janet Dracksdorf, Lara Semones, and Esther Marshall. We would also like to express our thanks to Myrna Rochester, Sev Champeny, Jackie Rebisz, Serge Laîné, Brian Salisbury, Ha Nguyen, and to Greg Johnson. Our thanks also go to Sheri Blaney, Linda Finigan, Isabelle Pelet, and Sylvie Pittet.

We would also like to acknowledge the following colleagues who made excellent suggestions for revisions and valuable contributions:

Anne-Laure Bonnardel-Kalim, *University of Pennsylvania*
Virginie Delfosse-Reese, *Bennington College*
Stayc DuBravac, *Florida Atlantic University*
Glenn Fetzer, *Calvin College*
Holly Harder, *Brandeis University*
Erin Joyce, *Baker University*
Josy McGinn, *Syracuse University*
Lydie Meunier, *University of Tulsa*
Charles Pooser, *University of Louisville*
Jean-Marie Schultz, *University of California, Berkeley*
Patricia Siegel, *SUNY Brockport*
Barbara Vigano, *Mt. San Antonio College*
Catherine Weibe, *University of Oregon*

Finally, we wish to thank Baiba and Mary, who as always have patiently encouraged and supported us during the preparation of this edition. As for Alexander (age 20) and Hilary (age 15), it is with both interest and consternation that they continue watching as the shelf of French books awaiting their use grows longer and longer.

J.D.B.
D.B.R.

Le monde francophone

As the title **Quant à moi...** and the subtitle (**Témoignages des Français et des Francophones**) indicate, this program gives you a variety of perspectives on the many topics you'll be studying. On this page, you can meet for the first time the "witnesses" (**témoins**) from all over the French-speaking world who will be giving you their points of view. You can use the maps located in the **Manuel de classe** to pinpoint their geographical location.

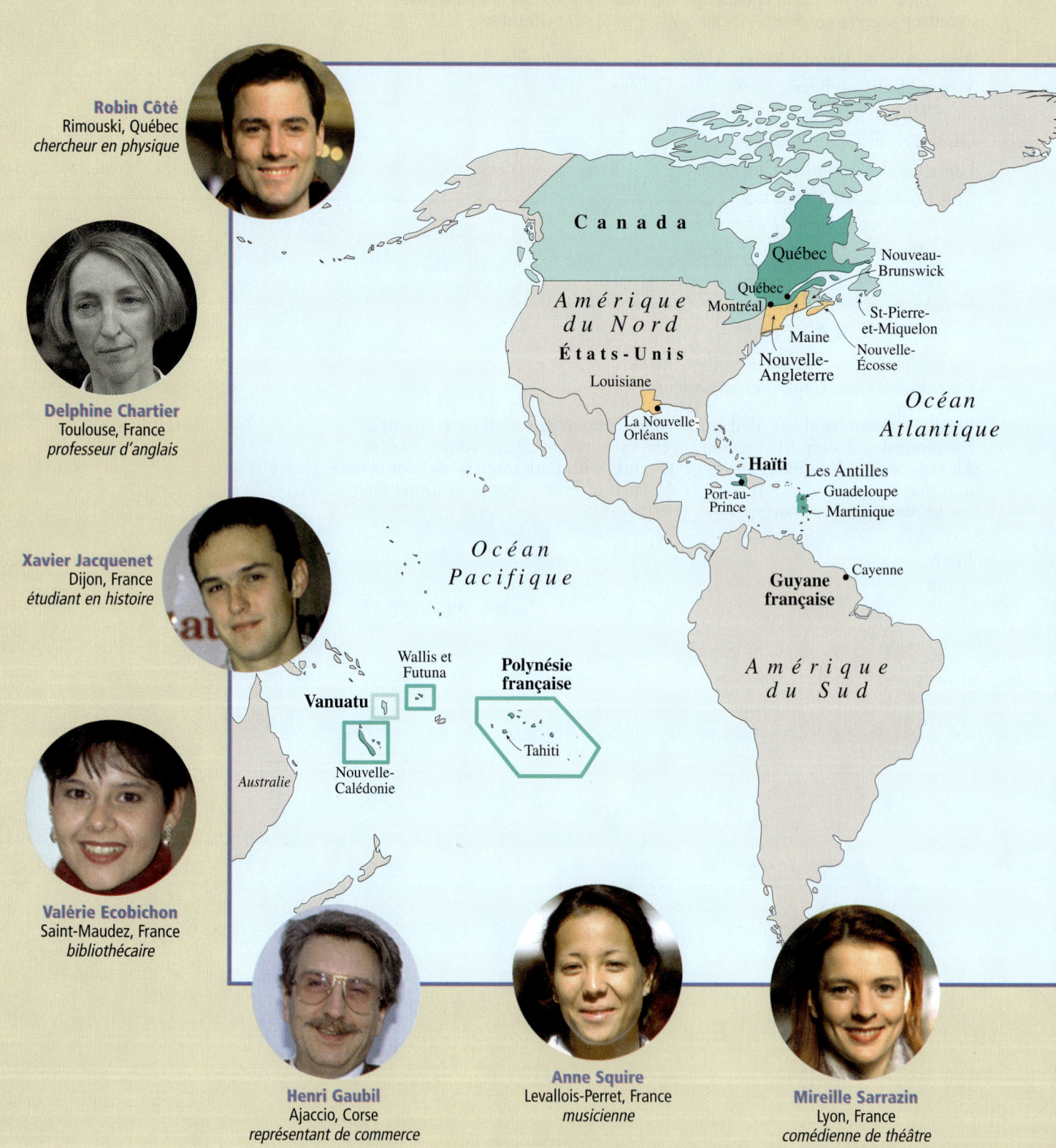

Robin Côté
Rimouski, Québec
chercheur en physique

Delphine Chartier
Toulouse, France
professeur d'anglais

Xavier Jacquenet
Dijon, France
étudiant en histoire

Valérie Ecobichon
Saint-Maudez, France
bibliothécaire

Henri Gaubil
Ajaccio, Corse
représentant de commerce

Anne Squire
Levallois-Perret, France
musicienne

Mireille Sarrazin
Lyon, France
comédienne de théâtre

Dovi Abe
Dakar, Sénégal
fonctionnaire

Philippe Heckly
Asnières, France
ingénieur

Véronica Zein
Savigny-sur-Orge, France
étudiante en droit

Sophie Everaert
Bruxelles, Belgique
psychologue

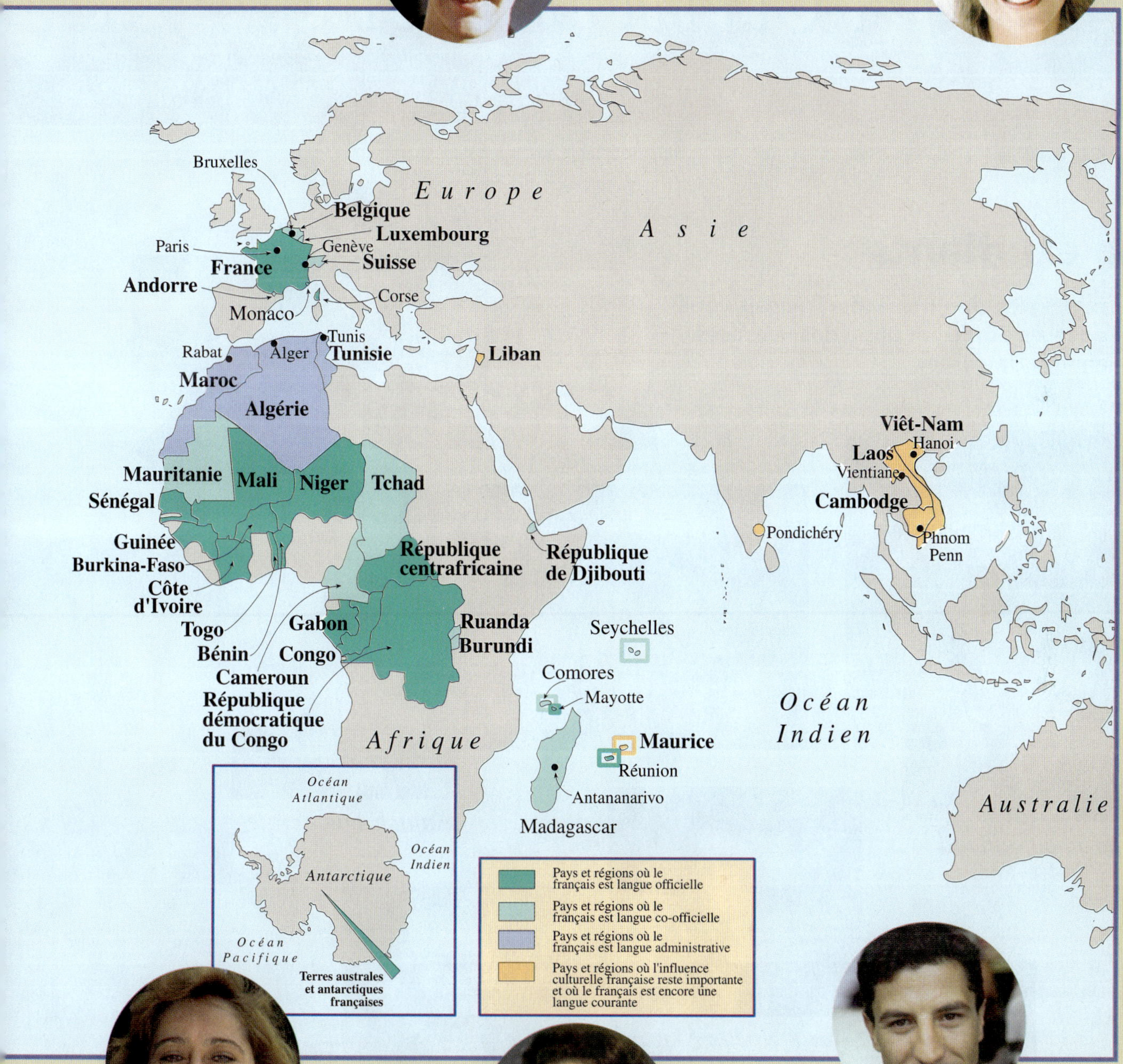

- Pays et régions où le français est langue officielle
- Pays et régions où le français est langue co-officielle
- Pays et régions où le français est langue administrative
- Pays et régions où l'influence culturelle française reste importante et où le français est encore une langue courante

Florence Boisse-Kilgo
Carpentras, France
employée de bureau

Nezha Le Brasseur
Casablanca, Maroc
professeur de sciences naturelles

Djamal Taazibt
Alger, Algérie
professeur de psychologie industrielle

Le monde francophone xiii

Chapitre préliminaire

Suggestion, Cinq étudiants: Have students associate each self-portrait with the appropriate French student on the basis of the photos.

Cinq étudiants

C'est la rentrée et cinq étudiants français vous parlent de leurs études et aussi des vacances qu'ils viennent de passer.

Sylviane Cordin

Annick Ducharme

Jérôme Guilland

Marie-Noëlle Alazard

Sébastien Hamel

C'est la rentrée!

Réponses: Jérôme Guilland = monologue B; Sébastien Hamel = D; Marie-Noëlle Alazard = C; Sylviane Cordin = A; Annick Ducharme = E

A. Bonjour! Je suis en première année à l'université Pierre Mendès-France à Grenoble. Je prépare un DEUG de psychologie. Ce semestre, j'ai deux cours de psychologie, un cours de statistiques et un cours d'anglais. L'été dernier j'ai voyagé dans l'Europe de l'Est avec des copains. Nous avons visité la République tchèque et la Hongrie.

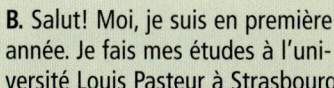
Après les grandes vacances!

B. Salut! Moi, je suis en première année. Je fais mes études à l'université Louis Pasteur à Strasbourg. Je fais des études scientifiques. J'ai des cours de biologie, de physique, de maths et d'allemand. Mes vacances n'étaient pas très intéressantes. J'ai passé tout l'été chez mon oncle en Auvergne.

C. Bonjour! Moi, je suis étudiante à l'université Nancy 2. C'est ma troisième année à l'université (j'ai déjà mon DEUG). Je prépare une licence d'histoire de l'art. Cette année, j'ai des cours d'archéologie, d'art classique et médiéval et aussi d'art moderne. Pendant l'été, j'ai travaillé comme serveuse dans un restaurant sur la plage aux Sables d'Olonne. J'ai beaucoup aimé la plage, mais le travail était assez dur.

D. Bonjour! Moi, je suis en deuxième année à l'université de Toulouse-Le Mirail. Je me spécialise en anglais. J'ai un cours de littérature américaine, un cours de langue anglaise écrite et un cours de langue anglaise orale ainsi qu'un cours de civilisation américaine. L'été dernier j'ai fait un stage dans une maison d'édition à New York. C'était vraiment formidable!

E. Salut! C'est ma deuxième année à l'université Paris X-Nanterre. Je prépare un DEUG d'économie et gestion. Ce semestre, j'ai des cours de microéconomie, de statistiques, de relations internationales et d'espagnol. Pendant l'été j'ai travaillé comme monitrice dans une colonie de vacances près de Montpellier. C'était très amusant!

le DEUG (Diplôme d'Etudes Générales Universitaires) degree after two years of university
la licence more specialized French degree (one year beyond the DEUG)

Objectives

In this chapter, you will learn to:

- introduce yourself to your classmates;
- talk about your vacation;
- talk about the courses you're taking;
- talk about where you're from and where you're living.

Chapter Support Materials (Student)
MP: pp. 1–14
Audio: CD1, Track 2

Syllabus
The minimum amount of time needed to cover the material of the **Chapitre préliminaire** is two class periods. If you have a very large class, it may take somewhat longer for students to get to know each other. In that case, or if you spend a good deal of time on class organization the first day, you may need to extend the preliminary chapter to a third class period.

Chapter Support Materials (Instructor)
Audio: CD1, Track 2
Video: Chapitre préliminaire
Website: http://quantamoi.heinle.com

SUGGESTED LESSON OUTLINE
In this segment, do:
• *Ecoutez!* (Ex. A) ;
• *Parlez!* (Ex. B, C).

Pour communiquer

Ecoutez!

 Audio: CD1, Track 2

Réponses, Ex. A: *Mélodie:* Bordeaux; première; sociologie; sociologie, histoire économique, statistiques, anglais; voyager en Norvège, en Suède et au Danemark / *Cyril:* Dijon; deuxième; administration économique et sociale; histoire, économie, anglais, droit; passer l'été chez ses grands-parents près de La Baule / *Anne:* Lille; deuxième; sciences de la terre; maths, physique, chimie, histoire des sciences; faire un stage dans un laboratoire à Paris

A. Trois étudiants au café. Ecoutez la conversation entre trois étudiants (Mélodie, Anne, Cyril) qui se trouvent sur la terrasse d'un café près de l'université de Bourgogne à Dijon. Ensuite, complétez le tableau en précisant leur ville d'origine, leur année à l'université, leur spécialisation, leurs cours et ce qu'ils ont fait pendant les vacances d'été.

Nom	Ville	Année	Spécialisation	Cours	Vacances
Mélodie					
Cyril					
Anne					

Parlez!

 Ex. B

Réponses, Ex. B: 1. f; 2. d; 3. e; 4. a; 5. g; 6. h; 7. b; 8. c

B. Questions et répliques. Trouvez dans la colonne de droite la meilleure réplique aux questions de la colonne de gauche.

1. Tu t'appelles comment?
2. Tu viens d'où?
3. Tu es en quelle année?
4. Qu'est-ce que tu prépares comme diplôme?
5. Qu'est-ce que tu fais comme études?
6. Qu'est-ce que tu as comme cours?
7. Qu'est-ce que tu as fait cet été?
8. Comment est-ce que tu as passé les vacances?

a. Je prépare un DEUG d'allemand.
b. Rien d'intéressant.
c. J'ai travaillé pour mon oncle.
d. Je suis de Rennes.
e. En troisième année.
f. Moi, c'est Jean-Pierre.
g. Je suis en philosophie.
h. J'ai latin, grec et espagnol.

Pour mieux vous exprimer

Demander et donner le nom de quelqu'un

Tu t'appelles comment? Moi, c'est...
Comment tu t'appelles? Je m'appelle...

Demander et dire d'où on vient

Tu viens d'où? Je viens de...
Tu es d'où? Je suis de...

4 *Quant à moi...* ■ Manuel de classe

Demander et dire ce qu'on fait comme études

Qu'est-ce que tu prépares comme diplôme?	Je prépare un diplôme de (maths).
Qu'est-ce que tu fais comme études?	Je fais des études de (droit).
Tu es en quelle année?	Je suis en première (deuxième,...) année.
Qu'est-ce que tu as comme cours?	J'ai un cours de... (des cours de...).
Quels cours (est-ce que) tu as?	J'ai (littérature espagnole,...)

Demander et dire ce qu'on a fait pendant les vacances

Qu'est-ce que tu as fait pendant les vacances?	Moi, je suis allé(e)...
	Rien d'intéressant.
Comment est-ce que tu as passé les vacances?	Moi, j'ai passé (un mois) à...
	J'ai travaillé chez (avec, pour...)
	J'ai rendu visite à...
	J'ai voyagé en (au) (à) ...
	Je suis resté(e) ici.

Présenter quelqu'un

(Mike), je te présente (Judy). (Judy, Mike).
(Monsieur... / Madame...), je vous présente (Alex).

C. Faisons connaissance! Posez des questions à un(e) camarade de classe afin de vous renseigner sur: Ex. C

1. sa ville d'origine
2. son année à l'université
3. sa spécialisation
4. ses cours
5. ce qu'il/elle a fait pendant les vacances

D. Faisons connaissance! (suite) Faites le tour de la classe en vous présentant aux autres étudiants et en vous renseignant sur leur ville d'origine, leur année à l'université, etc. Ex. D

Suggestion, Ex. D: If you wish, have students circulate in pairs. When they meet another pair, they will make appropriate introductions and then proceed to find out personal information. To encourage students to speak as much as possible, you may wish to choose four students to model the exercise in front of the class. As they talk, you can intervene so that their conversation more closely resembles the conversation on the Audio CD (Ex. A).

At some point, interrupt and tell students to take notes on what they are learning in preparation for Ex. E.

E. Faisons des présentations. Présentez à la classe un(e) des étudiant(e)s avec qui vous avez parlé (Ex. D). Donnez tous les renseignements que vous avez appris.

SUGGESTED LESSON OUTLINE

Students assigned *A faire! (CP-1)* have:
• reviewed the present tense of commonly used verbs;
• done a writing activity with the vocabulary of university studies.
• Exercise IV was not self-correcting.

In this segment, do:
• **Parlez!** (Ex. D and E);
• **Perspectives culturelles** (Ex. F, G, H);
• **Vidéo** and the video activities.

Do *A faire! (CP-1)* on page 2 of the **Manuel de préparation**.

Chapitre préliminaire ■ *Pour communiquer* **5**

Perspectives culturelles

Les stéréotypes

Les Américains sont-ils tous matérialistes et superficiels? Les Français sont-ils tous distants et intellectuels? Les stéréotypes sont-ils faux? Ont-ils une part de vérité? Comment peut-on parler des gens qui viennent d'une autre culture?

Des Français à Paris

Des Américains à New York

Ex. F

Follow-up, Ex. F: When each group has put its list on the board, have students give examples that either debunk or support the stereotype. If a stereotype is invalidated, delete it from the list. For example, if the word **travailleur** is on a list, students may talk about the 40+ hour work week, the fact that many people have more than one job, that many keep working even on vacation, that most Americans have only two weeks of vacation (as opposed to the five weeks in France), etc. These types of examples might support the statement **Les Américains sont travailleurs.** On the other hand, if the word **ouvert** appears on a list, some students may object by citing segregated housing, racial discrimination in certain places and jobs, etc. By the time you're done, you should be left with a short list of words that seem to have some validity as generalizations. However, point out to students that many exceptions always exist for any statement.

Ex. G

Ex. H

Suggestion, Ex. H: Since students can probably identify stereotypes about the French without having the knowledge to debunk or support these notions, Ex. H asks them only to identify the stereotypes and to put them in question form. If you wish, you can read some of the questions to the whole class and then you can debunk or lend validity to these ideas.

○ Do *A faire! (CP-2)* on page 12 of the **Manuel de préparation.**

F. Des stéréotypes qui caractérisent les Américains? Avec vos camarades de classe, mettez en commun les mots que vous avez encerclés dans l'Exercice V du **Manuel de préparation.** Lesquels des mots sur votre liste semblent contenir une part de vérité en ce qui concerne les Américains? Quand vous aurez terminé votre discussion, écrivez ces mots au tableau.

G. Et les valeurs? En vous basant sur les choix que vous avez faits dans l'Exercice VI du **Manuel de préparation,** mettez-vous d'accord avec vos camarades sur les trois valeurs les plus importantes qui caractérisent la société américaine. Soyez prêts à expliquer (avec des exemples) pourquoi vous avez mis l'accent sur ces trois valeurs.

Modèle: —A mon avis, une des valeurs les plus importantes, c'est la réussite matérielle. Ici, aux Etats-Unis, tout le monde veut vivre dans le confort. On veut une grande maison, une ou plusieurs voitures et beaucoup d'autres objets matériels. On a beaucoup de respect pour les gens qui ont beaucoup d'argent.
—Je suis d'accord. La réussite matérielle est beaucoup plus importante que l'honneur ou la justice ou même l'égalité. Vous vous rappelez l'affaire Enron?
—C'est vrai. Mais en même temps il y a beaucoup de gens pour qui le respect de l'individu est plus important que la réussite matérielle. Par exemple, mon oncle...

H. Comment sont les Français? Identifiez les stéréotypes que vous avez à propos des Français et mettez-les sous forme de questions écrites que vous pourrez poser à votre professeur.

Modèle: anti-Américains
Est-ce que les Français sont vraiment anti-Américains?

6 *Quant à moi...* ■ Manuel de classe

Première *partie*

Chapitre 1
Allons voir les Français et les Francophones... chez eux!

Chapitre 2
Allons voir les Français et les Francophones... à table!

Chapitre 3
Allons voir les Français et les Francophones... aux heures de loisir!

Chapitre 1

Les Guides

Colin Doumba
- né à Douala, Cameroun
- habite actuellement à Toulouse, France
- travaille pour une société aérospatiale

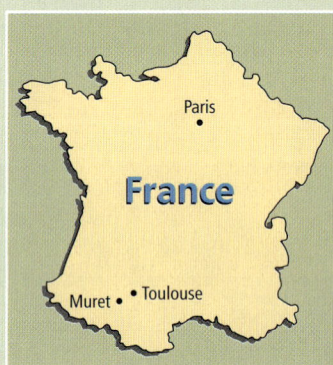

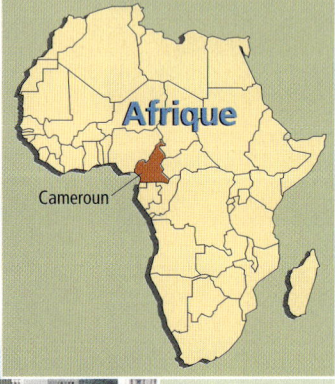

Françoise Séguin
- née à Muret, une petite ville non loin de Toulouse
- habite actuellement à Toulouse
- travaille avec Colin

La ville natale de Colin au Cameroun

La maison natale de Françoise, à 20 km au sud-ouest de Toulouse

Allons voir les Français et les Francophones...
chez eux!

Basilique Saint-Sernin, Toulouse

Vue de Toulouse

Objectives

In this chapter, you will learn to:

- describe housing, things, and people;
- talk about relationships between people and space;
- talk about your surroundings;
- express comparisons;
- interview someone;
- write up an interview.

Chapter Support Materials (Student)
MP: pp. 17–62
Audio: CD1, Tracks 3–18

Syllabus
The minimum amount of time needed to cover the material of **Chapitre 1** is seven class periods.

Chapter Support Materials (Instructor)
Audio: CD1, Tracks 3–18
Video: Chapitre 1
Test Bank: Chapitre 1
Website: http://quantamoi.heinle.com

Documents déclencheurs

Françoise Séguin
«Bonjour! Mon collègue Colin et moi serons vos guides pour votre étude des attitudes des Français à propos de leur milieu et de leur logement.»

Colin Doumba
«Oui, et pour apprendre où et comment vivent les gens en France et dans le monde francophone, vous allez entendre trois Français et une Marocaine vous parler de leurs logements.»

Evolution de la population française
(en millions d'habitants)

Année	Population
1800	28,7
1850	36,4
1900	40,6
1939	41,3
1998	58,7
2025*	61,7
2050*	59,9

*Projections de l'ONU (Organisation des Nations Unies)

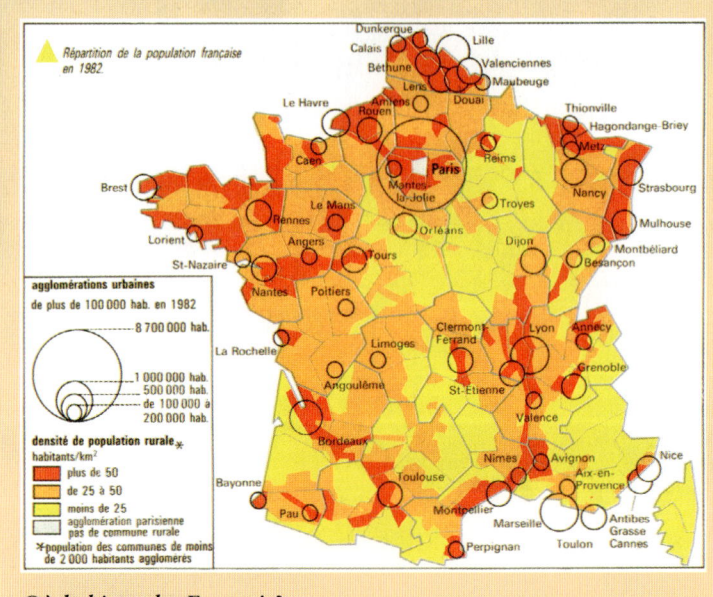

Où habitent les Français?

- Plus de la moitié des Français habitent dans les grandes villes (agglomérations) de plus de 200 000 habitants. Ils vivent dans des immeubles ou dans des maisons.
- Un Français sur quatre habite à la campagne. Beaucoup de ces Français habitent des villages et travaillent dans des villes voisines.
- En France, il y a certaines régions qui sont très peu peuplées. C'est le cas, par exemple, de la Champagne.
- Vingt pour cent de la population française (un Français sur cinq) vit dans la région parisienne.
- Dans l'agglomération parisienne, presque la moitié des résidences principales sont occupées par une personne seule avec, souvent, un chat ou un chien.
- Les quatre zones les plus peuplées de la France sont 1) la région parisienne, 2) la région lyonnaise, 3) le Nord-Pas-de-Calais, 4) la Lorraine (région du nord-est).

SUGGESTED LESSON OUTLINE
In this segment, do:
- Documents déclencheurs (Ex. A, B, C, D);
- Témoignages (Ex. E, F);
- Perspectives culturelles (Ex. G, H).

10 *Quant à moi…* ■ Manuel de classe

A vendre en Bretagne

MERCURE BRETAGNE PAYS DE LOIRE BASSE NORMANDIE
35740 PACE
℡ : 02.99.85.25.00 Fax : 02.99.85.25.98

A 20 MINUTES DE RENNES: et à proximité d'une petite cité de caractère, **BELLE DEMEURE DU XVIIEME SIECLE**, offrant une surface habitable de 300 m² en 7 pièces principales sur 2 niveaux. 2 belles réceptions comportant chacune cheminée et vaisselier. 4 chbs. Piscine intérieure. Dépendance. Parc de 1,5 hect avec étang. Belle rénovation. Réf.BLN370 **358 865 €**

A vendre à Morillon

IMMOVAC - MORILLON
℡ : 04 50 90 14 61 - Fax : 04 50 90 72 81

MORILLON
appartement tt confort dans petit village. Accès télé-cabine rapide. Deux chambres, séjour avec coin cuisine, salle de bains et toilettes séparées. Terrasse. Exposition plein sud, sans vis à vis. Casier à skis et cave.
63.760€

A vendre à Paris

11E METRO OBERKAMPF 116Z46
Jolie maison de ville, intérieur style loft, refait à neuf, sur cour pavée et fleurie, 2 chbres + 1 grand séjour. Possibilité terrasse, calme et clair.
440 000 €

A vendre dans le Gers

immobilier bragato
CAMPG 32500 FLEURANCE
SAN MARTINO David ℡ : 05 62 06 15 49

GERS: Bienvenue en Lomagne, tranquille, bien exposée, de bons volumes, une belle vue, cette maison de campagne n'attend plus que vous pour se faire restaurer avec soins. Possibilité de plus de 6 chambres, dépendance non attenante, terrain de plus de 3.000m². **115 900 €** (760 250 F) Réf: 575

A vendre à Toulouse

- 30231 Rare dans un écrin de verdure, au cœur de Toulouse (Quartier Guilhemery). "Les Roses De Blanches Odin" vous proposent 9 toulousaines avec jardins privatifs clôturés, 11 appartements du T3 au T5 avec grandes terrasses ou jardins privatifs. Une qualité de vie exceptionnelle, avec piscine, parking, vidéo surveillance, chauffage gaz, ascenseur.
LGB Immobilier
05 61 06 11 12

Prestations haut de gamme
ENCORE DISPONIBLE
Appartements
• RDC avec jardin :
  T3 : 130 649 €
  T4 : 167 085 €
• Duplex avec jardin :
  T4 : 203 520 €
• Etage :
  T3 : 168 761 €
  T4 : 238 125 €
Villas
T4 à partir de 155 498 €
T5 à partir de 236 601 €
frais notaire inclus.

Lisez!

A. Qu'est-ce que vous avez appris? Lisez les phrases suivantes et décidez si elles sont vraies ou fausses selon les renseignements donnés dans les **Documents déclencheurs**. Si une phrase est fausse, corrigez-la.

1. L'agglomération de Lyon est plus peuplée que l'agglomération de Paris.
2. Plus de 50% des Français habitent dans les villes de plus de 200 000 habitants.
3. En 2050, la France sera plus peuplée qu'en 2025.
4. Amiens et Toulouse sont des villes de 100 000 à 200 000 habitants.
5. Beaucoup de Français qui vivent dans les petits villages travaillent dans les villes d'à côté.
6. Un quart de la population française habite dans la région de Paris.
7. La région de la Champagne est moins peuplée que la Lorraine.

Réponses, Ex. A: 1. Faux. L'agglomération de Lyon est moins peuplée que l'agglomération de Paris. (L'agglomération de Paris est plus peuplée que l'agglomération de Lyon.); 2. Vrai. 3. Faux. Selon les projections de l'ONU, la France sera moins peuplée en 2050 qu'en 2025. 4. Faux. La ville de Toulouse est plus grande qu'Amiens. Amiens est une ville de 100 000 à 200 000 habitants; Toulouse est une ville de 500 000 habitants. 5. Vrai. 6. Faux. Vingt pour cent (Un cinquième) des Français vivent dans la région parisienne. 7. Vrai.

Suggestion, Ex. B: Give students the opportunity to earn extra credit if they select one of the places in the ads and find out some interesting facts about the location. If time permits, they can present their findings to the class in French. If not, you can ask them to write it up in their own words (in French).

B. Ils cherchent une résidence secondaire. *(They're looking for a second home.)* Les personnes suivantes viennent d'hériter *(inherit)* de grosses sommes d'argent. Elles peuvent donc réaliser leur rêve d'acheter une résidence secondaire où elles vont passer leurs vacances. Selon les descriptions qu'elles donnent à l'agent immobilier, décidez quelle maison des **Documents déclencheurs** serait parfaite pour chaque individu.

Gaëlle Perrin

1. Ma résidence principale est dans la banlieue de Lille et je cherche un appartement dans une région de la France avec un climat plus agréable que notre climat du nord. J'aimerais avoir au moins trois chambres (une chambre pour moi, une chambre pour ma fille et une chambre d'amis). Je n'aime pas tellement la montagne. Je préfère un climat chaud et l'ambiance d'un quartier urbain intéressant. Je ne veux pas payer plus de 180 000 euros.

Marcel Sautour

2. Je suis né et j'habite toujours en centre-ville de Marseille, en Provence. Mon rêve, c'est d'avoir un petit appartement où je peux aller quand il fait trop chaud chez moi. J'aimerais aussi apprendre à faire de l'alpinisme et je cherche donc plutôt un paysage montagneux. Je veux surtout trouver une ambiance qui est plus tranquille et moins stressante que la vie urbaine.

Tom et Maryse Morlet

3. Nous habitons à Paris et nous cherchons une maison plutôt vieille que nous pouvons rénover peu à peu. Nous aimons tous les deux bricoler et nous préférons être à la campagne. Il nous faut une maison assez grande parce que nous avons trois enfants. Et, d'ailleurs, nos enfants aimeraient bien avoir une piscine. Nous aimerions être assez près d'une ville pour faire nos courses.

Réponses, Ex. B: 1. Un des appartements dans «Les Roses de Blanches Odin» à Toulouse. 2. L'appartement à Morillon. 3. La maison en Bretagne, près de Rennes. 4. La maison de campagne dans le Gers.

Danielle et Jacques Chalemel

4. Nous habitons dans un appartement à quelques kilomètres à l'ouest de Lyon et notre rêve, c'est de trouver un coin calme à la campagne. Nous sommes prêts à payer entre 100 000 et 150 000 euros pour une maison qui a besoin de rénovations. Nous allons bientôt prendre notre retraite et nous aurons donc le temps de nous en occuper.

Réponse: La maison à Paris: Gaëlle Perrin cherche un appartement, non pas une maison, dans une région où il fait chaud. / Marcel Sautour préfère un paysage montagneux parce qu'il veut faire de l'alpinisme. / Tom et Maryse Morlet habitent déjà à Paris. / Danielle et Jacques Chalemel ne veulent pas payer plus de 150 000 euros pour leur résidence secondaire. / En général, la maison à Paris est assez petite et elle coûte très cher.

▶ Quel logement des petites annonces n'intéresse personne? Trouvez les raisons pour lesquelles ce logement ne correspond pas aux rêves des individus qui cherchent une résidence secondaire.

Quant à moi… ■ Manuel de classe

C. C'est quel logement? Associez chaque description à un des logements dans les photos.

1. Comme environ 15 millions de personnes en France, la famille Huguet est logée dans une HLM (une habitation à loyer modéré) dans un grand ensemble (groupement de très grands immeubles) à la périphérie d'une ville. Monsieur Huguet a un salaire très modeste et sa femme ne travaille qu'à mi-temps comme vendeuse dans un magasin. Ils habitent au 10e étage d'un des immeubles (un bâtiment [un building] avec beaucoup d'appartements).

2. Hélène est l'héritière de la maison de ses parents. Avec son mari Yvan, elle s'est donc installée dans cette maison au centre-ville. C'est une vieille maison à deux étages qui date de la fin du XVIIIe siècle. La maison est dans un quartier où il y a tout: magasins, restaurants, théâtres, cinémas… enfin tout pour faciliter la vie d'un jeune couple actif qui aime s'amuser.

3. Thierry est étudiant en médecine. Sa famille habite assez loin de l'université et Thierry a donc décidé de prendre une chambre dans la résidence universitaire (un bâtiment où habitent les étudiants). Sa résidence est un bâtiment assez laid et très ordinaire. Mais la chambre de Thierry est bien aménagée (arrangée) et confortable.

4. Véronique et ses parents habitent dans un pavillon (une maison individuelle dans la banlieue d'une grande ville). Très souvent, un pavillon a un petit jardin. Il peut y avoir un étage et parfois aussi un sous-sol.

5. Les Buthier sont agriculteurs en Franche-Comté et ils habitent dans une ferme. Ils cultivent des légumes et ils ont quelques vaches et cochons. Leur ferme est assez grande, les murs sont en pierre pour protéger contre le froid de l'hiver et la maison est entourée de champs.

6. Marie-Josée a un studio dans un vieil immeuble au centre-ville. C'est un très bel immeuble qui date du XVIIe siècle. Le studio de Marie-Josée est au rez-de-chaussée. Elle a une grande pièce avec deux fenêtres. La pièce est bien aménagée et confortable. Il y a un lit (qui sert de sofa pendant la journée), une table avec quatre chaises, un fauteuil, un téléviseur, quelques plantes vertes et, aux murs, des posters de chanteurs célèbres. Il y a aussi un coin-cuisine où Marie-Josée prépare ses repas.

Réponses, Ex. C: 1. b; 2. f; 3. d; 4. a; 5. e; 6. c

Follow-up, Ex. C: Embedded in Ex. C (in parentheses) are definitions of different types of housing. Once students have matched the descriptions to the photos, you can then randomly read definitions and ask them to come up with the correct words.

a.

b.

c.

d.

e.

f.

Chapitre 1 ■ *Documents déclencheurs*

Témoignages

«Où est-ce que vous habitez?»

Ex. D

Follow-up, Ex. D: After students have worked in pairs or groups, ask questions to determine where and in what type of lodging students tend to live. If you wish, you can ask a spokesperson for each group to report back to the class (e.g., **Moi, j'ai une chambre à la résidence universitaire; Mark habite dans un appartement au centre-ville; Susan habite chez ses parents en banlieue.**).

Audio: CD1, Tracks 3–6

Suggestion, Ex. E: Have students listen to each segment once without looking at the exercise. Then have them listen again while, at the same time, doing the exercise items. (Make sure they understand the task before they listen.) Finally, have them listen again to verify their answers. Then go over the answers with them. Once you've completed each segment, and if time permits, you can play all of the segments without interruption to demonstrate to students how much they now understand about what is being said. You can also follow up with more general comprehension questions, such as the following: **Combien des personnes interrogées habitent dans une maison? Combien dans un immeuble? Combien habitent en France? Qui n'habite pas en France? Où habite-t-il/elle? Qui habite dans la région de Paris? Qui habite en Bretagne? Qui habite à Lyon? Qui habite au bord d'un fleuve? Qui habite le plus vieil immeuble? Quelles autres différences avez-vous remarquées entre les quatre témoins en ce qui concerne leur logement et le milieu dans lequel ils vivent?**

D. A vous d'abord! Posez les deux questions à vos camarades afin de vous renseigner sur leur logement.

1. Où est-ce que tu habites (vous habitez)? (Dans quelle partie de la ville?)
2. Dans quel type de logement est-ce que tu habites (vous habitez)?

Ecoutez!

E. Les témoins vous parlent. En écoutant quelques Français et francophones vous parler de leur logement, faites ce qu'on vous demande de faire.

Mireille Sarrazin
Lyon, France

Vocabulaire utile
au bord de la Saône *(on the banks of the Saône river)*, **piétonnier** *(pedestrian)*, **moyenâgeux** *(of the Middle Ages)*, **étroites** *(narrow)*, **dehors** *(outside)*, **artisanales** *(artisan, crafts)*, **la vie nocturne** *(nightlife)*

1. Complétez l'interview en ajoutant les mots qui manquent. Utilisez une autre feuille de papier.

   —Bonjour, Madame.
   —Bonjour, Madame.
   —Comment vous appelez-vous?
   —Mireille Sarrazin.
   —Et quel âge avez-vous?
   —_____ ans.
   —Où est-ce que vous habitez?
   —J'habite à Lyon.
   —Dans quel type de _____?
   —Dans un _____ au bord de la Saône.
   —Est-ce que vous pouvez décrire un peu le _____ où vous habitez?
   —J'habite dans le vieux Lyon. Donc c'est le plus _____ quartier de Lyon. C'est un quartier assez intéressant _____... une partie... même la majorité du quartier est piétonnier. C'est un quartier moyenâgeux, avec des _____ très étroites, où il y a une vie dehors, où il y a _____ restaurants. Il y a beaucoup de petites _____ artisanales aussi, et c'est un quartier où il y a une _____ nocturne assez importante.

Vocabulaire utile
épeler *(spell)*, **une ferme** *(farmhouse)*, **une maison d'habitation** *(main house)*, **en pleine nature** *(out in nature)*, **dans la campagne** *(in the countryside)*

Valérie Ecobichon
Saint-Maudez, France

14 *Quant à moi...* ■ Manuel de classe

2. Complétez l'interview en ajoutant les questions qui manquent. Utilisez une autre feuille de papier.

—_____?
—Valérie.
—_____?
—Ecobichon.
—_____?
—Oui. C'est E-C-O-B-I-C-H-O-N.
—_____?
—J'habite en Bretagne, dans un petit village qui s'appelle Saint-Maudez.
—_____?
—Oui, c'est S-A-I-N-T et Maudez, c'est M-A-U-D-E-Z.
—_____?
—J'ai vingt-cinq ans.
—_____?
—J'habite dans une grande ferme… Nous avons une grande maison d'habitation en pleine nature dans la campagne. C'est une maison assez longue sur deux étages.
—_____?
—J'habite avec toute ma famille: mes parents, ma grand-mère et mes frères et sœurs.
—_____?
—J'ai un frère et deux sœurs.
—_____?
—Nous sommes assez isolés dans la campagne et le village est à deux kilomètres de chez nous.

Réponses, Ex. E:
1. Trente-neuf / logement / appartement / quartier / vieux / parce que / rues / beaucoup de / boutiques / vie
2. Comment vous appelez-vous, Madame? / Et votre nom de famille? / Vous pouvez épeler votre nom de famille? / Et où est-ce que vous habitez? / Vous pouvez épeler Saint-Maudez? / Et quel âge avez-vous? / Où est-ce que vous habitez, dans quel type de logement? / Avec qui est-ce que vous habitez? / Et combien de frères et sœurs? / Où se trouve votre maison?
3. a. Elle a trente ans. b. Elle habite dans une maison avec un petit jardin. c. C'est un quartier français. d. Le quartier est près de la plage. e. Il faut dix minutes pour aller aux usines.
4. Answers will vary.

Vocabulaire utile

c'est majuscule? (is it capitalized?), **ont été bâties** (were built), **on a été colonisé** (we were colonized), **«Roches Noires»** (literally, Black Rocks; name of the neighborhood), **malheureusement** (unfortunately), **usines** (factories), **en marchant** (on foot), **proche** (close)

Nezha Le Brasseur
Casablanca, Maroc

3. Précisez:
   a. son âge
   b. le logement qu'elle habite
   c. la sorte de quartier qu'elle habite
   d. la situation du logement
   e. le temps qu'il faut pour aller aux usines

Vocabulaire utile

banlieue (suburbs), **cimetière aux chiens** (dog cemetery), **Rin Tin Tin** (American TV dog from the 50s and 60s), **enterré** (buried), **immeuble** (apartment building), **années trente** (thirties), **ascenseur** (elevator), **coude à coude** (close together, literally: elbow to elbow), **escalier** (stairs)

Philippe Heckly
Asnières, France

4. Notez au moins cinq faits que vous avez appris sur Philippe.

F. Une interview. Posez les questions suivantes à un(e) camarade de classe. **Attention:** Utilisez la forme «vous» si la personne que vous interviewez est beaucoup plus âgée que vous.

1. Quel est ton (votre) prénom?
2. Et quel est ton (votre) nom de famille?
3. Tu peux (Vous pouvez) épeler ton (votre) nom de famille?
4. Où habite ta (votre) famille (nom de la ville)? Comment ça s'écrit?
5. Quel âge as-tu (avez-vous)? (**Attention:** Ne pas poser cette question à une personne beaucoup plus âgée que vous!)
6. Où est-ce que tu habites (vous habitez), dans quel type de logement?
7. Où se trouve ton (votre) logement?
8. Tu habites (Vous habitez) seul(e) ou avec d'autres personnes?
9. Comment est le quartier où tu habites (vous habitez)?

Ex. F

Ex. F, Follow-up: If time permits, you can ask students to change partners and recount what they learned to someone else. Or you can ask some of them to report back to the whole class.

Chapitre 1 ■ Témoignages

Perspectives culturelles

Petit test: Où et comment sont logés les Français?

Vrai ou faux?
1. Deux Français sur quatre vivent dans les villes.
2. Plus de 50% des Français habitent une maison individuelle.
3. En France, on ne peut pas être expulsé de sa maison entre le 1er novembre et le 15 mars.
4. Les Français ont rarement une résidence secondaire.
5. Plus de 50% des Français habitent dans les HLM (habitations à loyer modéré).
6. Aujourd'hui, la population rurale n'est que de 15%.
7. 83% de la population française habite à moins de vingt minutes d'un McDonald's.
8. Le rêve de la plupart des Français, c'est d'habiter une maison ou un appartement au centre d'une grande ville.

Quatre des constatations sont vraies; quatre sont fausses. Vous pouvez découvrir les réponses en lisant les textes des **Perspectives culturelles**.

Suggestion, Perspectives culturelles: After summarizing the introductory paragraph, do Ex. G. Then have students work in small groups to do Ex. H.

Réponses, Petit test: 1. Faux. Trois sur quatre vivent dans les villes. 2. Vrai. 56% habitent une maison individuelle. 3. Vrai. 4. Faux. La proportion de Français qui ont une résidence secondaire est la plus élevée d'Europe après la Norvège et la Finlande. 5. Faux. 17% des ménages (15 millions de personnes sur une population totale de 58 millions) sont logés dans des HLM. 6. Vrai. 7. Vrai. 8. Faux. Les Français rêvent d'une maison à la campagne ou dans un quartier calme à la périphérie d'une grande ville.

Se loger en France

En français, le mot «logement» a de nombreuses significations qui varient selon la situation sociale et financière d'un individu. Des HLM (habitations à loyer modéré) au pavillon, à la maison en ville ou à la campagne, chaque personne a sa propre définition du foyer et du «chez soi».

Grands ensembles et pavillons

Habitat urbain ancien
- Plus d'un ménage sur deux est propriétaire de sa résidence principale.
- La surface d'une maison individuelle est en moyenne de 103 m².

Maison de campagne
- La proportion de Français qui disposent d'une résidence secondaire est la plus élevée d'Europe après la Norvège et la Finlande.

La résidence secondaire boudée

Evolution de la proportion de ménages propriétaires d'une résidence secondaire (en %):

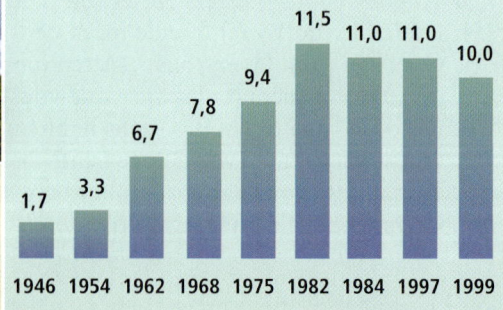

1946	1954	1962	1968	1975	1982	1984	1997	1999
1,7	3,3	6,7	7,8	9,4	11,5	11,0	11,0	10,0

16 *Quant à moi...* ■ Manuel de classe

Maison de village
- A quoi rêvent les Français? D'une maison à la campagne ou dans un quartier calme à la périphérie d'une grande ville.

Lotissements («villages pavillonnaires»)

LE SAVIEZ-VOUS?

Les gens du voyage
- Une loi du 31 mai 1990 oblige les communes de plus de 5 000 habitants à prévoir le passage et le séjour des gens du voyage sur des terrains spécialement aménagés pour eux. La loi les autorise alors à interdire le stationnement sauvage sur le reste de la commune.

Habitations à Loyer Modéré
- Environ 15 millions de personnes (17% des ménages) sont logées dans les Habitations à Loyer Modéré (HLM).
- Les HLM permettent aux personnes qui ont des ressources modestes de se loger à de moindres frais.
- Une grande partie des locataires d'HLM sont ouvriers, employés, personnels de service ou retraités.

Immeuble collectif
- La surface d'un appartement est aujourd'hui en moyenne de 66 m^2.

une HLM (une habitation à loyer modéré) low-income (affordable) housing
un pavillon suburban house
la campagne country(side)
le foyer home
un grand ensemble complex of high-rise apartment buildings
un ménage family, household
en moyenne on the average
la plus élevée the highest
un lotissement housing development (subdivision)
dite called
rêvent dream
un quartier neighborhood
loi law
prévoir anticipate
gens du voyage people who travel in campers
terrains pieces of land
aménagés set up
interdire forbid
le stationnement sauvage random parking
à de moindres frais at a lower cost (rent)
locataires renters
ouvriers blue-collar workers
retraités retired people
vivent live
est en baisse is going down
loyer rent
Dans un premier temps At first (In earlier times)
ciblé targeted
le cœur the heart
service au volant drive-through window

Chapitre 1 ■ Perspectives culturelles 17

L'Exode rural

75% — 85%
25% — 15%

1850 1870 1890 1910 1930 1950 1970 1982 1990 2000

■ Population Rurale   ■ Population Urbaine

- Trois Français sur quatre vivent dans les villes.
- Un Français sur cinq habite dans la région parisienne.
- 56% des Français habitent une maison individuelle contre 48% en 1992.
- 54,7% des Français sont propriétaires de leur résidence principale.
- La mobilité résidentielle est en baisse.
- En moyenne, il y a 2,4 personnes par logement.
- En moyenne, 5,6% des logements en France sont vacants.
- 41% des Français sont locataires de leur logement.
- Il y a, en moyenne, 4 pièces par logement.

LE SAVIEZ-VOUS?

En France, si on ne paie pas son loyer, on peut être expulsé de son domicile. Mais la loi interdit l'expulsion entre le 1er novembre et le 15 mars parce qu'il risque de faire trop froid!

Un McDo, vite!

83% de la population habite à moins de vingt minutes d'un McDonald's (en jaune sur la carte). Ce sont évidemment les zones les plus peuplées, à proximité des villes. Dans un premier temps, l'entreprise américaine avait ciblé le cœur des grandes agglomérations et les centres commerciaux. Mais, depuis dix ans, McDo a réussi à s'implanter dans les villes moyennes, en multipliant les «McDrive» (service au volant) à la périphérie des agglomérations.

Source: *Francoscopie*, Larousse 2001.

G. Qu'est-ce que vous avez appris? Lisez les documents, puis complétez chaque affirmation en choisissant la réponse correcte.

1. La surface d'une maison individuelle est en moyenne de
   a. 203 m².
   b. 103 m².
   c. 303 m².
   d. 93 m².

2. Depuis 1982, la proportion de ménages propriétaires d'une résidence secondaire
   a. augmente.
   b. reste au même niveau.
   c. diminue.

3. En France, plus de 50% des ménages sont propriétaires
   a. de leur résidence principale.
   b. d'un appartement dans une HLM.
   c. d'une maison à la campagne.
   d. d'une résidence secondaire.

4. Un lotissement est
   a. une concentration de pavillons qui se ressemblent.
   b. un ensemble de grands immeubles.
   c. un centre industriel.
   d. un centre sportif.

5. La surface d'un appartement en France est en moyenne de
   a. 66 m².
   b. 76 m².
   c. 86 m².
   d. 96 m².

6. Une grande partie des locataires d'HLM sont
   a. des profs d'université.
   b. des militaires.
   c. des gens avec beaucoup d'argent.
   d. des ouvriers, des employés, des retraités.

7. En France, si on ne paie pas son loyer, on ne peut pas être expulsé
   a. en été, quand il fait trop chaud.
   b. le week-end.
   c. pendant les mois où il fait froid.
   d. si on a des enfants.

8. La zone la plus peuplée de France est
   a. l'agglomération de Lyon.
   b. l'agglomération de Paris.
   c. l'agglomération de Bordeaux.
   d. l'agglomération de Marseille.

Réponses, Ex. G: 1. b; 2. c; 3. a; 4. a; 5. a; 6. d; 7. c; 8. b

H. Le logement: les Etats-Unis et la France. Regardez les statistiques sur les Etats-Unis ci-dessous et faites les comparaisons indiquées selon ce que vous avez appris sur la France dans les **Perspectives culturelles**.

Aux Etats-Unis...
- 66,2% des ménages sont propriétaires de leur résidence principale.
- le nombre de personnes par logement (propriétaires) est en moyenne de 2,62.
- le pourcentage de logements vacants est de 9%.
- 33,8% des Etasuniens sont locataires de leur logement.
- il y a en moyenne 5,9 pièces par logement.
- dans les années 50, la mobilité résidentielle était de 20%; entre 1997 et 1998, la mobilité résidentielle était de 16%.

1. Est-ce que le nombre de personnes par logement est plus ou moins élevé en France qu'aux Etats-Unis?
2. Est-ce que le pourcentage de logements vacants est plus ou moins élevé aux Etats-Unis qu'en France?
3. Est-ce que les logements en France sont plus ou moins spacieux que les logements aux Etats-Unis?
4. Est-ce que le pourcentage de locataires est plus ou moins élevé en France qu'aux Etats-Unis?
5. Est-ce que le pourcentage de propriétaires est plus ou moins élevé en France qu'aux Etats-Unis?

Ex. H

Ex. H: The statistical information in this exercise contains the noun **Etasunien** (without the **t** of **Etats-Unis**). Increasingly, the French press and the Internet have adopted this noun (as well as the adjective **étasunien[ne]**) to refer to people from the U.S. and to replace **Américain(e)**, which more accurately refers to anyone from North, Central, or South America.

Réponses, Ex. H: 1. Le nombre de personnes par logement est moins élevé en France (2,4 par logement) qu'aux Etats-Unis (2,62). 2. Le pourcentage de logements vacants est plus élevé aux Etats-Unis (9%) qu'en France (5,6%). 3. Les logements en France sont, en moyenne, moins spacieux (4 pièces par logement) qu'aux Etats-Unis (5,9 pièces par logement). 4. Le pourcentage de locataires est plus élevé en France (41%) qu'aux Etats-Unis (33,8%). 5. Le pourcentage de propriétaires est moins élevé en France (54,7%) qu'aux Etats-Unis (66,2%).

Follow-up, Perspectives culturelles: Now that you've established that students understand the factual information, you can ask them some thought-provoking questions about the material, either in English or in French. For example, you can ask what they think about McDonald Corporation's strategy to implant itself everywhere in France (i.e., is this just good business?).

Do **A faire (1-1)** on page 18 of the **Manuel de préparation**.

Contrôle des connaissances
L'accord des adjectifs; Le comparatif

SUGGESTED LESSON OUTLINE

Students assigned *A faire! (1-1)* have:
- reviewed adjective agreement and the comparative;
- worked with the vocabulary to describe housing;
- listened again to the **Témoignages.**
- Ex. VII and IX were not self-correcting.

In this segment, do:
- **Contrôle des connaissances** (Ex. I, J, K, L);
- **Pour parler de son environnement** (Ex. M);
- **Pour communiquer** (Ex. N, O, P).

Rappel

L'accord des adjectifs (formes régulières)

au singulier

masculin	féminin
grand	grand**e** = forme masculine + **e**
rouge	roug**e** = les deux formes sont les mêmes

au pluriel

singulier	pluriel
grand / grande	grand**s** / grande**s** = formes singulières + **s**
rouge / rouge	rouge**s** = formes singulières + **s**

Ecoutez!

Audio: CD1, Track 7

Réponses, Ex. I: 1. grande; 2. monotone; 3. optimiste; 4. impatient; 5. bruyante; 6. délabrés; 7. fermée; 8. sombre; 9. propre; 10. française

I. Des précisions. Répondez aux questions selon ce que vous entendez (n'oubliez pas l'accord des adjectifs). Ensuite, justifiez vos réponses avec les raisons données dans les descriptions sur le CD.

Modèle: **Vous entendez:** Le prof est très marrant. Il nous raconte des histoires amusantes et nous faisons des jeux pour apprendre les maths.

Question: le cours de maths (monotone? intéressant?) Expliquez.

Vous dites: *Le cours de maths est intéressant parce que le prof raconte des histoires amusantes et parce qu'il utilise des jeux pour faire apprendre les maths.*

1. la maison (petite? grande?) Expliquez.
2. le film (intéressant? monotone?) Expliquez.
3. Sarah (optimiste? pessimiste?) Expliquez.
4. le prof (patient? impatient?) Expliquez.
5. la résidence universitaire (calme? bruyante?) Expliquez.
6. les bâtiments (délabrés? rénovés?) Expliquez.
7. la bibliothèque (ouverte? fermée?) Expliquez.
8. l'appartement (ensoleillé? sombre?) Expliquez.
9. chambre (propre? sale?) Expliquez.
10. Vanessa (française? américaine?) Expliquez.

Rappel

L'accord des adjectifs (formes irrégulières)

au singulier

masculin	féminin	masculin	féminin
premier	première (-**er** devient -**ère**)	beau	belle
bon	bo**nne** (-**n** devient -**nne**)	nouveau	nouvelle
délicieux	délici**euse** (-**eux** devient -**euse**)	vieux	vieille
violet	viol**ette** (-**et** devient -**ette**)	blanc	blanche
secret	secr**ète** (-**et** devient -**ète**)	long	longue
traditionnel	traditio**nnelle** (-**el** devient -**elle**)	frais	fraîche
sportif	sporti**ve** (-**f** devient -**ve**)		

au pluriel

- Pour la plupart des adjectifs, ajoutez -**s** aux formes singulières.
  - bleu — bleu**s**
  - nouvelle — nouvelle**s**
  - sportif — sportif**s**
  - curieuse — curieuse**s**

- Les adjectifs singuliers en -**s** ou -**x** ne changent pas au pluriel.
  - vieux — vieux
  - mauvais — mauvais
  - frais — frais

J. Des descriptions. Utilisez au moins un des adjectifs donnés pour décrire chacune des illustrations.

Adjectifs: beau / bruyant / climatisé / grand / luxueux / cher / délicieux / neuf / refait / vieux / frais / blanc / délabré / abstrait

Modèle: *La maison est délabrée.*

1.
2.
3.
4.
5.
6.
7.
8.

Rappel

Le comparatif

- *supériorité*   plus + adjectif + que

  Il est **plus** beau **que** son frère.

  Ce chocolat est **bon**. Ce chocolat est **meilleur que** ces bonbons.
  Ces bonbons sont **bons**. Ces bonbons sont **meilleurs que** ce chocolat.
  Cette pomme est **bonne**. Cette pomme est **meilleure que** ces poires.
  Ces poires sont **bonnes**. Ces poires sont **meilleures que** ces pommes.

- *infériorité*   moins + adjectif + que

  Tu es **moins** patiente **que** ton ami.

  Cette pomme est **moins** bonne **que** cette poire.
  Ces bonbons sont **moins** bons **que** ce chocolat.

- *égalité*   aussi + adjectif + que

  Je suis **aussi** fatigué **que** toi.

  Cette pomme est **aussi** bonne **que** cette poire.
  Ces bonbons sont **aussi** bons **que** ce chocolat.

K. Des comparaisons. Faites des comparaisons en utilisant les éléments donnés et vos expériences personnelles.

Modèle: vacances (long)
Chez nous, les vacances d'hiver sont plus longues que les vacances d'automne.

1. prof (amusant)
2. film (populaire)
3. ami(e) (sérieux)
4. cours (intéressant)
5. chansons (triste)
6. restaurant (bon)
7. vidéo (ennuyeux)
8. chansons (émouvant)

L. A mon avis… Faites les comparaisons suivantes. Utilisez les adjectifs suggérés pour vous guider. N'oubliez pas l'accord des adjectifs.

1. Comparez deux logements que vous connaissez.

   Adjectifs: agréable / beau / bien situé / bruyant / calme / clair / climatisé / délabré / ensoleillé / facile à entretenir / grand / haut / intime / isolé / luxueux / moderne / petit / pittoresque / privé / propre / sale / solide / sombre / spacieux / tranquille / vieux

2. Comparez deux personnes que vous connaissez.

   Adjectifs: agréable / aimable *(likable)* / ambitieux / amusant / bavard *(talkative)* / bon (en maths, en langues étrangères, etc.) / calme / charmant / énergique généreux / gentil(le) / intelligent / intéressant / marrant / négatif / optimiste / organisé / ouvert / poli / pessimiste / positif / réservé / responsable / sensible *(sensitive)* / sérieux / sociable / sportif / studieux / sympathique

Pour parler...
de son environnement

M. Comment c'est? Faites des descriptions d'après ce que vous voyez sur les photos ci-dessous. Identifiez d'abord le type de logement; faites-en ensuite une petite description (vous pouvez inventer des détails); imaginez enfin l'environnement dans lequel le logement se trouve probablement.

Ex. M

Modèle: *La banlieue de Toulouse*
C'est un pavillon dans la banlieue de Toulouse. Il y a un jardin. La maison est à proximité de quelques magasins et d'un centre commercial. Mais les enfants doivent prendre le car de ramassage (schoolbus) pour aller à l'école. Le quartier est plus calme que le centre-ville, etc.

1. *Paris*

2. *Douala, Cameroun*

3. *Calmoutier, France*

4. *Une maison en Guadeloupe*

Chapitre 1 ■ Pour parler... 23

Pour communiquer

Écoutez!

Audio: CD1, Track 8

Françoise Séguin et son collègue Colin Doumba se parlent un jour au bureau. Elle lui annonce qu'elle va déménager et lui explique pourquoi elle et son mari ont décidé de changer de logement.

«Eh oui, c'est vrai. On va déménager.»

«La maison est moderne, bien construite et très belle. Il y a beaucoup de fenêtres et toutes les pièces sont donc ensoleillées. Il y a même quelques arbres dans le jardin.»

Réponses, Ex. N: 1. Au bureau. 2. Qu'elle va déménager. 3. Jean. 4. Angèle. 5. A cause du prix élevé des rénovations de l'appartement. La maison est plus spacieuse. Il y aura une chambre pour chaque enfant. Il y a un jardin avec des arbres. Il y a un garage. La maison se trouve plus près du travail de Jean. Les écoles ne sont pas loin. C'est un quartier calme et pittoresque. C'est une maison facile à entretenir. Elle est moderne, bien construite, belle et ensoleillée. Elle a beaucoup de fenêtres. Elle est charmante. 6. La maison est dans la banlieue et il faudra plus de temps à Françoise pour arriver au bureau. 7. Ils vont le vendre ou le louer. 8. Il veut se rapprocher du centre-ville et de son travail et il aura besoin de plus de place parce qu'il va se marier.

If you would like to listen again to the conversation between Françoise and Colin, you can work with this listening material on your own, using **CD1, Track 8.**

N. Vous avez compris? Répondez aux questions d'après la conversation entre Françoise et Colin que vous venez d'entendre.

Vocabulaire utile

J'ai entendu dire que… (I heard that…), **déménager** (to move [change residence]), **rénover** (to remodel), **un(e) gosse** (kid [child]), **entretenir** (to keep up / to maintain), **une pièce** (room), **se rapprocher de** (to get closer to), **ça me serait égal** (it wouldn't matter to me)

1. Où a lieu la conversation entre Françoise et Colin?
2. Qu'est-ce que Françoise dit à Colin?
3. Comment s'appelle le mari de Françoise?
4. Comment s'appelle la fiancée de Colin?
5. Pourquoi est-ce que Françoise et son mari ont décidé de déménager?
6. Quel est le seul inconvénient de la nouvelle maison pour Françoise?
7. Qu'est-ce que Françoise et son mari vont faire de leur appartement?
8. Pourquoi est-ce que Colin s'intéresse à l'appartement de Françoise?

Parlez!

Pour mieux vous exprimer

Parler de l'endroit où on veut habiter

parce que + verbe conjugué
pour + infinitif
à cause de + nom

Raisons

avoir trouvé un nouveau job dans une autre région (état, ville, etc.)
avoir plus de place *(space)* (de chambres, etc.)
avoir besoin de plus de place
être plus près (proche) de…
être moins serré(e)(s) *(to be less crowded)*
payer un loyer moins élevé
préférer la nature (le calme, la campagne, la ville, etc.)
préférer vivre (habiter) à la campagne (en ville, près de l'université, etc.)
vouloir une maison (un appartement) plus grand (spacieux, confortable, pratique, etc.)
vouloir être au centre-ville (près des écoles, dans la banlieue, à la campagne, etc.)
vouloir éviter la circulation
vouloir une vie plus calme (tranquille)
vouloir habiter un quartier plus propre (plus intéressant, etc.)
vouloir avoir un jardin (un garage, etc.)
vouloir se rapprocher du travail
vouloir être plus près de la famille
vouloir changer de région
vouloir vivre en pleine nature
la pollution
le bruit
la beauté du paysage
les écoles
la vie sociale
les magasins
les transports publics

O. Parce que… Donnez deux raisons logiques pour lesquelles les personnes suivantes veulent déménager.

Modèle: Patrick Loiseau est marié et il a un studio dans un quartier très bruyant et sale au centre-ville.
  a. Il veut déménager parce qu'*il préfère habiter dans un quartier plus calme.*
  b. Il veut déménager pour *avoir plus de place.*

1. Madame Olnet est en retraite et elle habite dans une énorme maison qui a besoin de beaucoup de rénovations et qui est très loin des magasins. Tous ses amis ont quitté le quartier et se sont installés dans le sud de la France.
  a. Elle veut déménager parce que…
  b. Elle veut déménager pour…

2. Il y a six personnes dans la famille Ricard: Monsieur et Madame Ricard, leurs deux fils et les parents de Madame Ricard. Il n'y a que trois chambres à coucher dans l'appartement des Ricard et, depuis l'arrivée des grands-parents, il n'y a vraiment pas assez de place. Les deux garçons n'aiment pas partager une seule chambre, le living n'est pas assez spacieux et la cuisine est minuscule.
   a. Les Ricard veulent déménager parce que…
   b. Les Ricard veulent déménager pour…

3. Coralie a vingt-trois ans et elle habite chez ses parents. Elle a beaucoup d'amis mais elle hésite à les inviter chez elle parce qu'elle ne veut pas déranger ses parents. D'ailleurs, la maison de ses parents n'est pas très grande. Coralie vient de trouver un très bon job et elle pense donc déménager.
   a. Coralie veut déménager parce que…
   b. Coralie veut déménager pour…

4. Lisa et Antonin viennent de se marier. Lisa vient d'hériter de la maison d'un oncle et le jeune couple habite donc dans cette maison située dans un très petit village. Il leur faut au moins 30 minutes pour aller au travail en voiture tous les matins et il n'y a pas de transports publics du village à la ville où ils travaillent. Ils passent donc au moins une heure sur la route tous les jours. En plus, il n'y a vraiment pas grand-chose au village: pas de magasins ni de cinéma… rien quoi. Lisa et Antonin ont donc décidé de garder la maison au village comme résidence secondaire et de s'installer dans un appartement en ville.
   a. Ils veulent déménager parce que…
   b. Ils veulent déménager pour…

5. Eric est en deuxième année à l'université et il a une chambre dans une résidence universitaire. C'est bien pratique, mais Eric n'a pas de place pour toutes ses affaires. En plus, il ne peut même pas préparer ses propres repas, et il est donc obligé de manger au restaurant universitaire. Un ami lui a proposé de louer un appartement ensemble.
   a. Eric veut déménager parce que…
   b. Eric veut déménager pour…

Ex. P

P. Et vous? Répondez aux questions selon votre situation personnelle.

1. Comment est votre logement? Est-ce que c'est une maison, un appartement, une chambre dans une résidence?
2. Où se trouve votre logement? Est-ce qu'il est en ville? dans la banlieue? à la campagne?
3. Comment est le quartier dans lequel vous habitez? Est-ce qu'il est tranquille? bruyant? isolé?
4. Qu'est-ce qu'il y a dans votre quartier? Qu'est-ce qu'il y a à faire?
5. Imaginez que vous voulez convaincre quelqu'un d'habiter dans l'endroit où vous habitez. Qu'est-ce que vous dites à cette personne pour la convaincre que c'est un endroit très agréable?

Do *A faire! (1-2)* on page 32 of the **Manuel de préparation**.

Fonction
Comment décrire les choses et les personnes (1)

Rappel

La place des adjectifs

C'est une région **pittoresque**.
C'est un **nouvel** ami.
C'est une **belle** cathédrale **gothique**.
Ce sont des enfants **intelligents** et **studieux**.

- Most adjectives are usually placed *after* the noun.
- The following adjectives are usually placed *before* the noun: **grand, vieux, long, beau, autre, petit, nouveau, mauvais, court, joli, jeune.**
- The adjectives **beau, nouveau,** and **vieux** have a special form when they come before a masculine singular noun that begins with a vowel or a mute **h: bel, nouvel, vieil.**

Q. Quatre tableaux *(Four paintings)* de Cézanne. Utilisez les adjectifs et les noms donnés pour décrire les tableaux suivants. Attention à l'accord et à la place des adjectifs.

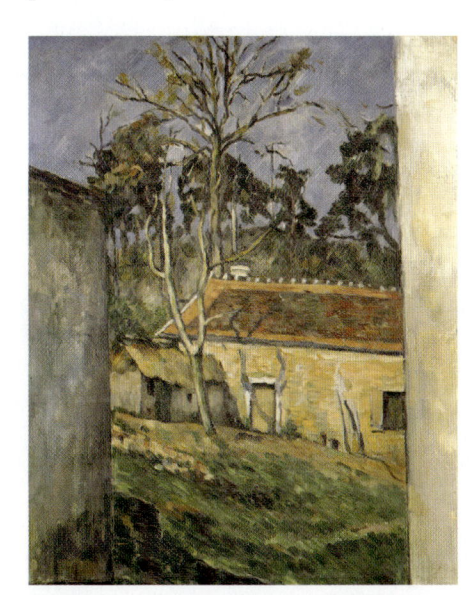

Basse-cour dans Auvers, c. 1879–1880

1. **Noms:** une ferme / un arbre / un bâtiment / un toit *(roof)*
   Adjectifs: vert / vieux / gris / rouge / orange / petit

La Vue d'Auvers, 1874

2. **Noms:** un village / un arbre / un champs *(field)* / une cheminée / une route / une maison / un toit
   Adjectifs: blanc / petit / vert / grand / brun / beige

SUGGESTED LESSON OUTLINE

Students assigned *A faire! (1-2)* have:
- written an e-mail;
- studied adjective placement and meaning;
- worked with the vocabulary to describe the inside of a residence.
- Ex. X, XIV, and XVII were not self-correcting.

In this segment, do:
- **Fonction** (Ex. Q, R, S);
- **Témoignages** (Ex. T, U, V).

Paul Cézanne (1839–1906) est un peintre français qui est né à Aix-en-Provence. Comme les autres impressionnistes de l'époque, il a été inspiré par son environnement. Portraits, baigneuses en plein air, natures mortes *(still lifes)* et paysages sont ses thèmes principaux. Il a beaucoup influencé l'art du XXe siècle, surtout le cubisme et l'art abstrait.

Suggestion, Ex. Q: This exercise topic provides an opportunity for extra credit, especially for students interested in art. You can ask them to research Cézanne, write up a portrait, and comment on several paintings that they can find electronically or in print.

Chapitre 1 ■ *Fonction* **27**

Le Vase bleu, c. 1885–1887

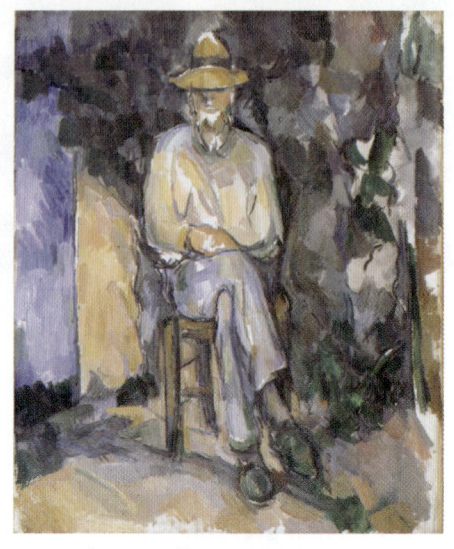

Le Jardinier Vallier, c. 1906

3. **Noms:** une fleur / une feuille *(leaf)* / un encrier *(ink bottle)* / une pomme / un vase / une assiette / une bouteille
   Adjectifs: bleu / joli / jaune / rouge / blanc / brun

4. **Noms:** un chapeau / une barbe / une chaise / un pantalon / des chaussures *(f.)* / des plantes *(f.)* / un fond *(background)*
   Adjectifs: jaune / bleu / long / vert / brun / noir

Rappel

Le sens des adjectifs

	after the noun	*before the noun*
ancien	old, ancient	former
cher	expensive	dear, well-loved
dernier	last (before this one)	last (in a series)
grand	tall, large	great
pauvre	poor (not rich)	poor (unfortunate)
prochain	next (after this one)	next (in a series)
propre	clean	(one's) own

Réponses, Ex. R: 1. a; 2. b; 3. b; 4. a; 5. b; 6. a; 7. a; 8. b

R. Le sens des adjectifs. *(The meaning of adjectives.)* Choisissez la phrase logique qui suit chacune des constatations suivantes.

Modèle: Voilà Georges. Nous avons travaillé ensemble jusqu'à sa retraite.
   a. C'est un collègue ancien.
   b. *C'est mon ancien collègue.*

1. La musique de Mozart continue à être appréciée de nos jours.
   a. Mozart était un grand homme.
   b. Mozart était un homme grand.
2. Jacqueline est fanatique de l'ordre. Elle range sa chambre tous les jours.
   a. Elle a une propre chambre.
   b. Elle a une chambre propre.

28 *Quant à moi...* ■ *Manuel de classe*

3. J'adore ce programme de télévision.
   a. Dans l'émission prochaine, on va apprendre si Serge et Sarah vont se marier.
   b. Dans la prochaine émission, on va apprendre si Serge et Sarah vont se marier.
4. C'est une femme qui est aimée de tout le monde.
   a. C'est notre chère grand-mère.
   b. C'est notre grand-mère chère.
5. Chloé a eu trois accidents de voiture en un mois.
   a. Oh là là. La femme pauvre!
   b. Oh là là. La pauvre femme!
6. Bon, je te prête 100 euros.
   a. Mais c'est la dernière fois.
   b. Mais c'est la fois dernière.
7. Il a fait son service militaire pendant la Seconde Guerre mondiale.
   a. C'est un ancien combattant.
   b. C'est un combattant ancien.
8. Ce village date du XII siècle.
   a. C'est un ancien village.
   b. C'est un village ancien.

S. Et vous? Dans l'Exercice XIV du **Manuel de préparation**, vous avez rédigé des phrases qui caractérisent votre situation personnelle à propos de certains sujets. Parlez-en maintenant à vos camarades et faites bien attention à l'accord et à la place des adjectifs.

Modèle: mon quartier
Mon quartier est très intéressant mais assez bruyant. C'est un nouveau quartier avec beaucoup de magasins et de boutiques. Nous avons un cinéma et…

1. ma maison / mon appartement (mon immeuble) / ma chambre (dans une maison ou dans une résidence universitaire)
2. ma ville / mon village
3. mon quartier
4. un endroit que j'ai visité

Ex. S

Suggestion, Ex. S: As a warm-up to the exercise, you can have the entire class brainstorm adjectives that might be appropriate for each topic. Students can provide the ones they came up with in the **Manuel de préparation** and you can put the lists on the board or on a transparency for easy reference.

Témoignages

«Dans quelle partie de la maison est-ce que vous passez la plupart de votre temps?»

Ex. T

T. A vous d'abord! Dites à vos amis combien de pièces il y a dans votre maison (appartement) ou dans la maison (l'appartement) où habite votre famille. Expliquez aussi dans quelles pièces du logement vous passez la plupart de votre temps.

Ecoutez!

Audio: CD1, Tracks 9–12

U. Les témoins vous parlent. En écoutant quelques Français et francophones vous parler de leur logement, faites ce qu'on vous demande de faire.

Henri Gaubil
Ajaccio, Corse

Vocabulaire utile
Ajaccio *(departmental capital city of Corsica; Corsica is a department of France)*, **Les Sanguinaires** *(name of Henri's neighborhood)*, **le golfe** *(Gulf)*, **l'Ile de Beauté** *(Island of Beauty, nickname of Corsica)*, **côté montagne** *(on the mountain side)*, **du même côté** *(on the same side)*, **couloir** *(hallway)*, **épouse** *(wife)*

Suggestion, Ex. U: Have students listen to each segment once without looking at the exercise. Then have them listen again while doing the exercise items. (Make sure they understand the task before they listen.) Finally, have them listen again to verify their answers. Then go over the answers with them. Once you've completed each segment, and if time permits, you can play all of the segments without interruption to demonstrate to students how much they now understand about what is being said. You can also follow up with more general comprehension questions, such as the following: **Qui n'habite pas en France? Combien de personnes habitent dans un appartement? Qui habite dans une maison? Qui a le plus grand logement? Lesquels des témoins ont un logement où les gens sont tournés plutôt vers l'extérieur? Qui habite une «maison basse»? Quelles autres différences avez-vous remarquées entre les quatre témoins en ce qui concerne l'intérieur de leur logement et les pièces où ils passent la plupart de leur temps?**

1. Complétez l'interview en ajoutant les questions qui manquent. Utilisez une autre feuille de papier.

   —_____?

   —J'habite à Ajaccio, à la sortie d'Ajaccio. Dans un coin qui s'appelle «Les Sanguinaires». J'habite dans un appartement, dans un immeuble, vue sur le golfe d'Ajaccio.

   —_____?

   —L'appartement est comme l'Ile de Beauté, magnifique, très clair, très ensoleillé, et nous avons trois pièces. Une cuisine avec un petit balcon côté montagne. Nous avons une chambre du même côté et, de l'autre côté, c'est-à-dire face à la mer, séparés par un couloir, nous avons une autre chambre et un salon-salle à manger avec un balcon également. Une salle de bains, bien entendu, et des toilettes.

   —_____?

   —J'habite avec mon épouse, bien sûr.

   —_____?

   —Oui, nous avons une fille avec nous.

   —_____?

   —Les trois quarts du temps sont passés dans le salon et sur le balcon, bien sûr.

Quant à moi... ■ *Manuel de classe*

> **Vocabulaire utile**
> une maison basse *(single-story house)*, niveau *(level)*, comprennent *(include)*, je précise *(I'm specifying, I'm referring specifically to)*, accueillir *(to welcome)*, lorsqu'ils *(when they)*, ça veut dire que *(that means that)*, propre *(own)*, se partagent *(share)*, c'est très courant *(it's very common)*, la cour *(courtyard)*

Dovi Abe
Dakar, Sénégal

2. Précisez:
   a. la population de Dakar
   b. le type de logement dans lequel habite Dovi
   c. le nombre de chambres à coucher dans le logement de Dovi
   d. quelles pièces il y a
   e. avec qui il habite
   f. combien de sœurs il a
   g. combien de cousins habitent avec lui
   h. dans quelle partie de la maison ils passent la plupart de leur temps

> **Vocabulaire utile**
> le rez-de-chaussée *(ground floor)*, vitrée *(with a window)*, une baie vitrée *(bay window)*, lumière *(light)*, un rayon de soleil *(a ray of sunlight)*, s'y réchauffer *(to get warm there)*

Sophie Everaert
Bruxelles, Belgique

3. Répondez aux questions.
   a. Comment est son quartier?
   b. Comment la maison est-elle organisée?
   c. Où est-ce que Sophie et son mari passent la plupart de leur temps?

> **Vocabulaire utile**
> les environs *(surroundings)*, La Cité des Annassers *(name of Djamal's neighborhood)*, source *(spring [water])*, locataires *(tenants)*, étendre le linge *(to hang out the laundry)*, des patates de salon *("couch potatoes")*

Djamal Taazibt
Alger, Algérie

4. Notez au moins cinq faits que vous avez appris sur Djamal.

V. Pareils et différents. Donnez les détails qui vérifient chacune des constatations générales suivantes.

   Modèle: Les logements de Djamal et d'Henri se ressemblent.
   Ils habitent tous les deux dans un appartement.

1. Henri et Dovi passent beaucoup de temps dehors *(outside)*.
2. Les logements de Dovi et de Sophie se ressemblent.
3. Les bâtiments d'Henri et de Djamal se ressemblent.
4. Les logements d'Henri et de Djamal ont une autre chose en commun.
5. Sophie et Djamal passent beaucoup de leur temps à l'intérieur.

Réponses, Ex. U: 1. Où est-ce que vous habitez? Dans quel type de logement? / Comment décrivez-vous votre appartement? / Avec qui est-ce que vous habitez? / Est-ce que vous avez des enfants? / Dans quelle partie de la maison est-ce que vous passez la plupart de votre temps? 2. a. Dakar est une ville de 2 millions d'habitants. b. Il habite dans une maison basse. c. Il y a cinq chambres à coucher. d. Il y a cinq chambres à coucher, une cuisine, une salle de séjour et un petit vestibule. e. Il habite avec sa mère, ses sœurs, son demi-frère et ses cousins. f. Il a trois sœurs. g. Quatre cousins habitent avec lui. h. Ils passent la plupart de leur temps dans la cour. 3. a. C'est un quartier résidentiel; il n'y a pas de magasins, seulement des maisons, mais il y a un centre commercial à un kilomètre. b. Il y a le rez-de-chaussée, un grand salon avec une baie vitrée, des chambres et une salle de bains. c. Ils passent la plupart de leur temps en bas, dans le salon. 4. *Answers will vary.*

Réponses, Ex. V: 1. Henri passe beaucoup de temps sur le balcon, Dovi dans la cour. 2. Ils habitent tous les deux dans une maison. 3. Ce sont des immeubles. 4. Ils ont tous les deux un balcon. 5. Sophie passe beaucoup de temps dans le salon; Djamal passe beaucoup de temps dans le salon et dans la salle à manger.

⊙ Do *A faire! (1-3)* on page 40 of the **Manuel de préparation**.

Chapitre 1 ■ *Témoignages* **31**

Fonction
Comment décrire les choses et les personnes (2)

⦿ SUGGESTED LESSON OUTLINE
Students assigned *A faire!* (1-3) have:
- studied relative pronouns;
- listened again to the **Témoignages**.
- All of the exercises were self-correcting.

In this segment, do:
- **Fonction** (Ex. W, X, Y);
- **Pour parler de la maison** (Ex. Z);
- **Perspectives culturelles** (Ex. AA).

Rappel

Les pronoms relatifs

	PEOPLE/ANIMALS/THINGS	CLAUSE
SUBJECT	qui	ce qui
DIRECT OBJECT	que, qu'	ce que, ce qu'
OBJECT OF THE PREPOSITION DE	dont	ce dont
OBJECT OF A PREPOSITION OTHER THAN DE	qui	

The relative pronoun **où** replaces nouns that refer to place and time.

Suggestion, Ex. W: The purpose of this first exercise is simply for students to see the relative pronouns without having to produce them. If you wish to reinforce the pronouns, you can have them come up with their own sentences modeled after each of the items. For example, once they've guessed the answer to item 1, have them create a series of sentences that imitate some of the base sentences. You can then eliminate item 8 and have students create their own riddles as they go along. This procedure is more directed and is more likely to yield additional riddles. **Dans ce film (ce roman, ce livre, ce DVD, cette vidéo, etc.), il s'agit de… / C'est une fleur (une jeune fille, une voiture, une maison, un garçon, un prof, etc.) qui… / C'est le jour où les Français (les Etasuniens, les Suisses, etc.) célèbrent… / C'est une spécialité culinaire que les Marocains (je, ma mère, mes amis, mon père, etc.) apprécie/apprécient (aime/aiment) beaucoup. / C'est le musée (l'endroit, la ville, le pays, etc.) où se trouve… / Ce qu'il faut pour construire un pont (faire un sandwich, faire une omelette…). / Voici ce dont on a besoin pour utiliser un ordinateur (faire un gâteau, faire des spaghettis, faire un pique-nique…).**

Réponses, Ex. W: 1. b; 2. c; 3. d; 4. c; 5. a; 6. d; 7. a; 8. *Answers will vary.*

W. Est-ce que vous savez… ? Devinez *(Guess)* de quoi ou de qui il s'agit.

1. Dans ce film, il s'agit d'un jeune garçon qui est sorcier *(sorcerer)*.
    a. *Lord of the Rings*
    b. *Harry Potter and the Sorcerer's Stone*
    c. *The Perfect Storm*
    d. *Fantasia*

2. C'est une fleur qui est blanche et qui permet de savoir si quelqu'un vous aime.
    a. C'est une tulipe.
    b. C'est une rose.
    c. C'est une marguerite *(daisy)*.
    d. C'est une violette.

3. C'est le jour où les Français célèbrent la prise de la Bastille (une prison) et qui est donc leur fête nationale.
    a. le 4 juillet
    b. le 1er août
    c. le 6 juin
    d. le 14 juillet

4. C'est une spécialité culinaire que les Marocains apprécient beaucoup.
    a. la bouillabaisse
    b. le cassoulet
    c. le tagine (tajine)
    d. la salade niçoise

5. C'est le musée à Paris où se trouve la *Joconde (Mona Lisa)*.
    a. le Louvre
    b. le musée d'Orsay
    c. le musée Rodin
    d. le musée de Montmartre

6. Ce qu'il faut pour construire un pont suspendu.
    a. des câpres
    b. des casiers
    c. des casseroles
    d. des câbles

32   *Quant à moi…* ■ *Manuel de classe*

7. Voici ce dont on a besoin pour utiliser un ordinateur.
   a. un clavier
   b. une clavicule
   c. un clavicorde
   d. un clavecin
8. Inventez vous-même une devinette qui utilise **qui**, **que (qu')**, **dont**, **où**.

X. Ça se dit comment? Complétez les phrases avec le pronom relatif convenable.

Modèle: C'est le jour _____ je me suis mariée.
          C'est le jour *où* je me suis mariée.

1. C'est la personne _____ m'a envoyé un livre sur la cuisine camerounaise.
2. C'est le cours _____ je préfère.
3. Voilà _____ j'ai besoin pour finir mon rapport.
4. _____ est très intéressant, c'est _____'il ne nous a jamais rien dit.
5. Mme Porter, _____ la fille est pianiste, a déménagé à Paris.
6. Jean Marchand? C'est le gars *(guy)* avec _____ j'étais à l'université.
7. Nous avons des cousins _____ habitent dans un petit village.
8. Je ne sais pas _____ Marceline veut faire de sa vie. Elle n'est pas très motivée.
9. C'est la ville _____ elle est née.
10. Nous avons une très vieille maison _____ nous avons rénovée l'année dernière.

Réponses, Ex. X: 1. qui; 2. que; 3. ce dont; 4. Ce qui, qu; 5. dont; 6. qui; 7. qui; 8. ce que; 9. où; 10. que

Y. Devinettes. *(Riddles.)* A tour de rôle *(Taking turns)*, suivez le modèle pour poser ces devinettes à votre camarade. Utilisez des pronoms relatifs dans vos descriptions. Votre camarade va vous poser des questions pour trouver la réponse.

Modèle: Je pense à une personne. *(Think about a person your classmate is likely to know.)*
   —*Je pense à une personne.*
   —*C'est une personne que je connais?*
   —*Oui, tu la connais. C'est quelqu'un que nous voyons tous les jours.*
   —*Est-ce que c'est le prof de français?*
   —*Non. La personne dont je parle est plus jeune. C'est une personne qui porte toujours une casquette des Raiders.*
   —*C'est John?*
   —*Oui, c'est John!*

1. Je pense à une personne. *(Think about a person your classmate is likely to know.)*
2. Je pense à une ville. *(Think about a city that would be known to your classmate.)*
3. Je pense à une maison (un appartement). *(Think about a residence that both of you know.)*
4. Je pense à un film. *(Think about a film your classmate is likely to have seen.)*
5. Je pense à un cours. *(Think about a class your classmate is taking.)*

Ex. Y

Suggestion, Ex. Y: If you want to simplify Ex. Y, you can use magazine ads with houses, people, cars, places. One student then holds one of the pictures (the other student does not see it), and the picture becomes the basis for the riddle. This alternative method means that students don't have to think about the subject of the riddle themselves. In any case, it's a good idea to do the model with them (i.e., you think of a person and they ask you questions and guess the identity of the person).

Pour parler...
de la maison

Ex. Z

Z. Une maison que vous connaissez. Faites une description détaillée de la maison (de l'appartement) où habite(nt) votre famille (ou des amis). Ensuite, expliquez dans quelle(s) pièce(s) les membres de votre famille (vos amis) préfèrent passer la plupart de leur temps et pourquoi. Utilisez le vocabulaire de la *Fiche lexicale* dans le **Manuel de préparation** pour faire votre description et n'oubliez pas d'ajouter quelques adjectifs. Votre camarade va dessiner *(draw)* l'intérieur du logement que vous décrivez.

Modèle: —*La maison où habite ma famille est à Nashville. C'est une maison assez grande, dans la banlieue.*
—*Comment est l'intérieur? (description de l'extérieur)*
—*Quand on entre par la porte principale, on est dans le living. (description du living) En passant par le living, on se trouve tout de suite dans la salle à manger, qui est à gauche. Une cuisine assez spacieuse est à droite.*
—*Qu'est-ce qu'il y a dans la salle à manger?*
—*Il y a... (énumération des meubles dans la salle à manger)*
[Suite — les autres pièces de la maison]

34 *Quant à moi...* ■ *Manuel de classe*

Perspectives culturelles

Profil: Le Cameroun

Nom officiel: La République du Cameroun
Devise: Paix, Travail, Patrie
Situation: En Afrique centrale, sur l'océan Atlantique et sur le golfe de Guinée
Superficie: 475 444 km^2
Capitale: Yaoundé
Population: 15 747 000 habitants (2003)
Nom des habitants: Camerounais
Villes importantes: Douala, Edéa, Kribi, Lomié, Bafia, Maroua, Doumé, N'kongsamba
Langues officielles: Français et anglais
Autres langues: Environ 200 langues et dialectes: pidgin, bamiléké, fang, mbang, fouldé, béti, douala, bassa, ewondo, bantou, peul, sara, haoussa...
Date d'indépendance: le 1er janvier 1960 (En 1919, le pays est placé sous la tutelle de la France et de la Grande-Bretagne.)
Unité monétaire: Le franc CFA (Communauté Française d'Afrique)
Climat: Pluvieux dans les plaines et sur les plateaux du sud, longue saison sèche (5 à 7 mois) dans le centre, moins pluvieux dans le nord

Se loger au Cameroun

Au Cameroun, les types de logement varient d'une région à l'autre. Dans les grandes villes, les habitants tendent à se loger dans des maisons, des villas et des appartements de style européen. Pour la plupart, ces logements sont modernes et bien aménagés. Ils sont bien adaptés au climat chaud du Cameroun.

A la campagne et dans les petits villages, le style des cases (mot pour «maison») varie selon la région. On voit, par exemple, des cases à murs ronds avec toit de chaume *(thatched roof)*. Ou bien, comme dans le village de Pouss, les cases sont construites entièrement avec de la boue séchée *(dried mud)*. L'intérieur varie, lui aussi, selon la taille *(size)* de la case. Certaines ont plusieurs pièces, tandis que d'autres, plus petites, n'ont qu'une ou deux pièces. A cause du climat, beaucoup des tâches domestiques se font à l'extérieur: on fait souvent la cuisine au feu *(fire)* devant la case, les artisans créent leurs œuvres d'art en plein air, on se repose sur un banc sous un palmier ou au soleil. La case, c'est le foyer *(home)*, bien sûr, mais c'est un foyer entièrement intégré à l'environnement naturel.

Ex. AA

Follow-up, Ex. AA: The information about Cameroon in this section can be used as the basis for individual or small-group Internet projects. You can ask different individuals (groups) to research different aspects of the country (see below). Students might select topics that are tied to their particular interests and majors (see question 2, Ex. AA). This research can result in poster or PowerPoint presentations. Alternatively, individual students can do the research for extra credit on an optional basis.

  Possible topics: geography / tourist attractions / agriculture / industry / history / art / traditions / daily life / cuisine / sports / music / housing / topics based on students' interests

AA. Le Cameroun. Use the information in the **Perspectives culturelles** to answer the following general questions.

1. Based on the factual information presented, how would you characterize the country of Cameroon? For example, what would you say to someone to convince them to visit the country?
2. What aspects of Cameroon did you find particularly interesting and would therefore like to research in more depth?
3. What different types of housing can you find in Cameroon? In comparison with the United States, what is similar, and what is different?
4. Given what you know about the climate in Cameroon, can you speculate about how the housing is adapted to the environment? Can you find examples of the ways in which lodgings have been adapted to various climates in the United States?

36 *Quant à moi...* ■ *Manuel de classe*

Lecture

«La vie dans les HLM»

Christiane Rochefort

Christiane Rochefort, auteur de cet extrait, est née dans le 14ᵉ arrondissement à Paris. Cet extrait est tiré de son roman Les petits enfants du siècle *(1961) où elle présente les problèmes de l'urbanisme moderne. Le personnage principal, c'est Josyane. C'est à travers ses yeux que nous découvrons la vie dans les résidences collectives.*

Dans ce premier extrait, la famille de Josyane vient de s'installer dans un nouvel appartement.

> **Aide-lecture**
>
> Josyane's family used to live in a one-bedroom apartment. Since, by law, large families had priority access to a larger apartment in an HLM, Josyane's family was able to move.
> - How did they make use of their new space?

> **SUGGESTED LESSON OUTLINE**
>
> Students assigned *A faire! (1–4)* have:
> - reviewed relative pronouns;
> - read the text by Rochefort.
> - Ex. XXVII, XXVIII, XXIX, XXXI were not self-correcting.
>
> In this segment, do:
> - **Lecture** (Ex. BB);
> - **Témoignages** (Ex. CC, DD, EE).
>
> **Suggestion, Lecture:** As a pre-reading activity and to verify the homework, go over Ex. XXVIII and XXIX in the **Manuel de préparation**. If you discover that students have understood the reading quite well, you can do a brief review by having them answer the questions in the **Aide-lecture**, and then move directly to Ex. BB. If, on the other hand, students still had problems understanding when they did their homework, divide them into small groups and have them read the text again, one paragraph at a time, answering the questions in the **Aide-lecture** as they go along. Then, continue with Ex. BB.

Maintenant, notre appartement était bien. [...] ... on nous avait mis ici; on était prioritaires; dans cette Cité les familles nombreuses étaient prioritaires. On avait reçu le nombre de pièces auquel° nous avions droit selon le nombre d'enfants. Les parents avaient une chambre, les garçons une autre, je couchais
5 avec les bébés dans la troisième; on avait une salle d'eau°, la machine à laver était arrivée quand les jumeaux° étaient nés, et une cuisine-séjour où on mangeait; c'est dans la cuisine, où était la table, que je faisais mes devoirs.

to which

room with a shower (bathroom)
twins

> **Aide-lecture**
>
> Evenings, after ten o'clock, were special to Josyane.
> - Why?

C'était mon bon moment: quel bonheur quand ils étaient tous garés°, et que je me retrouvais seule dans la nuit et le silence! Le jour je n'entendais pas le bruit°,
10 je ne faisais pas attention; mais le soir j'entendais le silence. Le silence commençait à dix heures: les radios se taisaient°, les piaillements°, les voix°, les tintements° de vaisselles; une à une, les fenêtres s'éteignaient°. A dix heures et demie c'était fini. Plus rien. Le désert. J'étais seule. Ah! comme c'était calme et paisible autour, les gens endormis, les fenêtres noires, sauf° une ou deux derrière
15 lesquelles° quelqu'un veillait° comme moi, seul, tranquille, jouissant° de sa paix!

put to bed (literally, parked)
noise

were quiet; squawking (of a child); voices
clanging; became dark

except
which; was awake; enjoying

> **Aide-lecture**
>
> After the birth of the new baby, they were given an additional allowance by the government.
> - What two things did the family do before buying something new?
> - How did different family members want to spend the remaining money?
> - Why did these discussions bother Josyane?

Quand un nouveau bébé, qui s'appelle Nicolas, arrive, les parents de Josyane peuvent penser à s'acheter quelque chose. Mais que faire?

Chapitre 1 ■ *Lecture* 37

to service
diapers; I was sick of
get back
luck
car (slang); aimed for

Grâce à Nicolas on pourrait faire réviser° la machine à laver et ça c'était une bonne chose parce qu'autrement les couches°, et j'en avais marre° des couches, marre, marre, marre. On pourrait ravoir° la télé, ce qui m'arrangeait aussi parce que, quand elle était là, on avait bien plus la paix. Après ça, avec de la veine°, on pourrait peut-être penser à la bagnole°. C'était ça qu'ils visaient° maintenant, plutôt que le frigo, la mère aurait voulu un frigo mais le père disait que c'était bien son tour d'avoir du bien-être, pas toujours celui de sa femme, et avec la fatigue pour venir d'une banlieue à une autre il commençait à en avoir plein le dos°. La mère pouvait bien aller au marché tous les jours, d'ailleurs° c'était moi qui y allais, ils n'avaient pas l'air d'y penser. Ils calculèrent tout un soir pour cette histoire de bagnole, s'il y avait moyen°, … de l'avoir, en grattant° ici et là et compte tenu de la télé en moins… ce qui foutait tout par terre° c'est si on devait acheter un nouveau lit pour Catherine si Nicolas allait dans le berceau°, un lit c'est cher. Ils avaient étalé° les papiers sur ma table, me gênant°; ils me gâtèrent° toute ma soirée, heureusement que ça n'arrivait pas tous les jours.

to have enough; besides

if there was a way; here, saving
what would destroy all their plans
baby crib
spread out; bothering me; spoiled

> **Aide-lecture**
> • What did they finally decide to do?

did handiwork

would climb up
ceiling
mattress (slang)

Finalement avec l'oncle Georges, qui bricolait°, pas comme papa qui ne savait rien faire de ses dix doigts, on monta un petit lit par-dessus celui de Chantal, qui grimperait° d'un étage, tandis que Catherine, quittant le lit du bébé, s'installerait au rez-de-chaussée, et qu'est-ce qu'on ferait après, le plafond° ne serait jamais assez haut si on continuait. Comme ça il n'y avait plus que la paillasse° à acheter.

Christiane Rochefort, *Les petits enfants du siècle*,
Paris: Editions Bernard Grasset, 1961

BB. Discussion. Répondez aux questions suivantes selon vos interprétations de l'extrait de Rochefort.

Vocabulaire pour la discussion

le personnage (principal)	the (main) character (in a novel or play)
être prioritaire	to have priority
l'assistance sociale	social services
l'urbanisme moderne	modern urbanization
le bruit	noise
une idée principale	a main idea
la solitude	solitude
être seul(e)	to be alone
la paix (paisible)	peace (peaceful)
la vie dans les logements collectifs	living in housing projects
une vie dure	a hard life
bondé(e)	crowded

1. Pourquoi pensez-vous que Josyane apprécie tellement la nuit?
2. Ce texte nous donne une très bonne idée des responsabilités de Josyane à la maison. De quoi est-ce qu'elle s'occupe?
3. Quand Josyane parle de ses parents, elle dit «le père» et «la mère». Quelles attitudes traduit l'emploi des articles définis?
4. A votre avis, pourquoi est-ce que les questions budgétaires n'intéressent pas Josyane?

Do *A faire!* (1-4) on page 49 of the **Manuel de préparation**.

Témoignages

«Comment le type de logement où vous habitez et sa situation influencent-ils votre vie?»

CC. A vous d'abord! Discutez des questions suivantes avec vos camarades de classe.

1. Comment est votre maison (appartement / chambre)?
2. Si vous habitez dans une maison ou un appartement, dans quelle(s) pièce(s) est-ce que vous passez la plupart de votre temps?
3. Dans quel cadre se trouve votre logement? (centre-ville, banlieue, près ou loin des magasins, près ou loin des restaurants et cinémas, etc.)
4. Comment est-ce que votre logement influence
   a. votre vie sociale? (**Modèle:** Ma chambre est très petite et je ne peux pas inviter beaucoup de gens chez moi. Ça veut dire que je sors plutôt avec mes amis ou je vais chez une amie qui habite dans un appartement, etc.)
   b. vos activités? (**Modèle:** Dans notre appartement, j'ai ma propre chambre. Je ne vais donc pas souvent à la bibliothèque parce que c'est très calme chez moi, etc.)
   c. votre emploi du temps? (**Modèle:** J'habite dans une résidence universitaire et je mange à la cafétéria. Je suis donc obligé(e) de prendre mes repas à des heures précises quand la cafétéria est ouverte, même si je n'ai pas très faim, etc.)

Ecoutez!

DD. Les témoins vous parlent. En écoutant quelques Français et francophones parler de l'influence de leur logement sur leur vie, faites ce qu'on vous demande de faire.

Vocabulaire utile
un complexe *(residential development/subdivision)*, privé *(private)*, les mêmes *(the same)*, donne sur *(overlooks)*, bruyant *(noisy)*, on s'habitue à tout *(you get used to everything)*, c'est-à-dire *(that is to say)*, co-propriétaires *(co-owners)*, l'essence *(gas)*, il faudra *(you will have to)*, j'ai grandi *(I grew up)*, s'en vont *(go, move away)*, au milieu du *(in the middle of)*, au-dessus *(further up)*, un coiffeur *(hairdresser)*

Véronica Zein
Savigny-sur-Orge, France

Réponses, Ex. DD:
1. b / a / d / a / c
2. a. faux / b. vrai / c. faux / d. faux / e. vrai / f. vrai / g. vrai / h. faux / i. vrai
3. a. C'est un quartier chic parce que les gens qui y habitent sont des gens importants dans l'administration et dans l'Etat; ce sont des gens cultivés; les hommes et les femmes travaillent; le quartier est loin du bruit et de l'industrie. b. Le quartier est très près du centre-ville où il y a beaucoup d'activités artistiques et culturelles.
4. a. Oui b. Oui c. Oui d. Non e. Oui f. Non g. Non h. Oui

1. Choisissez la bonne réponse selon ce que vous avez compris.
- Véronica habite dans
    a. une boulangerie.
    b. une maison.
    c. un appartement.
    d. un centre commercial.
- Dans un complexe privé
    a. tous les habitants sont propriétaires.
    b. tous les habitants sont de la même génération.
    c. tous les habitants sont allés à l'école ensemble.
    d. tous les habitants ont grandi ensemble.
- Véronica a grandi
    a. toute seule.
    b. avec des enfants qui déménageaient très souvent.
    c. avec des enfants qui n'étaient pas très populaires.
    d. avec les mêmes enfants.
- Dans le complexe de Véronica, il y a
    a. une école, une pharmacie, une boulangerie, un coiffeur, un restaurant.
    b. une école, une pharmacie, un cinéma, un coiffeur, un restaurant.
    c. une école, une pharmacie, une station-service, un coiffeur.
    d. une école, une boulangerie, un coiffeur, un cinéma, une pharmacie.
- Le complexe est
    a. loin de l'autoroute, dans la banlieue.
    b. au centre-ville.
    c. près de l'autoroute, dans la banlieue.
    d. à la campagne.

Anne Squire
Levallois-Perret, France

Vocabulaire utile

un carrefour (crossroads, intersection), **bruyant** (noisy), **populaire** (working class), **du genre** (such as), **vivant** (lively), **à part ça** (besides that), **au fond de** (at the back of), **en principe** (in theory), **je m'entends très bien avec eux** (I get along very well with them), **vraiment** (really), **je ne circule qu'en** (I get around only with)

2. Décidez si les phrases sont vraies ou fausses selon ce que vous savez sur Anne Squire.
    a. Anne habite avec ses parents dans une maison.
    b. Elle habite au nord-ouest de Paris.
    c. Dans son bâtiment, il y a un ascenseur.
    d. Son quartier est très calme.
    e. Le logement d'Anne est dans un quartier populaire sur un grand boulevard.
    f. Anne passe la plupart de son temps dans sa chambre.
    g. Elle joue du violon le matin.
    h. Elle ne s'entend pas très bien avec ses parents.
    i. Quand elle va quelque part, elle prend toujours le métro ou l'autobus.

Vocabulaire utile

comme je vous le disais *(as I told you)*, **tout à l'heure** *(a minute ago)*, **chic** *(fashionable)*, **postes** *(positions, jobs)*, **l'Etat** *(government)*, **cultivés** *(cultured)*, **chahut** *(noise)*, **de marche à pied** *(on foot)*

Djamal Taazibt
Alger, Algérie

3. Répondez aux questions.
   a. Pourquoi est-ce que le quartier où habite Djamal est considéré un quartier chic?
   b. Pourquoi est-ce que son quartier est bien situé?

Vocabulaire utile

la cour *(courtyard)*, **le lieu** *(place)*, **lorsqu'ils** *(when they)*, **cimentée** *(covered in concrete)*, **gazon** *(lawn)*, **disponible** *(usable)*, **à tout moment** *(any time)*, **courante** *(everyday)*, **tenues** *(owned)*, **se sont établis** *(established themselves)*, **ils tiennent** *(they run, manage)*, **ils vivent** *(they live)*, **pour la plupart** *(for the most part)*

Dovi Abe
Dakar, Sénégal

4. Oui ou non? Décidez si Dovi a fait les constatations suivantes ou non.
   Modèle: On passe beaucoup de temps à l'intérieur de la maison.
   Non.

   a. Dovi et sa famille passent beaucoup de temps dans la cour avec des amis.
   b. La cour, c'est un lieu qui est complètement cimenté.
   c. Il n'y a pas d'hiver à Dakar.
   d. Il y a aussi un petit gazon dans la cour.
   e. On joue souvent de la musique dans la cour.
   f. Dans le quartier, il y a surtout des usines et des supermarchés.
   g. Les propriétaires des petites boutiques sont des Marocains.
   h. La plupart des petits commerçants habitent dans le quartier.

EE. Expliquez! Les quatre témoins semblent aimer l'endroit où ils habitent. Expliquez pourquoi. Et vous? Est-ce que vous aimez l'endroit où vous habitez? Pourquoi ou pourquoi pas?

Ex. EE

Do *A faire!* (1-5) on page 52 of the **Manuel de préparation**.

Fonction
Comment décrire les choses et les personnes (3)

SUGGESTED LESSON OUTLINE

Students assigned *A faire!* (1–5) have:
- listened again to the **Témoignages**;
- worked with the distinction between the various forms of **c'est / il est**;
- worked with indefinite adjectives.
- Ex. XXXI was not self-correcting.

In this segment, do:
- **Fonction** (Ex. FF, GG, HH, II);
- **Lecture** (Ex. JJ, KK, LL).

Suggestion, Ex. FF: Students can select one (or more) of the historical figures, get information about the person, and write up a descriptive paragraph in French.

Rappel

Comment décrire les choses et les personnes

C'est (Ce sont) + article + noun
Il/Elle est (Ils/Elles sont) + adjective

FF. Des personnages historiques. Identifiez chaque personnage. Ensuite utilisez au moins deux adjectifs de la liste pour faire la description de chaque personnage identifié. Vous pouvez répéter les adjectifs.

Modèle: *C'est Albert Schweitzer. Il est célèbre. Il était assez vieux (âgé) (dans cette photo).*

Albert Schweitzer
(1875–1965)

Adjectifs

âgé(e) / ambitieux(euse) / bien connu(e) *(well known)* / célèbre / fascinant(e) / grand(e) / important(e) / impressionnant(e) / impressionniste / jeune / petit(e) / vieux (vieille)

1.  **Paul Cézanne** *(1839–1906)*
2.  **Napoléon Bonaparte** *(1769–1821)*
3.  **Marie Curie** *(1867–1934)*
4.  **Simone de Beauvoir** *(1908–1986)*
5.  **Molière** *(1622–1673)*
6.  **Edith Piaf** *(1915–1963)*
7.  **Voltaire** *(1694–1778)*
8.  **Berthe Morisot** *(1841–1895)*

Rappel

Comment décrire les personnes

C'est (Ce sont) + article + nationality, occupation, religion, social class
Il/Elle est (Ils/Elles sont) + nationality, occupation, religion, social class

GG. Précisons! Répondez aux questions deux fois en utilisant l'élément entre parenthèses. N'oubliez pas l'accord.

Modèle: Que fait Madame Lalesque? (pharmacien)
Elle est pharmacienne.
C'est une pharmacienne.

1. Que fait votre mère? (avocat)
2. Quelle est la nationalité de Victoria? (allemand)
3. Quelle est la religion de ton copain? (juif)
4. Que font les grands-parents de Sylvain? (agriculteur)
5. Comment est ta tante? (aristocrate)
6. Que fait ton oncle? (chauffeur de taxi)
7. Que font ces jeunes? (étudiant)
8. Quelle est la nationalité d'Angèle? (camerounais)
9. Quelle est la religion principale des Français? (catholique)
10. Que fait ta sœur? (danseur)

Rappel

Comment décrire les choses et les personnes

Il/Elle est (Ils/Elles sont) + adjective
C'est + adjective (referring to an idea or previous sentence)

HH. Des correspondances. Choisissez une phrase dans la colonne I qui correspond à chaque idée dans la colonne II.

Réponses, Ex. HH: 1. E; 2. H; 3. A; 4. F; 5. B; 6. D; 7. C; 8. G

Colonne I
1. Tu as vu le film?
2. L'équipe a gagné le match.
3. Tu connais Marylène?
4. Vous pouvez nous accompagner?
5. Elle est trop ambitieuse.
6. Vous connaissez les Martin?
7. Ils n'ont pas fait de progrès.
8. Vous avez parlé avec Georges?

Colonne II
A. Oui, elle est très sympa.
B. Oui, c'est un problème.
C. C'est dommage.
D. Oui, ils sont camerounais, n'est-ce pas?
E. Oui, il est très bien.
F. Désolé. Ce n'est pas possible.
G. Oui, il est toujours malade.
H. C'est formidable.

II. Les membres de ma famille. Faites une description de quelques membres de votre famille. Utilisez des adjectifs pour donner des traits caractéristiques et des mots pour indiquer leur nationalité (s'ils ne sont pas étasuniens) et leur profession/métier. N'oubliez pas de faire la distinction entre **c'est (ce sont)** et **il/elle est (ils/elles sont)**. Vos camarades vont vous poser des questions pour avoir plus de renseignements ou pour réagir à ce que vous dites.

Ex. II

Modèle: —Ma grand-mère, c'est une personne très importante dans ma famille.
—Pourquoi?
—Parce que c'est la personne la plus âgée et elle sait tout sur notre passé. Elle est aussi très dynamique et elle s'intéresse à tout ce que nous faisons.

Lecture

Ferdinand Oyono was born in 1929 in the village of N'Goulémakong, in Cameroon. In 1960, after completing his education in Paris, he began his career as a diplomat. He served as the Cameroonian ambassador to Paris, the United Nations, Liberia, and other countries. In 1975, he became the permanent delegate to the U.N. in New York. After many years in the diplomatic service, he returned to Cameroon where he now serves as the Secretary General to the President of the Republic. Between 1956 and 1960, he published his trilogy of novels *Une vie de boy*, *Le vieux nègre et la médaille*, and *Chemin d'Europe*. He has not written since 1960.

JJ. Prélecture: «Nous partons en tournée.» Répondez aux questions suivantes avant de lire les extraits d'*Une vie de boy* de Ferdinand Oyono.

1. Quels préparatifs est-ce vous faites quand vous partez pour le week-end? Qu'est-ce qu'il faut faire dans votre maison (appartement, chambre) avant de partir? Qu'est-ce que vous emportez avec vous?

2. Quels préparatifs est-ce que vous faites quand vous recevez des gens pour quelques jours chez vous? Qu'est-ce qu'on fait généralement dans une maison ou un appartement avant l'arrivée des invités?

KK. Lecture: *Une vie de boy*. Lisez les extraits suivants et répondez ensuite aux questions pour chaque partie de la lecture.

Extrait d'«Une vie de boy»

Ferdinand Oyono

Dans Une vie de boy, *Oyono décrit la vie coloniale dans les années 50 telle qu'elle est vue par le domestique (Toundi Ondoua, aussi appelé Joseph) d'un administrateur européen. C'est un roman qui raconte la vie de Toundi en décrivant des scènes de la vie populaire africaine dans laquelle «les blancs» essaient de faire valoir leur autorité.*

Les extraits suivants racontent une tournée dans un village faite par le commandant (le patron de Toundi) et son boy.

> **Questions:** lignes 1–11
> What time of the day is it? How do you know? What's the name of the town where Toundi and his boss, the **commandant**, live? What was the weather like the day before? What's going on in lines 5 through 12? How does the **commandant** look?

crackling	[…] La matinée était fraîche. L'herbe était humide. On entendait le crépitement°
dripped; metal	des palmiers qui s'égouttaient° sur la tôle° de la Résidence. Dangan prolongeait
	son sommeil sous la brume immaculée de ces lendemains de grande pluie.
wearing a scented hair ointment	Rasé, pommadé°, exubérant, le commandant surveillait le chargement du
	pick-up. Pour la première fois depuis son arrivée à Dangan, il portait un pull-over 5
guard; station	marron. La sentinelle° avait abandonné sa faction°. Son large pied droit appuyait
inflate	sur la pédale de la pompe pour gonfler° les pneus arrière. Debout sur le pare-
bumper (of car); came	choc° avant, le chauffeur donnait un dernier coup de chiffon sur la glace. Il vint°
with difficulty	près de la sentinelle qui soutenait péniblement° son genou des deux mains à
	chaque mouvement de gonflage. Le chauffeur donna un coup de marteau sur les 10
stretched	pneus qui résonnèrent comme la corde d'un arc bien tendu°.

44 *Quant à moi…* ■ Manuel de classe

> **Questions: lignes 12–28**
> Who is in the truck at the beginning of the trip? Who is the **me** in this story (i.e., who is telling the story)? What is the center of the town like when they pass through it? Why are the workers surprised to see the **commandant**? Whom do they pick up before continuing the trip? How is the engineer dressed and what is he carrying? Who is also coming with the engineer?

Quand tout fut° prêt, le commandant consulta sa montre. Il jeta un dernier coup d'œil à la Résidence. Il m'aperçut.   *was*

—Monte, toi! me dit-il. Nous partons en tournée°.   *on rounds (on a tour)*

15 Il fit claquer° la portière et mit la voiture en marche. Je n'eus que° le temps de sauter sur les valises. Nous traversâmes le Centre commercial. Aucune âme° ne semblait y vivre. Des équipes de manœuvres° surpris saluaient à retardement comme s'ils n'en revenaient pas de voir le commandant déjà levé à cette heure.   *slammed; only had* / *soul* / *workers*

Le commandant prit ensuite la route de la station agricole. L'ingénieur, tout de 20 noir vêtu, nous attendait au pied de l'escalier. Il tenait un sac de voyage d'où dépassait une bouteille Thermos. Il monta à côté du commandant. Il se pencha° à la portière du côté de sa villa.   *leaned*

—Qu'attends-tu pour monter?

Cette question s'adressait à une ombre° qu'on entendit bâiller° sur la véranda.   *shadow; yawn*

25 —Qu'est-ce que c'est? demanda le commandant.

—Ma cuisinière-boy, répondit l'ingénieur.

C'était Sophie. Elle semblait tomber de sommeil en descendant l'escalier. L'ingénieur braqua° une torche électrique dans sa direction. […]   *aimed*

> **Questions: lignes 29–34**
> As they passed through the villages, whom did they see? How were the people dressed? Why were the villagers surprised? When they saw small crowds of people, where had these people just been? Why do you think that the truck and its passengers were the subject of so much interest to the villagers?

[…] La route était sortie de la ville. Le pick-up dévorait les premiers villages. 30 On voyait les indigènes drapés de pagnes° multicolores faire un geste de surprise dès qu'ils apercevaient le petit drapeau tricolore. Parfois une foule° sortait d'une case-chapelle où un bout de rail° en guise de cloche° pendait à la véranda. Des petites filles toutes nues° sortaient d'une porte entrebâillée° et venaient s'accroupir° en courant au pied des citronnelles° de la route. […]   *loincloth* / *crowd* / *track (from railroad); used as a bell* / *naked; ajar* / *to crouch down; citronella (lemon bush)*

> **Questions: lignes 35–43**
> How does Toundi know that they're getting near their destination (i.e., how do the road and the surroundings change)? What's remarkable about the village where they finally stop? When had everything probably been cleaned and why?

35 […] Il commençait à faire chaud. Le pick-up venait de dépasser une énorme termitière° sur laquelle on avait écrit gauchement° au coaltar° «60 km». A tombeau ouvert°, nous descendions une colline° interminable. Le chemin semblait uni. On y circulait sans secousses° comme à Dangan. Au-dessus de ma tête je m'aperçus que nous passions sous des arcs de palmes tressées°. Nous arrivions 40 à destination. Le commandant ralentissait. Penché à la portière, il semblait émerveillé° par cette propreté qu'on n'espérait plus rencontrer à plus de soixante kilomètres de brousse°. […] Tout avait été nettoyé. Cette propreté était trop nette° pour ne pas être récente! […]   *termite hill; awkwardly; tar* / *very fast; hill* / *shaking* / *woven, interlaced* / *amazed* / *bush; clean*

> **Questions:** lignes 44–54
>
> Why do you think that the word **Blancs** is capitalized? Where were they received? How had the **case** been prepared? What was the **commandant**'s reaction? He uses the word **paillote**; why does the engineer correct him? What do Sophie and Toundi do while the adults continue their conversation?

ground; clay; imprint
brushes; was green; palm fronds
scorching
straw hut; struggling

mud

folding beds
mosquito netting

[...] Le chef conduisit les Blancs dans une case qui avait été aménagée pour les recevoir. Le sol° avait été balayé, le kaolin° des murs gardait encore l'empreinte° des pinceaux°. Le toit verdoyait° avec son raphia° fraîchement tressé. En y entrant par cette chaleur caniculaire°, on était envahi de bien-être.

—Elle est merveilleuse, cette paillote°! dit le commandant en s'évertuant° avec son casque.

—Ça, c'est une case, rectifia l'ingénieur, les murs sont en terre°. D'ailleurs on ne rencontre plus de paillotes que chez les Pygmées.

Les Blancs poursuivirent leur conversation dans la véranda où le chef avait fait installer deux chaises longues. Sophie m'aida à préparer les deux lits pliants° que nous avions emportés. Nous suspendîmes les moustiquaires°.

Ferdinand Oyono, *Une vie de boy*
Paris, René Julliard, 1956, pp. 57–64

LL. Discussion. Discuss one of the topics below. Refer back to the text as needed to support your ideas. You may have your discussion in English unless directed otherwise by the instructor.

1. What is the attitude of the white people toward the Africans? What is Toundi's attitude toward the white people? Find specific sentences in the text that support your point of view. For example, does one normally say **Qu'est-ce que c'est** when one wants to know the identity of a person?

2. What impressions do you have of the village they visit? What was the village like on the day they arrived? What did the villagers do to welcome their visitors?

3. What's your impression of the **commandant**? Create a portrait of him according to what is said or suggested in the text.

○ Do *A faire! (1-6)* on page 57 of the **Manuel de préparation**.

C'est à vous maintenant!

MM. Une interview. Vous allez interviewer un(e) Français(e) ou un(e) francophone ou bien une personne qui a habité en France ou dans un pays francophone. Vous souhaiterez peut-être commencer par des questions générales pour faire connaissance avec cette personne avant de lui poser des questions sur son logement et sur l'environnement dans lequel elle habite.

Attention: Vous aurez à rédiger un article sur cette interview. Vous feriez donc bien de prendre des notes pendant l'interview. Notez les questions et les réponses.

The activity for the next class period involves having students interview a French or francophone native speaker about his/her lodgings. If you don't have access to native speakers (other than yourself, if you are one), you could invite someone who speaks French and who has lived for a time in a French-speaking area. And, of course, if you can't find a visitor, you could be the subject of the interview. The assignment in *A faire!* (1-6) asks students to prepare questions for the interview. Consequently, when assigning *A faire! (1-6),* tell students something about the person they'll be interviewing, especially his/her place of origin, so that they can tailor their questions to that person.

SUGGESTED LESSON OUTLINE

Students assigned *A faire!* (1-6) have:
- reviewed the **c'est/il est** distinction and adjectives;
- written up questions in preparation for the in-class interview of a guest.
- Ex. XXXV, XXXVI, and XXXVII were not self-correcting.

In this segment, do Ex. MM. Before beginning the interview, you may wish to give students a few minutes to correct each other's questions (**MP,** Ex. XXXVII). Then devote the entire class period to the interview and to the outlining of the article they will write for homework (**MP,** Ex. XXXVIII).

Suggestion, Ex. MM: This interview can be very effective even if you have a large class. Make sure that as many students as possible ask questions. Have them begin with the types of biographical questions that will establish a context where they may get information about lodging. It's very important to remind students to take notes, writing down both the questions and the answers. They'll need the information to write their interview article at home.

Suggestion, MP, Ex. XXXVIII: If you plan to have students peer-edit the article they're writing at home in *A faire!* (1-7) during the next class period, remind them to bring the draft of the article to class.

Testing: The **Test Bank** includes a chapter test for **Chapitre 1.**

Do *A faire! (1-7)* on page 58 of the **Manuel de préparation.**

Chapitre 2

Claude Letourneur
- habite à Paris
- mari d'Aminata
- aime les fast-foods et la cuisine française

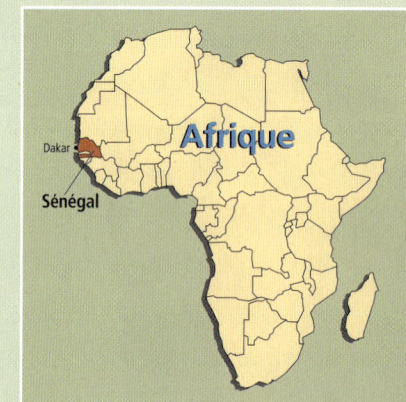

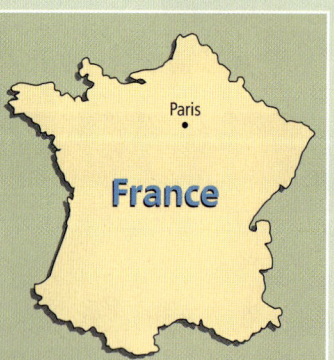

Aminata Diop-Letourneur
- née à Dakar, Sénégal
- habite à Paris avec Claude, son mari
- aime la cuisine traditionnelle sénégalaise

Allons voir les Français et les Francophones…
à table!

Un repas français traditionnel

Un restaurant sénégalais

Objectives

In this chapter, you will learn to:

- talk about food and dining;
- approve, disapprove, and suggest;
- give advice;
- agree and disagree;
- ask questions;
- interview someone;
- write up an interview.

Chapter Support Materials (Student)
MP: pp. 63–96
Audio: CD1, Tracks 19–30
CD2, Tracks 2–8

Syllabus
The minimum amount of time needed to cover the material of **Chapitre 2** is seven class periods.

Chapter Support Materials (Instructor)
Audio: CD1, Tracks 19–30
CD2, Tracks 2–8
Video: Chapitre 2
Test Bank: Chapitre 2
Website: http://quantamoi.heinle.com

Documents déclencheurs

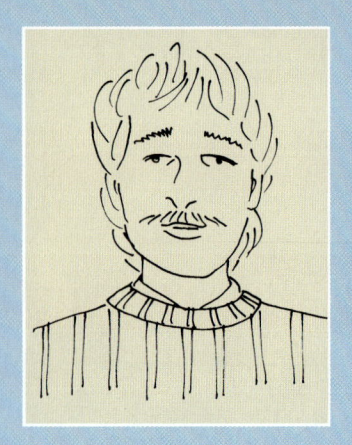

Claude Letourneur

«Bonjour! Ma femme Aminata et moi, nous serons vos guides pour votre étude des habitudes et des attitudes gastronomiques des Français et des francophones. Comme vous le savez sans doute, la France est renommée dans le monde entier pour sa cuisine.»

Aminata Diop-Letourneur

«Et bien entendu, les pays francophones ont leur propre cuisine, qui reflète les produits alimentaires à la disposition des habitants de chaque région.»

Audio: CD1, Track 19

SUGGESTED LESSON OUTLINE
Do **Documents déclencheurs** (Ex. A, B, C), **Témoignages** (D, E, F), and **Perspectives culturelles** (Ex. G, H).

Réponses, Ex. A: 1. le café Mably; 2. le Palais de Chine; 3. chez le marchand de crêpes; 4. la maison; 5. la boulangerie-pâtisserie

Un petit truc
English regularly uses the verbs *to eat* or *to have* with meals *(Have you eaten [had] lunch yet? Where are we going to eat [have] dinner?)* French speakers use the verb **prendre** (**Tu vas prendre le déjeuner?**) or even more frequently a specific verb for each meal (**On va déjeuner ensemble? Où est-ce que tu veux dîner?**).

Écoutez!

A. On prend quelque chose? Associez chaque conversation à un des endroits illustrés à la page 51.

le Quick
la boulangerie-pâtisserie
le café Mably

la maison
le Palais de Chine
chez le marchand de crêpes

Parlez!

B. Il/Elle aimerait probablement... Utilisez une des expressions suggérées pour indiquer où et comment les personnes suivantes voudraient probablement manger.

Modèle: Anne-Marie est en retard. Il est 12h30. Elle a rendez-vous à 13h.
Anne-Marie voudrait probablement prendre quelque chose de rapide.

Vocabulaire pour la discussion

dîner en famille / manger seul / prendre quelque chose de rapide / prendre quelque chose de léger / prendre un repas copieux dans un restaurant deux ou trois étoiles / sortir manger avec des amis

1. M. Robardier vient d'être nommé président-directeur général de la société pour laquelle il travaille. Il veut célébrer son avancement et son augmentation de salaire avec sa femme.
2. Julien a deux examens importants à préparer, mais il a très faim aussi.
3. Mme Toffoun a passé une journée très difficile au travail. Elle doit se lever très tôt demain matin pour aller à l'aéroport.

Quant à moi... ■ Manuel de classe

Vous aimez la cuisine chinoise? On peut manger un repas traditionnel chinois au Palais de Chine.

Vous voulez prendre quelque chose de rapide? Allez au Quick!

J'ai envie de manger une crêpe. Toi aussi? On va s'offrir deux crêpes au chocolat, d'accord?

Nous, on préfère manger en famille à la maison.

On va boire quelque chose? Un express? Un demi? Un citron pressé?

Tu as faim? On pourrait prendre un pain au chocolat ou bien une tartelette.

---

4. Laure Couturier et son mari Charles suivent un régime. Ils espèrent perdre 10 ou 15 kilos en deux mois.
5. Didier vient d'apprendre qu'il a très bien réussi au concours d'entrée au Conservatoire d'art dramatique. Il va pouvoir poursuivre son rêve de devenir acteur.
6. Evelyne et Patricia sont en retard. Elles doivent être chez M. Damesin dans vingt minutes.

Réponses, Ex. B: 1. prendre un repas copieux dans un restaurant deux ou trois étoiles; 2. manger seul; 3. dîner en famille; 4. prendre quelque chose de léger; 5. sortir manger avec des amis; 6. prendre quelque chose de rapide *(Answers may vary; when students don't agree, ask them to justify their choices.)*

C. Quand est-ce qu'ils mangent d'habitude? Bien entendu, les heures des repas varient selon l'individu. Pourtant, il est possible d'établir des heures approximatives des repas dans des cultures différentes. Etudiez le tableau ci-dessous, puis faites ce qu'on vous demande de faire.

> **Un petit truc**
>
> To indicate the exact time in French, use the preposition **à**: **à huit heures** (à 8h), **à huit heures et quart** (à 8h15). To indicate an approximate time, use the prepositions **vers** (**vers huit heures** or **vers huit heures, huit heures et demie**) or **entre** (**entre huit heures et huit heures et demie**).

	Etats-Unis	Sénégal	France	Espagne
petit déjeuner	6h30–8h	6h–8h	7h–8h	7h–9h
déjeuner	12h–1h	13h–15h	12h30–14h	13h–15h
dîner	5h30–7h	20h–21h30	20h–22h	21h–23h

1. Pour chaque pays, expliquez quand on prend le petit déjeuner d'habitude.
2. Pour chaque pays, expliquez quand on déjeune d'habitude.
3. Pour chaque pays, expliquez quand on dîne d'habitude.

Chapitre 2 ■ *Documents déclencheurs*

Témoignages

«Quels repas est-ce que vous prenez?»

Ex. D

Follow-up, Ex. D: After students have worked in pairs or groups, ask the questions in a whole-class format. You may wish to ask students to describe their classmates' habits.

D. Et vous? Posez les questions suivantes à des camarades de classe afin de vous renseigner sur leurs habitudes alimentaires.

Vocabulaire pour la discussion

d'habitude / à peu près (environ)… fois par jour / vers… heures / ça dépend de… / manger seul(e) (avec…, en famille) / quelque chose de léger (rapide) / un repas copieux / le repas principal (le repas le plus important)

1. Combien de fois par jour est-ce que tu manges quand tu es chez toi? A quelles heures? Où? Avec qui?
2. Qui fait la cuisine chez toi? La fait-il/elle toujours?
3. Tu vas souvent au restaurant en semaine? le week-end? avec tes amis? avec ta famille?

Ecoutez!

Audio: CD1, Tracks 20–23

E. Les témoins vous parlent. En écoutant quelques Français et francophones vous parler de leurs habitudes alimentaires, faites ce qu'on vous demande de faire.

Vocabulaire utile
rôties *(toast, French Canadian expression)*, **casse-croûte** *(snack)*, **boîte** *(nightclub)*, **morceau** *(bite)*

Robin Côté
Rimouski, Québec

1. Ajoutez les mots qui manquent. Utilisez une autre feuille de papier.

   —Bonjour, Monsieur.
   —Bonjour.
   —Comment vous appelez-vous?
   —Je m'appelle Robin Côté.
   —Vous pouvez épeler votre _____?
   —C-O accent circonflexe-T-E accent aigu.
   —Et quel âge avez-vous?
   —J'ai _____ ans.
   —Où est-ce que vous habitez?
   —Je _____ du Canada. J'habite un petit village _____ s'appelle Sainte-Luce, qui est à environ _____ kilomètres d'une ville de _____ habitants qui s'appelle Rimouski, et cette ville est située à environ _____ kilomètres au nord de Québec. C'est sur la rive _____ du fleuve Saint-Laurent.

52 *Quant à moi…* ■ Manuel de classe

—Est-ce que vous pouvez épeler Rimouski?
—C'est R-I-M-O-U-S-K-I.
—Combien de fois par jour est-ce que vous mangez normalement? A quelles heures, où, avec qui?
—Environ de _____ à _____ fois, dépendamment des journées, de mon horaire. Un petit déjeuner—on dit chez nous _____—simplement un café avec quelques rôties…
—Rôties?
—Des «toasts»… Puis, après ça, il y a ce qu'on appelle, nous, _____: le déjeuner. Bon, ça, c'est avec des copains, ça peut être un sandwich ou je sais pas trop… Après ça, il y a _____, ce que vous appelez le dîner. Ça peut être dans un restaurant ou à la maison. Puis, souvent, _____, après, il peut y avoir un petit casse-croûte, ça dépend. Si je vais aussi en boîte ou si _____, bon… ben… on va peut-être aller manger un petit morceau après.

Vocabulaire utile
vers les alentours de *(about)*, **on s'assoit** *(we sit down [at the table])*, **soit… soit…** *(either . . . or . . .)*, **douée** *(talented)*

Véronica Zein
Savigny-sur-Orge, France

2. Complétez le dialogue en reproduisant les questions qui manquent. Utilisez une autre feuille de papier.

—Bonjour, Mademoiselle.
—Bonjour, Madame.
—_____?
—Je m'appelle Véronica Zein.
—Z-E-deux N?
—Z-E-I-N.
—_____?
—J'ai vingt ans.
—_____?
—J'habite à Savigny-sur-Orge. C'est dans la banlieue sud de Paris.
—_____?
—En général, trois fois: le matin, au petit déjeuner, avant d'aller en cours, vers midi, une heure, pendant mon heure de déjeuner, et le soir, quand tout le monde est à la maison, vers les alentours de huit heures et demie, neuf heures.
—_____?
—Oui.
—_____?
—Petit déjeuner, assez léger: en général, du pain et de la confiture, et un café…
—_____?
—Euh… non, parce qu'on ne se lève pas tous à la même heure, donc ça dépend… souvent avec la personne qui va partir en même temps que moi, ou toute seule. Le café est toujours prêt. A midi, je vais manger avec des amis, souvent au café. On reste à discuter.
—_____?
—Oh, quelque chose de très léger. Ça coûte trop cher!
—_____?
—Un sandwich, et puis un petit café pour terminer, toujours. Et le soir, on s'assoit, on mange un bon repas en famille.
—_____?
—Soit ma mère, soit moi.
—J'ai entendu que votre mère est très douée.
—Oui, c'est une excellente cuisinière, elle m'a très bien appris.

Réponses, Ex. E: 1. *Robin Côté*: nom de famille / vingt-neuf / viens / qui / 12 / 40 000 / 300 / sud / trois / cinq / un déjeuner / le dîner / le souper / le soir / je sors; 2. *Véronica Zein*: Comment vous appelez-vous? / Et quel âge avez-vous? / Et où est-ce que vous habitez? / Et combien de fois par jour est-ce que vous mangez normalement? / Ah, vous dînez en famille, alors? / Et qu'est-ce que vous prenez pour tous ces repas? / Et ça, c'est avec la famille aussi? / Et qu'est-ce que vous mangez, là? / Un sandwich, une salade? / Et qui fait la cuisine en général?; 3. *Nezha Le Brasseur*: a. trois ou quatre repas par jour; b. entre 7h et 7h30; c. entre midi et demi et 1h; d. entre 4h30 et 5h; e. entre 8h et 9h; f. sa mère et la bonne; g. la cuisine marocaine, elle prend beaucoup de temps (par exemple, deux heures pour faire un couscous); 4. *Henri Gaubil*: On appelle la Corse «l'Ile de Beauté». / Il a 55 ans. / Il mange trois fois par jour. / Il prend son petit déjeuner de bonne heure, vers 7h du matin. / Il prend des jus de fruits et un café. / Il déjeune vers 13h, souvent à la maison ou au restaurant. / Il ne mange pas beaucoup; il fait trop chaud; il a plutôt envie de boire. / Le soir, il dîne en famille. / Généralement, le dîner est copieux parce que la famille ne mange pas beaucoup pendant la journée. / Il prend un repas traditionnel (potage ou entrée, viande, dessert, vin).

Nezha Le Brasseur
Casablanca, Maroc

Vocabulaire utile
bonne *(maid)*, **couscous** *(dish made with semolina, meat, and vegetables)*

3. Précisez:
   a. le nombre de fois par jour qu'elle mange;
   b. l'heure de son petit déjeuner;
   c. l'heure de son déjeuner;
   d. l'heure du café;
   e. l'heure de son dîner;
   f. qui fait la cuisine chez elle;
   g. la différence principale entre les plats américains et marocains.

Henri Gaubil
Ajaccio, Corse

Vocabulaire utile
c'est-à-dire *(that is to say)*, **de bonne heure** *(early)*, **sauf** *(except)*, **en déplacement** *(traveling)*, **potage** *(soup)*, **arrosé** *(washed down)*

4. Notez au moins cinq faits que vous apprenez en écoutant Henri.

Ex. F

F. Pareil ou différent? Ecoutez encore une fois les témoins en prenant des notes afin de trouver: (1) le témoin auquel vous ressemblez le plus et (2) le témoin auquel vous ressemblez le moins en ce qui concerne les repas. Ensuite, justifiez vos réponses à des camarades de classe.

54 *Quant à moi...* ■ *Manuel de classe*

Perspectives culturelles

La cuisine en France

L'ère du grignotage

Les prises alimentaires sont de plus en plus fractionnées tout le long de la journée. 42% des Français mangent ou boivent au moins occasionnellement entre le petit déjeuner et le déjeuner, 49% entre le déjeuner et le dîner, 36% après le dîner. Aux heures des repas, les snacks constituent de véritables substituts aux menus traditionnels. Les plus concernés sont les hommes de 30 à 40 ans, cadres ou employés, mais aussi les enfants (36% mangent le matin en dehors du petit déjeuner). Les quantités moyennes correspondant au grignotage sont encore quatre fois moins importantes en France qu'aux Etats-Unis, mais deux fois plus qu'en Italie ou en Espagne.

Petit test: Comment mange-t-on en France?

Vrai ou faux?
1. La majorité des Français prennent du vin avec les repas.
2. Les Français ne mangent pas de fast-food.
3. La plupart des Français prennent le petit déjeuner.
4. En général, les Français passent plus de temps à table que les Américains.
5. Les Français ne grignotent pas entre les repas.
6. Les habitudes culinaires du sud de la France sont différentes de celles du nord.
7. Les Français continuent à passer beaucoup de temps à la préparation des repas.
8. Aujourd'hui les Français mangent moins de pain qu'autrefois.

Quatre des constatations sont vraies; quatre sont fausses. Vous pourrez découvrir les réponses en lisant les textes aux pages 55 à 57.

Réponses, Petit test: 1. F; 2. F; 3. V; 4. V; 5. F; 6. V; 7. F; 8. V

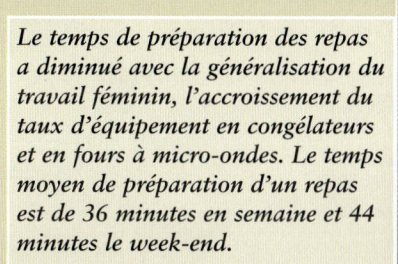

La consommation de vin a diminué

- Les Français de plus de 15 ans consomment en moyenne 62 litres de vin par an, contre 127 litres en 1963.
- Le nombre des consommateurs réguliers diminue au profit des occasionnels.
- Aujourd'hui plus d'un tiers des Français déclarent ne jamais boire de vin.
- Par contre, la consommation d'eau minérale et de boissons non alcoolisées (sodas, colas, jus de fruits...) a beaucoup progressé.

Le temps de préparation des repas a diminué avec la généralisation du travail féminin, l'accroissement du taux d'équipement en congélateurs et en fours à micro-ondes. Le temps moyen de préparation d'un repas est de 36 minutes en semaine et 44 minutes le week-end.

Chapitre 2 ■ Perspectives culturelles   55

Le nomadisme alimentaire et la restauration rapide

Les Français prennent de plus en plus l'habitude de manger n'importe où: voiture, lieu de travail, rue, transports en commun, lieux publics... 32% prennent leur repas de midi sans se mettre à table. 37% mangent ou boivent dans la rue au moins une fois par mois. En plus, la part des repas pris hors du foyer s'accroît: 70% des Français prennent au moins un repas en semaine hors de leur domicile, contre 59% en 1996.

66% des restaurants ouverts depuis 1993 sont des fast-foods. Seuls 2% des Français disent aimer les hamburgers, mais ils achètent chaque année environ 160 millions de sandwichs. Mais ils les achètent moins souvent dans les cafés et les bistrots traditionnels, dont le nombre a connu une spectaculaire érosion: moins de 50 000 aujourd'hui contre 200 000 en 1960 et 80 000 en 1985. Les tendances lourdes du grignotage et du nomadisme expliquent la part croissante des dépenses effectuées hors de lieux de restauration classiques: boulangeries, traiteurs, bouchers, boutiques disposant d'un coin-café (FNAC, Décathlon, Celio, Habitat...), cinémas, distributeurs automatiques... En plus, les grandes surfaces développent des rayons de produits «prêts-à-manger» pour répondre à la demande de rapidité des gens qui ne veulent pas consacrer du temps à la préparation de leurs repas.

Les Français consacrent environ 2 heures 15 minutes aux repas chaque jour. Ils restent souvent à table après le dîner pour discuter.

67% des Français disent aimer manger des plats et des produits d'autres pays afin de varier l'alimentation et de découvrir de nouvelles saveurs. On constate aussi un développement récent de la restauration thématique (tex-mex, chinois, indien, japonais...).

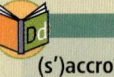

(s')accroît increases
appartient belongs
assemblage assembling, putting together
congélateurs freezers
consacrer to devote
croissante increasing
demeurer to remain
en dehors de outside of
engouement fad, craze
grandes surfaces hypermarkets, "big box" stores
grignotage nibbling, snacking
gustatif involving taste (of food)

hors du foyer outside of the home
hors des lieux de restauration classiques outside of traditional places to eat
mélange mixture
moyen(ne)(s) average
nappage coating
nomadisme moving about
occasionnels on special occasions
sans without
savoir-faire know how
saveurs tastes, flavors
surgelé frozen
taux rate

Malgré l'influence de la restauration rapide et des cuisines exotiques, certaines traditions nationales et régionales demeurent. Au fond, la France appartient à deux cultures gastronomiques: le beurre et la bière sont surtout consommés au nord de la Loire, l'huile et le vin au sud.

La cuisine d'assemblage

Les Français passent moins de temps à préparer leurs repas et les générations se transmettent de moins en moins le savoir-faire culinaire. Mais on ne renonce pas pour autant aux plaisirs gustatifs et à la diversité de la tradition française. Après le «tout-surgelé» des années 80, on observe aujourd'hui un engouement pour la «cuisine d'assemblage», réalisée à partir de produits pratiques, de recettes élaborées et personnalisables. Les femmes (mais aussi les hommes) peuvent préparer rapidement des plats savoureux sans prendre de risque quant au résultat. Les aides culinaires (épices, croûtons, herbes aromatiques, mélanges divers…), les légumes mélangés, les préparations pour salades composées, les desserts à préparer ou les aides à la pâtisserie, les sauces de nappage ou à cuisiner sont les principaux ingrédients de cette cuisine en kit.

Source: Gérard Mermet, *Francoscopie 2001*, Larousse, pp. 184–191; *Francoscopie 2003*, Larousse, pp. 201–210.

G. Discutons! Avec quelques camarades de classe, discutez des questions suivantes:

1. Dans quelle mesure les habitudes gastronomiques des Français semblent-elles influencées par le modèle américain?
2. Qu'est-ce qui indique que la France continue à garder certaines de ses propres traditions gastronomiques?

H. Mythes ou vérités? Avec quelques camarades de classe, discutez des idées générales qu'ont beaucoup d'étrangers à l'égard des habitudes gastronomiques des Américains (= Etasuniens). Lesquelles sont fausses? Lesquelles sont vraies?

1. «Les Américains mangent constamment.»
2. «Les Américains mangent beaucoup.»
3. «Les Américains mangent très rapidement.»
4. «Les Américains ont un menu très limité.»

Ex. G

Suggestion, Ex. G: You can use a discussion of the answers to the **Petit test** as a lead-in to Ex. G.

Ex. H

Suggestion, Ex. G and H: If students are having difficulty debating these concepts in French, you may wish to use English for the initial discussion. Then, ask students to write up the main ideas in French.

Do **A faire! (2-1)** on page 64 of the **Manuel de préparation**.

Contrôle des connaissances
Les questions d'information

> **SUGGESTED LESSON OUTLINE**
> Students assigned *A faire! (2-1)* have:
> • reviewed basic information questions;
> • worked with food vocabulary.
> • Ex. IV was not self-correcting.
>
> In this segment, do:
> • **Contrôle des connaissances** (Ex. I, J, K);
> • **Pour parler...** (Ex. L);
> • **Pour communiquer** (Ex. M, N, O, P).

Rappel

Questions qui ont pour réponse *oui* ou *non*

To get a **oui** or **non** answer, either:

a. raise your voice at the end of a declarative sentence (**Tu vas au cinéma ce soir?**)

or

b. place **est-ce que** before the subject and verb (and then raise your voice at the end) (**Est-ce que tu vas au cinéma ce soir?**)

I. Oui ou non? Utilisez les éléments donnés pour poser des questions auxquelles les gens dans les images peuvent répondre par **oui** ou par **non**.

1. Nous habitons à Paris. (aimer la ville / avoir un appartement / travailler à Paris aussi)

    Modèle: *Vous aimez la ville? (Est-ce que vous aimez la ville?, etc.)*

2. Nous sommes très sportifs. (jouer au football / aimer regarder les matchs à la télé / faire des sports d'hiver)
3. Nous prenons grand plaisir à manger. (préparer les repas vous-mêmes / aimer la cuisine thaïlandaise / dîner souvent au restaurant)
4. Nous passons les vacances d'été au bord de la mer. (prendre le train pour y aller / savoir nager / aimer faire de la planche à voile)
5. Je suis étudiante. (être à l'université / avoir un emploi du temps très chargé / apprendre une langue étrangère)
6. J'ai un petit boulot; je suis serveuse. (travailler dans un restaurant français / être bien rémunérée / aimer ton travail)
7. J'ai de la famille qui habite en Bretagne. (y aller souvent / vouloir retourner y habiter un jour / parler breton)
8. Je suis fana du cinéma. (aimer les films étrangers / avoir un lecteur DVD / voir des films toutes les semaines)

Patrick Dailly et Bruno Desmazes (vous)

Nathalie Le Meur (tu)

58 *Quant à moi...* ■ *Manuel de classe*

Rappel

Les questions d'information

a. To find the person who is performing (has performed, will perform) an action, use **qui** (**Qui est là? Qui a téléphoné?**).

b. To find other types of information, use the appropriate question word + **est-ce que** (**Où est-ce que tu fais tes études? Pourquoi est-ce qu'elles ne sont pas venues?**).

où *(where)*   comment *(how)*
quand *(when)*   combien de *(how many)*
à quelle heure *(what time)*   que *(what)*
pourquoi *(why)*

J. Des rencontres. Vos amis parlent de quelques personnes qu'ils ont rencontrées. Répondez aux questions à propos de ces personnes.

Votre ami Jacques a rencontré Jean-Luc Tessier.

1. Quand est-ce qu'il l'a rencontré?
2. Comment s'appelle la femme de Jean-Luc?
3. Où est-ce qu'ils habitent maintenant?
4. Combien d'enfants est-ce qu'ils ont?

Votre amie Janine a rencontré Pierre et Isabelle Martineau.

5. Pourquoi est-ce que les Martineau étaient au magasin de meubles?
6. Qu'est-ce qu'ils ont acheté?
7. Qui a invité qui à une soirée?
8. A quelle heure commence la soirée?

Audio: CD1, Track 24

Réponses, Ex. J: 1. mardi dernier; 2. Martine; 3. à Lyon; 4. deux enfants (deux filles); 5. pour acheter une table; 6. un sofa et un fauteuil; 7. Janine a invité les Martineau.; 8. vers 9h, 9h30

K. La famille et les amis. D'abord, posez des questions à un(e) camarade de classe pour trouver les renseignements suivants. Puis, circulez dans la classe en posant les mêmes questions à d'autres camarades. Demandez à un(e) camarade de classe:

1. le nombre de personnes dans sa famille.
2. où sa famille habite.
3. s'il/si elle habite toujours chez ses parents.
4. pourquoi il/elle (n')habite (pas) chez ses parents.
5. ce que les membres de sa famille aiment faire pour se distraire.
6. où son/sa meilleur(e) ami(e) habite.
7. comment il/elle s'appelle.
8. s'il/si elle le/la voit souvent.
9. quand il/elle l'a vu(e) récemment.
10. ce qu'il/elle aime faire pendant son temps libre.

Ex. K

Vocabulaire utile

une famille nombreuse *(large family)*, **une petite famille, le père, la mère, le fils, la fille, le frère aîné (cadet), la sœur aînée (cadette), le demi-frère, la demi-sœur, le grand-père, la grand-mère, le petit-fils** *(grandson)*, **la petite-fille** *(granddaughter)*, **le beau-père** *(stepfather, father-in-law)*, **la belle-mère** *(stepmother, mother-in-law)*, **le beau-frère, la belle-sœur, l'oncle, le neveu, le cousin, la cousine, l'ami, l'amie, le copain, la copine**

Pour parler...
de ce qu'on mange

Parlez!

Ex. L

Follow-up, Ex. L: Organize a game of *Jeopardy!*, using food items. For example,
1. Ça se mange en France entre la salade et le dessert. (Qu'est-ce que c'est que le fromage? ou C'est quoi, le fromage?)
2. Un assaisonnement (Un condiment) qu'on utilise avec les saucisses de Francfort. (Qu'est-ce que c'est que la moutarde? ou C'est quoi, la moutarde?)

L. Les plaisirs (et les déplaisirs) de la table. Parlez avec quelques camarades de classe de vos préférences alimentaires en indiquant dans les catégories suivantes ce que vous aimez manger et ce que vous n'aimez pas manger.

Modèle: la viande et la volaille
Moi, j'aime beaucoup le porc et le mouton. Je mange souvent du poulet. J'adore le canard. Mais je mange très peu de bœuf.

1. la viande et la volaille
2. le poisson et les crustacés
3. les légumes
4. les fruits
5. les produits laitiers

Un marché aux poissons

Fromages et beurre de Normandie

Des produits de la région au marché en plein air

60   *Quant à moi...* ■ *Manuel de classe*

Pour communiquer

Ecoutez!

Audio: CD1, Track 25

Claude et sa femme Aminata, un couple de jeunes mariés, rentrent chez eux à la fin de la journée. Pendant qu'Aminata prépare le dîner, ils parlent de leurs habitudes alimentaires. Il est clair que pour tous les deux, «bien manger» n'a pas la même signification.

«Un repas dans un fast-food de temps en temps, ça fait pas de mal!»

«Ils ont un grand choix de produits bios.»

M. Vous avez compris? Ecoutez la conversation entre Claude et Aminata, puis répondez aux questions.

> **Vocabulaire utile**
>
> **le poulet au Yassa** (*chicken dish, specialty of the south of Senegal*), **du faux beurre** (*butter substitute*), **un édulcorant de synthèse** (*artificial sweetener*), **la tension artérielle** (*blood pressure*), **les produits bios** (*organic foods*)

1. Où est-ce que Claude a déjeuné? Qu'est-ce qu'il a mangé?
2. Qu'est-ce qu'Aminata pense de son déjeuner? Pourquoi?
3. Qu'est-ce qu'Aminata est en train de préparer pour le dîner?
4. Que va faire Claude pour l'aider?
5. Qu'est-ce qu'il n'arrive pas à trouver? Pourquoi?
6. De quoi est-ce qu'Aminata parle?

Réponses, Ex. M: 1. Il a déjeuné dans un fast-food (au Quick). Il a pris un Big Bacon, des frites et un milkshake. 2. Elle trouve qu'il n'a pas bien mangé (trop de matières grasses, trop de calories). 3. Elle prépare une spécialité sénégalaise, du poulet au Yassa. 4. Il va mettre la table. 5. Il ne peut pas trouver de beurre. Aminata a acheté un faux beurre anti-cholestérol pour remplacer le beurre et un édulcorant de synthèse pour remplacer le sucre; elle ne veut plus utiliser de sel. 6. Elle parle d'un nouveau magasin de produits diététiques, puis elle change de sujet de conversation.

Pour mieux vous exprimer

Approuver les actions d'une autre personne

Tu fais bien de + infinitif
Tu as raison de + infinitif

Désapprouver les actions d'une autre personne

Tu ne devrais pas + infinitif / Vous ne devriez pas + infinitif
Il ne faut pas + infinitif

Suggérer

Tu devrais + infinitif / Vous devriez + infinitif
Tu ferais mieux de + infinitif / Vous feriez mieux de + infinitif
Pourquoi est-ce que tu (vous) ne... pas... ?
- faire attention à (te [vous] préoccuper de) ta (votre) santé
- changer tes (vos) habitudes alimentaires
- suivre un régime *(diet)*
- ne pas manger de... / manger plus (moins) de... / ne manger que du (de la, des)...
- éviter *(to avoid)* trop de graisses (sel, sucre)
- choisir des produits allégés *(light)* (basses calories)

Ecoutez!

Audio: CD1, Track 26

Réponses, Ex. N: 1. On désapprouve et on suggère; 2. On approuve; 3. On désapprouve et on suggère; 4. On désapprouve; 5. On approuve et on suggère

N. Conseils d'amis. Vous entendrez des gens qui parlent franchement à leurs amis. Dans chaque conversation, indiquez si on approuve ou si on désapprouve les actions de son ami(e) et si on fait une suggestion.

	On approuve	On désapprouve	On suggère
1.	____	____	____
2.	____	____	____
3.	____	____	____
4.	____	____	____
5.	____	____	____

Parlez!

Ex. O

Suggestion, Ex. O: Encourage groups of three to have one student read the cue. The other two students can make comments and suggestions, each using different expressions. Then rotate.

O. A mon avis... Vous parlez à quelqu'un avec qui vous pouvez vous exprimer franchement. Donnez des réactions et des suggestions à cette personne en utilisant quelques-unes des expressions de **Pour mieux vous exprimer** (pages 61–62).

1. Comment, Thierry! Hier, tu as mangé trois fois au Macdo? Ce n'est pas possible. Tu...
2. Dis donc, Jean-Marc. Tu exagères un peu, non? Ce matin tu as mangé un petit déjeuner américain, avec des œufs, des saucisses et du pain beurré. A midi, tu as pris un sandwich au pâté. Et ce soir, tu vas manger du biftek? Tu...
3. Qu'est-ce que tu vas prendre, Martine? Du poulet et une salade verte? Ah, tu...
4. Comment, Evelyne, tu reprends de la glace? Mais tu en as pris au déjeuner aussi. Et combien de biscuits est-ce que tu as grignotés aujourd'hui? Tu...
5. Salut, André! Ça fait longtemps que je ne t'ai pas vu! Mais tu as pris du poids, mon ami. Comment? Sept kilos? Ah, tu manges tous les soirs au restaurant? Eh bien, tu sais, tu...
6. Alors, Christine, tu ne veux pas de chips? pas de cacahuètes? Non? Ah, tu...

Ex. P

P. Et vous? Et vos amis? Parlez de ce que vous avez mangé hier. Vos camarades de classe vous donneront leurs réactions et leurs suggestions. (Si vous préférez, vous pouvez parler d'un membre de votre famille ou d'un[e] ami[e].)

Do ***A faire! (2-2)*** on page 72 of the **Manuel de préparation**.

62 *Quant à moi...* ■ *Manuel de classe*

Fonction
Comment se renseigner (1)

Rappel

L'inversion

1. QUESTION WORD + VERB + NOUN?

   Comment s'appelle ta cousine?
   Où sont mes bottes?
   A quelle heure finit ce cours?

2. QUESTION WORD + (NOUN) + VERB + PRONOUN?

   Pourquoi sont-ils partis?
   Comment vos grands-parents voyagent-ils?
   A quelle heure se lève-t-on d'habitude?

Q. Des mini-conversations. Utilisez les renseignements donnés pour créer de petites conversations avec votre partenaire.

Vous voulez aller au musée Rodin à Paris.

Demandez à votre ami(e):
1. la situation du musée (dans la rue de Varenne)
2. à quelle heure le musée ouvre (9h30)
3. à quelle heure le musée ferme (16h45)
4. le prix d'un billet d'entrée (3€)

Vous êtes avec une amie dans un magasin de vêtements.

Demandez à votre amie:
5. ce qu'elle cherche. (une jupe)
6. combien elle veut payer. (entre 50 et 60€)
7. sa taille. (38)
8. quand elle va porter la jupe. (pour aller au théâtre samedi soir)

Vous êtes avec un ami au magasin de matériel électronique.

Demandez à votre ami:
9. ce qu'il regarde. (un agenda électronique)
10. pourquoi il regarde cet agenda. (il en a besoin pour noter ses devoirs)
11. comment l'agenda marche. (à l'aide d'une pile *[battery]*)
12. le prix de l'agenda. (18€)

Vous attendez l'arrivée de vos cousins qui habitent en Afrique.

Demandez à votre frère (sœur):
13. quand ils vont arriver. (mardi matin)
14. qui va les chercher à la gare. (Papa)
15. comment il va y aller. (en voiture)
16. à quelle heure ils vont rentrer à la maison. (vers 11h)

SUGGESTED LESSON OUTLINE

Students assigned *A faire! (2-2)* have:
- studied the vocabulary of types of cuisine;
- worked with questions using inversion as well as questions using **que, qu'est-ce que,** and **quel**.
- Ex. VI was not self-correcting.

In this segment, do:
- **Fonction** (Ex. Q, R, S),
- **Pour parler...** (Ex. T),
- **Témoignages** (Ex. U, V, W).

Ex. Q

Votre ami vous a invités, vous et votre femme, à dîner au restaurant, mais sa femme ne vient pas.

Demandez à votre ami:
17. le nom du restaurant (Le Pavillon de la Tourelle)
18. où le restaurant se trouve (à Vanves)
19. à quelle heure on va se retrouver (vers 20h30)
20. pourquoi sa femme ne vient pas (elle est à Londres pour son travail)

Rappel

Les expressions interrogatives *que, qu'est-ce que* et *quel*

1. QUE, QU'EST-CE QUE = no limitations on the answer
   Que cherches-tu?
   Qu'est-ce qu'ils veulent voir?

2. QUEL (QUELLE, QUELS, QUELLES) = answer limited to a choice or a category
   Quel film veux-tu voir ce soir, *La Dame du lac* ou *Danger imminent*?
   Quelle est la capitale du Cameroun?

Ex. R

R. Pour obtenir des précisions. En suivant les indications données, posez des questions à un(e) camarade de classe afin de préciser certains faits.

D'abord, essayez de découvrir:
1. comment il/elle va
2. ce qu'il/elle va faire après le cours
3. quand il/elle va manger
4. ce qu'il/elle va faire ce soir

Ensuite, utilisez les précisions entre parenthèses afin de découvrir:
5. quand il/elle est né(e) (en quel mois / quel jour / en quelle année / à quelle heure)
6. où il/elle est né(e) (dans quel état (pays) / dans quelle ville / à quel endroit)

Enfin, utilisez des questions avec **quel** afin de découvrir:
7. son adresse / le prénom de son/sa (ses) camarade(s) de chambre (mari, femme) / son numéro de téléphone
8. les cours qu'il/elle suit ce semestre / son cours le plus difficile / son cours le plus intéressant
9. les films qu'il/elle a vus récemment / son acteur préféré / son actrice préférée

Ex. S

Suggestion, Ex. S: Have students do this activity as a "blind" conversation—i.e., only one of the two students looks at the document while the other asks him/her questions. Then switch.

S. Renseignez-vous! Posez des questions à un(e) camarade de classe afin de trouver les renseignements qu'il vous faut. Il/Elle vous répondra en consultant les documents à la page 65.

1. Vous avez été blessé(e) dans un accident de voiture. Vous cherchez:
   a. le nom d'un avocat.
   b. l'adresse de son cabinet.
   c. son numéro de téléphone.
   d. ses heures de consultation.

2. Vous allez faire une excursion pour voir les châteaux de la Loire. Vous voulez savoir:
   a. le lieu du départ de l'autocar. (d'où)
   b. l'heure du départ de l'autocar.
   c. les châteaux qu'on va visiter.

d. les lieux où on va déjeuner et dîner.
  e. ce qu'on va faire le soir.
  f. l'heure du retour à Paris.
3. Vous allez au musée Carnavalet. Vous voulez savoir:
  a. la situation du musée.
  b. les heures d'ouverture du musée.
  c. le prix d'un billet d'entrée au musée.
  d. le sujet de l'exposition spéciale du musée.

Trois châteaux en une seule journée!

Blois, Chambord, Chenonceaux

7h15: départ de l'autocar de la place des Vosges
11h–13h: visite guidée du château de Blois
13h–14h: déjeuner au Bouchon Lyonnais
15h–17h: visite guidée du château de Chenonceaux
19h–20h30: dîner au Grand Saint-Michel
21h–22h: son et lumière au château de Chambord
1h: retour à Paris

Maître Jacques Athéonor
Avocat

12, rue Grand-Carroi 37500 Chinon
Tél./Fax: 02 48 99 30 21

Consultations: sur rendez-vous
Lundi: 16h–19h
Mardi–Vendredi:
10h–12h et 14h–17h
Samedi: 9h–12h

Le Guide de la France   Musées de Paris   153

CARNAVALET, Musée de l'histoire de Paris, 23, rue de Sévigné (M° Saint-Paul). 01.42.72.21.13. Tous les jours sauf lundi et jours fériés de 10h à 17h45. Entrée: 5€. Tarif réduit: 3€50. **Collection de la préhistoire au XXe siècle.** Exposition: **Les peintres américains à Paris au XIXe siècle.**

Pour parler...
de la cuisine

Ex. T

T. Où va-t-on dîner? Discutez avec quelques camarades des restaurants que vous avez choisis (voir le **Manuel de préparation**, Exercice VI, page 72).

Modèle: Moi, j'aimerais bien aller au Djakarta Bali. C'est un restaurant indonésien. La cuisine indonésienne est assez épicée, mais elle est savoureuse. La spécialité du restaurant, c'est le rijsttafel. J'aime beaucoup la cuisine indonésienne. (Je n'ai jamais goûté la cuisine indonésienne, mais je voudrais bien l'essayer.) Et toi, où est-ce que tu préférerais aller?

Djakarta Bali

Bol en bois

Acropole

Au Petit Riche

Katsura

Pizza Latina

Baobab

Banani

Chaumière de Chine

The Studio

66 *Quant à moi...* ■ Manuel de classe

Témoignages

«Qu'est-ce que vous aimez manger?»

U. A vous d'abord! Posez des questions à vos camarades de classe au sujet de ce qu'ils/elles aiment manger au petit déjeuner, au déjeuner et au dîner.

Ex. U

Une quiche au fromage et aux champignons

Ecoutez!

Audio: CD1, Tracks 27–29

V. Les témoins vous parlent. En écoutant les trois Français et francophones parler de ce qu'ils mangent, faites les activités indiquées.

Vocabulaire utile
féculent *(starchy food)*, charcuterie *(cold cuts)*, quelconque *(any)*

Mireille Sarrazin
Lyon, France

1. Choisissez la bonne réponse.
   a. Mireille Sarrazin est âgée de…
      1. 30 ans. 2. 39 ans. 3. 40 ans.
   b. Au petit déjeuner, normalement Mireille *ne* prend *pas* de…
      1. pain. 2. céréales. 3. café. 4. croissants.
   c. Au déjeuner, normalement Mireille *ne* prend *pas* de…
      1. salade. 2. viande. 3. poisson. 4. légumes.
      5. fruits. 6. soupe.
   d. Au dîner, Mireille…
      1. mange toujours la même chose.
      2. mange toujours un repas copieux.
      3. mange selon les saisons.

Réponses, Ex. V: 1. a–2, b–2, c–6, d–3; 2. a–3, b–1, c–4, d–2; 3. a. jus de fruits (jus de pamplemousse), thé, café noir ou café au lait, toasts (pain de mie), confiture de fraises (de framboises), tartines; b. pizza, salade composée, riz, crevettes, thé c. salade mélangée ou salade de tomates (de concombres), melon, rôti de porc, pommes de terre, canard avec des poires, fromage, fruits (fraises, cerises), tarte aux pommes, compote de fruits, café; d. poisson, pâtes, salade (d'endives avec une vinaigrette), fromage, yaourts, fruit

Chapitre 2 ■ *Témoignages* 67

Dovi Abe
Dakar, Sénégal

Vocabulaire utile

mil *(millet, a grain)*, lait caillé *(milk with curds)*, miel *(honey)*, emplois du temps des uns et des autres *(everyone's daily schedule)*, arachide *(peanut)*, séché *(dried)*, épices *(spices)*, ail *(garlic)*, gingembre *(ginger)*, clous de girofle *(cloves)*

2. Dovi Abe mentionne plusieurs plats typiquement africains. Associez le nom de chaque plat à sa description.

   a. la bouillie de mil
   b. le tiéboudienne (tcheboudjen)
   c. la sauce aux feuilles de manioc
   d. le couscous

   _____ 1. riz et poisson cuits ensemble dans une sauce
   _____ 2. mil qu'on mange avec une sauce faite de tomates, de légumes et de poisson séché
   _____ 3. céréale servie avec du lait caillé et du miel
   _____ 4. sauce à base d'une sorte de pomme de terre

Delphine Chartier
Toulouse, France

Vocabulaire utile

en boîte *(canned)*, en conserve *(canned)*, digère *(digest)*, fait griller *(toast, grill)*, pain de mie *(sliced white bread in a loaf)*, miel *(honey)*, tartines *(slices of bread with butter and/or jam)*, disponibles *(available)*, salade composée *(mixed salad)*, en revanche *(on the other hand)*, réunie *(together)*, cuisine davantage *(cook more)*, concombres *(cucumbers)*, mélange *(mixture)*, compote de fruits *(fruit sauce)*, noix *(nuts)*, goutte *(a little bit; literally, a drop)*, serré *(pressed)*

3. Pour chaque repas, identifiez trois choses à manger que mentionne Delphine Chartier.

   a. le petit déjeuner
   b. le déjeuner en semaine
   c. le déjeuner du week-end
   d. le dîner

Ex. W

Réponses, Ex. W: Quelques choses qu'on pourrait mentionner: 1. Pour Mireille, le repas de midi est plus important que le repas du soir. 2. Chez Dovi, on mange beaucoup de sauces et on utilise beaucoup d'épices. 3. Mireille et Delphine ne mangent pas d'œufs ou de céréales le matin; elles boivent du thé ou du café et elles mangent des croissants ou des toasts. 4. Le week-end chez Delphine, le repas de midi est un repas important. 5. Après les repas de week-end, on prend toujours un petit café à la fin du repas.

W. Les Français, les francophones et les Américains. Ecoutez encore une fois les témoins en prenant des notes afin de trouver quelques différences entre ce que mangent les Américains (les Etasuniens) et ce que mangent les trois témoins français et francophones.

Do *A faire! (2-3)* on page 78 of the **Manuel de préparation**.

Fonction
Comment se renseigner (2)

Rappel

Les questions avec préposition

preposition + | qui
 | quoi | + est-ce que + subject + verb?
 | où | + verb + subject?
 | quel(le)s…

X. Alors… Quand votre camarade de classe vous dit quelque chose, posez-lui une question pour en apprendre davantage. Utilisez quelques-uns des éléments proposés pour lui poser cette question.

Modèle: Jean-Luc a trouvé un job. (travailler)
Ah, bon. Pour qui est-ce qu'il va travailler?

qui   quoi   où   quel(le)(s)   de   d'où   pour   chez   à   avec

1. Je suis allé au cinéma hier soir. (aller)
2. Cette fille-là ne vient pas des Etats-Unis. (venir)
3. Vincent n'habite pas chez ses parents. (habiter)
4. Mireille a acheté des poissons rouges. (garder = *to keep*)
5. Les Bazantay ne sont plus au troisième étage. (être)
6. Je n'écris plus avec un stylo à bille. (écrire)
7. Non, elle ne parlait pas de Didier. (parler)
8. Annick n'a pas besoin de ces livres-ci. (avoir)
9. Je ne pensais pas à l'examen. (penser)
10. Nous allons passer le week-end à Deauville avec Claude et Jacques. Ils y ont chacun un appartement. (descendre)

SUGGESTED LESSON OUTLINE

Students assigned *A faire! (2-3)* have:
- reviewed questions with inversion;
- worked with questions involving a preposition.
- Ex. XI and XII were not self-correcting.

In this segment, do:
- **Fonction** (Ex. X, Y),
- **Perspectives culturelles** (Ex. Z),
- **Pour communiquer** (Ex. AA, BB, CC).

Ex. X

Y. Entre amis. Utilisez les verbes et les expressions donnés pour poser des questions à un(e) camarade de classe, qui vous répondra. Attention à l'emploi des prépositions.

Modèle: Vous avez vu un(e) ami(e) à la bibliothèque avec une personne que vous n'avez pas reconnue. (parler)
A qui est-ce que tu parlais quand je t'ai vu(e) à la bibliothèque?
ou: *Je t'ai vu(e) à la bibliothèque hier avec un(e) ami(e). De quoi est-ce que vous parliez?*

1. Vous voulez obtenir un permis de stationnement, mais vous ne savez pas le nom de la personne qui les délivre. (s'adresser à)
2. Votre ami(e) est en pleine rêverie et ne vous écoute pas. (penser)
3. Votre ami(e) est en train d'écrire un e-mail. (écrire)
4. Votre ami(e) semble chercher quelque chose. (avoir besoin)
5. Votre amie vous dit qu'elle est musicienne, mais c'est la première fois qu'elle vous en parle. (jouer / instrument de musique)
6. Ce sera demain l'anniversaire de votre ami(e), mais vous ne savez pas son âge. (être né(e) / année)
7. Votre amie semble très impatiente. (attendre)
8. Votre ami(e) a l'air inquiet (inquiète). (avoir peur)
9. Votre ami(e) cherche un numéro de téléphone. (téléphoner)
10. Votre ami(e) est invité(e) à passer le jour de Noël chez quelqu'un, mais vous ne savez pas qui. (passer le jour de Noël)
11. Votre oncle vient d'acheter une nouvelle maison, et vous aimeriez savoir comment elle est. (couleur / maison)
12. Vos parents sont allés voir un vieux film français qui s'intitule *Les Enfants du paradis*. Vous n'avez jamais entendu parler de ce film. (il s'agit / dans ce film)
13. Vous avez invité des gens à dîner et vous voulez servir du bœuf avec une sauce béarnaise, mais vous ne savez pas préparer la sauce. (préparer avec)
14. On vous a donné un beau poisson, mais il est trop grand pour vos casseroles. (faire cuire dans)
15. Le safran est une épice très rare et très chère. On vous en a donné, mais vous ne savez pas l'utiliser. (ajouter à)

Perspectives culturelles

Profil: Le Sénégal

Nom officiel: république du Sénégal
Capitale: Dakar
Autres villes importantes: Diourbel, Saint-Louis, Thiès, Ziguinchor
Population: 8 530 000
Langue officielle: français
Ethnies: les Ouolofs, les Peuls, les Toucouleurs, les Sarakollés, les Bassaris, les Mandingues, les Maures, les Sérères
Religions: musulmans (80–90%), chrétiens, animistes
Date d'indépendance: 1960
Climat: tropical—sec de novembre à mai, pluvieux de juin à octobre; le long de la côte—relativement frais grâce aux vents de la mer
Produits agricoles: arachides, canne à sucre, coton, maïs, manioc, mil, riz
Industries: pêche, usines agro-alimentaires, huileries, mines de fer, industries chimiques

Le Sénégal et sa cuisine

La cuisine sénégalaise est l'une des plus réputées d'Afrique. On commence d'ailleurs à pouvoir s'en rendre compte en Europe et plus spécialement à Paris, où abondent maintenant les restaurants sénégalais et les boutiques spécialisées, groupées en particulier tout le long de la rue d'Aubervilliers.

Mais rien ne vaut cependant la cuisine d'origine, réalisée dans les familles, les petits campements ou, au contraire, dans bien des restaurants de luxe qui se sont rendu compte que les plats locaux étaient très demandés. Les plus connus sont: le *poulet yassa* (au citron), le *tiep bou dienn*, ou riz au poisson, le *dem à la Saint-Louisienne*, ou mulet farci *(stuffed mullet)*, le *maffé*, ou bœuf aux arachides, les *pastels* ou beignets de poisson, etc.

Ce que mangent les Sénégalais

Mil, riz… et coquillages

Chaque année, à l'occasion du concours national gastronomique, de nouveaux plats sont proposés. Maréma Diop Ndaw, chef au Novotel, utilise par exemple les pépins de melon et le «*diakhar*» ou graines de nénuphar aquatique. Ce diakhar qui n'est que trop présent dans les eaux du Sénégal, vendu tout grillé, remplace le couscous dans le nord, nous dit «Cuisine sénégalaise» édité par la librairie Wakhatilène de Saint-Louis. Il est assaisonné avec du «*diwou nior*» ou beurre déjà cuit, préparé par les Peuhls. Dans le Nord, le mil occupe la place du riz en Casamance. On en mange pratiquement à chaque repas, servi dans de grandes bassines communes avec du poulet ou de la chèvre. Il faut apprendre à en rouler des boulettes entre trois doigts de la main droite... sans se brûler. Au Saloum, puis en Casamance, on trouve des huîtres de palétuviers (sautées dans l'huile chaude ou braisées sur un lit de charbon de bois dans leur coquille, ou encore grillées), des moules cuites de différentes façons et mélangées parfois à une ratatouille de légumes, des bigorneaux, des yets, énormes mollusques, plus ou moins faisandés, ingrédient majeur du tiep bou dienn, des «pagnes», ces fameux coquillages blancs mangés depuis des millénaires.

Une recette du Sénégal

Une des vedettes de la cuisine sénégalaise est le poulet au Yassa, spécialité du sud du pays. En voici la recette, tirée d'un livre de cuisine sénégalaise; en France, on dirait *ingrédients* et *préparation* plutôt que *matière d'œuvre* et *méthode de fabrication*.

Le poulet au Yassa

Matière d'œuvre:

un poulet	sel
3 citrons verts	poivre
3 gros oignons	1 piment frais
25 cl (centilitres) d'huile d'arachide	ail

Méthode de fabrication:
1. Couper le poulet en morceaux.
2. Emincer les oignons et couper le piment en morceaux.
3. Mariner le poulet pendant plusieurs heures avec l'huile d'arachide, le jus et le zeste des citrons, les oignons émincés, le piment, de l'ail, du sel et du poivre.
4. Egoutter les morceaux du poulet et faire sauter *(brown)* de tous les côtés.
5. Faire revenir les oignons égouttés dans l'huile d'arachide, laisser cuire doucement.
6. Rajouter la marinade, les morceaux du poulet et ajouter un verre d'eau. Laisser mijoter *(simmer)* 30 mn.
7. Servir avec du riz.

On peut aussi faire ce plat avec d'autres viandes ou du poisson. Dans ce cas, les Sénégalais aiment griller la viande ou le poisson avant de les faire revenir dans de l'huile.

Après les repas et surtout le dîner, le thé à la menthe, est servi en trois étapes: le premier verre, à peine sucré, le deuxième un peu plus, le troisième au contraire très doux.

Adapté de: Rémy, *Le Sénégal aujourd'hui*. Paris: Les Editions du Jaguar, pages 230–231.

Z. Le Sénégal et sa cuisine. Discutez de ces questions avec quelques camarades de classe.

1. A quelle(s) autre(s) cuisine(s) ressemble la cuisine sénégalaise? En quoi?
2. Si on vous invitait à prendre un repas avec une famille habitant dans un petit village sénégalais, accepteriez-vous? Pourquoi (pas)?
3. Si vous acceptiez, quelles habitudes seriez-vous obligé(e) de modifier afin de vous conduire en bon(ne) invité(e)?
4. Quelles difficultés les Sénégalais rencontreraient-ils à table avec votre famille?
5. Comment la situation géographique du Sénégal influence-t-elle sa cuisine?
6. Comment la situation géographique de votre région influence-t-elle ce que vous mangez?
7. Comment prépare-t-on le poulet chez vous?
8. Quelles différences y a-t-il entre un plat au poulet typiquement américain et le poulet au Yassa?

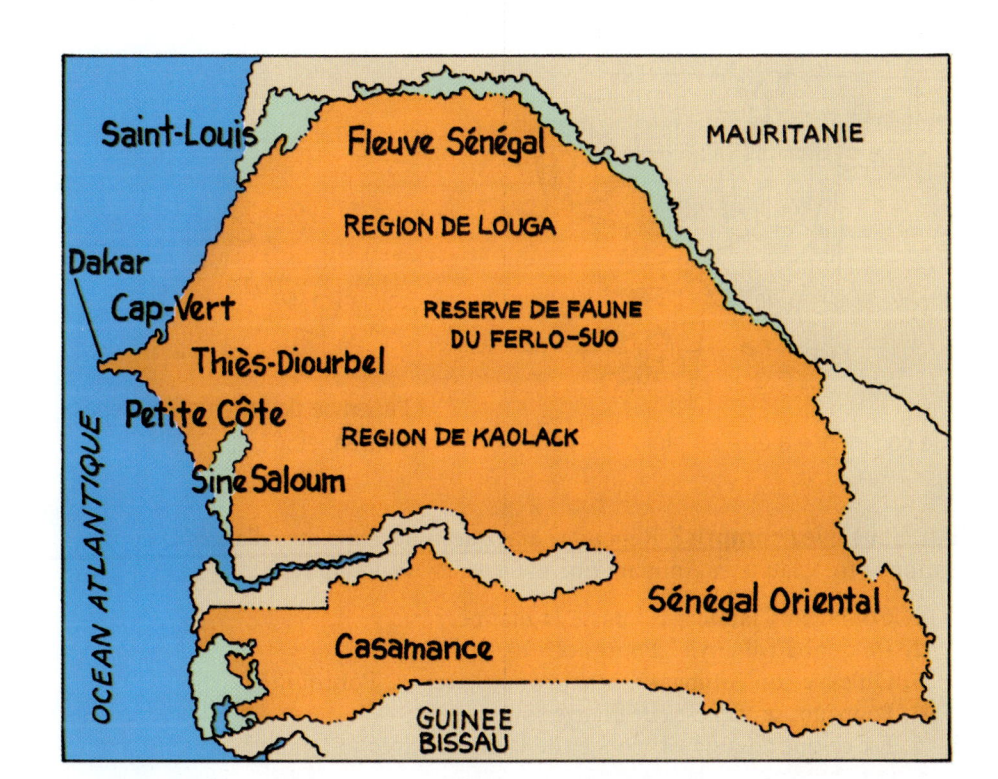

Ex. Z

Suggestion, Ex. Z: If students appear to require it, you may wish to begin this discussion in English. Plan a cooking evening with interested students, bring to class your own prepared **poulet au Yassa,** or ask student volunteers to prepare it at home.

Pour communiquer

Audio: CD1, Track 30

Écoutez!

Un samedi après-midi, quelques mois plus tard. Claude Letourneur rentre chez lui après avoir passé toute la matinée à son club de sport. Il va au frigo, se verse quelque chose à boire et demande à sa femme Aminata ce qu'elle prépare pour le dîner.

«Je commence à être en pleine forme.»

«J'ai envie de faire un bon repas traditionnel.»

Réponses, Ex. AA: 1. Il a passé la matinée à faire de l'aérobic et de la musculation. 2. Il a envie de boire un jus de carottes. Il a très soif. 3. Elle a acheté un gigot d'agneau parce qu'elle a envie de faire un bon repas traditionnel. 4. Parce qu'il a totalement changé sa façon de vivre: il passe tout son temps au club de sport; il ne mange que des légumes, des fruits et du yaourt. 5. Non, il va se préparer une salade.

AA. Vous avez compris? Répondez aux questions suivantes d'après la conversation entre Claude et Aminata que vous venez d'entendre.

1. Comment Claude a-t-il passé la matinée?
2. De quoi a-t-il envie? Pourquoi?
3. Qu'est-ce qu'Aminata a acheté pour le repas? Pourquoi?
4. Pourquoi se fâche-t-elle contre son mari?
5. Est-ce que Claude va manger de la viande avec sa femme?

Parlez!

Pour mieux vous exprimer

Exprimer votre accord

C'est vrai (exact, juste, sûr)!
Absolument!
Tout à fait!
Effectivement!
Je suis d'accord.
Vous avez (Tu as) (tout à fait) raison.
Je suis de votre (ton) avis.

74 *Quant à moi...* ■ *Manuel de classe*

Exprimer votre désaccord

Je ne suis pas (tout à fait / du tout) d'accord.
Ce n'est pas vrai (exact, juste).
Absolument pas!
Pas du tout!
Au contraire!
C'est faux!

Conseiller

Je vous (te) conseille de + infinitif
A mon avis, vous devriez (tu devrais) + infinitif
Si vous voulez (tu veux), vous pouvez (tu peux) + infinitif

BB. Des conseils. Ecoutez les conversations, puis complétez le tableau en indiquant le point de vue exprimé et en notant les expressions utilisées pour marquer ce point de vue. Utilisez une autre feuille de papier.

	Accord	Désaccord	Expressions
1.	_____	_____	_____
2.	_____	_____	_____
3.	_____	_____	_____
4.	_____	_____	_____

Audio: CD2, Track 2

Réponses, Ex. BB: 1. Désaccord / Ce n'est pas vrai. A mon avis, tu devrais... 2. Accord / Absolument. Je suis tout à fait d'accord. Je vous conseille de... 3. Accord / Vous avez tout à fait raison. Si vous voulez, vous pouvez... 4. Désaccord / Ce n'est pas exact. Moi, je te conseille de...

CC. Qu'est-ce que tu en penses? Vous discutez avec des camarades de classe. Une première personne annonce ce qu'elle pense faire. Les autres donnent leurs réactions et leurs conseils. Utilisez les expressions dans *Pour mieux vous exprimer.*

Ex. CC

Follow-up, Ex. CC: You may pursue this discussion with additional topics, such as: le petit déjeuner, les fast-foods, les aliments bios, les clubs de sport.

Modèle: Je n'aime pas ma chambre dans la résidence universitaire; le semestre prochain, je vais chercher un appartement.
A: *A mon avis, il vaut mieux rester à la résidence; un appartement, ça coûte très cher!*
B: *Ce n'est pas vrai! Si tu trouves un appartement à partager avec deux ou trois amis, c'est moins cher que la résidence.*
C: *Pas du tout! Les appartements près de l'université sont très chers et ils ne sont pas très confortables.*
D: *Je suis d'accord avec toi. Pourquoi pas changer de résidence? Dans ma résidence, les chambres sont très confortables.*

1. Je ne veux plus habiter dans une résidence universitaire; je vais chercher un appartement.
2. Je pense changer d'université à la fin de l'année. Je voudrais trouver une université (plus grande, moins grande, dans une ville, à la campagne, etc.).
3. Mon cours de (maths, chimie, statistique, etc.) est très difficile et il me prend trop de temps. Je vais le laisser tomber.
4. Je pense ne pas revenir à l'université l'année prochaine. J'ai envie de travailler, de gagner de l'argent.
5. Je n'aime pas les repas au resto-U. Je vais commencer à manger en ville.
6. Mon père m'a trouvé un job pour l'été, mais moi, je ne veux pas rentrer à la maison. Je vais chercher quelque chose près de l'université.

Do *A faire! (2-4)* on page 84 of the **Manuel de préparation.**

Chapitre 2 ■ *Pour communiquer*

Lecture

Les mythes, aujourd'hui—le vin et le lait, le bifteck et les frites

Roland Barthes

Dans son livre Mythologies, *Roland Barthes essaie de démystifier quelques «mythes» de la vie moderne en France. Pour lui, un mythe est une parole—un sens, un message communiqué explicitement ou implicitement à propos de ce qui est «naturel». Comme il l'explique dans les deux essais dont vous allez lire des extraits, pour être Français, il faut manger des frites et boire du vin.*

Le vin et le lait

Le vin est senti par la nation française comme un bien qui lui est propre, au même titre que ses trois cent soixante espèces de fromage et sa culture. C'est une boisson-totem, correspondant au lait de la vache hollandaise ou au thé absorbé cérémonieusement par la famille royale anglaise […].

(Le vin) est avant tout une substance de conversion, capable de retourner les situations et les états, d'extraire des objets leur contraire: de faire, par exemple, d'un faible un fort, d'un silencieux un bavard° […].

Tout cela est connu, dit mille fois dans le folklore, les proverbes, les conversations et la Littérature. Mais cette universalité même comporte un conformisme: […] en ce sens que la société nomme malade, infirme° ou vicieux, quiconque° ne croit pas au vin: elle ne le comprend° pas (aux deux sens, intellectuel et spatial, du terme). A l'opposé, un diplôme de bonne intégration est décerné à qui pratique le vin: savoir boire est une technique nationale qui sert à qualifier le Français, à prouver son pouvoir de performance, son contrôle et sa sociabilité. […]

> **Aide-lecture**
> - vin = une boisson-totem (symbole d'un groupe)
> - vin = transformatif
> - distinction sociale: boire du vin par opposition à ne pas boire de vin

(Le lait), c'est maintenant le véritable anti-vin: […] dans la grande morphologie des substances, le lait est contraire au feu par toute sa densité moléculaire, par la nature crémeuse°, et donc sopitive°, de sa nappe; le vin est mutilant, chirurgical°, il transmute et accouche°; le lait est cosmétique, il lie°, recouvre, restaure. De plus, sa pureté, associée à l'innocence enfantine, est un gage° de force, d'une force non révulsive, non congestive, mais calme, blanche, lucide, tout égale au réel. […]

> **Aide-lecture**
> - opposition: vin par opposition à lait
> - vin = feu, il coupe, il change; lait = pureté, il calme, il restaure

Le bifteck et les frites

Le bifteck participe à la même mythologie sanguine° que le vin. C'est le cœur de la viande, c'est la viande à l'état pur, et quiconque en prend, s'assimile la force taurine°. [...]

of blood

of a bull

Comme le vin, le bifteck est, en France, l'élément de base, nationalisé plus encore que socialisé; il figure dans tous les décors de la vie alimentaire. [...] Dans un film ancien (*Deuxième Bureau contre Kommandantur*) la bonne du curé° patriote offre à manger à l'espion boche° déguisé en clandestin° français: «Ah, c'est vous, Laurent! Je vais vous donner mon bifteck.» Et puis, quand l'espion est démasqué: «Et moi qui lui ai donné de mon bifteck!» Suprême abus de confiance.

priest's housekeeper; German (derogatory) spy; disguised as an underground fighter

> **Aide-lecture**
> - le bifteck = le vin = le sang, la force
> - donner son bifteck: générosité par opposition à trahison

Associé communément aux frites, le bifteck leur transmet son lustre national: la frite est nostalgique et patriote comme le bifteck. *Match*° nous a appris qu'après l'armistice indochinois, «le général de Castries° pour son premier repas demanda des pommes de terre frites». Et le président des Anciens Combattants d'Indochine, commentant plus tard cette information, ajoutait: «On n'a pas toujours compris le geste du général de Castries demandant pour son premier repas des pommes de terre frites.» Ce que l'on nous demandait de comprendre, c'est que l'appel du général n'était certes pas un vulgaire réflexe matérialiste, mais un épisode rituel d'approbation de l'ethnie° française retrouvée. Le général connaissait bien notre symbolique nationale, il savait que la frite est le signe alimentaire de la «francité»°.

French picture magazine (full title Paris-Match; *similar to* Life *magazine); French general during the war in Indochina*

ethnicity

"Frenchness"

> **Aide-lecture**
> - le bifteck associé aux frites
> - les frites = symbole d'être vraiment français

Roland Barthes, *Mythologies*. Paris: Editions du Seuil, 1957, pp. 74–79

DD. Discussion: Les signes alimentaires de l'«américanité». Discutez des questions suivantes avec quelques camarades de classe.

1. Quelles sont les boissons préférées aux Etats-Unis? Quelles connotations peut-on y associer? Y en a-t-il une (ou plusieurs) qui joue(nt) un rôle comparable à celui du vin en France?
2. Y a-t-il un plat américain qui joue le rôle du traditionnel steak-frites en France? Si oui, lequel? Sinon, pourquoi pas? Dans quelle mesure la réponse à cette question dépend-elle de la région ou du milieu social?
3. Choisissez des mets ou des plats typiquement américains et faites une analyse des mythes qui s'y rattachent, à la manière de Roland Barthes. Quelles fonctions exercent-ils dans la vie américaine? Quelles notions évoquent-ils dans l'inconscient américain?

Ex. DD

Suggestion, Lecture et Ex. DD: The Barthes text is challenging; you may wish to start the discussion in English. Ask students if they have questions, then ask them to summarize the main ideas. Do Ex. DD in small groups, which then report back to the class in French. Finally, in a whole-class format, summarize and write out the main ideas in French.

Vocabulaire pour la discussion

représenter
suggérer
symboliser
ressembler à
faire contraste à/avec

l'inconscient
la tradition
les vieilles habitudes
un complexe… d'infériorité
 de supériorité
les pauvres / les riches
la sexualité
la force / le pouvoir
la pureté / l'innocence
la forme physique / la jeunesse / la vitalité
la classe sociale / les origines ethniques

Témoignages

«*Les habitudes gastronomiques sont-elles en train de changer?*»

Ex. EE

EE. A vous d'abord! Discutez de la question suivante avec quelques camarades de classe.

Est-ce que les habitudes alimentaires de votre famille sont en train de changer?

> **Vocabulaire utile**
> manger plus de…, manger moins de…, avoir tendance à…, (ne pas) prendre son temps, servir une plus grande variété de…, sortir plus (moins) souvent au restaurant

Audio: CD2, Tracks 3–6

Ecoutez!

FF. Les témoins vous parlent. En écoutant quatre Français et francophones parler des changements dans les habitudes alimentaires de leurs pays, faites les exercices suivants.

Philippe Heckly
Asnières, France

> **Vocabulaire utile**
> **dehors** (*outside [the house]*), **choucroute** (*sauerkraut, pork, and sausage dish popular in Alsace*)

1. Ajoutez les mots qui manquent. Utilisez une autre feuille de papier.

   —Bonjour, Monsieur.
   —Bonjour, Madame.
   —Comment vous appelez-vous?
   —Je m'appelle Philippe Heckly.
   —Vous pouvez l'épeler?
   —Oui, bien sûr. H-E-C-K-L-Y. C'est un nom qui _____ Alsace, et puis peut-être d'_____, mais il y a longtemps.
   —Et où est-ce que vous habitez?
   —J'habite à Asnières. C'est une banlieue _____ de Paris…
   —Est-ce que les habitudes culinaires et gastronomiques dans _____ sont en train de changer?
   —Ah, je crois, ouais. _____ , ils aiment beaucoup manger dehors, les fast-foods, McDonald et compagnie… Mais ça, ça va une fois _____. Les hamburgers, c'est bien gentil, mais _____ les plats en sauce; une petite choucroute de temps en temps, ça fait _____. Le couscous, c'est fantastique… _____ , les fast-foods, c'est juste une alternative et _____ ça restera comme ça.

78   *Quant à moi…* ■ Manuel de classe

> **Vocabulaire utile**
> vous croyez *(you believe)*, ménages *(households)*, dernier chic *(latest fad)*

Sophie Everaert
Bruxelles, Belgique

2. Précisez:
   a. son âge.
   b. le nombre de fois qu'elle mange par jour.
   c. si elle croit que les habitudes alimentaires sont en train de changer en Belgique.
   d. pourquoi c'est plus facile de manger maintenant.
   e. un avantage et un inconvénient de la nouvelle cuisine.

> **Vocabulaire utile**
> charbon de bois *(charcoal)*, cuisinières à gaz *(gas stoves)*, par rapport aux *(in relationship to the)*, mets *(dishes)*, au niveau des légumes *(as far as vegetables are concerned)*, Liban *(Lebanon)*, chawarma *(local version of fast food, made with beef)*, galette *(type of pancake)*, libanais(e) *(Lebanese)*, taboulé *(dish made with semolina, chopped herbs, and vegetables)*, ont vécu *(have lived)*

Dovi Abe
Dakar, Sénégal

3. Voici des conclusions tirées par Dovi Abe. Donnez au moins une idée pour justifier chaque conclusion.
   a. Les habitudes culinaires et gastronomiques du Sénégal ont déjà changé.
   b. Il y a une plus grande variété.
   c. Au Sénégal on mange de la cuisine française aussi.

> **Vocabulaire utile**
> au niveau des jeunes *(at young people's level)*, du coup *(as a result)*, notamment *(especially)*, surgelés *(frozen)*, pas tant que ça *(not as much as that)*, recettes *(recipes)*, équilibré *(balanced)*, lourd *(heavy)*, suffisantes *(sufficient)*, ne prendrais pas la peine de *(wouldn't go to the trouble of)*, casse-croûte *(snacks)*, boîtes *(cans)*

Xavier Jacquenet
Dijon, France

4. Notez au moins huit faits que vous apprenez en écoutant Xavier.

GG. Une évolution positive ou négative? Les trois témoins français (Philippe, Sophie et Xavier) semblent être d'accord qu'il y a une évolution dans les habitudes culinaires françaises: on mange de plus en plus de fast-foods, de plus en plus de plats congelés ou préparés et de plats étrangers (internationaux). Ecoutez encore une fois les témoins en prenant des notes afin de déterminer s'ils trouvent ces changements positifs ou négatifs. Puis discutez-en avec des camarades de classe en y ajoutant votre opinion personnelle à l'égard des fast-foods, des plats congelés (préparés) et de la cuisine internationale.

Réponses, Ex. FF: 1. *Philippe Heckly:* vient d' / origine suisse / au nord-ouest / votre pays / Les jeunes / de temps en temps / j'aime mieux / jamais de mal / Enfin / j'espère que; 2. *Sophie Everaert:* a. 30 ans, b. 4 fois, c. oui, les gens qui travaillent mangent beaucoup plus de surgelés, d. c'est plus rapide, e. avantage: c'est joli (de belles couleurs dans les assiettes); inconvénient: de très petites portions (jamais assez); 3. *Dovi Abe:* a. les cuisinières à gaz ont remplacé le charbon de bois; le goût est moins bon, mais ça prend moins de temps; b. maintenant on produit des carottes; il y a du fast-food libanais; c. il y a des restaurants français, il y a des hôtels qui ont une clientèle internationale; 4. *Xavier Jacquenet:* Il a 23 ans. / Il fait ses études à l'université de Lyon. / Il est étudiant en histoire. / Il y va en train, deux fois par semaine. / Les jeunes ne prennent plus le temps de faire à manger. / Ils préfèrent les produits surgelés tout préparés. / Les repas sont moins équilibrés. / Les repas sont moins caloriques. / On mange toujours de bons repas traditionnels.

Ex. GG

Do *A faire! (2-5)* on page 87 of the **Manuel de préparation**.

Chapitre 2 ■ *Témoignages*

Fonction
Comment se renseigner (3)

SUGGESTED LESSON OUTLINE
Students assigned *A faire! (2-5)* have:
- written answers to the **Témoignages** questions;
- worked with asking questions at different levels of language usage.
- Ex. XXI was not self-correcting.

In this segment, do:
- **Fonction** (Ex. HH, II, JJ),
- **Perspectives culturelles** (Ex. KK, LL).

Rappel

L'interrogation (langage soigné)

In formal written and spoken French, the tendency is to use inversion.

> Pourquoi les autres ne sont-ils pas venus?
> Et votre cousine, que fait-elle?
> Quelle solution proposez-vous, monsieur?

Ex. HH

HH. Une amie de votre mère. Vous vous trouvez en train de parler à une amie française de votre mère. C'est une femme de soixante ans qui fait son premier voyage aux Etats-Unis. Vous voulez savoir:

1. quand elle est arrivée ici.
2. depuis combien de temps elle est aux Etats-Unis.
3. les impressions qu'elle a de votre ville (village).
4. où elle ira après son séjour dans votre ville (village).
5. quand elle retournera en France.

Rappel

L'interrogation (langage courant ou langage de la conversation)

Informal French tends to use **est-ce que**; the subject is often dislocated as a noun or as a stressed pronoun. However, short questions with common verbs still use inversion.

> Pourquoi est-ce que les autres ne sont pas là?
> Qu'est-ce qu'elle fait, ta cousine?
> Quand est-ce qu'il part, lui?
> Comment va votre (ta) mère?
> Où est la voiture?

Pronoms accentués

> moi, toi, lui, elle, nous, vous, eux, elles

Ex. II

II. Votre professeur. Vous parlez à votre professeur. Il/Elle vient de rentrer d'un séjour en France. Vous voulez savoir:

1. avec qui il/elle a fait le voyage.
2. combien de temps il/elle y est resté(e).
3. s'il/si elle a bien mangé.
4. le meilleur restaurant où il/elle a dîné.
5. ce qu'il/elle a commandé.

80 *Quant à moi...* ■ *Manuel de classe*

Rappel

L'interrogation (langage familier)

Familiar French tends to keep normal word order and put question words at the end of the sentence; sometimes grammar rules are not observed. Stressed pronouns are frequently used.

> Pourquoi ils ne sont pas là, les autres?
> Elle fait quoi, ta cousine?
> Tu travailles où, toi?
> Où ils vont, eux?

JJ. Un enfant. Vous parlez à un petit garçon ou à une petite fille que vous rencontrez dans un aéroport. Il/Elle a l'air perdu(e). Vous voulez savoir:

1. son nom (deux façons d'obtenir ce renseignement).
2. son âge.
3. ce qu'il/elle fait là.
4. où sont ses parents.
5. s'il/si elle sait son adresse.

Perspectives culturelles

Les Français et le fromage

Selon Roland Barthes, ce sont le vin rouge et le steak-frites qui identifient un «vrai Français». On pourrait y ajouter le fromage. *Copain de la Cuisine*, un livre de cuisine destiné à faire de tout enfant un véritable «chef» de cuisine, consacre une double page au rôle important joué par le fromage dans la cuisine française. En voici ces deux pages.

Source: Claudine Roland et Didier Grosjean. *Copain de la Cuisine*. Toulouse: Editions Milan, 1999, pp. 122–123.

Les fromages

Au lait de vache, de chèvre ou de brebis ? Frais ou faits, doux ou forts, mous ou fermes, à croûte ou sans croûte… ? Des fromages, il y en a vraiment pour tous les goûts !

Mille et un fromages

Plus de 400 variétés différentes, rien qu'en France ! Chaque région a « inventé » son propre fromage au lait de vache, de chèvre ou de brebis. Et de nombreux autres pays ont aussi leurs spécialités ! Tout ça, parce qu'un jour, il y a près de 10 000 ans, quelqu'un a eu l'idée géniale d'égoutter du lait et de laisser sécher le caillé : le fromage était né ! À partir de ce moment, les hommes ont « mangé du lait », du lait qui non seulement se conservait, mais s'améliorait au fil du temps !

Record

Le plus petit fromage, le « bouton de culotte », est fabriqué dans la région de Dijon. Son nom donne une idée de sa taille… Le plus gros, c'est l'emmental, dont les « roues » (meules) pèsent entre 80 et 100 kg.

Les fromages frais

Tu les appelles aussi fromages blancs ou petits-suisses. Tu les manges à la petite cuillère « nature », sucrés, salés ou aromatisés.

petits-suisses

camembert

Les fromages à pâte molle, à croûte « fleurie »

La « fleur », c'est le duvet blanc qui se développe sur la croûte pendant l'affinage (2 à 6 semaines). Ex. : camembert, brie, coulommiers, Caprice des Dieux…

Les fromages à pâte molle, à croûte lavée

Ils sont fabriqués comme ceux à croûte fleurie, sauf qu'ils sont lavés à l'eau salée, et brossés. Leur croûte est orangée, et ils sont très forts… en goût ! Ex. : livarot, munster, maroilles, Rouy…

munster

roquefort

Les fromages à pâte persillée

On les appelle aussi « bleus » à cause de la couleur de leurs veines. Avant l'affinage, ils sont percés de trous avec de fines aiguilles pour qu'une bonne moisissure bleue s'y développe. Ex. : bleu d'Auvergne, bleu de Bresse, roquefort…

Les fromages de chèvre
Selon la durée de l'affinage, les chèvres sont tendres ou plus secs.
Ex. : crottins, cabécou, picodon, pouligny saint-pierre...

Du lait au fromage
Pour faire du fromage frais, on fait cailler le lait en lui ajoutant des ferments et un peu de présure, puis on égoutte un peu le caillé obtenu, et on le met en pots. Fabriquer de « vrais » fromages demande plus de savoir-faire. On fait cailler le lait avec des ferments et de la présure. On égoutte le caillé dans des moules perforés : ça donne la forme du futur fromage. On démoule et on sale les fromages, puis on les entrepose dans des caves d'affinage en attendant qu'ils soient « à point ». Les spécialistes qui contrôlent leur maturation les retournent (et, parfois, les brossent et les lavent) pendant plusieurs semaines ou plusieurs mois.

crottins

Les fromages fondus
À base de fromages à pâte pressée, cuite ou non. On y rajoute parfois du lait, de la crème ou des aromates
Ex. : la Vache qui rit, le Kiri...

Truc
Il y a gruyère et gruyère ! Regarde le fromage bien dans les « yeux » (les trous) pour le reconnaître. Ceux du comté français et du gruyère suisse doivent avoir une taille comprise entre le petit pois et la noisette ; ceux de l'emmental, la grosseur d'une noix. Le beaufort est « aveugle », mais il a de petites fissures, comme des brins de laine : on les appelles des « lainures ».

Vache qui rit

gruyère

Les fromages à pâte pressée cuite
Le caillé a été chauffé puis pressé très fort. Des trous se forment à cause du gaz carbonique dégagé par les micro-organismes qui transforment la pâte pendant l'affinage (de 6 mois à 1 an).
Ex. : gruyère, comté, emmental, beaufort...

cantal

Les fromages à pâte pressée non cuite
Le caillé est bien pressé, et l'affinage dure longtemps (de 2 mois à plus d'un an).
Ex. : cantal, tomme, saint-nectaire...

---

aromatisés seasoned, flavored
affinage maturing
aiguilles needles
brebis sheep
caillé curds
chèvre goat
croûte rind
culotte short pants
duvet down
égoutter to strain, sieve
faire cailler to curdle
fondus melted
moisissure mould
mou (molle) soft
moules molds
pâte cheese
persillée marbled, veined
présure rennet
roue wheel
sécher to dry
trous holes

Suggestion, Ex. KK: Note that since **les fromages frais** and **les fromages fondus** are not generally associated with a particular region, students will likely only be able to find examples of the other five types. If possible, bring to class an example of each of these cheeses so that students can experience the contrasts. Don't forget the crackers or a baguette!

KK. La carte des fromages. L'extrait de *Copain de la Cuisine* que vous venez de lire identifie sept types de fromage. En regardant la carte des principales régions fromagères en France, essayez de trouver des exemples de ces types de fromage.

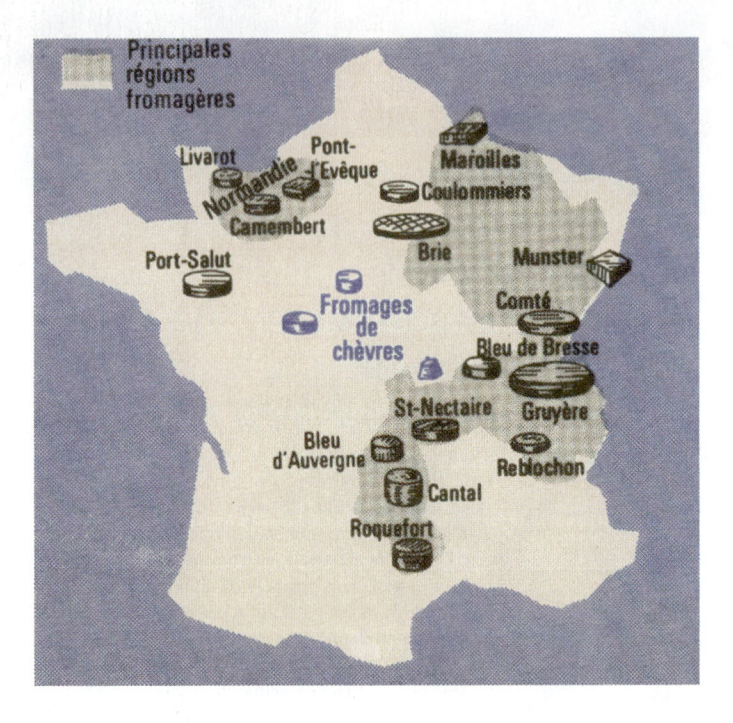

Ex. LL

Note: In the next class, students will interview a French or francophone native speaker about his/her food experiences and attitudes. If no native speaker is available, invite a French speaker who has lived or traveled in France or in francophone areas. You could also volunteer to be the subject of the interview. Students are asked to come prepared with interview questions (*A faire! [2-6]*). Don't forget to describe the interviewee in advance so that students can devise suitable questions.

Do ***A faire! (2-6)*** on page 91 of the **Manuel de préparation**.

LL. Les Américains et le fromage. Discutez des questions suivantes avec quelques camarades de classe.

1. En France, on sert le fromage comme dessert ou juste avant le dessert. Quand est-ce qu'on mange normalement du fromage aux Etats-Unis?
2. Quelles sortes de fromages est-ce qu'on mange chez vous? Y en a-t-il qui sont produits dans votre région ou dans votre pays?
3. Quels fromages français est-ce qu'on peut acheter chez vous?

84 *Quant à moi...* ■ *Manuel de classe*

C'est à vous maintenant!

MM. Une interview. Vous allez interviewer un(e) Français(e) ou un(e) francophone ou bien une personne qui a voyagé en France ou dans un pays francophone. Vous commencerez par poser des questions générales pour faire connaissance avec cette personne avant de passer à des questions plus spécifiques sur ses habitudes alimentaires et sur ses attitudes à l'égard de la nourriture et de la cuisine.

Attention: Vous aurez à écrire un court article basé sur cette interview. Vous ferez donc bien de prendre des notes pendant l'interview.

NN. Vous avez bien compris? Comparez les notes que vous avez prises avec celles de quelques camarades de classe pour vérifier que vous avez bien compris les réponses aux questions.

SUGGESTED LESSON OUTLINE

Students assigned *A faire! (2-6)* have:
- read an article based on an interview;
- prepared approximately 20 questions to use in their own interview.
- Since Ex. XXVI was not self-correcting, you may wish to give students a few minutes to correct each other's questions before starting the interview.

In this segment, do:
- the interview (Ex. MM),
- the follow-up (Ex. NN).
- If you wish students to do peer reviews on each other's article based on the interview (Ex. XXVII in the **Manuel de préparation**), remind them to bring their draft to the next class.

Ex. NN

Testing: The **Test Bank** includes a chapter test for **Chapitre 2**.

Do *A faire! (2-7)* on page 93 of the **Manuel de préparation**.

Chapitre 3

Micheline Puzenat
- née à Montpellier
- habite actuellement à Paris
- aime faire du VTT

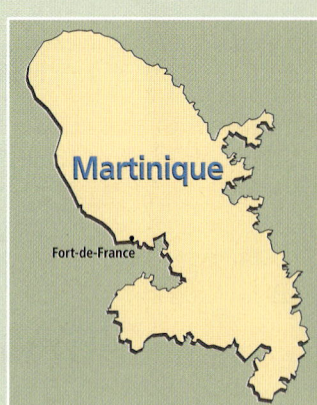

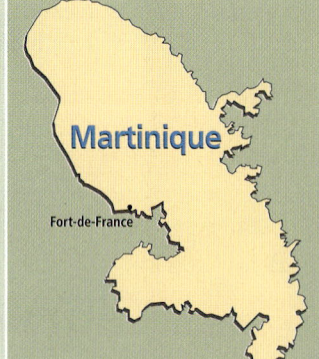

Martinique
Fort-de-France

France
Paris
Montpellier

Sophie Roy-Camille
- née à la Martinique (à Fort-de-France)
- habite non loin de son amie Micheline à Paris
- aime aller en discothèque

Allons voir les Français et les Francophones… aux heures de loisir!

Le soir du 14 juillet à Paris

Un défilé en Guadeloupe

Objectives

In this chapter, you will learn to:

- talk about leisure activities;
- tell a story;
- make plans;
- talk about the past;
- organize paragraphs.

Chapter Support Materials (Student)
MP: pp. 97–141
Audio: CD2, Tracks 9–30

Syllabus
The minimum amount of time needed to cover the material of **Chapitre 3** is seven class periods.

Chapter Support Materials (Instructor)
Audio: CD2, Tracks 9–30
Video: Chapitre 3
Test Bank: Chapitre 3
Website: http://quantamoi.heinle.com

Documents déclencheurs

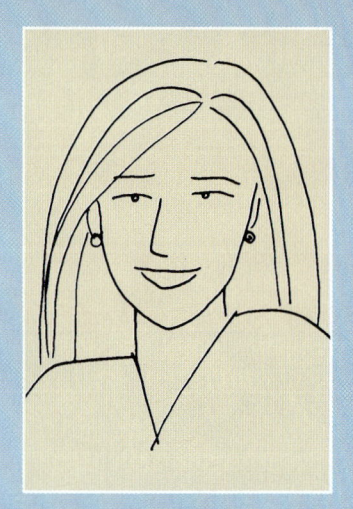

Micheline Puzenat

«Bonjour! Mon amie Sophie et moi, nous serons vos guides pour votre étude des habitudes et des attitudes des Français et des francophones à l'égard des loisirs. En France, comme dans beaucoup de pays, la réduction progressive de la durée de la semaine de travail a amené sociologues et autres à parler d'une civilisation des loisirs.»

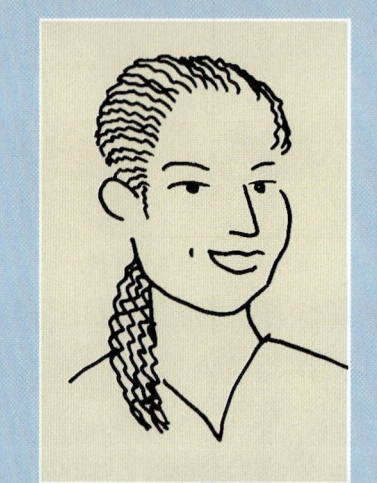

Sophie Roy-Camille

«Et pourtant, beaucoup de gens (en France ainsi que dans les régions francophones) trouvent que cette idée de travailler moins et de se détendre davantage ne correspond pas à la réalité qu'ils connaissent.»

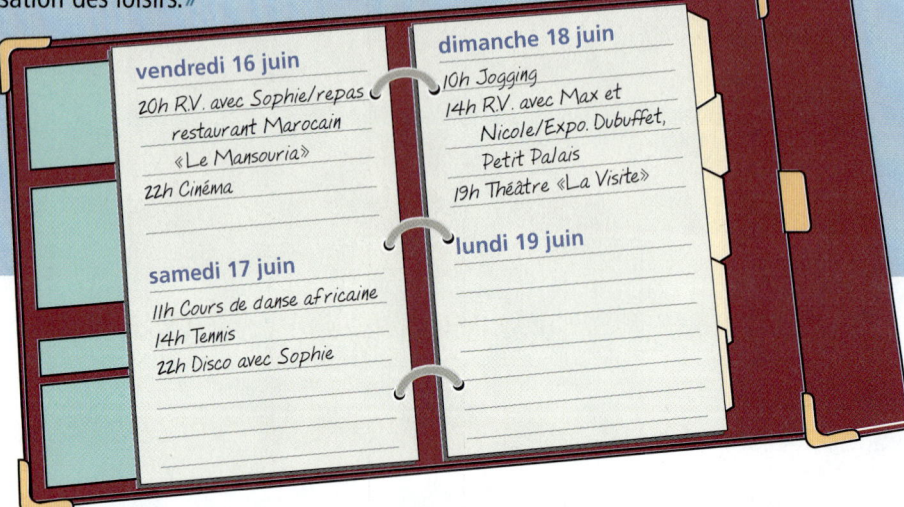

vendredi 16 juin
20h R.V. avec Sophie/repas restaurant Marocain «Le Mansouria»
22h Cinéma

samedi 17 juin
11h Cours de danse africaine
14h Tennis
22h Disco avec Sophie

dimanche 18 juin
10h Jogging
14h R.V. avec Max et Nicole/Expo. Dubuffet, Petit Palais
19h Théâtre «La Visite»

lundi 19 juin

Audio: CD2, Track 9

Réponses, Ex. A: Christine Bérard: *en semaine, pendant la journée:* travailler; *le soir:* préparer le dîner, manger en famille, regarder la télé; *le week-end, le samedi:* faire de l'équitation, sortir dîner; *le dimanche:* se promener à vélo, aller au cinéma, rester à la maison / **Yves Truchot:** *en semaine, pendant la journée:* suivre des cours à l'université, travailler (au centre de documentation), aller au café pour discuter; *le soir:* écouter des CD, surfer sur Internet, jouer à des jeux électroniques; *le week-end, le samedi:* faire de la musculation, faire des randonnées, aller en disco; *le dimanche:* jouer au tennis, aller dans une boîte écouter de la musique / **M. et Mme Bourdon:** *en semaine, pendant la journée:* Mme—préparer le petit déjeuner, ranger la maison, faire du tricot, écouter la radio; M.—manger, lire le journal, faire les mots croisés, faire de la lecture; M. et Mme—faire du jardinage; *le soir:* regarder la télé; *le week-end:* faire les mêmes choses / **Evelyne Ligonnière:** *en semaine, pendant la journée:* travailler; *le soir:* faire du yoga, faire de la gymnastique, faire du bowling; *le week-end, le samedi:* faire un stage de pilotage; *le dimanche:* aller au musée, aller à un concert

Ecoutez!

Que fait Micheline le week-end?

A. Des emplois du temps. En écoutant les dialogues, complétez le tableau d'activités suivant. Utilisez une autre feuille de papier.

EN SEMAINE		LE WEEK-END	
pendant la journée	le soir	le samedi	le dimanche
1.			
2.			
3.			
4.			

88 *Quant à moi...* ■ Manuel de classe

Elle va au cinéma.

Elle joue au tennis.

Elle fait du jogging.

Elle va en disco.

Elle dîne au restaurant.

Elle suit un cours de danse africaine.

Elle visite une exposition d'art.

Elle va au théâtre.

Vocabulaire pour la discussion

regarder la télévision
regarder des cassettes vidéo (des DVD)
écouter la radio
écouter des CD ou des cassettes
jouer à des jeux électroniques (sur mini-console ou sur ordinateur)
surfer sur Internet

aller à la pêche *(to go fishing)*
faire une randonnée *(to go hiking)*
se promener à pied ou à vélo

jouer au tennis
jouer au golf
faire de la gymnastique
faire de l'exercice physique
faire de la musculation *(to do weightlifting)*

faire du yoga
faire du jogging
faire de la danse
faire de la natation
faire de l'équitation *(to go horseback riding)*
faire du bowling
faire un stage de (pilotage) *(to take [flying] lessons)*

jouer aux cartes
jouer à des jeux de société *(to play board or parlor games)*
faire du tricot *(to knit)*
faire du crochet
faire des mots croisés *(to do crossword puzzles)*
faire de la lecture *(to read)*

faire du jardinage
faire du bricolage

aller au cinéma
aller au théâtre
aller à l'opéra
aller à un concert
aller au musée

sortir avec des copains
dîner au restaurant
aller en disco
aller dans une boîte *(nightclub)*

◉ SUGGESTED LESSON OUTLINE
In this segment, do:
• **Documents déclencheurs** (Ex. A, B),
• **Témoignages** (Ex. C, D, E),
• **Perspectives culturelles** (Ex. F, G).

Chapitre 3 ■ Documents déclencheurs   89

Parlez!

Ex. B

B. Qu'est-ce qu'ils font? Avec l'aide des petits dessins, indiquez ce que chaque personne fait normalement le jour indiqué.

Modèle:

le samedi matin / Juliette
Le samedi matin Juliette fait du vélo.

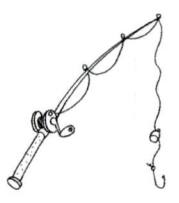

1. le samedi matin / Jean-Marc
2. le mercredi soir / M. et Mme Fourel 
3. le samedi après-midi / Véronique 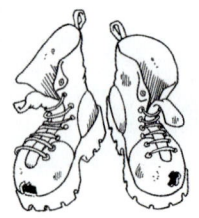
4. le vendredi soir / Sarah 
5. tous les soirs / Didier 
6. le samedi après-midi / Héloïse 
7. le dimanche après-midi / Marc-Olivier et Christophe 
8. le samedi soir / M. et Mme Amblard 
9. le samedi et le dimanche / Chantal 
10. le jeudi soir / Virginie

Témoignages

«*Comment passez-vous votre temps?*»

Ecoutez!

C. A vous d'abord. Posez les questions suivantes à quelques camarades de classe afin de vous renseigner au sujet de leurs activités et de leurs emplois du temps habituels.

1. Quelles activités pratiquez-vous souvent? de temps en temps? rarement ou jamais? (En y répondant, tenez compte du vocabulaire pour la discussion proposé à la page 89.)
2. Quel est ton emploi du temps en semaine quand tu es à l'université? Qu'est-ce que tu fais pendant la journée? Qu'est-ce que tu fais le soir? Et le week-end, quel est ton emploi du temps? Qu'est-ce que tu fais le samedi? le dimanche?
3. En quoi est-ce que ton emploi du temps change quand tu es chez toi (quand tu n'es pas à l'université)?

D. Les témoins vous parlent. En écoutant quelques Français et francophones vous parler de leurs emplois du temps, faites ce qu'on vous demande de faire.

> **Vocabulaire utile**
>
> **se rendre** (*to go*), **de bonne heure** (*early*), **étant donné** (*given*), **règne** (*reigns*), **d'ailleurs** (*moreover*), **effectivement** (*in fact*), **climatisation** (*air-conditioning*)

Henri Gaubil
Ajaccio, Corse

1. Ajoutez les mots qui manquent. Utilisez une autre feuille de papier.

   —Est-ce que vous pouvez parler de votre emploi du temps _____ et pendant le week-end?
   —Oh, c'est toujours le même. La semaine, c'est _____, le week-end, _____. _____ consistent à se rendre à la plage d'Ajaccio ou, quelquefois, nous avons des amis _____ de l'île chez lesquels nous nous rendons.
   —Mais pendant la semaine, vous travaillez _____, par exemple?
   —La semaine, on travaille de bonne heure, étant donné la chaleur qui règne en Corse. On commence _____, et ensuite seize heures, dix-neuf heures.
   —De seize heures à dix-neuf heures.
   —Il ne faut pas avoir peur de le dire: nous faisons la sieste _____, en Corse. D'ailleurs, tous les Corses font la sieste. Les magasins sont fermés, bien souvent, _____.
   —Parce qu'il fait trop chaud pour travailler?
   —_____, effectivement. Et la climatisation n'est pas installée dans tous les _____.

Valérie Ecobichon
Saint-Maudez, France

Vocabulaire utile

Dinan *(small city in Brittany)*, **horaires** *(time schedules)*, **gros travaux** *(heavy work)*, **ramasser le foin** *(to gather the hay)*, **bétail** *(livestock)*, **nourrir** *(to feed)*

2. Précisez:
   a. où elle travaille
   b. les jours de la semaine où elle travaille
   c. ses heures de travail
   d. où elle passe le week-end
   e. ce qu'elle fait pendant le week-end
   f. quand elle aide sa famille
   g. comment elle aide sa famille

Robin Côté
Rimouski, Québec

Vocabulaire utile

chercheur en physique *(research physicist)*, **de sorte que** *(that way)*, **malgré tout** *(in spite of everything)*, **calculs** *(calculations)*, **m'entraîner** *(to work out)*, **bouquins** *(books)*, **le lever** *(getting up)*, **spectacles** *(shows)*, **Mont Royal** *(suburb of Montreal)*, **tam-tam** *(type of drum)*, **amène** *(brings along)*, **aux alentours de** *(around, about)*

3. Notez deux ou trois activités pour chaque catégorie.
   a. en semaine
   b. le week-end en général
   c. le dimanche en particulier

Anne Squire
Levallois-Perret, France

Vocabulaire utile

matinées *(mornings)*, **répétitions** *(rehearsals)*, **quotidien** *(daily)*, **autre part** *(elsewhere)*, **à plein temps** *(full time)*, **fac** *(short for* **faculté***, part of the university)*, **quatuor** *(quartet)*

4. Notez au moins cinq faits que vous apprenez en écoutant Anne.

Ex. E

E. Les témoins et vous. En discutant avec des camarades de classe, comparez votre emploi du temps à celui des témoins que vous venez d'écouter.

1. Pour Henri Gaubil: «L'emploi du temps, c'est toujours le même. La semaine, c'est le travail, le week-end, les loisirs.» Votre emploi du temps est-il toujours le même?
2. Valérie Ecobichon dit qu'elle a pas mal de temps libre: «J'ai deux jours le week-end, le samedi et le dimanche. Et le soir après le travail.» Avez-vous beaucoup de temps libre? Pourquoi (pas)?
3. Selon Robin Côté, «la fin de semaine, le lever est un peu plus tard… et les soirées sont généralement très occupées». Est-ce que vous vous levez plus tard le week-end? Est-ce que vos soirées sont généralement très occupées? Expliquez.
4. Anne Squire habite près de Paris, qui, selon elle, «est une ville extraordinaire pour le cinéma». Allez-vous souvent au cinéma? Votre ville et votre université offrent-elles la possibilité de voir beaucoup de bons films? Expliquez.

92 *Quant à moi…* ■ *Manuel de classe*

Perspectives culturelles

Le temps des loisirs

En France, comme dans la plupart des pays industrialisés, on travaille de moins en moins. Avant la Révolution de 1848, on travaillait plus de 12 heures par jour, six jours par semaine. En 1968, la durée de la semaine de travail était de 45 heures. Aujourd'hui, depuis la loi de 1999, pour 85% de la population, le temps consacré au travail est de 35 heures par semaine. En plus, on a droit à cinq semaines de congés payés. Comment l'emploi du temps des Français a-t-il évolué? Que font-ils quand ils ne travaillent pas? Et les étudiants universitaires, comment passent-ils leur temps? Etudiez le dossier suivant, puis faites les exercices F et G.

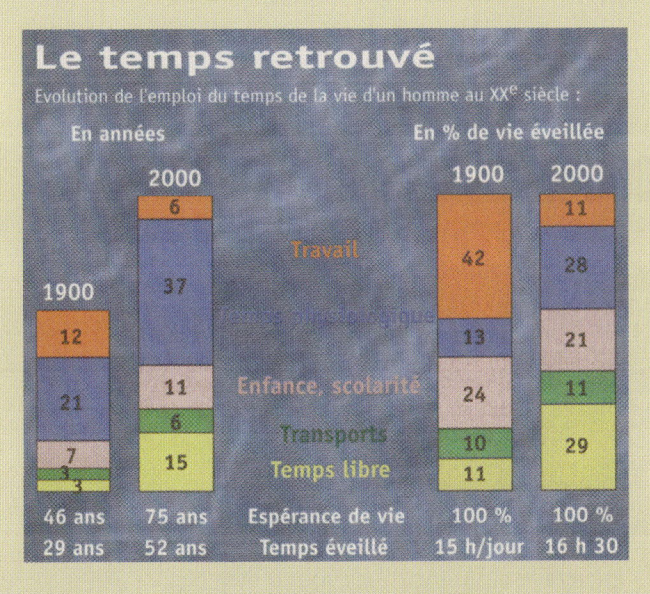

L'emploi du temps d'un Français typique

Le temps retrouvé
Evolution de l'emploi du temps de la vie d'un homme au XXe siècle :

	En années		En % de vie éveillée	
	1900	2000	1900	2000
Travail	12	6	42	11
	21	37		28
Enfance, scolarité	7	11	13	21
Transports	3	6	24	11
Temps libre	3	15	10	29
			11	
Espérance de vie	46 ans	75 ans	100 %	100 %
Temps éveillé	29 ans	52 ans	15 h/jour	16 h 30

Les loisirs des Français

LOISIRS AU JOUR LE JOUR

Temps consacré en tout ou partie à des activités de loisirs (en minutes par jour) :

Activités de loisirs :
–Télévision	127
–Lecture	25
–Promenade et tourisme	20
–Conversations, téléphone, courrier et autres (non professionnel)	17
–Visites à des parents et connaissances	16
–Jeux (enfants, adultes)	16
–Pratique sportive	9
–Autres sorties	7
–Ne rien faire, réfléchir	7
–Participation associative et activités civiques	6
–Spectacles	5
–Radio, disques, cassettes	4
–Participation religieuse	2
–Pêche et chasse	2
Total (4 h 23)	**263**

Activités essentiellement assimilables :
–Repas à domicile	102
–Trajets hors travail	36
–Repas hors domicile (hors lieu de travail ou d'études)	25
–Bricolage, entretien	17
–Jardinage	13
–Soins aux animaux	7
–Repas hors domicile (lieu de travail ou d'études)	6
Total (3 h 26)	**206**

L'année des étudiants français

Les étudiants universitaires en France ne suivent pas tout à fait le calendrier auquel sont habitués leurs homologues des universités américaines.

CALENDRIER UNIVERSITAIRE

Rentrée :	Session d'examens :	11 septembre
	Début des cours :	
	1ère année	16 octobre
	2ème et 3ème années	30 octobre
Vacances de Noël :		du 22 décembre au 7 janvier
Vacances d'hiver :		du 23 février au 4 mars
Vacances de printemps :		du 13 avril au 29 avril
Jours fériés :		1er novembre *(Toussaint)*, 1er mai, 8 mai, 16 mai *(Ascension)*, 27 mai *(Pentecôte)*
Fin des cours :		dernière semaine de mai
Début des examens :		1ère semaine de juin
Fin de l'année universitaire :		5 juillet

L'emploi du temps d'un étudiant universitaire en France

L'université en France veut que l'étudiant se spécialise dès sa première année. Par conséquent, on s'inscrit tout de suite à un diplôme (par exemple, au DEUG [Diplôme d'études universitaires générales]) en une matière (par exemple, un DEUG d'histoire de l'art, un DEUG de psychologie ou un DEUG d'anglais). Généralement, les cours sont prescrits; on a très peu de choix. Un cours typique comprend deux ou quatre heures par semaine de cours magistral (CM = cours où le professeur fait une conférence *[lecture]*) et deux ou quatre heures par semaine de travaux dirigés (TD = séance où les étudiants travaillent en petits groupes, souvent avec un assistant). Voici l'emploi du temps typique d'un étudiant de première année qui prépare un DEUG de sociologie à l'université de Toulouse-Le Mirail:

Semestre I

01SOC10A	Découverte de la sociologie (1)	
	CM 50h (4h/sem)	TD 25h (2h/sem)
01SOC10B	Panorama sociologique	
	CM 50h (4h/sem)	TD 25h (2h/sem)
OPSOC10	Méthodologies du travail universitaire	
	TD 25h (2h/sem)	

Semestre II

04SOC10	Construction d'une approche sociologique	
	CM 25h	TD 25h
05SOC10	Introduction à la sociologie 2	
	CM 25h	TD 25h
06SOC10	Méthodologies sociologiques	
	TD 50h (4h/sem)	
LVANG15	Anglais: compréhension de textes contemporains	
	TD 30h	

Les étudiants universitaires français et leur temps libre

En quoi consiste la vie à l'université en France? Les cours, bien sûr. Et les devoirs. Et surtout les examens à préparer. Mais en dehors du travail scolaire, comment passe-t-on le temps? Les étudiants français aiment discuter. Ils se retrouvent dans des cafés près de l'université ou au restaurant universitaire pour parler. Ils vont souvent au cinéma, quelquefois aux concerts. Il y a une maison d'étudiants qui organisent des activités, qui hébergent des associations culturelles et artistiques. Il n'y a pas d'équipes sportives organisées par l'université. Si on pratique du sport, c'est plutôt un sport individuel—le jogging, le tennis, la randonnée, le vélo.

Un grand nombre d'étudiants rentrent chez eux pour le week-end. Par exemple, à l'université de Toulouse-Le Mirail, la Maison d'Etudiants n'est ouverte que du lundi au vendredi. Ceux qui restent à l'université organisent de temps en temps des fêtes.

F. C'est vrai? En consultant le dossier que vous venez d'étudier, indiquez si les déclarations suivantes sont vraies ou fausses.

1. En 1900 le Français typique consacrait plus de 40% de son temps au travail.
2. Au cours du XXe siècle le temps de travail a été divisé par deux.
3. Le Français typique dort moins en 2000 qu'en 1900.
4. Presque la moitié *(one-half)* de la vie d'un Français typique en 2000 est consacrée aux fonctions physiologiques (alimentation, sommeil, toilette, etc.).
5. Le temps libre a été multiplié par trois depuis le début du XXe siècle.
6. La télévision occupe la plus grande partie du temps libre en France.
7. En général, les Français passent plus de temps à faire du sport qu'à s'occuper de la maison et du jardin.
8. Les Français semblent préférer lire plutôt qu'écouter de la musique.

G. Les étudiants en France et aux Etats-Unis. Comparez l'emploi du temps et les activités de loisir des étudiants universitaires français et américains en vous basant sur votre expérience personnelle. Dans quelle mesure leurs vies se ressemblent-elles? En quoi sont-elles différentes? Quels aspects de la vie des étudiants français vous intéressent? Quels aspects de la vie des étudiants américains préférez-vous?

Réponses, Ex. F: 1. vrai (42%); 2. vrai (de 12 ans à 6 ans); 3. faux (de 9h/jour à 7h30/jour); 4. vrai (37 ans sur 75 ans); 5. faux (par 5: de 3 ans à 15 ans); 6. vrai (127 mn. par jour); 7. faux (9 mn. par jour pour la pratique sportive contre 30 mn. par jour pour le bricolage, l'entretien et le jardinage; 8. vrai (25 mn. par jour pour la lecture contre 4 mn. par jour pour l'écoute de la radio, des cassettes, etc.)

Do *A faire! (3-1)* on page 98 of the **Manuel de préparation.**

Contrôle des connaissances
Le passé composé et l'imparfait

Audio: CD2, Track 14

Réponses, Ex. H: 1. p.c. 2. p.c. 3. i; 4. p.c. 5. i; 6. i; 7. i; 8. p.c. 9. p.c. 10. i 11. p.c. 12. i

SUGGESTED LESSON OUTLINE

Students assigned *A faire! (3-1)* have:
- reviewed the conjugation of the **passé composé** and the **imparfait**;
- worked with vocabulary associated with leisure-time activities.
- Ex. III and IV were not self-correcting.

In this segment, do:
- Contrôle des connaissances (Ex. H, I, J, K),
- Pour parler… (Ex. L, M),
- Pour communiquer (Ex. N, O, P).

H. Le passé composé ou l'imparfait? Indiquez si les verbes dans les phrases que vous entendez sont au passé composé (**p.c.**) ou à l'imparfait (**i**). Utilisez une autre feuille de papier.

Rappel

Le passé composé

Most verbs are conjugated with **avoir** + the past participle.

j'ai travaillé	nous avons pris
tu as fini	vous avez vu
il a regardé	ils ont entendu
elle a perdu	elles ont fait

Pronominal verbs and certain other verbs (for example, **aller, arriver, descendre, entrer, monter, partir, rentrer, rester, retourner, sortir, venir**) are conjugated with **être** + the past participle. (Remember that the past participle agrees in gender and in number with the subject of **être** verbs in the **passé composé**.)

je me suis couché(e)	nous nous sommes dépêché(e)s
tu t'es amusé(e)	vous vous êtes trompé(e)(s)
il s'est perdu	ils se sont retrouvés
elle s'est levée	elles se sont disputées

je suis allé(e)	nous sommes arrivé(e)s
tu es parti(e)	vous êtes resté(e)(s)
il est entré	ils sont rentrés
elle est sortie	elles sont venues

I. Pendant les vacances. Avec l'aide des suggestions, indiquez ce qu'on a fait pendant les vacances. Mettez les verbes au passé composé.

Jacqueline et ses parents…
1. aller au bord de la mer
2. nager
3. faire de la planche à voile
4. se bronzer

Nous…
5. aller à la montagne
6. se promener
7. faire du camping
8. monter à cheval

Eliane…
9. aller à Genève
10. sortir avec ses cousins
11. voir beaucoup de films
12. jouer au tennis

Je…
13. aller chez mes grands-parents
14. lire des romans policiers
15. rester au lit jusqu'à 10h
16. regarder des vidéos/DVD

Quant à moi… ■ *Manuel de classe*

Rappel

L'imparfait

The conjugation of the imperfect uses the **nous** form of the present tense to which are added the endings: **-ais, -ais, ait, -ions, -iez, -aient**.

> je parlais	nous avions
> tu sortais	vous faisiez
> il/elle/on descendait	ils/elles s'amusaient

The one exception is the verb **être**:

> j'étais, tu étais, il/elle/on était, nous étions, vous étiez, ils/elles étaient

---

J. Actuellement… autrefois… *(Nowadays . . . in the past . . .)* Utilisez l'imparfait pour montrer ce qui a changé.

Modèles: Actuellement elle aime faire du jardinage.
Autrefois elle n'aimait pas faire du jardinage.

Actuellement je ne suis pas en forme.
Autrefois j'étais en forme.

1. Actuellement Joëlle ne regarde pas souvent la télé.
2. Actuellement j'ai beaucoup de temps libre.
3. Actuellement tu ne sors pas très souvent avec tes amis.
4. Actuellement Marc et sa famille descendent dans des hôtels de luxe.
5. Actuellement vous ne vous promenez pas souvent à vélo.
6. Actuellement Sylvie et Monique sont très occupées.
7. Actuellement on ne voit pas beaucoup de très bons films.
8. Actuellement mes parents ne s'amusent pas à jardiner.
9. Actuellement vous prenez souvent le train.
10. Actuellement je ne vais pas souvent à l'opéra.

K. Mon emploi du temps… hier et autrefois. D'abord, racontez à des camarades de classe comment vous avez passé la journée d'hier. Utilisez le passé composé pour parler de vos activités.

Quelques suggestions: Hier matin… / Ensuite… / Plus tard… / Après (le dîner)…

Ensuite, vous allez comparer votre journée d'hier à votre emploi du temps à une autre époque de votre vie. Utilisez l'imparfait pour décrire vos activités habituelles d'autrefois.

Quelques suggestions: Quand j'avais… ans… / Quand j'étais au lycée… / Quand j'étais en vacances à… / ma vie était bien différente (tout à fait pareille) / mes journées étaient beaucoup plus (moins) chargées ou plus (moins) agréables… / Le matin… / Ensuite…, etc.

Vocabulaire utile

se réveiller, faire la grasse matinée *(to sleep late)*, rester au lit (jusqu'à), se lever, faire sa toilette, déjeuner *(to eat breakfast or lunch)*, quitter la maison (la résidence), partir à l'université, aller à mon cours de…, retrouver des amis au (à la)… , passer (une heure) à + infinitif ou au, à la… , rentrer, dîner, aller au travail, travailler, faire ses devoirs (étudier), se coucher

Pour parler...
des loisirs

Ex. L

L. Qu'est-ce qu'on pourrait faire? Suggérez à quelques camarades de classe des activités pour les situations suivantes. Essayez de trouver autant d'activités différentes que possible.

1. Un samedi après-midi en septembre.
2. Un samedi soir en mai.
3. Un mercredi soir sans devoirs.
4. Un week-end en février.
5. Un week-end en juillet.
6. Un dimanche après-midi en janvier.

M. Des activités pour les visiteurs. Vous travaillez pour un groupe qui organise des échanges entre jeunes de plusieurs pays du monde. Les familles d'accueil vous demandent souvent des suggestions d'activités en décrivant la personnalité de leurs visiteurs. Indiquez les activités que vous pourriez proposer pour les visiteurs suivants.

1. Quelqu'un qui aime beaucoup la musique.
2. Quelqu'un qui a l'esprit de compétition.
3. Quelqu'un qui est plutôt timide et solitaire.
4. Quelqu'un qui est plutôt sociable et ouvert.
5. Quelqu'un qui s'intéresse aux arts.
6. Quelqu'un qui n'est pas très sportif.
7. Quelqu'un qui aime la nature.
8. Quelqu'un qui ne parle pas très bien l'anglais.

restaurant natation

jardinage télé concert

DVD

danse jogging

cinéma chasse

pêche tennis

98 Quant à moi... ■ Manuel de classe

Pour communiquer

Ecoutez!

Audio: CD2, Track 15

Sophie est originaire de Martinique, où la fête la plus populaire de l'année est le Carnaval. Du dimanche précédant le début du Carême *(Lent)* jusqu'au Mercredi des Cendres *(Ash Wednesday)*, en passant par le Mardi Gras *(Shrove Tuesday)*, la Martinique est en fête. Micheline demande à son amie comment elle fêtait le Carnaval quand elle était à Fort-de-France.

«Ce que je préférais quand j'étais petite, c'était le grand défilé du Mardi Gras.»

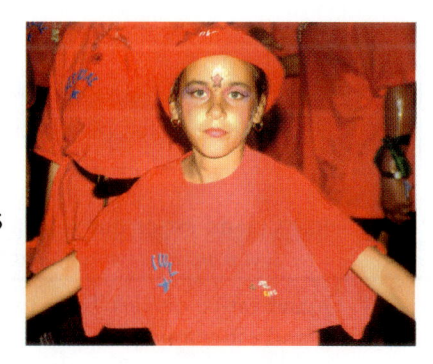

«Il y a aussi des enfants habillés en rouge… les diablotins.»

N. Vous avez compris? Répondez aux questions suivantes d'après la conversation entre Micheline et Sophie que vous venez d'entendre.

1. Combien de temps durent les principales festivités du Carnaval à Fort-de-France?
2. Par quoi la célébration commence-t-elle?
3. Qui couronne-t-on la première nuit?
4. Qui défile dans la rue le deuxième jour du Carnaval? Qu'est-ce qu'ils ont d'extraordinaire?
5. Pourquoi est-ce que les enfants préfèrent le Mardi Gras? Comment s'habillent-ils?
6. Comment s'habille-t-on le Mercredi des Cendres? Qu'est-ce qu'on fait à la fin de la journée? le soir? pendant la nuit?

Réponses, Ex. N: 1. Elles durent quatre jours (du dimanche qui précède le Mardi Gras jusqu'au Mercredi des Cendres). 2. Elle commence par un concours de chars. 3. On couronne la reine du Carnaval. 4. Des couples burlesques défilent le deuxième jour. Ils sont bien habillés mais mal assortis. Les hommes sont déguisés en femmes et les femmes en hommes. 5. Il y a un grand défilé avec Vaval (le roi du Carnaval) en tête. Les enfants se déguisent en diablotins rouges. 6. On s'habille en noir et blanc. A la fin de la journée, on brûle l'effigie de Vaval sur la grande place de Fort-de-France. La nuit, il y a un feu d'artifice et un bal qui dure jusqu'au petit matin.

un char (parade) float
les Caraïbes the Caribs, original inhabitants of the island
les conquistadors Spanish invaders
les extraterrestres aliens from outer space
la reine queen
burlesques comic
mal assortis poorly matched
défiler (un défilé) to parade (a parade)
Vaval king (**roi**) of the Carnival
un diable devil
vêtu dressed
un diablotin little devil
l'effigie model, representation
la Savane main plaza of Fort-de-France

Chapitre 3 ■ *Pour communiquer* 99

Pour mieux vous exprimer

Situer les actions dans le passé

aujourd'hui (ce matin, cet après-midi, ce soir)
hier (hier matin, hier après-midi, hier soir)
avant-hier
(lundi, mardi, mercredi, jeudi, vendredi, samedi, dimanche) dernier
le week-end dernier
la semaine dernière
le mois dernier
l'année dernière
il y a une heure (trois jours, deux mois, cinq ans) *(one hour, etc. ago)*

O. Les activités des Tinchant. Jack et Myriam Tinchant sont des gens très actifs. En regardant leur calendrier et les billets, répondez aux questions à propos de leurs activités.

Attention: C'est aujourd'hui le 15 février 2004.

Modèle: Quand est-ce que Jack a joué au tennis avec son ami Claude?
Il a joué au tennis (avec Claude) lundi dernier.

1. Quand est-ce que les Tinchant ont fait du ski à Chamonix?
2. Quand est-ce que Jack est allé chez le dentiste?
3. Quand est-ce que Myriam s'est fait couper les cheveux?
4. Quand est-ce que Jack et Myriam ont voyagé aux Etats-Unis?
5. Quand est-ce que leur neveu Max leur a rendu visite?
6. Quand est-ce que Myriam est allée chez le médecin?
7. Quand est-ce que les Tinchant sont sortis avec les Molina?
8. Quand est-ce que Jack et Myriam ont vu l'opéra Tosca?
9. Quand est-ce que les Tinchant ont dîné avec les Villedieu?
10. Quand est-ce que Jack et Myriam sont allés à un concert de musique classique?

P. Dans le passé. Parlez de vos activités avec un(e) camarade de classe qui vous interrompra pour obtenir des précisions. Essayez tous (toutes) les deux d'utiliser les expressions que vous venez d'apprendre.

1. Qu'est-ce que tu as fait récemment? (ce matin? hier soir? mercredi dernier? le week-end dernier?)
2. Qu'est-ce que tu as fait le mois dernier?
3. Qu'est-ce que tu as fait l'année dernière?

Ex. P

Suggestion, Ex. P: If you notice that students are not easily using the expressions from **Pour mieux vous exprimer,** model one or more items yourself with a student.

Do *A faire! (3-2)* on page 107 of the **Manuel de préparation.**

100 *Quant à moi...* ■ Manuel de classe

Fonction
Comment parler du passé (1)

Rappel

L'emploi du passé composé et de l'imparfait—une seule action ou un seul état

Passé composé

- an action or state completed at a specific moment:
  Nous **sommes allés** à la bibliothèque.
- an action or state completed in a specific period of time:
  Elle **a travaillé** pendant huit heures.
- an action or state repeated a limited number of times or within a specific period of time:
  Nous **sommes allés** quatre fois au cinéma le mois dernier.

Imparfait

- an unfinished action or state serving as the context for another action or state:
  Nous **allions** à la bibliothèque. (En route, nous avons vu…)
- a habitual action or state:
  Autrefois j'**aimais** voyager avec mes parents.

Q. *Le Meurtre du Samedi-Gloria.* Dans son roman, *Le Meurtre du Samedi-Gloria*, l'écrivain martiniquais Raphaël Constant raconte l'enquête menée par l'inspecteur de police Dorval pour retrouver le meurtrier de Romule Beausoleil, conducteur de camion et champion de damier *(hand-to-hand combat)*. En utilisant les questions et les réponses proposées, reproduisez l'interrogatoire de plusieurs suspects. Faites attention à l'emploi du passé composé et de l'imparfait.

1. **L'interrogatoire de Carmélise Délevert (la personne qui a découvert le cadavre)**

   Modèle: à quelle heure / (vous) trouver / le cadavre
   —A quelle heure est-ce que vous avez trouvé le cadavre?
   —J'ai trouvé le cadavre entre 6h30 et 7h30 du matin.

   a. où / (vous) aller / à cette heure du matin
   b. où / se trouver / le cadavre
   c. qu'est-ce que / (vous) faire
   d. (vous) connaître / la victime
   e. qui / être / Romule Beausoleil

   Les réponses de Carmélise

   Modèle: entre 6h30 et 7h30 du matin
   a. à la messe à la cathédrale
   b. près du pont Démosthène
   c. rentrer chez moi pour dire la nouvelle à tout le monde
   d. oui
   e. le champion du quartier Morne Pichevin

SUGGESTED LESSON OUTLINE

Students assigned *A faire! (3-2)* have:
- studied the vocabulary for holidays;
- worked with the basic uses of the **passé composé** and the **imparfait**.
- Ex. X was not self-correcting.

In this segment, do:
- **Fonction** (Ex. Q, R, S),
- **Pour parler…** (Ex. T, U),
- **Témoignages** (Ex. V, W).

Ex. Q

Ex. Q: This Caribbean detective novel serves as the context for several exercises dealing with the **passé composé** and the **imparfait**. You will find a summary of the events in the **Manuel de préparation** (Ex. XXVII), which reproduces the police inspector's final report.

2. **L'interrogatoire de Rigobert (un ami de la victime)**
   a. (vous) être / l'ami de Romule Beausoleil
   b. quand et contre qui / (Romule) aller se battre
   c. (vous) voir / votre ami vendredi soir
   d. pourquoi / (Romule) aller au stade Desclieux vendredi soir
   e. à votre avis, qui / tuer / Romule Beausoleil
   f. pourquoi / (il) tuer / votre ami

   Les réponses de Rigobert
   a. oui
   b. l'après-midi du Samedi-Gloria *(Holy Saturday)* / Waterloo Saint-Aude (champion de damier du quartier Bord du Canal)
   c. oui / (je) jouer aux dés *(dice)* / avec lui sur la Savane hier soir
   d. Waterloo / vouloir parler à Romule
   e. le docteur Mauville
   f. il / ne pas vouloir que Romule révèle le secret du docteur

3. **L'interrogatoire du docteur Mauville (un suspect)**
   a. (vous) / se disputer / avec Romule Beausoleil / le matin du Vendredi saint
   b. qu'est-ce que / (vous) faire
   c. où et quand / (vous) prendre rendez-vous
   d. qu'est-ce que / (vous) apporter / au rendez-vous
   e. qu'est-ce qui / se passer
   f. (vous) tuer / Romule Beausoleil

   Les réponses du docteur Mauville
   a. oui
   b. provoquer Romule Beausoleil en duel
   c. à la tombée de nuit / à la Savane
   d. un pistolet et une épée *(sword)*
   e. rien / (Romule Beausoleil) ne pas venir
   f. non

4. **L'interrogatoire d'Anastasie Saint-Aude (la femme d'un autre suspect)**
   a. (vous) savoir que / (votre mari) avoir rendez-vous / avec Romule Beausoleil au stade Desclieux
   b. qu'est-ce que / (vous) faire / ce soir-là
   c. avec quoi / (vous) tuer / Romule Beausoleil
   d. pourquoi / (vous) attaquer / Romule Beausoleil
   e. (votre mari) / participer à cet acte

   Les réponses d'Anastasie Saint-Aude
   a. oui
   b. (je) se cacher / et / (je) attendre / Romule Beausoleil
   c. avec un pic à glace *(ice pick)*
   d. (mon mari) être / gravement malade du cœur / et / (je) avoir peur qu'il meure *(would die)* en combattant le plus jeune Romule Beausoleil
   e. non / (je) agir *(to act)* seule

Rappel

L'emploi du passé composé et de l'imparfait—deux ou plusieurs actions ou états

Passé composé

- actions or states that occurred consecutively:
  Elles **se sont levées,** elles **ont dit** au revoir et elles **sont parties.**
- actions or states that occurred at the same moment:
  Quand nous **sommes entrés,** personne ne **s'est levé.**
- actions or states that continued together for a limited period of time (emphasis on that period of time):
  Elle **a regardé** la télé pendant que nous **avons préparé** le dîner.

Imparfait

- actions or states that continued together for a period of time (emphasis on the simultaneity):
  Pendant que je **faisais** la vaisselle, ma femme **aidait** mon fils à faire ses devoirs et ma fille **s'amusait** à faire des dessins.

Imparfait et passé composé

- one action or state that served as a context for another action or state:
  Pendant que nous **étions** en ville, nous **avons rencontré** M. et Mme Quéffelec.

R. *Le meurtre du Samedi-Gloria* (suite). En utilisant les verbes et les expressions proposées, racontez les différents moments du crime et de l'enquête. Faites attention à l'emploi du passé composé et de l'imparfait.

1. (Les policiers) arriver sur les lieux du crime / (les adjoints) examiner le corps de la victime / et (l'inspecteur Dorval) interroger les badauds *(onlookers)*
2. Quand (l'inspecteur Dorval) aller fouiller la case de la victime / (il) ne rien trouver d'important
3. Quand (l'inspecteur Dorval) entrer dans le bureau du docteur Mauville / (le docteur) examiner une cliente malade
4. Quand (le commissaire de police) convoquer Dorval dans son bureau / (l'inspecteur) comprendre que / (le commissaire) vouloir qu'il en finisse avec cette enquête
5. Pendant que (l'inspecteur Dorval) parler avec le commissaire / (son adjoint Hilarion) établir une liste de suspects *(deux possibilités)*
6. Pendant que (le docteur Mauville et Anastasie Saint-Aude) faire le chemin de la croix *(the Way of the Cross)* / (ils) remarquer *(to notice)* un membre inhabituel du groupe de fidèles: Romule Beausoleil
7. Quand (Anastasie) voir Romule / (elle) s'approcher de lui / (elle) lui cracher *(to spit)* au visage / et (elle) l'accuser de faire de la sorcellerie
8. Vendredi soir, quand (Romule Beausoleil) traverser le pont Démosthènes / (Anastasie Saint-Aude) attendre dans les latrines publiques du pont
9. Quand (Romule) entendre des gémissements *(moans)*, (il) aller voir dans les latrines / et (Anastasie) plonger un pic à glace dans son cou
10. A l'exception d'Anastasie, (les gens) ne pas savoir / que (Waterloo) souffrir d'une maladie de cœur

Ex. S

Suggestion, Ex. S: The distinctions between the **passé composé** and the **imparfait** are often best worked on in a whole-class format where you can check the problem areas. Switch to small groups as students become more confident.

S. Récemment... Complétez les phrases suivantes en parlant de vos activités récentes. Faites attention à l'emploi du passé composé et de l'imparfait.

Modèle: Hier soir, je...
Hier soir, j'ai fait ma lessive. ou *Hier soir, je faisais mes devoirs de maths quand des amis m'ont demandé de sortir avec eux.*

1. Hier soir, je...
2. Ce matin, à 6h, je...
3. Samedi dernier, je... pendant plus de... heures.
4. ... ou ... fois la semaine dernière, je...
5. Hier après-midi, je..., puis... et enfin...
6. Ce matin, j'ai vu... qui...
7. Quand je suis arrivé(e) en classe aujourd'hui,...
8. Hier soir, pendant que... , je...
9. Quand je suis sorti(e) de la maison (de la résidence) ce matin,...
10. Avant de commencer mes études à l'université, je...
11. Ce matin, vers... heures, je... quand...
12. Hier, je ne... pas parce que...

104   *Quant à moi...* ■ *Manuel de classe*

Pour parler...
des fêtes

Noël à Paris

T. Comment célèbre-t-on les fêtes? Mentionnez tous les exemples possibles de fêtes qu'on célèbre de la façon indiquée.

1. Quand est-ce qu'on envoie des cartes?
2. Quand est-ce qu'on décore quelque chose?
3. Quand est-ce qu'on prend un grand repas?
4. Quand est-ce qu'on se déguise?
5. Quand est-ce qu'on se retrouve en famille?
6. Quand est-ce qu'on échange des cadeaux?
7. Quand est-ce qu'on assiste à une cérémonie religieuse?
8. Quand est-ce qu'on défile *(march in a parade)*?
9. Quand est-ce qu'on achète des fleurs?
10. Quand est-ce qu'on ne mange pas?

U. Et vous? Parlez avec quelques camarades de classe des fêtes que vous célébrez.

Ex. U

1. Quelles sont les principales fêtes civiles aux Etats-Unis? Comment est-ce que vous les célébrez? Est-ce que vous les célébriez de la même façon quand vous étiez plus jeune?
2. Est-ce que vous célébrez des fêtes religieuses? Laquelle (Lesquelles)? Comment?

Chapitre 3 ■ *Pour parler...*

Témoignages

«*Comment passez-vous votre temps libre?*»

Ex. V

V. A vous d'abord! Posez les questions suivantes à quelques camarades de classe afin d'apprendre ce qu'ils font pour occuper leur temps libre.

1. Quels sports pratiques-tu?
2. Qu'est-ce que tu aimes faire quand tu es seul(e)?
3. Qu'est-ce que tu aimes faire avec tes amis?
4. Quelles activités de loisirs voudrais-tu pratiquer si tu en avais le temps et les moyens financiers?

Audio: CD2, Tracks 16–19

Ecoutez!

W. Les témoins vous parlent. En écoutant quelques Français et francophones vous parler de leurs emplois du temps, faites ce qu'on vous demande de faire.

Sophie Everaert
Bruxelles, Belgique

Vocabulaire utile
course à pied *(running)*, **courir** *(to run)*, **soit… soit…** *(either… or…)*

Réponses, Ex. W: 1. A faire quoi? / de la natation / faire de l'exercice / seule / n'a pas le temps / nager / quelqu'un d'autre / lis / me relaxer / ne rien faire / à l'étranger / meilleur / skier / avoir un peu de soleil; 2. a. faire du jogging, faire du vélo; b. faire du cheval (faire de l'équitation); c. ranger la maison, s'occuper de la paperasserie; d. lire, se promener; e. jouer; 3. a. écouter de la musique, lire, regarder une vidéo; b. nager, jouer au tennis, aller au cinéma, boire un pot, discuter; c. Ses vacances se divisent en trois parties: un mois à travailler, un mois à voyager, un mois à préparer les examens de rattrapage ou à ne rien faire. d. regarder la télé, dîner avec des amis, jouer aux cartes; e. rendre visite à des cousins ou aux grands-parents; f. partir à l'étranger ou dans le sud de la France, se reposer, visiter la région, lire; 4. En hiver, à Montréal, il joue au hockey dans une équipe; A Rimouski, il fait du ski; En été, à Montréal, il fait du vélo, il joue à la balle molle *(softball)*; A Rimouski, il nage dans le Saint-Laurent; A la maison, il mange, il écoute la télé, il se repose, il dort; Pendant les vacances, il se repose un peu, puis il voyage en Europe.

1. Ajoutez les mots qui manquent. Utilisez une autre feuille de papier.

—Comment passez-vous votre temps libre? Où? _____? Et avec qui?
—Je fais assez bien de sports. J'aime bien faire de la course à pied ou _____ ou du volley-ball. J'aime beaucoup _____. Je le fais en général, euh… volley-ball avec une équipe, mais le reste _____, parce que mon mari travaille tellement qu'il _____ de faire ça.
—Vous avez des copines?
—Oui, oui, oui. Mais disons que j'aime bien courir toute seule et _____ toute seule, parce que sinon je dois m'adapter à la vitesse de _____.
—Oui, c'est plus pratique.
—Et quand vous êtes à la maison, qu'est-ce que vous avez l'habitude de faire?
—Souvent je _____ ou je regarde la TV ou on invite parfois des personnes à dîner ou… En général, j'aime bien _____ avec mon mari et _____.
—Et pendant les vacances?
—Pendant les vacances, on va souvent _____, là où il fait un peu _____. Alors, on va soit _____ en France ou en Suisse, soit en été on va à la Côte d'Azur ou en Espagne. On aime bien faire de la planche à voile, _____.
—Vous menez une bonne vie, hein?

106 *Quant à moi…* ■ Manuel de classe

> **Vocabulaire utile**
> tours en vélo *(bike rides)*, du cheval *(horseback riding)*, trucs *(here: jobs)*, ranger *(to pick up)*, paperasserie *(paperwork)*, cochon d'Inde *(guinea pig)*

Florence Boisse-Kilgo
Carpentras, France

2. Précisez:
   a. deux sports qu'elle pratique;
   b. ce qu'elle est en train d'apprendre à faire;
   c. ce qu'elle fait à la maison;
   d. ce qu'elle fait quand elle a vraiment du temps libre;
   e. ce qu'elle fait avec son cochon d'Inde.

> **Vocabulaire utile**
> ciné = cinéma, boire un pot *(to go out for a drink)*, flâner *(to go for a stroll)*, quasiment *(almost)*, examens de rattrapage *(make-up exams)*, de par *(because of)*, reçoivent *(host)*, tarot *(card game)*, sauf *(except)*, prennent une location *(rent a place)*, contraintes d'horaire *(time constraints)*

Xavier Jacquenet
Dijon, France

3. Notez deux ou trois activités pour chaque catégorie.

   Xavier
   a. quand il est chez lui
   b. quand il est avec des amis
   c. pendant les vacances

   Les parents de Xavier
   d. en semaine
   e. le week-end
   f. pendant les vacances

> **Vocabulaire utile**
> patine *(skate)*, au grand air *(outdoors)*, à tout le moins *(at least)*, sinon *(if not)*, taille *(size)*, avouer *(to admit)*, fleuve *(river)*, endroit *(spot, place)*, salée *(salt)*, marées *(tides)*, pistes cyclables aménagées *(prepared bicycle trails)*, moyens financiers *(financial means)*, saucette *(little trip or stopover, Quebec expression)*

Robin Côté
Rimouski, Québec

4. Notez au moins cinq faits que vous avez appris en écoutant Robin.

🎯 Do **A faire! (3-3)** on page 114 of the **Manuel de préparation.**

Chapitre 3 ■ Témoignages **107**

Fonction
Comment parler du passé (2)

SUGGESTED LESSON OUTLINE
Students assigned *A faire! (3-3)* have:
- reviewed the vocabulary for holidays;
- continued to work with the uses of the **passé composé** and the **imparfait**.
- Ex. XI was not self-correcting.

In this segment, do:
- **Fonction** (Ex. X, Y, Z),
- **Perspectives culturelles** (Ex. AA),
- **Pour communiquer** (Ex. BB, CC, DD).

Audio: CD2, Track 20

Réponses, Ex. X: 1. E / descendre; 2. A / sortir; 3. E / revenir; 4. E / rester; 5. E / mourir; 6. A / monter; 7. E / tomber; 8. A / passer; 9. E / retourner; 10. E / parti; 11. E / rentrer; 12. E / naître

Rappel

Les verbes auxiliaires *avoir* et *être*

Verbs conjugated with être: aller, arriver, devenir, entrer, mourir, naître, partir, rentrer, rester, revenir, tomber, venir

Verbs conjugated with both être and avoir: descendre, monter, passer, retourner, sortir

X. Avoir ou être? En faisant particulièrement attention aux verbes des 12 phrases que vous entendez, indiquez si chaque verbe est conjugué avec **avoir** (**A**) ou **être** (**E**), puis écrivez l'infinitif. Utilisez une autre feuille de papier.

Rappel

L'emploi du passé composé et de l'imparfait: narrations

Passé composé
- to situate the narration in time:
  Mardi dernier nous **sommes allés** chez Anne-Marie.
- to enumerate the main actions or events—i.e., verbs that make the story go forward:
  Elle n'**est** pas **descendue**; nous **avons attendu**.
  J'**ai entendu** un bruit. Je **me suis retourné**. J'**ai vu** un ours.

Imparfait
- to give background information, set the scene, describe the situation or context:
  Elle **était** en train de coucher les enfants. Elle leur **lisait** un conte de fées.
  Je **faisais** du camping. Il **faisait** froid. Nous **étions** assis autour du feu.
- to provide additional information or explanations—i.e., verbs that do not advance the story:
  Ils **voulaient** le finir avant de s'endormir.
  Il **était** énorme! Il nous **regardait** d'un air curieux.

Y. Racontez! Utilisez les expressions suggérées pour raconter à un(e) camarade de classe vos activités passées et récentes. Faites attention à l'emploi du **passé composé** et de l'**imparfait**.

1. *Mes années au lycée*
   - où vous avez fait vos études secondaires
   - le nombre d'années que vous y avez passées
   - votre âge quand vous êtes entré(e) en (neuvième)
   - vous vous amusiez au lycée: oui ou non / pourquoi (pas)
   - vos sentiments le jour où vous avez reçu votre diplôme

2. *Un concert de…*
   - quand vous êtes allé(e) au concert / où / avec qui
   - comment vous y êtes allé(e)s
   - ce que vous portiez
   - ce qui se passait quand vous y êtes arrivé(e)s
   - le meilleur moment du concert: ce qui s'est passé / pourquoi c'était le meilleur moment
   - vos sentiments quand vous êtes rentré(e)s chez vous

3. *Une soirée à la maison*
   - un soir où vous n'êtes pas sorti(e): quand
   - pourquoi vous êtes resté(e) à la maison
   - les autres personnes à la maison
   - ce qu'elles faisaient
   - ce que vous avez fait
   - vos sentiments à l'égard de cette soirée à la maison

4. *Un week-end à…*
   - un week-end où vous êtes allé(e) quelque part *(somewhere)*: quand / avec qui
   - l'arrivée: à quelle heure / le temps / la situation
   - comment vous avez passé la journée de samedi (le matin / l'après-midi / le soir)
   - ce que vous avez fait la journée de dimanche
   - le retour: à quelle heure / vos sentiments

Z. Racontez! (suite) Choisissez une des catégories d'activités et racontez à des camarades de classe quelque chose que vous avez fait dans le passé. Faites attention à l'emploi du **passé composé** et de l'**imparfait**.

1. une activité culturelle (cinéma, théâtre, ballet, opéra, concert de musique classique, etc.)
2. une activité sportive
3. une autre distraction (zoo, cirque, discothèque, concert de rock, etc.)
4. une excursion (visite d'une ville, week-end de camping, petit voyage à vélo, etc.)

Suggestion, Ex. Z: Give students a few minutes to devise a story. Then, tell a story yourself in order to review the parts of a narrative and the appropriate past tenses: situating the story (**passé composé**), setting up the context (**imparfait**), recounting the main events (**passé composé**), describing and explaining (**imparfait**).

Perspectives culturelles

Profil: La Martinique

Superficie: 1 102 km²
Population: 360 000 habitants
Statut politique: département français d'outre-mer; envoie quatre députés et deux sénateurs à l'Assemblée nationale et au Sénat à Paris
Chef-lieu: Fort-de-France
Habitants: Noirs et mulâtres (90%), Indiens (Hindous) (5%), Blancs (5%)
Langues: français, créole
Religion: catholique
Géographie: massif volcanique dominé par la montagne Pelée (1 400 m)
Industrie: tourisme (150 000 visiteurs par an)
Histoire: habitée d'abord par les Arawaks, puis par les Caraïbes; colonisée par la France à partir de 1635; repeuplée d'esclaves importés d'Afrique; transmuée en département français en 1946

Les loisirs à la Martinique

Le week-end à la Martinique

Le week-end à Fort-de-France est comme celui de toute grande ville. Du vendredi soir au dimanche soir, on sort dîner dans les restaurants, danser dans les discothèques, voir des films américains et européens. Les boîtes de nuit affichent leurs attractions: vendredi—Soirée Ladies Night; samedi—Concours de jeunes orchestres; samedi et dimanche—Nouveau Show du chanteur José Versol. Les amateurs d'activités culturelles ont à leur disposition toutes sortes de concerts, pièces de théâtre, expositions et conférences. Si on préfère, on peut rester à la maison regarder la télé. Il y a cinq chaînes: RFO, ATV et CC1 (dont les émissions émanent de Fort-de-France) et TF1 et France 2 (captées directement de France par satellite).

Dans les petits villages ruraux, pourtant, le week-end est beaucoup plus court. Les paysans et les pêcheurs travaillent le samedi. Pour eux, le week-end n'est que le dimanche. Le matin, on va à l'église ou au bar. L'après-midi, les enfants jouent, les hommes assistent aux combats de coq. Plusieurs fois par an, il y a des fêtes à célébrer—le 14 juillet, la Toussaint, le Carnaval, la fête de la patronne du village. Les activités comprennent course, concours agricoles, cinéma de plein air, feux d'artifice, bals populaires.

En ville et à la campagne, on pratique beaucoup de sports: football, tennis, natation, athlétisme, basket, cyclisme. Pourtant, étant donné la situation géographique de l'île, on a une grande prédilection pour les sports de mer. Les Martiniquais sont d'excellents marins et ils aiment beaucoup les courses de bateaux. Autrefois, ils utilisaient des canoës appelés *gommiers*, d'après le nom de l'arbre dont on utilisait le bois pour les construire. De nos jours, étant donné la rareté du gommier et la difficulté du travail pour en faire un canoë, on utilise de plus en plus des embarcations à voile appelées *yoles*. Les équipages vont de village en village pour participer aux festivals en l'honneur des saints patrons. Les meilleurs marins viennent de la côte Atlantique de l'île, où ils ont la possibilité de s'habituer aux mers agitées.

AA. Discutons! Discutez des questions suivantes avec quelques camarades de classe.

1. En Martinique, le week-end varie considérablement selon la région où on habite (la grande ville ou la campagne). Trouve-t-on les mêmes variations aux Etats-Unis entre la ville et la campagne? entre les régions géographiques (par exemple, les côtes est/ouest, le sud et le centre du pays)?

2. Les intellectuels martiniquais trouvent que la métropole (la France) a une trop grande influence sur la culture de l'île. De cette perspective, quels sont les avantages et les inconvénients de la télévision, telle qu'on peut la regarder à la Martinique? Quel rôle la télévision étrangère joue-t-elle (pourrait-elle jouer) aux Etats-Unis?

3. Les sports de mer jouent un grand rôle dans la vie sportive martiniquaise. Y a-t-il des sports favorisés par la situation géographique de votre région? Pourquoi (pas)?

4. En Martinique, il n'y a pas de saisons telles qu'on les connaît en France ou aux Etats-Unis; il y a tout juste une saison sèche (de décembre à juin) et une saison humide (de juillet à novembre). Comment le climat de votre région influence-t-il les activités de loisir?

Pour communiquer

Audio: CD2, Track 21

Écoutez!

Si la fête populaire par excellence en Martinique est le Carnaval, en France c'est le 14 juillet, jour où on commémore un grand événement de la Révolution française, la prise de la Bastille (prison devenue symbole du pouvoir arbitraire du roi) en 1789. Micheline et Sophie sont en train de faire des projets pour célébrer la fête nationale française.

«Mon appartement n'est pas très loin des Champs-Elysées… on pourra aller voir le défilé… »

Réponses, Ex. BB: 1. Elle vont dîner ensemble, ensuite elles vont danser. 2. Dans le quartier de Sophie. Le bal du 14 juillet y est toujours très sympa et il y a aussi de bons restaurants pas chers, tout près. 3. Elle l'invite à coucher chez elle. Puisqu'elle habite près des Champs-Elysées, elles peuvent aller voir le défilé. 4. Elle n'est pas très enthousiaste. Elle propose d'aller au club de tennis de son frère où elles peuvent jouer au tennis et nager. 5. Oui. Sophie accepte d'être de retour à temps pour voir les feux d'artifice. 6. Elles vont se retrouver chez Sophie le lendemain soir à 8 heures. 7. Sophie va porter une robe noire, sans manches; Micheline, une robe légère.

BB. Vous avez compris? Répondez aux questions d'après la conversation de Micheline et de Sophie que vous venez d'écouter.

1. Qu'est-ce que les deux jeunes femmes vont faire le soir du 13 juillet?
2. Où vont-elles aller? Pourquoi?
3. Qu'est-ce que Micheline invite Sophie à faire? Pourquoi?
4. Quelle est la réaction de Sophie?
5. Est-ce que les deux jeunes femmes vont regarder les feux d'artifice? Pourquoi (pas)?
6. Où et quand vont-elles se retrouver?
7. Qu'est-ce qu'elles vont porter?

112   *Quant à moi…* ■ Manuel de classe

Parlez!

Pour mieux vous exprimer

Proposer de faire quelque chose

On va (au concert)?
Tu veux (Vous voulez) (faire du jogging)?
Si on (allait au zoo)? (verbe à l'imparfait)
Ça te dirait de (faire une partie de tennis)?

Accepter de faire quelque chose

C'est une (très) bonne idée.
Oui, pourquoi pas?
Oui, j'aimerais bien.
D'accord, avec plaisir.

Refuser de faire quelque chose

Non, je ne veux (peux, sais) pas + infinitif
Non, ça ne me dit pas grand-chose. / Non, ça ne me dit rien.
Non, à vrai dire, j'aimerais mieux (préférerais) faire autre chose.

Fixer un rendez-vous

Alors, où (à quelle heure) est-ce qu'on se retrouve?
   On se retrouve (au théâtre) (à 18h30).
   On se donne rendez-vous (devant le cinéma) (vers 7h).
   Rendez-vous (à 6h) (au stade), d'accord?
   Vous passez (Tu passes) me (nous) chercher (vers 20h15)?
   Je viendrai (passerai) te (vous) chercher (prendre) (vers 8h).

CC. Prenons rendez-vous! Votre camarade de classe et vous allez sortir ensemble. En suivant les indications suggérées et en utilisant les expressions que vous avez apprises, fixez les détails de votre sortie.

Ex. CC

1. Vous voulez aller au cinéma. Mettez-vous d'accord sur un des films suivants: *Jurassic Park* (film d'aventures américain de Stephen Spielberg), *Cyrano de Bergerac* (comédie dramatique française avec Gérard Depardieu), *La Mort aux trousses* (film d'espionnage d'Alfred Hitchcock). Vous prenez chacun(e) l'autobus. Le film commence à 13h45. Rendez-vous devant le cinéma.

2. Vous allez aux championnats de tennis au stade Roland-Garros à Paris. Vous hésitez entre jeudi et samedi. Vous voulez y être avant midi. Vous prenez chacun(e) le métro. Rendez-vous à la station Porte d'Auteuil.

3. Vous voulez aller à un concert. Il faut choisir entre Noir Désir (groupe de rock français) ou Céline Dion (chanteuse populaire québécoise). Le concert commence à 20h30. Vous avez une voiture.

4. Vous voulez visiter un musée à Paris. Vous hésitez entre le musée d'Orsay (peintures impressionnistes) et le musée Picasso. Vous voulez y aller l'après-midi. Votre camarade habite pas loin de chez vous, mais votre appartement est plus proche du musée Picasso que celui de votre camarade.

Ex. DD

DD. Qu'est-ce qu'on fait ce soir? Vous vous trouvez avec des camarades à Carcassonne (dans le sud-ouest de la France) à l'époque de son festival d'été. Vous vous proposez deux ou trois activités, vous vous mettez d'accord sur une seule, puis vous fixez les détails de votre rendez-vous en suivant les indications données.

1. Samedi 13 juillet *(vous n'y allez pas ensemble, vous vous y retrouvez)*
   - Jean-Jacques Goldman (chanteur populaire français) / au Grand Théâtre de la Cité, 21h15
   - *L'Etranger* (pièce de théâtre basée sur le roman d'Albert Camus) / au Château Comtal, 21h30
   - Les Trois Guitares de Paris (concert de musique classique—Vivaldi, de Falla) / à l'église Saint-Gimer à 21h30

2. Mercredi 17 juillet *(vous y allez tous ensemble à pied)*
   - *Trois Zéros* (film comique français) / au cinéma Odeum à 20h30
   - Football Athlétic Carcassonnais-Le Crès (match de football, final—match de retour) / au stade Albert Domec à 15h
   - Lauren Korcia (concert de musique classique, violon—Ravel, Bartok, Brahms) / au Grand Théâtre de la Cité à 21h30

3. Vendredi 19 juillet *(vous y allez dans la voiture d'un[e] de vos camarades)*
   - *56 œuvres originales de Giacometti* (vernissage [opening] d'une exposition d'art / à la Galerie des Arts à 19h)
   - Indochine (groupe de rock français) / au Grand Théâtre de la Cité à 21h30
   - *Madame Marguerite* (pièce de théâtre avec l'actrice de cinéma Annie Girardot) / au Château Comtal à 21h30

Do *A faire! (3-4)* on page 121 of the **Manuel de préparation**.

Lecture

«Le cinéma à Fort-de-France»

Joseph Zobel

Dans son roman le plus connu, La Rue Cases-Nègres *(1948), Joseph Zobel raconte les péripéties de sa propre enfance sous les aventures du jeune José. Elevé par sa grand-mère,* coupeuse de canne (sugar cane cutter) *dans la Martinique rurale, José habite d'abord la rue Cases-Nègres, un ensemble d'habitations de travailleurs agricoles réunis autour de la maison du* géreur (manager) *blanc. Plus tard, José rejoint sa mère à Fort-de-France. C'est là qu'il fait des études au lycée et c'est là aussi qu'il retrouve ses anciens camarades, Carmen et Jojo.*

[…] Carmen et Jojo m'invitaient au cinéma le mardi ou le vendredi soir. Dans le plus grand cinéma de Fort-de-France, la foule° populaire qui formait la clientèle de ces soirées à tarif réduit allait assister à la projection des premières images sonores arrivées aux Antilles.

5 Nous partions à pied, après dîner.

Sous une lumière électrique parcimonieuse° et indigente°, la salle de cinéma était toujours pleine, chaude de clameurs et houleuse°. Le parquet, les escaliers résonnaient et grinçaient° sous les pas du public qui, avant le commencement de la séance, allait et venait en tous sens, s'interpellait°, causait°, criait et riait aux
10 éclats, comme si chacun eût gagé° de tout dominer par sa seule voix.

> **Aide-lecture**
> - l'emploi de l'imparfait = actions répétées, habituelles
> - soirées à tarif réduit = attirer les gens pauvres
> - ambiance bruyante *(noisy)* et mouvementée

Les fauteuils d'orchestre se présentaient sous forme de chaises pliantes° en bois, enfilées par rangées° sur des tringles° en bois. C'étaient les places de tous les jeunes loqueteux°, les débraillés°, les braillards°, hommes et femmes, chaussés ou pieds nus. C'était là que nous nous mettions. Les plus bouffons°, les plus
15 querelleurs°, étaient toujours les mêmes. L'un avisait° une femme seule et allait lui faire des attouchements et lui chuchoter des paroles° malhonnêtes, à quoi elle répondait par des jurons° volcaniques. Une, au contraire, montait sur une chaise et se mettait à chanter et danser, battant le rappel° autour de ses charmes.

Il y en avait toujours un qui, à peine entré, se heurtait° contre le premier venu,
20 tombait en garde et déclenchait la bagarre°.

Il y avait aussi les paisibles qui, garés dans un petit coin, regardaient avec calme et méfiance.

> **Aide-lecture**
> - jeunes gens pauvres: mal habillés, avec ou sans chaussures
> - contrastes: (a) la femme qui résiste aux attentions du jeune homme par opposition à celle qui essaie d'attirer l'attention des jeunes hommes; (b) les gens qui se battent, les gens qui restent calmes

---

Joseph Zobel (1915–) is one of the leading writers of Martinique. Despite his having lived a good part of his life in Africa (Senegal), his novels *(La Rue Cases-Nègres, Diab'la)* and collection of short stories *(Si la mer n'était pas bleue)* manage to bring to life the images and paradoxes of his Caribbean homeland.

SUGGESTED LESSON OUTLINE
Students assigned *A faire! (3-4)* have:
- reviewed uses of the **passé composé** and the **imparfait**;
- read **«Le cinéma à Fort-de-France»**.
- Ex. XVII, XVIII, and XXI were not self-correcting.

In this segment, do:
- **Lecture** (Ex. EE),
- **Témoignages** (Ex. FF, GG, HH, II).

crowd

stingy; poor
turbulent
creaked
shouted out to each other; chatted
had wagered

folding
rows; rails
people dressed in rags; people dressed sloppily; people howling; clowning
quarrelsome; noticed
to whisper words
swear words
calling to arms (summoning everyone)
bumped
started a fight

Les lumières s'éteignaient° une à une et tout le monde de se précipiter sur les chaises pour s'asseoir.

went out, dimmed

Aux premières images sur l'écran, la salle se trouvait dans un silence relatif. N'empêche° qu'à la faveur de l'obscurité, se poursuivaient des colloques°, des commentaires, qui s'attiraient des répliques anonymes qui s'entrechoquaient°, détonnaient° en violentes discussions hérissées de lazzi° et de menaces.

All the same; discussions
clashed
exploded; bristling with gibes

A la longue pourtant cette atmosphère s'affirmait inoffensive et même sympathique—simplement foraine°.

with the atmosphere of a fairground

> **Aide-lecture**
> • pendant le film: on parle moins, mais on n'est pas tout à fait silencieux

Nous discutons, chemin faisant°, au retour du cinéma. Discussions échauffantes qui activent notre marche et nous font arriver si vite que nous nous attardions° encore un long moment sur la route pour épuiser nos propos°, en ayant la prudence d'assourdir° nos voix afin de ne pas provoquer les aboiements° des chiens. [...]

en route
lingered; to exhaust our words (ideas)
to lower; barking

Carmen, Jojo et moi, nous nous plaisions de même à commenter les films que nous venions de voir et jamais nos discussions n'étaient aussi passionnées que lorsque le film comprenait° un personnage nègre.

included

Par exemple, qui a créé pour le cinéma et le théâtre ce type de nègre, boy, chauffeur, valet de pied, truand°, prétexte à mots d'esprit° faciles, toujours roulant des yeux blancs de stupeur, affichant un inextinguible sourire niais, générateur de moquerie? Ce nègre d'un comportement° grotesque sous le coup de botte au cul° que lui administre fièrement le Blanc, ou lorsque ce dernier l'a eu berné° avec la facilité qui s'explique par la théorie du «nègre-grand-enfant»?

gangster; witty remarks
behavior
kick in the butt
had tricked

Qui a inventé pour les nègres qu'on montre au cinéma et au théâtre ce langage que les nègres n'ont jamais su parler, et dans lequel, je suis certain, aucun nègre ne réussirait à s'exprimer? Qui a, pour le nègre, convenu° une fois pour toutes de ces costumes à carreaux° qu'aucun nègre n'a jamais fabriqués ou portés de son choix? Et ces déguisements en souliers éculés°, vieil habit, chapeau melon°, et parapluie troué°, ne sont-ils avant tout que le sordide apanage° d'une partie de la Société qui, dans les pays civilisés, la misère° et la pauvreté font le triste bénéficiaire des rebuts° des classes supérieures?

agreed
checked
worn; bowler hat
umbrella full of holes; privilege
wretchedness
scraps

> **Aide-lecture**
> • image stéréotypée des Noirs: grands enfants stupides dont on se moque et qu'on méprise *(looks down on)*

Joseph Zobel, *La Rue Cases-Nègres*.
Paris: Présence Africaine, 1948, pp. 221–223

EE. Discussion: Les Martiniquais et nous. Discutez des questions suivantes avec quelques camarades de classe.

1. L'atmosphère du cinéma de Fort-de-France telle que la décrit Joseph Zobel ressemble-t-elle à celle des cinémas que vous fréquentez? Expliquez.
2. Quelle a été votre réaction par rapport à cette atmosphère? Comment le narrateur y a-t-il réagi lui-même? Comment expliquez-vous ces deux réactions?
3. Résumez l'image stéréotypée des Noirs qu'on trouvait dans les vieux films. Quelle image des Noirs trouve-t-on dans les films d'aujourd'hui? Y a-t-il d'autres groupes qu'on présente de façon stéréoptypée dans les films de nos jours?
4. Dans quelle mesure le choix d'activités de loisirs et l'attitude qu'on éprouve à l'égard de ces activités dépendent-ils de la classe sociale et économique à laquelle on appartient?

Vocabulaire pour la discussion

trouver l'atmosphère (l'ambiance) bruyante *(noisy)* / désordonnée / chaotique / déconcertante / troublante / désagréable / sympathique / spontanée / naturelle / vivante / animée / agréable

un stéréotype / un individu / une image complexe / une image nuancée

généraliser / individualiser / dépendre de / être fonction de / être déterminé(e) par / être libre de / avoir le temps de / avoir les moyens de

Ex. EE

Suggestion, Ex. EE: You may choose to have students begin their discussion of these questions in English in order to allow them to discuss the topic in more depth.

Témoignages

«*Est-on en train d'évoluer vers une civilisation des loisirs?*»

Réponses, Ex. FF: 1. vrai; 2. faux (30% du temps éveillé); 3. vrai; 4. vrai

FF. «Le temps libre et le droit au loisir.» Lisez l'extrait d'un article sur le temps libre, puis indiquez si les déclarations sont vraies ou fausses.

En 1900, la durée de travail représentait en moyenne 12 années sur une durée de vie de 46 ans pour un homme, soit le quart. Elle ne représente plus aujourd'hui que 5,5 années sur une espérance de vie de 75,5 ans, soit 7% du capital-temps. […] La conséquence est que le temps libre […] a connu une croissance spectaculaire. Il peut être évalué à 15,5 années sur une vie d'homme. […] Si l'on raisonne en «temps éveillé» (en enlevant à la durée totale le temps de sommeil, estimé en moyenne à 7h30 par jour), le temps libre représente alors 30% du temps disponible, soit près du tiers. […]

La société judéo-chrétienne mettait en exergue l'obligation de chacun de «gagner sa vie à la sueur de son front» pour avoir droit ensuite au repos, forme première du loisir. L'individu se devait d'abord à sa famille, à son métier, à son pays, après quoi il pouvait penser à lui-même. […] Mais les jeunes considèrent le loisir comme un droit fondamental. Plus encore, peut-être, que le droit au travail, puisqu'il concerne des aspirations plus profondes et personnelles.

Gérard Mermet, *Francoscopie 2003*, pp. 406, 409.

Selon l'article:
1. Plus l'espérance de vie augmente, moins on passe de temps à travailler.
2. Aujourd'hui le temps libre représente environ 30% de la vie d'un homme.
3. Selon la tradition judéo-chrétienne, il faut travailler d'abord, s'amuser ensuite.
4. Pour les jeunes d'aujourd'hui, le droit au loisir est aussi important (sinon plus important) que le droit au travail.

Ex. GG

GG. A vous d'abord! Discutez des questions suivantes avec quelques camarades de classe afin de découvrir leurs idées sur le travail et les loisirs.

1. D'après ton expérience, penses-tu que les gens travaillent de moins en moins, qu'ils consacrent de plus en plus de temps aux loisirs? Quels exemples peux-tu en donner?
2. On dit souvent que les gens d'aujourd'hui sont égoïstes, qu'ils pensent surtout à eux-mêmes et à leurs plaisirs. Es-tu d'accord? Y a-t-il des différences entre les générations (celle de tes grands-parents, celle de tes parents, ta génération)?

Ecoutez!

Audio: CD2, Tracks 22–27

HH. Les témoins vous parlent. Ecoutez quelques Français et francophones vous parler de leurs idées sur la notion d'une civilisation de loisirs, puis répondez aux questions.

Vocabulaire utile
valeur *(value)*, **tout à fait** *(absolutely)*, **tant mieux** *(so much the better)*, **consacrer** *(to devote)*, **grâce à** *(thanks to)*, **agricole** *(agricultural)*

Valérie Ecobichon
Saint-Maudez, France

1. Oui ou non? Valérie Ecobichon dit que (qu')…
   a. les gens d'aujourd'hui ont plus de temps pour les loisirs.
   b. ses parents et ses grands-parents travaillaient la grande majorité du temps.
   c. elle ne veut pas que ses enfants soient agriculteurs.
   d. elle préfère habiter en ville.

Vocabulaire utile
à long terme *(in the long run)*, **notamment** *(especially)*, **peu élevées** *(lower)*, **usines** *(factories)*, **durée de travail** *(length of workday)*, **a énormément baissé** *(has gone down greatly)*, **tout de même** *(all the same)*, **assurée** *(certain, assured)*, **inquiétudes** *(worries)*, **garanties par l'Etat** *(guarantees from the government)*, **pas mal de** *(quite a bit)*, **prenant** *(time consuming)*, **en retraite** *(retired)*, **casaniers** *(homebodies)*, **par contre** *(on the other hand)*, **détente** *(relaxation)*, **se détendre** *(to relax)*, **en ayant l'esprit** *(having their minds)*

Xavier Jacquenet
Dijon, France

2. Oui ou non? Xavier Jacquenet dit que…
   a. comparé au début du siècle précédent, aujourd'hui on travaille beaucoup moins.
   b. les travailleurs d'aujourd'hui ont plus de temps libre mais aussi plus d'inquiétudes (santé, éducation des enfants).
   c. ses grands-parents travaillaient toute la journée dans leur ferme.
   d. ses grands-parents ne prenaient pas de vacances.
   e. maintenant qu'ils sont en retraite, ses grands-parents voyagent beaucoup.
   f. ses parents aiment se détendre.

Vocabulaire utile
actuel *(current)*, **taux de chômage** *(unemployment rate)*

Mireille Sarrazin
Lyon, France

3. Oui ou non? Mireille Sarrazin dit que (qu')…
   a. les gens travaillent plus aujourd'hui qu'autrefois.
   b. il est nécessaire de travailler dur pour ne pas perdre son travail.
   c. la situation économique actuelle n'est pas favorable.
   d. malgré tout *(in spite of everything)*, les gens profitent de plus en plus de leur temps libre.

Réponses, Ex. HH: 1. a. oui, b. oui, c. non, d. non; 2. a. oui, b. non, c. oui, d. oui, e. non, f. oui; 3. a. oui, b. oui, c. oui, d. non; 4. a. oui, b. oui. c. oui, d. non; 5. a. oui, b. oui; 6. a. non, b. oui, c. oui, d. oui

Henri Gaubil
Ajaccio, Corse

Vocabulaire utile
s'aperçoit *(notices),* **chômage** *(unemployment),* **se greffer** *(to crop up in connection with each other)*

4. Oui ou non? Henri Gaubil dit que (qu')...
   a. le travail et la vie de tous les jours occupent la totalité du temps des gens.
   b. les gens ont plus de problèmes personnels aujourd'hui qu'autrefois.
   c. il est nécessaire de faire un grand effort pour trouver du temps libre.
   d. lui et sa famille restent chez eux s'ils ont une semaine de libre.

Dovi Abe
Dakar, Sénégal

Vocabulaire utile
pays en voie de développement *(developing countries),* **moyens** *(financial means)*

5. Oui ou non? Dovi Abe dit que...
   a. l'idée d'une civilisation de loisirs s'applique surtout aux pays industrialisés.
   b. les pays en voie de développement n'ont ni le temps ni l'argent pour les loisirs.

Robin Côté
Rimouski, Québec

Vocabulaire utile
en principe *(in theory),* **grandir** *(to grow),* **combler** *(to satisfy)*

6. Oui ou non? Robin Côté dit que (qu')...
   a. les gens d'aujourd'hui travaillent moins que ceux d'autrefois.
   b. les gens d'autrefois avaient moins de besoins et moins de désirs que les gens d'aujourd'hui.
   c. autrefois les gens travaillaient pour gagner leur vie.
   d. aujourd'hui les gens travaillent pour avoir assez de temps pour s'amuser.

Ex. II

II. Les témoins et vous. Ecoutez encore une fois les témoignages, puis discutez des questions suivantes avec quelques camarades de classe.

1. Les témoins ne sont pas tous d'accord sur cette idée d'une civilisation des loisirs. Lesquels ont des idées qui se ressemblent?
2. Vos idées et celles de votre famille sont-elles pareilles aux idées d'un ou de plusieurs témoins? Expliquez.

Do *A faire!* *(3-5)* on page 124 of the **Manuel de préparation.**

Fonction
Comment parler du passé (3)

Rappel

Le plus-que-parfait

The **plus-que-parfait** is used to:

- express an action or a state that occurred *before* another past action or state:
  Elle nous a lu la lettre que son frère lui **avait envoyée**.

- indicate that the speaker is *not* following strict chronological order:
  Il m'est arrivé quelque chose de très amusant hier après-midi aux Galeries Lafayette.
  Mon frère et moi, nous **avions décidé** de passer l'après-midi en ville. Vers 11h il **était passé** me chercher…

JJ. Les actualités. Après avoir lu chaque article, répondez aux questions qui le suivent.

Suicide assisté refusé à la Britannique Diane Pretty

La Cour européenne des droits de l'Homme a rejeté lundi à Strasbourg la demande de suicide assisté de Diane Pretty, une Britannique entièrement paralysée. Agée de 43 ans, Mme Pretty, qui meurt à petit feu d'une maladie neuro-dégénérative et qui est déjà paralysée du cou jusqu'aux pieds et qui ne peut donc se suicider elle-même, souhaite mettre fin à ses jours avec l'aide de son mari.

L'état de santé très précaire de Mme Pretty, qui peut mourir dans les prochaines semaines, avait conduit les juges européens à adopter une procédure d'urgence et à examiner sa plainte dans un délai record. Mme Pretty était venue en personne le 19 mars dernier assister à l'audience de la Cour européenne. Depuis son fauteuil roulant, elle avait affirmé, en utilisant la voix synthétique d'un ordinateur, qu'elle ne «voulait que son droit à mourir dans la dignité». Or l'assistance au suicide est considérée comme un crime, passible de 14 ans de prison.

Le 22 mars, une autre Britannique, connue sous le nom de «Mademoiselle B.», avait fait reconnaître par la justice britannique son droit à mourir, arguant du principe que les patients ont le droit de refuser le traitement contre l'avis de leur médecin, même si cela conduit à leur mort.

Adapté de *Les Dernières Nouvelles d'Alsace*, 29 avril 2002.

1. Mettez les événements suivants dans l'ordre chronologique:
   a. la décision de la Cour européenne de refuser la demande de Mme Pretty
   b. le témoignage de Mme Pretty devant la Cour
   c. la décision des juges d'examiner le cas de Mme Pretty le plus tôt possible
   d. la décision d'une cour britannique de permettre à quelqu'un de refuser le traitement médical

2. Trouvez tous les verbes au plus-que-parfait et expliquez pourquoi ils sont conjugués à ce temps du verbe.

Madagascar: Ravalomanana vainqueur officiel de la présidentielle

Marc Ravalomanana a été proclamé lundi le vainqueur officiel de l'élection présidentielle plus de quatre mois après le premier tour du 16 décembre.

La Haute Cour consitutionnelle (HCC), en audience solennelle à Antananarivo, a déclaré Ravalomanana élu avec 51,96% des suffrages exprimés contre 35,90% pour le président sortant Didier Ratsiraka, après un nouveau décompte des voix.

«Je suis très ému, je ne peux vous en dire plus», a déclaré Marc Ravalomanana, joint au téléphone alors qu'il regardait la retransmission télévisée de la cérémonie officielle.

M. Ratsiraka, dès dimanche, à son retour de France où il était en visite privée, avait annoncé qu'il ne reconnaîtrait pas l'éventuelle proclamation de M. Ravalomanana comme président, et avait réclamé la tenue d'un référendum.

La HCC, qui a proclamé les résultats officiels, siégeait dans sa nouvelle composition, après l'invalidation de la précédente le 10 avril par la Cour suprême.

La précédente HCC, entièrement composée de juges fidèles à M. Ratsiraka, avait proclamé le 25 janvier des résultats du premier tour qui plaçaient M. Ravalomanana en ballotage favorable *(leading but not having enough votes to win in the first round of voting)*.

A cette époque, M. Ravalomanana avait déjà lancé des centaines de milliers de ses partisans dans la rue, revendiquant la victoire dès le premier tour avec plus de 52% des suffrages.

Adapté de *Les Dernières Nouvelles d'Alsace*, 29 avril 2002.

3. Mettez les événements suivants dans l'ordre chronologique:
   a. la proclamation officielle de Ravalomanana comme président
   b. la réunion de la première HCC
   c. la réunion de la seconde HCC
   d. les célébrations dans la rue
   e. l'interview téléphonique avec Ravalomanana
   f. l'interview avec le président sortant (Ratsiraka)

4. Trouvez tous les verbes au plus-que-parfait et expliquez pourquoi ils sont conjugués à ce temps du verbe.

Russie: le général Lebed meurt dans un crash d'hélicoptère

Le général Alexandre Lebed, 52 ans, a trouvé la mort hier matin dans un accident d'hélicoptère en Sibérie. Ancien candidat à la présidence russe, il a été l'artisan d'un accord de paix en Tchétchénie.

Le général Lebed, gouverneur de la région de Krasnoïarsk, et ses collaborateurs se rendaient à la cérémonie d'ouverture d'une nouvelle piste de ski dans cette région, où l'hiver n'est pas encore terminé. L'accident est survenu à 02h45 GMT dans une zone montagneuse. Volant à basse altitude et par mauvais temps, l'appareil Mi-8 a heurté une ligne à haute tension et est tombé d'une trentaine de mètres, sans prendre feu. Huit de ses occupants, dont le général Lebed, sont morts; tous les autres ont été blessés, dont certains grièvement.

Le président Vladimir Poutine et le Premier ministre Mikhaïl Kassianov ont adressé leurs condoléances à la famille du général Lebed et à celles des autres victimes. Le magnat russe en exil et opposant au Kremlin, Boris Berezovski, a pour sa part déclaré à la radio qu'il n'excluait pas «la pire des hypothèses, (celle d'une) élimination violente» du général Lebed. M. Berezovski avait contribué à financer la campagne électorale du général Lebed en 1998 pour le poste de gouverneur de la région de Krasnoïarsk.

Alexandre Lebed était un chef militaire charismatique, considéré comme un «dur», mais sachant se montrer pacifiste si la situation l'exigeait. Il avait été un moment considéré comme le possible successeur de Boris Eltsine. Candidat à la présidentielle en 1996, il avait obtenu 15% des voix au premier tour.

Adapté de *Libération*, 29 avril 2002.

5. Mettez les événements suivants dans l'ordre chronologique:
   a. l'accident d'hélicoptère qui a tué le général Lebed
   b. la déclaration de Boris Berezovski
   c. les déclarations du président et du Premier ministre
   d. la campagne électorale présidentielle
   e. la campagne électorale pour le poste de gouverneur de Krasnoïarsk
6. Trouvez tous les verbes au plus-que-parfait et expliquez pourquoi ils sont conjugués à ce temps du verbe.

Rappel

L'expression *venir de* + infinitif

The *present* tense of **venir de** is used to indicate an action or a state finished *just before* the *present moment*:

   Hervé? Non, il n'est pas là. **Il vient de partir.** *(He just left.)*

The imperfect tense of **venir de** is used to indicate that an action or state *had* finished *just before* another *past* action or state:

   Quand ils sont arrivés, **je venais de faire** la vaisselle. (. . . *I had just done the dishes*.)

KK. Quand? D'abord, écoutez les conversations et indiquez si l'action principale (voir l'infinitif donné) a eu lieu dans le passé récent ou va avoir lieu dans le futur proche.

1. arriver
2. téléphoner
3. visiter
4. terminer
5. voir
6. se disputer

Ensuite, indiquez laquelle des actions (voir les infinitifs donnés) s'est terminée avant le commencement de l'autre.

7. arriver / partir
8. passer / voir
9. sonner / sortir
10. descendre / entrer

Audio: CD2, Track 28

Réponses, Ex. KK: 1. futur (va arriver); 2. passé (vient de téléphoner); 3. passé (viennent de visiter); 4. passé (viens de terminer); 5. futur (allons la voir); 6. passé (vient de se disputer); 7. partir; 8. passer; 9. sortir; 10. descendre

Rappel

L'expression *depuis*

The present tense is used with **depuis** in order to indicate that an action or a state that began in the past is *not finished*, that it is *continuing* up to and including the present moment (the moment when one is speaking).

   Nous habitons ici depuis plus de 50 ans.
   Il travaille chez Renault depuis 1955.

The imperfect is used with **depuis** to indicate that a past action or state had *not finished* (i.e., *was continuing*) at the moment when another past action or state began:

   Quand tu m'as vue, **je courais** depuis plus de 40 minutes.

In a negative sentence, use the **passé composé** or the **plus-que-parfait** with **depuis**.

   Il n'a pas fumé depuis plus de 10 ans.
   Il n'avait pas fumé depuis plus de 10 ans quand nous avons fait sa connaissance.

In order to ask a question, use **depuis combien de temps** (to determine a *length of time*) or **depuis quand** (to determine a *particular moment*).

   Depuis combien de temps es-tu à l'université? Depuis **deux ans**.
   Depuis quand es-tu à l'université? Depuis **2002**.

Chapitre 3 ■ *Fonction* 123

LL. Expliquez! Traduisez en anglais, puis donnez une explication précise du sens de chaque phrase.

Modèles: Joseph Mondo travaille chez Renault depuis 1995.
Joseph Mondo has been working at Renault since 1955. (He began working at Renault in 1995. He still works there.)

Marc Gara a travaillé chez Renault pendant 20 ans.
Marc Gara worked at Renault for 20 years. (He no longer works there.)

1. L'oncle et la tante d'Annie habitent en France depuis trois ans.
2. Michael Phelps a habité en France pendant 15 ans.
3. Mes parents n'ont pas été en France depuis cinq ans.
4. Il pleut depuis huit jours.
5. Nous, on se connaît depuis 20 ans.
6. J'attendais un autobus depuis trois quarts d'heure quand Jean-Luc m'a vu.
7. Nous cherchions un appartement depuis six mois quand nous avons trouvé celui-ci *(this one)*.
8. Georges n'avait pas vu Cécile depuis une dizaine d'années quand ils se sont rencontrés par hasard dans l'aéroport de Lisbonne.

MM. A enregistrer. On vous a donné un magnétophone et vous vous amusez à vous en servir. D'abord, imaginez que vous l'apportez avec vous afin d'enregistrer vos activités à plusieurs moments de la journée—c'est-à-dire que vous parlez de ce que vous faites au moment où vous parlez; par conséquent, vous utilisez le *présent* et des expressions telles que **venir de** et **depuis**.

Modèle: hier / midi
Il est midi et je suis au restaurant universitaire. Je viens de sortir de mon cours de physique. Depuis un quart d'heure, je mange et je regarde les autres étudiants. Il y a un beau garçon qui me regarde depuis que je suis assise ici. Je voudrais lui demander son nom, mais j'ai peur de paraître ridicule.

1. ce matin / 7h30
2. hier après-midi / 5h
3. le moment actuel
4. une année dans le passé *(à vous de choisir l'année et le moment)*

Certains événements, certaines nouvelles nous impressionnent tellement que nous avons tendance à ne pas oublier le contexte dans lequel nous les avons vécus ou appris. Vous décidez donc d'enregistrer vos souvenirs personnels concernant les moments suivants en utilisant l'*imparfait* (et d'autres temps du passé) ainsi que les expressions **venir de** et **depuis**.

Modèle: Où étiez-vous quand la guerre en Irak a éclaté?
Moi, j'étais à la maison. Je préparais le dîner. Quand ma femme est rentrée, elle a annoncé que nous étions en guerre depuis une heure. Elle venait d'entendre la nouvelle à la radio.

Où étiez-vous, que faisiez-vous… ?

5. … quand vous avez appris les événements du 11 septembre 2001?
6. … quand vous avez vu votre petit(e) ami(e) (meilleur[e] ami[e], mari, femme, etc.) pour la première fois?
7. … quand vous avez appris une très bonne nouvelle?
8. … quand vous avez appris une très mauvaise nouvelle?

Perspectives culturelles

Paris—musées et artistes

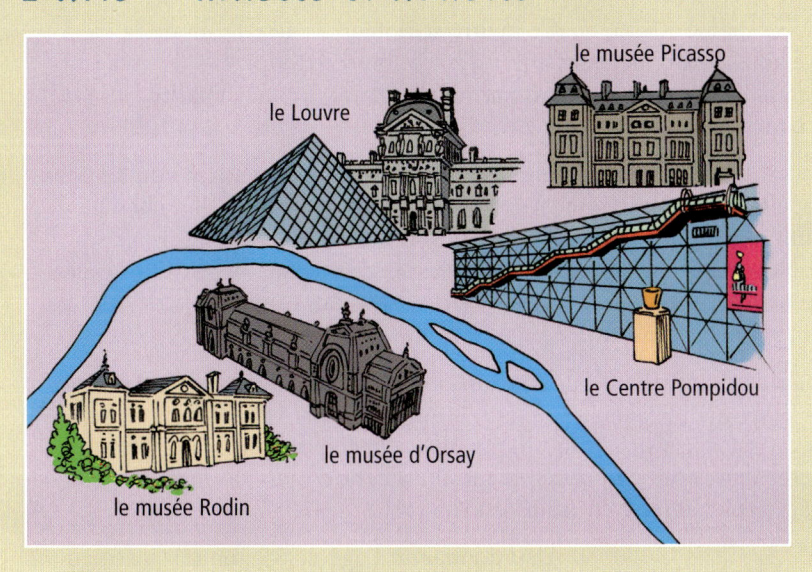

Les activités de loisirs peuvent être non seulement sportives mais aussi culturelles. Un grand nombre de Français et d'étrangers qui viennent à Paris se dirigent vers les nombreux musées d'art de la capitale. Les plus connus sont sans doute le *Louvre* (antiquités orientales, égyptiennes, grecques et romaines; sculptures et peintures du Moyen Age jusqu'au XIXe siècle) et le *musée d'Orsay* (peintures impressionnistes et post-impressionnistes). Les amateurs d'art moderne peuvent visiter le *musée national d'Art moderne* au Centre Georges Pompidou (appelé aussi Beaubourg). Et il ne faut pas oublier les petits musées consacrés aux œuvres d'un seul artiste, tels que le *musée Rodin* et le *musée Picasso*.

NN. Artistes et tableaux. En vous basant sur les renseignements donnés dans ces petits portraits de quelques peintres et sculpteurs français et en regardant les reproductions aux pages suivantes, essayez d'associer l'artiste à l'œuvre qu'il a créée.

POUSSIN, Nicolas (1594–1665) Il a passé la majeure partie de sa vie en Italie. Sa peinture reflète l'influence de l'Antiquité. Il est connu pour ses tableaux qui montrent des personnages mythologiques dans des décors naturels. Il a annoncé le classicisme par la composition équilibrée et symétrique de ses toiles.

WATTEAU, Antoine (1684–1721) Sa peinture est caractérisée par la grâce et la poésie. Elle reflète l'ambiance de bonheur qui dominait le début du XVIIIe siècle. Il est connu pour ses scènes de comédie et pour ses «fêtes galantes» qui montrent des comédiens ou des aristocrates dans des décors naturels.

DAVID, Jacques Louis (1748–1825) Chef de l'école néo-classique et peintre officiel de Napoléon Ier, David a maintenu la tradition classique tout en s'intéressant à des sujets d'actualité. C'est ainsi qu'il est connu pour ses tableaux inspirés de l'histoire romaine ainsi par que la Révolution et les grands moments de la vie de l'Empereur des Français.

Réponses, Ex. NN: Le Serment des Horaces (David) / Les Bourgeois de Calais (Rodin) / Le Moulin de la Galette (Renoir) / La Desserte—Harmonie rouge (Matisse) / Les Bergers d'Arcadie (Poussin) / Portrait de Marie-Thérèse (Picasso) / Fougère au chapeau (Dubuffet) / Nature morte (Cézanne) / Le Pèlerinage à l'île de Cythère (Watteau) / La matete (Gauguin) / La Cathédrale de Rouen (Monet) / La Liberté guidant le peuple (Delacroix)

DELACROIX, Eugène (1798–1863) Chef de l'école romantique de peinture, il a cultivé l'imagination et la liberté d'expression. Sa peinture est d'une grande puissance, par les couleurs employées et par les scènes dramatiques sinon violentes qu'il a peintes. Il est connu pour ses tableaux inspirés de l'actualité (la Révolution de 1830, par exemple) et des pays exotiques (le monde arabe, en particulier).

CÉZANNE, Paul (1839–1906) Il a passé toute sa vie dans sa Provence natale. Ami des impressionnistes, il a cependant cherché à aller au-delà de l'impression pour saisir l'essence de la réalité. Ce faisant, il a réduit les formes naturelles aux constructions géométriques (la sphère, le prisme, le cône). Il est connu pour ses paysages, ses natures mortes et ses portraits.

RODIN, Auguste (1840–1917) Ce maître sculpteur a passé la fin de sa vie à Paris dans l'hôtel Biron, devenu aujourd'hui le musée Rodin. Ses œuvres en bronze et en marbre blanc frappent par leur puissance et leur vitalité. Ses sculptures sont connues dans le monde entier.

MONET, Claude (1840–1926) Chef de l'école impressionniste, il voulait peindre le monde exactement comme il le voyait. Dans sa peinture, il a cherché à traduire l'impression produite sur son œil, son regard. Il est connu pour ses séries de tableaux qui montrent des paysages (la campagne, le bord de la mer) ou des bâtiments (cathédrales, gares) observés sous des lumières différentes à différents moments de la journée.

RENOIR, Auguste (1841–1919) Impressionniste aussi, il s'est intéressé moins au paysage et aux édifices qu'à la figure humaine et à la vie de son époque. Ses peintures essaient de saisir sur la toile un moment fugitif en rendant l'impression qu'il crée dans l'œil de l'observateur. Il est connu pour ses tableaux qui montrent des gens heureux en train de s'amuser.

GAUGUIN, Paul (1848–1903) Abandonnant à l'âge de 35 ans son métier d'agent de change *(stockbroker),* il s'est consacré entièrement à la peinture. Issue de l'impressionnisme, sa peinture cherche pourtant à saisir le monde du mythe et des valeurs spirituelles qui se trouve au-delà de la surface des choses. Il est connu surtout pour les tableaux qu'il a peints à Tahiti.

MATISSE, Henri (1869–1954) Il a été un des premiers peintres révolutionnaires français du début du XXe siècle à se libérer de la tyrannie du réalisme. Son œuvre comprend dessins, gravures, collages de papiers de couleur découpés, vitraux et peintures. Il est connu pour ses tableaux où les formes et les couleurs s'unissent pour exprimer une harmonie qui ne dépend pas du réalisme de la représentation.

PICASSO, Pablo Ruiz (1881–1973) Né en Espagne, il a passé la plus grande partie de sa vie en France. Créateur (avec Georges Braque) du cubisme, il a cherché à saisir une réalité essentielle en représentant les choses et les figures décomposées en éléments géométriques et en multipliant les points de vue. Son œuvre passe par plusieurs périodes (époques bleue et rose, cubisme, néo-classicisme, surréalisme et art abstrait) et incarne l'esprit révolutionnaire de l'art moderne.

DUBUFFET, Jean (1901–1985) Théoricien de l'art brut, il a puisé son inspiration dans deux sources—d'une part, les dessins des aliénés et les graffiti; d'autre part, les matières variées et leurs textures. Il a appliqué ses théories dans des tableaux faits de sable, de goudron, de feuilles et de plastique peint. C'est ainsi qu'il a essayé d'établir un rapport direct entre son art et la réalité.

Do *A faire! (3-6)* on page 136 of the **Manuel de préparation.**

Portrait de Marie-Thérèse

La Liberté guidant le peuple

Nature morte

Les Bourgeois de Calais

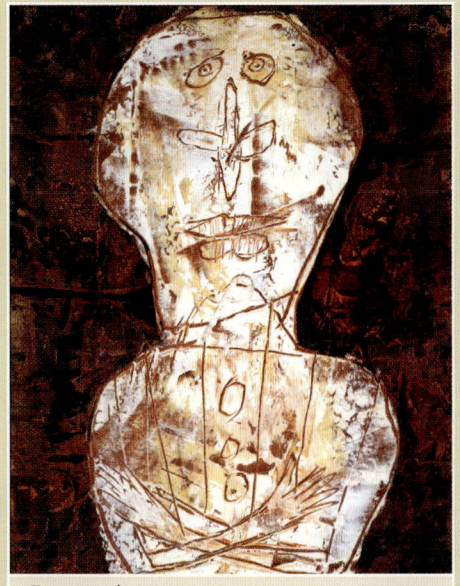

«Je vous écoute.»

Le Serment des Horaces

Chapitre 3 ■ Perspectives culturelles 127

La Cathédrale de Rouen

La Desserte—Harmonie rouge

Le Pèlerinage à l'île de Cythère

Les Bergers d'Arcadie

Le Moulin de la Galette

La matete

C'est à vous maintenant!

OO. Une interview. Vous allez interviewer un(e) Français(e) ou un(e) francophone ou bien une personne qui a voyagé en France ou dans un pays francophone. Si vous n'avez jamais interrogé cette personne, vous pourrez commencer par lui poser des questions générales; autrement, vous pourrez passer directement aux questions portant sur les loisirs.

Attention: Prenez des notes. Vous voudrez peut-être vous en servir en préparant votre prochain devoir écrit.

PP. Vous avez bien compris? Comparez les notes que vous avez prises au cours de l'interview avec celles de quelques camarades de classe pour vérifier que vous avez bien compris les réponses aux questions.

SUGGESTED LESSON OUTLINE

Students assigned *A faire! (3-6)* have:
- reviewed the use of the **passé composé**, the **imparfait**, and the **plus-que-parfait**;
- prepared approximately 20 questions to use in their interview (Ex.OO).

In this segment, since Ex. XXVIII was not self-correcting, you may wish to give students a few minutes to correct each other's questions before starting the interview (Ex. OO). After the interview, Ex. PP will allow them to compare notes before going home to write up the interview.

Ex. PP

Testing: The **Test Bank** includes a chapter test for **Chapitre 3**.

Do *A faire! (3-7)* on page 138 of the **Manuel de préparation**.

Deuxième *partie*

Chapitre 4
On décrit

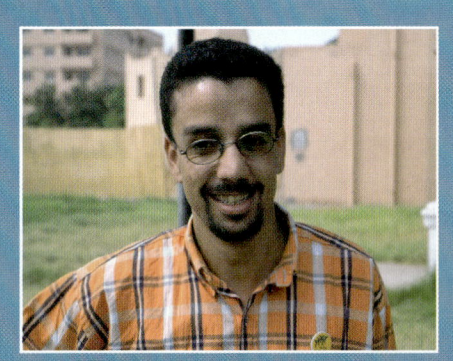

Chapitre 5
On discute

Chapitre 6
On raconte

Chapitre 4

On décrit

Objectives

In this chapter, you will learn to:

- describe people (physical and character description);
- talk and write about people's professions;
- discuss instances of crime and violence among young people;
- use the infinitive and the subjunctive to express necessity, volition, and emotion.

Chapter Support Materials (Student)
MP: pp. 149–167
Audio: CD2, Tracks 31–37

Syllabus
The minimum amount of time needed to cover the material of **Chapitre 4** is seven class periods.

Chapter Support Materials (Instructor)
Audio: CD2, Tracks 31–37
Video: Chapitre 4
Test Bank: Chapitre 4
Website: http://quantamoi.heinle.com

SOMMAIRE

- **Portrait:** Meiji U Tum'si
- **Pour communiquer:** Décrire les personnes (le physique et le caractère)
- **Reportage:** Fille ou garçon: Tous les métiers sont permis!
- **Fonction:** Comment exprimer la nécessité et la volonté (l'emploi du subjonctif)
- **Reportage:** Les jeunes de Casablanca
- **Fonction:** Comment exprimer l'émotion (l'emploi de l'infinitif et du subjonctif—présent et passé)
- **Portrait:** «Oui, à 17 ans, je suis en prison.»

Portrait
Meiji U Tum'si

Dans ce chapitre, vous allez apprendre à faire des descriptions. Un texte descriptif nous permet de préciser les aspects principaux des animaux, des personnes, des endroits et des choses. Ces **traits principaux**, soutenus par des **détails**, permettent de reconnaître ce qui est décrit. Le portrait d'une personne ou d'un animal est une description des traits physiques (apparence générale, visage, vêtements) et de l'aspect moral (caractère, intérêts, goûts, préférences, talents, intelligence, connaissances, rapport avec les autres, etc.). Faire une description, c'est une façon de mieux connaître ce qui est décrit.

SUGGESTED LESSON OUTLINE
In this segment, do:
- Portrait (Ex. A);
- Pour communiquer, Parlez! (Ex. B, C, D, E, F, G).

Meiji Express
1974: naissance à Brazzaville (Congo)
1981: quitte le Congo pour la France
1992–94: cours d'art dramatique à Paris
1994: interprète son premier grand rôle au théâtre
1998: écrit et met en scène *La Malédiction de la Tchikumbi*
1999: obtient le rôle principal du film de Melvin Van Peebles, *Le Conte du ventre plein*
2001: tournage du film *Tribu* de Balufu Bakaupa Kanyinda

Lisez!

Vous ne la connaissez pas encore? Ça ne saurait tarder... Meiji U Tum'si fait beaucoup parler d'elle. Son visage rayonnant, son talent et son dynamisme en font une des jeunes actrices africaines les plus en vue.

Elle porte son nom à merveille. Meiji signifie «la lumière» en japonais, et U Tum'si «celle qui triomphera» en vili (une langue du Congo). Radieuse et fonceuse, elle est en train de gagner le plus improbable des défis: se faire un nom dans le monde sans pitié du cinéma et du théâtre. Pourtant, rien n'était gagné d'avance pour Meiji. Née à Brazzaville, elle quitte le Congo avec ses parents à l'âge de sept ans, pour s'installer en France, à Epinay, dans la région parisienne. Têtue, elle décide de réaliser son rêve: jouer la comédie. L'an dernier, elle crève l'écran dans le film du célèbre réalisateur afro-américain Melvin Van Peebles *Le Conte du ventre plein* (*A Belly Full,* 1999).

DÉBUTS

J'ai toujours été une rêveuse. Enfant, j'étais fanatique des histoires qu'on me racontait. A 14–15 ans, je m'enfermais dans la salle de bains et j'imitais devant le miroir des personnages de films que j'avais vus au cinéma ou à la télévision. J'aimais voir mon visage se déformer, prendre des émotions différentes... Puis, j'ai eu comme prof de français un ancien acteur qui nous apprenait à travailler notre voix, notre respiration. Vers 18 ans, j'ai décidé de devenir comédienne professionnelle.

PARENTS

Bien sûr, mes parents ont eu peur pour mon avenir. Ils étaient conscients que ce métier était très difficile et voulaient me protéger. Ils me disaient: «N'oublie pas que tu es en France, il n'y a pas de rôles pour les Noires ou alors des rôles de boniches.» Je rétorquais: «Pas grave, je m'écrirai des rôles de princesse.» [...]

INDÉPENDANCE

Après mon bac, je me suis inscrite au cours d'art dramatique Florent à Paris. A 20 ans, j'ai quitté mes parents et Epinay-sur-Seine pour une chambre de bonne à Paris. Le soir, je faisais des baby-sittings, le matin, des ménages. Tout ça pour pouvoir continuer le théâtre. Je n'avais pas le droit de me plaindre. Je m'étais mise toute seule dans une situation de danger et je devais réussir.

132 *Quant à moi...* ■ *Manuel de classe*

CINÉMA

En me donnant le rôle principal dans *Le Conte du ventre plein,* Melvin Van Peebles a été la gentille fée de ma vie. Il m'a fait exister sur le devant de la scène et m'a beaucoup appris. Un tournage de cinéma, c'est impressionnant car il y a toujours beaucoup de gens, de techniciens. [...]

U TUM'SI CRÉATION

En 1995, j'ai créé mon association U Tum'si Création... Ma structure me permet de développer mes projets personnels. J'écris des pièces avec des rôles comme je les aime puis je les mets en scène. Je me débrouille pour trouver des subventions. Ça me permet de toujours travailler sur des choses qui m'intéressent car les rôles qu'on me propose ne sont pas toujours très excitants.

PHILOSOPHIE

Ce qui m'arrive est rigolo, excitant, mais en fait c'est une suite logique car, dans tout ce que je fais, j'ai toujours croqué la vie à pleines dents. Que ce soit dans le théâtre ou le soutien scolaire que je donnais à des enfants d'Epinay... C'est ça le moteur de ma vie. [...] J'existe par moi-même et non à travers qui que ce soit. J'ai notamment des projets au Congo. Et je suis décidée à me battre pour arriver à faire ce que je veux.

Source: *Planète jeunes,* no. 52, août–septembre 2001.

Ça ne saurait tarder... It won't be long...
rayonnant shining
lumière light
fonceuse go-getter
défis challenges
rien n'était gagné d'avance nothing came easily
Têtue Stubborn
réaliser son rêve to realize (fulfill) her dream
jouer la comédie to act (in a film, on the stage)
elle crève l'écran breaks into film
Le Conte du ventre plein A Belly Full (1999)
rêveuse dreamer
personnages characters
visage face
ancien acteur former actor
voix voice
comédienne professionnelle actress
boniches maids
chambre de bonne small room (literally, maid's room)
je faisais... des ménages did house cleaning
me plaindre to complain
la gentille fée the good fairy
tournage de cinéma film shoot
je les mets en scène I produce them (film)
Je me débrouille I manage
subventions financial support (grants, subsidies)
rigolo funny, amusing
j'ai toujours croqué la vie à pleines dents I've always approached life with gusto
à travers through
qui que ce soit anyone else
battre to fight

A. Vous avez compris? Lesquels des adjectifs suivants décrivent le mieux Meiji U Tum'si? Trouvez des exemples (des idées) dans le texte pour justifier chaque adjectif que vous choisissez.

âgée / ambitieuse / audacieuse / belle / célèbre / conformiste / courageuse / cynique / dynamique / énergique / généreuse / gentille / heureuse / indépendante / jeune / matérialiste / mince / optimiste / paresseuse (fainéante) / pessimiste / petite / résolue / rêveuse / sérieuse / sympathique / têtue *(stubborn)* / timide / travailleuse / triste

Suggestion, Ex. A: Have students work in small groups, asking each group to use some of the adjectives suggested to create their own portrait of Meiji U Tum'si.

Réponses, Ex. A: ambitieuse / audacieuse / belle / courageuse / dynamique / énergique / généreuse / gentille / heureuse / indépendante / optimiste / résolue / rêveuse / sérieuse / sympathique / têtue / travailleuse

Chapitre 4 ■ *Portrait* 133

Pour communiquer

> **Un petit truc**
>
> **Les caractéristiques physiques**
> - **être** + adjective
>   **Elle est grande et mince.**
> - with the preposition **à**
>   **J'ai vu un vieux monsieur au dos courbé.**
> - **avoir** + definite article **(le, la, l', les)** + part of the body + adjective
>   **Il a les yeux (les cheveux) bruns.**
> - **avoir** + indefinite article **(un, une, des)** + adjective that precedes nouns + part of the body
>   **Elle a un petit nez.**
>   **Il a des grosses lèvres.**
> - **avoir** + indefinite article + part of body not common to everyone
>   **Il a une moustache noire.**
>   **Il a une longue barbe.**
>
> *2.2 pounds (lbs)* = 1 kilogramme (1 kg)
>
> *1 foot* = *12 inches* = 30,48 centimètres;
> *1 inch* = 2,54 centimètres

Pour mieux vous exprimer

Décrire les personnes (les caractéristiques physiques)

- apparence générale

    il est beau *(handsome)*, elle est belle *(jolie)*
    il/elle est bronzé(e) *(tanned)*
    il/elle est pâle
    il/elle porte des lunettes *(glasses)*
    il/elle a des taches de rousseur *(freckles)*

- l'âge

    il/elle est jeune (d'un certain âge, assez âgé[e], vieux [vieille])
    c'est… un(e) enfant
    une jeune personne (un jeune garçon, une jeune fille, un[e] adolescent[e], un[e] ado)
    un homme/une femme d'un certain âge
    une personne âgée (un vieillard, une vieille femme)

- la taille et le poids

    il/elle est… grand(e) (petit[e], de taille moyenne)
    mince (svelte, maigre, costaud, gros[se])

    il/elle pèse (fait) 64,5 kilos *(142 lbs)*
    il/elle mesure (fait) 1,71 mètre

- le visage

    il/elle a le visage rond (long, ovale, carré *[square]*)

- les yeux

    il/elle a les yeux bleus (marron, verts, noirs)

- le nez

    il/elle a le nez droit (aquilin *[curved]*, pointu, retroussé *[turned up]*)

- la bouche

    il/elle a une grande (petite) bouche

- les lèvres *(lips)*

    il/elle a… les lèvres fines *(thin)*
    des grosses *(thick, full)* lèvres

- les cheveux

    il/elle a les cheveux noirs (bruns, châtains *[chestnut]*, blonds, gris, blancs, roux *[red, auburn]*)
    il/elle a les cheveux longs (courts, raides *[straight]*, ondulés *[wavy]*, frisés *[curly]*, crépus *[frizzy]*, en brosse *[crew-cut]*, en queue de cheval *[ponytail]*)

Parlez!

B. Des cartes d'identité. Faites la description des personnes suivantes selon ce qui est indiqué sur leur carte d'identité.

Suggestion, Ex. B: As an additional exercise, have students convert the height and weight of these people into U.S. measures and weights: 1. 5'7" / 97 lbs; 2. 5'3" / 154 lbs; 3. 4'6" / 98 lbs; 4. 6'3" / 160 lbs; 5. 5'4" / 150 lbs; 6. 4'8" / 85 lbs

1. **Nom de famille:** Zubig
   Prénom: Annelore
   Nationalité: française
   Date de naissance: 19 mars 1984
   Taille: 1,71 m
   Poids: 46 kg
   Yeux: bleus
   Cheveux: châtains

2. **Nom de famille:** Ngohe
   Prénom: Sicap
   Nationalité: sénégalaise
   Date de naissance: 15 janvier 1972
   Taille: 1,60 m
   Poids: 70 kg
   Yeux: bruns
   Cheveux: noirs

3. **Nom de famille:** Konaté
   Prénom: Anne
   Nationalité: canadienne
   Date de naissance: 30 septembre 1989
   Taille: 1,37 m
   Poids: 44,5 kg
   Yeux: noirs
   Cheveux: noirs

4. **Nom de famille:** Beauchamp
   Prénom: Matthieu
   Nationalité: suisse
   Date de naissance: 17 juillet 1944
   Taille: 1,90 m
   Poids: 73 kg
   Yeux: marron
   Cheveux: gris

5. **Nom de famille:** Kolber
   Prénom: Célia
   Nationalité: française
   Date de naissance: 23 novembre 1973
   Taille: 1,63 m
   Poids: 68 kg
   Yeux: verts
   Cheveux: roux

6. **Nom de famille:** Matsukata
   Prénom: Sanjo
   Nationalité: belge
   Date de naissance: 22 août 1991
   Taille: 1,22 m
   Poids: 48 kg
   Yeux: noirs
   Cheveux: bruns

Chapitre 4 ■ Pour communiquer

Discutez!

C. Une personne que je connais. Faites une description physique détaillée de quelqu'un que vous connaissez bien. N'oubliez pas de faire les conversions au système métrique pour la taille et le poids approximatifs de cette personne.

Pour mieux vous exprimer

Pour décrire les personnes (le caractère)

aimable, agréable, gentil(le), sympathique, charmant(e)	méchant(e), désagréable
décontracté(e)	stressé(e)
marrant(e), amusant(e), drôle	timide
intelligent(e), intellectuel(le), doué(e)	nul(le)
dynamique, énergique, actif(ve), sportif(ve)	passif(ve), paresseux(se)
optimiste	pessimiste
généreux(se)	radin *(inv.) (stingy)*, prudent(e)
original(e) *(eccentric)*	conservateur(trice), traditionnel(le), ordinaire
discret(ète)	indiscret(ète)
travailleur(se)	paresseux(se)
bien organisé(e), efficace	mal organisé(e)
souriant(e), heureux(se)	maussade *(sullen)*, grincheux(se) *(grumpy)*
ambitieux(se), audacieux(se)	timide, hésitant(e)
modeste	égoïste, prétentieux(se)
honnête, sincère	malhonnête, hypocrite
sérieux(se)	frivole
patient(e)	impatient(e)
sage *(well-behaved)*, bien élevé(e)	mal élevé(e)
bavard(e) *(talkative)*	timide, silencieux(se)
calme	nerveux(se)
poli(e)	impoli(e), vulgaire, grossier(ère)
sentimental(e)	indifférent(e), froid(e)
raisonnable	têtu(e) *(stubborn)*

On peut qualifier ces adjectifs en utilisant les expressions suivantes:

toujours, souvent, d'habitude
quelquefois, de temps en temps
rarement, ne... pas, ne... jamais
très, trop, assez, plutôt *(rather)*, un peu

D. Les signes du Zodiaque. Lisez la description de votre signe du Zodiaque. Ensuite expliquez à votre camarade de classe quels adjectifs correspondent à votre personnalité (donnez des exemples) et quels adjectifs ne correspondent pas du tout à votre personnalité (donnez des exemples).

Modèle: Je suis née le 12 juin. Mon signe, c'est donc Gémeaux.

Il est vrai que je suis très enthousiaste et énergique. Par exemple, je participe à beaucoup de clubs à l'université, je travaille, j'adore aller à des fêtes. Je suis très active et je ne suis jamais fatiguée, etc.

Mais je ne suis pas impatiente. Au contraire, je trouve que je suis très patiente, surtout avec mes amis. Je ne m'irrite pas facilement, j'écoute les autres et j'adore jouer avec les enfants, etc.

Un petit truc

Décrire les personnes (caractère)

- avec le verbe **être**
  Il/Elle est (très, assez, plutôt, etc.) + adjectif

- avec le verbe **avoir**
  avoir de l'esprit *(to be witty, intelligent)*
  avoir de l'imagination
  avoir de la volonté *(to have will power)*
  avoir du cœur *(to be kindhearted)*
  avoir un faible pour... *(to have a weakness for . . .)*
  avoir du culot *(to have a lot of nerve)*
  avoir l'esprit ouvert *(to be open-minded)*
  avoir (un sens) de l'humour
  avoir du tact
  avoir du charme
  avoir l'air + adjectif *(to look + adjective, to seem + adjective)*

- avec le verbe **trouver**
  Je le/la **trouve** (un peu) froid(e).

- avec **quelqu'un** *(someone)* + adjectif
  C'est **quelqu'un qui est** très sympa.
  He's/She's someone who is very nice.
  C'est **quelqu'un de** très sympa.
  He's/She's someone very nice.

- avec **quelqu'un qui** + noun
  C'est **quelqu'un qui a** l'esprit ouvert.
  He's/She's someone who is open-minded.
  C'est **quelqu'un qui a** beaucoup de tact.
  He's/She's someone who has a lot of tact.

Ex. D

Ex. D: See pp. 141–142 for English equivalents of the professions listed under these signs.

Bélier (21 mars–20 avril): énergique, impulsif(ve), enthousiaste, optimiste, ambitieux(se), intellectuel(le), quelquefois un peu timide, vif(ve) *(lively)*, bien organisé(e), généreux(se), impatient(e), têtu(e), actif(ve), sportif(ve), hypocrite, égoïste, charmant(e), persévérant(e)
Métiers: Des postes de responsabilité et d'autorité, professeur, conseiller(ère), agent de voyage, homme/femme politique

Taureau (21 avril–21 mai): têtu(e), systématique, efficace, bon cœur, stable, calme, organisé(e), patient(e), prudent(e), honnête, bon sens de l'humour, sympathique, égoïste, paresseux(se), matérialiste, fidèle *(faithful)*, doué(e) en musique ou en art, sentimental(e), jaloux(se)
Métiers: entrepreneur, homme/femme politique, service public, cultivateur

Gémeaux (22 mai–21 juin): malin (maligne) *(clever)*, enthousiaste, énergique, intellectuel(le), impatient(e), charmant(e), intense, changeant(e), travailleur(se), généreux(se), quelquefois égoïste, nerveux(se), indécis(e), sociable, quelquefois trop sérieux(se)
Métiers: professeur, chercheur(euse), écrivain/femme écrivain, artiste, acteur/actrice, musicien(ne), chef de cuisine

Cancer (22 juin–22 juillet): sensible *(sensitive)*, tenace *(tenacious)*, patient(e), sympathique, facilement influencé(e), changeant(e), intense, dramatique, fidèle, aimable, sentimental(e), un peu timide, fier(ère) *(proud)*, souvent malheureux(se)
Métiers: professeur, rédacteur(trice), écrivain/femme écrivain, vedette

Lion (23 juillet–23 août): fier(ère), énergique, autoritaire, courageux(se), compliqué(e), quelquefois désagréable, méthodique, ambitieux(se), se sent supérieur aux autres, forte personnalité, sincère
Métiers: jobs dans les affaires (le commerce), patron(ne) d'une grande entreprise, militaire

Vierge (24 août–23 septembre): travailleur(se), intelligent(e), organisé(e), méthodique, aime les détails, pratique, impatient(e), sérieux(se), efficace, prudent(e), quelquefois égoïste, plutôt pessimiste, facilement irrité(e)
Métiers: gérant(e), patron(ne) d'une entreprise, secrétaire, secteur tertiaire (services), historien(ne) d'art, critique littéraire, couturier(ère), infirmier(ère), agent de police

Balance (24 septembre–23 octobre): honorable, équilibré(e), aimable, gentil(le), vif(ve) *(lively)*, créatif(ve), décontracté(e), patient(e), ordinaire, beaucoup de tact, diplomatique, compliqué(e), perfectionniste, charmant(e), honnête
Métiers: gérant(e), homme/femme politique, diplomate, détaillant(e), agent immobilier, postier(ère)

Scorpion (24 octobre–22 novembre): énergique, indépendant(e), passionné(e), décidé(e), têtu(e), généreux(se), calme, intuitif(ve), intense, froid(e), réservé(e), difficile, fort, efficace, un peu sévère, privé(e)
Métiers: médecin, dentiste, psychiatre, psychologue, infirmier(ère), homme/femme politique, homme/femme scientifique

Sagittaire (23 novembre–21 décembre): impulsif(ve), impatient(e), généreux(se), curieux(se), aime la nature, sportif(ve), intellectuel(le), pas sentimental(e), un peu froid(e), honnête, franc(he), sincère, prudent(e), dominé(e) par la raison, peut être sarcastique

Métiers: conseiller(ère), explorateur(trice), chercheur(euse), professeur, avocat(e), juge/femme juge, journaliste

Capricorne (22 décembre–20 janvier): ambitieux(se), persévérant(e), diplomatique, réservé(e), traditionnel(le), sérieux(se), s'adapte facilement, travailleur(se), pas très aventureux(se), beaucoup de tact, quelquefois malhonnête, peut être cruel(le)

Métiers: homme/femme scientifique, diplomate, professeur d'histoire, homme/femme politique, philosophe, administration d'hôpitaux

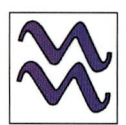

Verseau (21 janvier–19 février): honnête, l'esprit ouvert, aimable, sociable, aimé(e) des autres, innovateur(trice), patient(e), indécis(e), pas de sens commun, manque d'imagination *(lack of imagination)*, manque de tact et de courage, gentil(le), manque de discipline

Métiers: homme/femme scientifique, chercheur(euse), avocat(e), juge/femme juge, bibliothécaire, écrivain/femme écrivain

Poissons (20 février–20 mars): gentil(le), calme, privé(e), sensible *(sensitive)*, un peu mélancolique, pas du tout ambitieux(se), pas du tout matérialiste, indifférent(e), rêveur(se) *(dreamer)*, pas très sociable, solitaire, silencieux(se), content(e), poétique, pas très indépendant(e), pas très responsable, timide

Métiers: poète, artiste, musicien(ne), compositeur, écrivain/femme écrivain, acteur(trice), militaire, professeur, fonctionnaire

E. Des comparaisons. Faites des comparaisons entre vous et une autre personne (membre de la famille, ami[e], collègue, etc.). Utilisez autant d'adjectifs que possible.

Modèle: Ma sœur et moi, nous sommes pareils et différents.
Nous sommes tous les deux assez optimistes. Nous sommes donc assez heureux et positifs. Mais ma sœur s'irrite plus facilement que moi et elle est plus enthousiaste et passionnée. Moi, je suis plutôt calme et un peu timide, etc.

F. Meiji U Tum'si. En vous inspirant du portrait aux pages 132 et 133 et en utilisant des expressions de **Pour mieux vous exprimer** à la page 136, faites une description de Meiji U Tum'si.

G. Des petites descriptions. Pensez à un(e) camarade de classe sans regarder cette personne. Faites une description de cette personne (description physique et traits de caractère). Votre partenaire vous posera des questions supplémentaires pour essayer de deviner *(guess)* à qui vous pensez.

Do **A faire! (4-1)** on page 144 of the **Manuel de préparation**.

Reportage
Fille ou garçon: Tous les métiers sont permis!

Lisez!

Dans cette partie, vous allez considérer les métiers et les professions. En lisant et en entendant des témoignages des personnes qui décrivent leur métier, vous apprendrez à parler du travail que vous avez actuellement ou que vous aimeriez faire dans l'avenir. Chaque profession ou métier demande souvent une formation précise et, évidemment, un certain talent. Le métier que nous choisissons dépend de notre personnalité, de nos intérêts et de nos ambitions. Nous avons tous une définition différente de la «réussite» et du «bonheur», mais une chose est sûre: le métier que nous choisissons joue un rôle important dans notre vie.

SUGGESTED LESSON OUTLINE

Students assigned *A faire! (4-1)* have:
- worked with the vocabulary for physical descriptions;
- worked with the vocabulary for character descriptions;
- written a composition describing a person they know.
- Ex. IVB, V, VI, VII were not self-correcting.

In this segment, do:
- **Reportage** (Ex. H, I, J);
- **Ecoutez!** (Ex. K, L);
- **Parlez!** (Ex. M, N).

«Moi, Margot, je conduis les trains»

Pour sortir du train-train quotidien, Margot a choisi la SNCF. Les trains, c'est elle qui les conduit. Dans cet univers, 99 conducteurs sur 100 sont des hommes! [...] Alors, à son arrivée, «*certains conducteurs ont demandé ce qu'une femme pouvait bien faire aux commandes*», se souvient-elle. Réponse: la même chose qu'un homme puisqu'elle passe le même concours! Pour Margot, il n'y a pas une manière féminine de conduire un train. Dans tous les cas, il faut un sens rigoureux des responsabilités, respecter parfaitement les règles de sécurité et savoir faire face à l'imprévu. *Moi, je sais déjà conduire cinq locos. Il m'en reste une sixième à découvrir.*» C'est ce qui compte pour Margot, que les TGV n'intéressent pas vraiment: «*c'est trop automatisé, explique-t-elle. De toute façon, pour y parvenir, il faut avoir au moins dix ans de conduite. Ce n'est donc plus qu'une question de temps avant qu'une femme conduise un TGV!*»

«Moi, Gilbert, secrétaire de direction»

A 12 ans, Gilbert rêvait de conduire une locomotive à vapeur. Aujourd'hui, il travaille dans une prestigieuse école d'ingénieurs parisienne. [...] Gilbert supervise quatre secrétaires (femmes), filtre les appels, prend les rendez-vous du directeur, organise ses voyages et son emploi du temps, le tout pour un salaire de 2 135 euros par mois. Gilbert était le seul garçon de sa promotion à passer un BTS de secrétariat de direction. Il pense avoir toutes les qualités pour être un super-secrétaire: ordre, sens de la communication et bonne culture générale. «*Etre un homme secrétaire, ça change pas grand-chose*», assure-t-il. Alors pourquoi y a-t-il si peu de garçons dans la profession? «*Les hommes sont ambitieux et pensent ne pas pouvoir évoluer dans ce métier. C'est faux!* [...]

En 2001, on comptait 113 femmes conductrices sur 18 000 agents de conduite (soit 0,62%). Une nette augmentation puisqu'il n'y en avait aucune en 1991! Cette année, il y a 661 garçons et 54 filles (8%) en BTS Contrôle industriel et systèmes automatisés.

En 1999 on comptait 800 000 secrétaires dont 15 000 hommes soit 1,8%. Cette année (2002), dans les formations au métier d'assistant de direction (2 ans après le bac) il y a 2 hommes pour 100 femmes. Et au lycée, en terminale STT (secrétariat administration) il y a 15 garçons pour 100 filles.

* En France, il n'y a plus qu'un seul métier interdit aux femmes: travailler à bord d'un sous-marin. Tous les autres métiers leur sont ouverts.
* De nombreux métiers restent sans raison très masculins: les garagistes mécaniciens: 2 817 femmes et 148 816 hommes; la boulangerie: 8 185 femmes et 37 977 hommes; la boucherie: 1 150 femmes et 7 177 hommes; la maçonnerie: 1 656 femmes et 7 612 hommes. [...]
* D'autres métiers sont aussi sans raison «archi» féminins: celui de sage-femme (99,44% de femmes), d'assistante-maternelle (99,8%), [...] de secrétaire (98,69%) et de manucure (98,63%).

Source: *Okapi*, no. 711, février 2002, pp. 13, 15.

---

train-train quotidien daily humdrum routine
SNCF (Société Nationale des Chemins de Fer) French National Railway
conduit conducts (drives)
conducteurs train conductors
aux commandes at the (train) controls
concours competitive exam
faire face à l'imprévu to handle the unexpected
locos abbr. for **locomotives**
TGV (Trains à grande vitesse) French high-speed trains
pour y parvenir to get to that point
sage-femme midwife
secrétaire de direction administrative assistant
filtre les appels screens the calls
évoluer advance
bac (baccalauréat) competitive exams, with diploma, at the end of secondary school; approximately equivalent to 2 years of U.S. college general education
STT (Sciences et Technologies Tertiaires) Science and Technology in Service Industry
interdit forbidden, closed to
à bord d'un sous-marin aboard a submarine

Réponses, Ex. H: 1. Faux. 99 conducteurs sur 100 sont des hommes. 2. Vrai. Les hommes et les femmes passent le même concours pour conduire un train. 3. Faux. Il faut avoir dix ans d'expérience. 4. Vrai. En 1991, il n'y avait aucune femme conductrice. En 2001, il y a 113 femmes conductrices sur 18 000 agents de conduite. 5. Vrai. C'est le seul métier interdit aux femmes. 6. Faux. 0,56% des sages-femmes sont des hommes. 7. Vrai. 98,69% des secrétaires sont des femmes. 8. Vrai. Un(e) secrétaire de direction est une sorte de «super-secrétaire» qui supervise souvent d'autres secrétaires. 9. Faux. Il faut passer un BTS de secrétariat de direction (bac + 2 ans). 10. Faux. Il n'y a que 8 185 boulangères contre 37 977 boulangers en France.

H. Vrai/Faux. Après avoir lu le *Reportage* sur les métiers, décidez si les constatations suivantes sont vraies ou fausses. Si elles sont vraies, donnez des détails pour les justifier. Si elles sont fausses, corrigez-les.

1. Il y a plus de femmes que d'hommes qui conduisent les trains.
2. Selon Margot, il n'y a pas une manière féminine de conduire un train.
3. Il faut six ans d'expérience avant de pouvoir conduire un TGV (Train à grande vitesse).
4. Le nombre de femmes conductrices a nettement augmenté depuis 1991.
5. En France, les femmes ne peuvent pas travailler à bord d'un sous-marin.
6. En France, les hommes ne peuvent pas être sages-femmes.
7. En France, être secrétaire continue à être surtout un métier «archi» féminin.
8. Un(e) «secrétaire de direction» est plutôt un(e) assistant(e) d'un(e) patron(ne).
9. En France, on n'a pas besoin de diplôme pour être secrétaire de direction.
10. Il y a autant de boulangères que de boulangers en France.

Parlez!

I. «Archi» masculin ou «archi» féminin? Regardez la liste de métiers et de professions ci-dessous. Choisissez dix métiers et décidez si, dans notre société, c'est un job surtout masculin ou surtout féminin.

Modèles: être pompier
Autrefois, être pompier était un métier d'homme. Mais aujourd'hui, on voit aussi des femmes pompiers. Mais, en général, ça continue à être un métier archi masculin.

être agent immobilier
C'est un métier pour hommes et pour femmes. C'est-à-dire, il n'est ni archi masculin ni archi féminin. Il y a beaucoup de femmes qui ont le métier d'agent immobilier.

Métiers et professions

un acteur / une actrice
un agent de change (stockbroker)
un agent de conduite (train conductor)
un agent de voyage
un agent immobilier (real estate agent)
un agriculteur / une agricultrice (un cultivateur / une cultivatrice, un fermier / une fermière)
un(e) anthropologue
un(e) apprenti(e) (apprentice)
un(e) artisan(e)
un(e) artiste, un peintre / une femme peintre)
un(e) assistant(e) de direction (administrative assistant)
un(e) astronaute
un(e) avocat(e) (lawyer, attorney)
un banquier / une banquière (banker)
un(e) bibliothécaire (librarian)
un cadre (manager, executive)
un cadre supérieur (high-level executive)
un caissier / une caissière (cashier, bank teller)
un chanteur / une chanteuse
un chargeur (shipper)
un chauffeur (driver)
un chef de cuisine
un chercheur / une chercheuse (researcher)
un(e) cinéaste (filmmaker)
un(e) commerçant(e) (merchant or traveling salesperson)
un compositeur / une compositrice
un(e) comptable (accountant)
un(e) concessionnaire (car dealer)
un conducteur / une conductrice (train conductor)
un conseiller / une conseillère (counselor, advisor)

un contremaître (foreman)
un courtier / une courtière (stockbroker)
un couturier / une couturière (fashion designer)
un(e) dactylo (typist)
un(e) dentiste
un(e) détaillant(e) (retailer)
un éboueur (garbage collector)
un écrivain / une femme écrivain (writer)
un(e) employé(e)
un(e) employé(e) de bureau (office worker, clerical personnel)
un(e) employé(e) de maison (housekeeper)
un employeur / une employeuse
un(e) fabricant(e) (manufacturer)
un facteur / une factrice (mail carrier)
un facturier / une facturière (billing clerk)
un(e) fonctionnaire (civil servant, government employee)
un fournisseur (supplier)
un(e) garagiste mécanicien(ne) (mechanic)
un(e) gérant(e) (manager)
un(e) grossiste (wholesaler)
un(e) historien(ne)
un homme politique / une femme politique (politician)
un infirmier / une infirmière (hospital nurse)
un(e) informaticien(ne) (computer expert)
un ingénieur / une femme ingénieur
un(e) journaliste
un juge / une femme juge
un livreur (delivery person)
un médecin / une femme médecin

Chapitre 4 ■ Reportage **141**

un(e) militaire, un soldat
un(e) musicien(ne)
un ouvrier / une ouvrière *(blue-collar worker, laborer)*
un(e) patron(ne) *(boss)*
un(e) pharmacien(ne)
un(e) pilote
un poète / une femme poète
un policier / une femme policier, un agent de police
un pompier *(firefighter)*
un postier / une postière *(postal worker)*
un professeur
un programmeur / une programmeuse
un(e) propriétaire *(owner)*
un(e) psychiatre

un(e) psychologue
un rédacteur / une rédactrice *(book or magazine editor)*
une sage-femme *(midwife)*
un scientifique / une femme scientifique *(scientist)*
un(e) secrétaire
un(e) sociologue
un travailleur (une travailleuse) à la chaîne *(assembly-line worker)*
une vedette, une star *(star, famous entertainer)*
un vendeur / une vendeuse *(salesperson)*
un viticulteur / une viticultrice *(wine producer)*

Discutez!

J. Caractère et métier. Choisissez quelqu'un que vous connaissez bien. Décrivez le caractère de cette personne et indiquez pourquoi son métier est parfait pour lui/elle. Si vous connaissez quelqu'un qui a un métier non traditionnel, vous pouvez expliquer pourquoi le métier correspond bien à sa personnalité. Votre partenaire va vous poser des questions pour obtenir des précisions.

Modèle: *Ma sœur est pompier et elle adore son job. Elle veut aider les gens, elle a beaucoup de courage, elle est très sportive et forte, elle aime la camaraderie avec ses collègues et elle n'a pas peur des dangers de son métier. Pour elle, être pompier est un métier très satisfaisant et jamais ennuyeux. Ses traits de caractère sont parfaits pour les responsabilités qu'elle a dans son job.*

Ecoutez!

K. Pré-écoute: A vous d'abord! Posez les questions suivantes à vos camarades de classe afin de vous renseigner sur le travail qu'ils font, ont fait ou comptent faire un jour. Si vous ne connaissez pas le mot juste pour un certain métier, consultez la liste ci-dessus ou essayez de décrire le métier en termes généraux.

Vocabulaire pour la discussion

un job (un poste, un travail, un emploi) / faire du baby-sitting; un(e) assistant(e) / un(e) aide / un stage *(internship)* / un serveur/une serveuse *(waiter, waitress)* / travailler à (pour, dans, chez, avec) / un salaire bas (assez élevé, médiocre, suffisant) / un travail à plein temps *(full-time job)* / un travail à temps partiel (à mi-temps) *(part-time job)*

1. Est-ce que tu as déjà eu un travail? Lequel?
2. Est-ce que tu as aimé ce travail? Pourquoi? Pourquoi pas?
3. Qu'est-ce que tu as appris dans ce travail?
4. Quels étaient (sont) les avantages et les inconvénients de ton travail?
5. Si tu n'as jamais travaillé, qu'est-ce que tu aimerais faire un jour? Pourquoi?

L. De qui s'agit-il? Ecoutez chaque personne parler de son métier. Ensuite lisez les phrases et décidez de quelle personne il s'agit.

Audio: CD2, Tracks 31–34

Vocabulaire utile
Dinan *(small town in Brittany)*, prêts *(lending)*, lecteurs *(readers)*, des commandes d'ouvrages *(book orders)*, classe *(classify)*, range *(put them on shelves)*, traire les vaches *(to milk the cows)*, les emmener aux champs *(take them out to the fields)*, terre *(land)*, blé *(wheat)*, betteraves *(beets)*, maintenir en état le tracteur *(to keep the tractor running)*

Valérie Ecobichon
Saint-Maudez, France

Vocabulaire utile
FNAC *(chain of stores in France that sells books, CDs, DVDs, etc.)*, un peu de tout *(a little of everything)*, clients *(customers)*, caisse *(cash register)*, fréquentent *(come regularly to)*, commandes *(orders)*, y compris *(including)*, insupportable *(unbearable)*, à part ça *(besides that)*, mon travail me plaît *(I like my work)*, horaire *(schedule)*, me convient *(suits me)*, souple *(flexible)*

Hélène Perrine
Marseille, France

Vocabulaire utile
au chômage *(unemployed)*, Malheureusement *(Unfortunately)*, licenciement économique *(layoff for financial reasons)*, a touché *(affected)*, cadres *(managers)*, médicaments *(medicines)*, disponibles *(available)*, patron *(boss)*, attendait *(expected)*

Habib Smar
Marseille, France

Vocabulaire utile
ne s'entendent pas *(don't get along)*, d'équipe *(team)*, j'interviens *(I intervene)*, cardiologue *(cardiologist, heart specialist)*, la recherche *(research)*, médicaments *(medications)*, crises cardiaques *(heart attacks)*

Sophie Everaert
Bruxelles, Belgique

1. faire de la recherche
2. avoir un horaire souple
3. être au chômage
4. être bibliothécaire
5. être cardiologue
6. être agriculteurs
7. être divorcée avec deux enfants
8. chercher une situation dans un bureau
9. être psychologue
10. avoir plus de temps avec sa famille
11. cultiver des pommes de terre
12. travailler à la Fnac

a. Valérie Ecobichon
b. les parents de Valérie Ecobichon
c. Hélène Perrine
d. Habib Smar
e. Sophie Everaert
f. le mari de Sophie Everaert

Suggestion, Ex. L: If you don't have time to do this listening comprehension exercise in class, ask students to do the listening comprehension exercise for homework (*Manuel de préparation*).

Réponses, Ex. L: 1. f; 2. c; 3. d; 4. a; 5. f; 6. b; 7. c; 8. d; 9. e; 10. d; 11. b; 12. c

Parlez!

M. Métiers et professions. Utilisez les indications données, et suivez le modèle pour parler du métier des personnes suivantes.

Vocabulaire pour la discussion

Lieux de travail
une agence
un atelier *(workshop)*
un bureau *(office)*
un cabinet d'affaires *(business office)*
un chantier *(construction site)*
une compagnie
une entreprise *(company, business)*
une société *(company, business)*
une usine *(factory)*

Verbes
être dans (la vente, les achats, l'informatique, les affaires, l'agriculture, la chimie, etc.)
travailler pour + *nom de l'employeur ou de l'entreprise*
trouver son travail…
   embêtant *(bothersome)*
   ennuyeux
   fascinant
   intéressant
   passionnant *(exciting)*
   stressant

	Gilbert	Olivier	Géraldine	Sarah
■	secrétaire de direction	agent de police	infirmière	avocate
■	école d'ingénieurs	ville de Lyon	Hôpital St-Jean	firme belge
■	3 ans	10 ans	25 ans	10 ans
■	bureau	commissariat de police	hôpital	bureau
■	filtrer les appels prendre les rendez-vous organiser des voyages	parler aux victimes interroger les criminels écrire des rapports	administrer des médicaments parler aux patients prendre la température des patients	parler aux clients préparer des contrats défendre sa firme
■	intéressant	stressant	passionnant	fascinant

1. Que fait Gilbert?
   Il est secrétaire de direction.
   Et que fait Olivier? Et Géraldine? Et Sarah?
2. Pour qui est-ce qu'il travaille?
   Il travaille pour une école d'ingénieurs.
   Et Olivier? Et Géraldine? Et Sarah?
3. Depuis combien de temps est-ce qu'il y travaille?
   Il y travaille depuis trois ans.
   Et Olivier? Et Géraldine? Et Sarah?
4. Où est-ce qu'il travaille?
   Il travaille dans un bureau.
   Et Olivier? Et Géraldine? Et Sarah?
5. Qu'est-ce qu'il fait?
   Son job, c'est de filtrer les appels, prendre les rendez-vous et organiser des voyages.
   Et Olivier? Et Géraldine? Et Sarah?
6. Est-ce qu'il aime son travail?
   Oui, il le trouve intéressant.
   Et Olivier? Et Géraldine? Et Sarah?

Discutez!

N. Je connais quelqu'un qui est... Pensez à quelqu'un que vous connaissez bien et décrivez le travail qu'il/elle fait. Que fait cette personne? Depuis combien de temps? Pour qui est-ce qu'elle travaille et où? Qu'est-ce qu'elle fait dans son job (activités)? Est-ce qu'elle aime son travail? Pourquoi? Pourquoi pas?

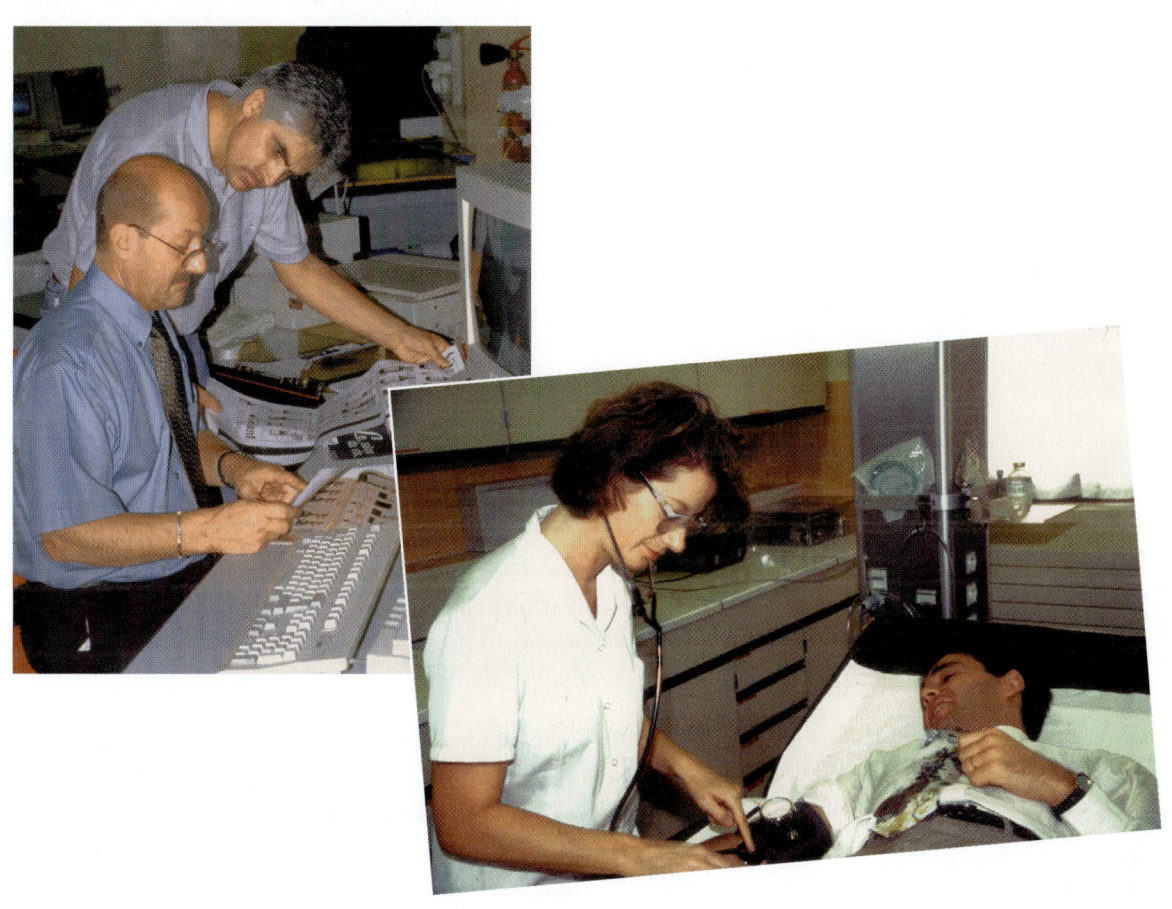

Ex. N

🎯 Do *A faire! (4-2)* on page 148 of the **Manuel de préparation**.

Chapitre 4 ■ *Reportage* **145**

Fonction
Comment exprimer la nécessité et la volonté

SUGGESTED LESSON OUTLINE

Students assigned *A faire! (4-2)* have:
- listened again to CD2, Tracks 31–34;
- reviewed the vocabulary dealing with professions;
- studied the subjunctive and the infinitive with expressions of necessity and volition.
- Ex. IX and XIV were not self-correcting.

In this segment, do:
- **Ecoutez!** (Ex. O);
- **Parlez!** (Ex. P, Q, R);
- **Reportage** (Ex. S, T, U).

Rappel

L'emploi du subjonctif

1. **L'INFINITIF ET LE SUBJONCTIF AVEC LES EXPRESSIONS DE NÉCESSITÉ**

Il faut **attendre**.	Il faut que **tu attendes**.
Il est nécessaire de **faire** attention.	Il est nécessaire que **vous fassiez** attention.
Il est important d'**étudier**.	Il est important que **nous étudiions**.
Il vaut mieux **partir**.	Il vaut mieux qu'**ils partent**.

2. **L'INFINITIF ET LE SUBJONCTIF AVEC LES VERBES VOULOIR ET PRÉFÉRER**

Je veux le **faire** moi-même.	Je veux que **tu** le **fasses**.
Ils préfèrent **rester** à la maison.	Ils préfèrent que **vous restiez** à la maison.

3. **LE PRÉSENT DU SUBJONCTIF (CONJUGAISON)**

   Terminaisons: -e, -es, -e, -ions, -iez, -ent

   Verbes en -er, -ir, -re

	trouver	finir	vendre
il faut que…	je trouve	je finisse	je vende
	tu trouves	tu finisses	tu vendes
	il/elle/on trouve	il/elle on finisse	il/elle on vende
	nous trouvions	nous finissions	nous vendions
	vous trouviez	vous finissiez	vous vendiez
	ils/elles trouvent	ils/elles finissent	ils/elles vendent

   Verbes irréguliers

   aller: (que) j'aille, tu ailles, il/elle/on aille, nous allions, vous alliez, ils/elles aillent

   avoir: (que) j'aie, tu aies, il/elle/on ait, nous ayons, vous ayez, ils/elles aient

   être: (que) je sois, tu sois, il/elle/on soit, nous soyons, vous soyez, ils/elles soient

   prendre: (que) je prenne, tu prennes, il/elle/on prenne, nous prenions, vous preniez, ils/elles prennent

   faire: (que) je fasse, tu fasses, il/elle/on fasse, nous fassions, vous fassiez, ils/elles fassent

   pouvoir: (que) je puisse, tu puisses, il/elle/on puisse, nous puissions, vous puissiez, ils/elles puissent

   venir: (que) je vienne, tu viennes, il/elle/on vienne, nous venions, vous veniez, ils/elles viennent

146   *Quant à moi…* ■ Manuel de classe

Ecoutez!

Audio: CD2, Track 35

O. De quoi est-ce qu'il s'agit? *(What's it about?)* Ecoutez les petites conversations et trouvez (1) le *sujet principal* de la conversation, (2) la forme du verbe au présent du *subjonctif* et (3) l'*infinitif* qui correspond au subjonctif.

Modèle:	sujet principal	subjonctif	infinitif
	rendez-vous	tu te souviennes	se souvenir
1.	_____	_____	_____
2.	_____	_____	_____
3.	_____	_____	_____
4.	_____	_____	_____
5.	_____	_____	_____
6.	_____	_____	_____
7.	_____	_____	_____
8.	_____	_____	_____
9.	_____	_____	_____
10.	_____	_____	_____

Réponses, Ex. O: 1. devoirs, foot / tu fasses / faire; 2. dîner / se lavent / se laver; 3. sortir / vous alliez / aller; 4. être médecin, choisir une carrière / il soit / être; 5. chat malade / tu contactes / contacter; 6. travail pour les cours / vous organisiez / organiser; 7. jambe cassée / nous ayons / avoir; 8. sauce tomate / vous utilisiez / utiliser; 9. prendre le train / je puisse / pouvoir; 10. examen / vous vérifiiez / vérifier

Parlez!

P. Qui parle à qui? Lisez les phrases et décidez à qui elles sont adressées. Choisissez l'interlocuteur dans la liste de droite.

1. Bien sûr, il faut que vous fassiez ce devoir pour demain. Il y aura une interrogation.
2. Demain, je veux que vous alliez chez le docteur Maillet pour lui présenter ce nouveau médicament pour les diabétiques.
3. Non, absolument pas! Je ne veux pas que tu ailles chez Diane ce soir. Tu as trop de travail et tes notes ne sont pas formidables!
4. Chérie, le téléphone, pour toi. Je pense que c'est le patron de la compagnie où tu as eu une entrevue. Tu préfères que je lui dise de rappeler dans quinze minutes?
5. Voilà, Madame. Une salade, un kilo de pommes et deux bouteilles d'eau minérale. Il faut absolument que vous essayiez ce brie. Il est formidable. Je peux vous en vendre un petit bout?
6. Pardon, Monsieur Charente. Votre chien a aboyé *(barked)* toute la nuit et j'ai vraiment eu du mal à dormir. Il faut que je vous prévienne que, si ça continue, je vais appeler la police!

a. vendeur/vendeuse à la cliente
b. mère/père à sa fille/son fils
c. patron à l'employée
d. la voisine à son voisin
e. prof aux étudiants
f. le mari à sa femme

Réponses, Ex. P: 1. e; 2. c; 3. b; 4. f; 5. a; 6. d

Chapitre 4 ■ *Fonction* **147**

Réponses, Ex. Q: 1. Il est important que votre mari prenne rendez-vous avec le dentiste. 2. Il faut que vous refassiez votre CV. 3. Si tu veux qu'ils apprennent l'importance des événements historiques, il faut que tu choisisses des livres intéressants. 4. Il faut acheter un bouquet de fleurs. 5. Il faut que tu aies un bon dictionnaire. Il est important que tu fasses des recherches sur la ville sur Internet. Il est nécessaire que tu achètes ton billet bien à l'avance. Il faut que tu poses des questions au directeur du programme. 6. A mon avis, il vaut mieux que vous appreniez d'abord le japonais.

Q. Des conseils. Utilisez les éléments donnés pour offrir des conseils à plusieurs amis.

Modèle: Je ne comprends pas le subjonctif.
(il faut / tu / aller parler / prof de français)
Il faut que tu ailles parler au (à ton) prof de français.

1. Mon mari à mal aux dents. Il y a sûrement quelque chose de sérieux.
(il est important / votre mari / prendre rendez-vous / dentiste)

2. Je ne comprends pas pourquoi je n'arrive pas à trouver un job.
(il faut / vous / refaire / CV)

3. Nos étudiants n'ont aucun sens de l'histoire. Que faire?
(si tu veux / ils / apprendre / l'importance des événements historiques / il faut / tu / choisir / des livres intéressants)

4. Léa m'a invité à dîner avec ses parents. Je ne sais pas ce que je devrais apporter.
(il faut / acheter / un bouquet de fleurs)

5. L'année prochaine je vais étudier à Paris. Qu'est-ce que je peux faire pour me préparer?
(il faut / tu / avoir / un bon dictionnaire)
(il est important / tu / faire des recherches sur la ville sur Internet)
(il est nécessaire / tu / acheter / ton billet bien à l'avance)
(il faut / tu / poser des questions / directeur du programme)

6. Je pense que j'aimerais travailler au Japon. Qu'est-ce que vous en pensez?
(à mon avis / il vaut mieux / vous / apprendre / d'abord le japonais)

Ex. R

Suggestion, Ex. R: Taking turns, one student in the group reads the "ambition" stated in the exercise while the other two give advice. Then rotate. When the items have been completed, ask that each student in the group present his or her own ambition.

R. Quels conseils me donnez-vous? Voici une série d'ambitions. Donnez des conseils (études, cours, expériences, jobs d'été, lectures, recherches, clubs, voyages, etc.) pour aider la personne à réaliser ses rêves. Utilisez des expressions de nécessité et le subjonctif ou l'infinitif dans vos conseils.

1. Je voudrais être prof de français dans une université.
2. J'aimerais avoir une carrière dans la publicité *(advertising)*.
3. J'espère être psychologue.
4. J'ai l'intention de piloter un avion commercial.
5. Je vais devenir avocat(e).
6. Je veux travailler dans une agence de voyages.

Reportage
Les jeunes de Casablanca

Lisez!

La lecture suivante, tirée du magazine *Planète jeunes*, vous présente deux jeunes de Casablanca, au Maroc. Mbarka et Tarik décrivent leur vie et leurs aspirations. Ils parlent de leurs études, de leurs jobs et de leurs rêves. Qu'est-ce que vous avez en commun avec eux?

Mbarka, 20 ans, étudiante: faire des études pour être libre

Etudier, c'est compliqué

J'ai 20 ans. J'habite le quartier de Ben M'Sik. C'est un peu loin de tout surtout de la faculté où j'étudie la comptabilité. Il me faut chaque matin une heure et quart de marche et de bus public pour me rendre à l'université Hassan II, à l'autre bout de la ville. [...] Parfois je me dis que je vais arrêter la fac si je trouve un emploi mais en même temps je voudrais vraiment avoir ce diplôme. [...]

Au Maroc, passer du lycée à la fac est extrêmement difficile. L'enseignement au lycée se fait en arabe, mais on apprend également le français. A l'université toutes les matières sont enseignées en français, le prof dicte à toute allure, les amphis sont bondés et les micros pas toujours efficaces. On prend des notes comme on peut mais si on n'a pas un bon niveau en français, le retard vient très vite. [...]

J'aurai un travail pour gagner mon indépendance

[...] Si je veux avoir un diplôme c'est surtout pour être indépendante et trouver un travail, pouvoir me débrouiller toute seule dans la vie. On ne doit pas toujours dépendre de son mari. Il faut avoir les moyens de dire oui ou non.

Je veux choisir mon mari

Il y a quelques mois un garçon est venu demander ma main à mon père. Au début j'ai accepté l'idée, mais il ne voulait pas

Mbarka, étudiante de Casablanca

Au quartier de Ben M'Sik, comme partout, on vit dans la rue.

J'aimerais voyager

J'espère pouvoir aller rendre visite à mon frère qui travaille en Belgique, et aussi aller à Paris et en Suisse. Mais avant tout je voudrais voyager au Maroc. Je ne connais rien de mon pays. Je ne suis allée qu'une fois à Mohammedia (30 km de Casa) au bord de la mer avec une copine. Mes loisirs sont très simples. Avec quelques amies nous allons au centre-ville faire les magasins dans le quartier de Maarif et puis nous allons dans un café ou au cinéma Rialto. J'aime les endroits calmes, nous y partons en semaine [...].

Quartier de Ben M'Sik, discussion sur le pas de la porte.

que je continue à étudier. Avant de donner ma réponse j'ai réfléchi et puis j'ai dit non. Il voulait une femme de ménage. Je refuse de rester à la maison et ne rien étudier. Mon père a été compréhensif, il a dit: «C'est ma fille qui doit vivre avec lui. Elle décidera, je ne veux que son bonheur.» Quant à ma mère, elle regrette ma décision et je crois qu'elle m'en veut encore car le gars avait une bonne situation et une grande maison. Elle m'a dit: «De mon temps on ne m'a pas demandé mon avis, on m'a mariée à 14 ans, il n'y avait pas de question.» Moi, je suis quand même contente que les femmes aujourd'hui puissent choisir: on a moins de pression. [...] Heureusement que je suis née à notre époque!

J'assume mes convictions religieuses

Le soir je dois être à la maison tôt, les parents l'exigent (et impossible d'en discuter!). J'écoute les chanteurs arabes classiques Abd Halim (Egyptien), Assala Nassri (Syrien), Youness Negri (Marocain) et aussi Céline Dion. Nous regardons la télé avec mes frères et sœurs. [...]

Ma mère va à la mosquée mais moi je fais mes prières à la maison. A la fac certaines de mes copines portent le voile, souvent parce que certaines familles l'exigent: il le faut selon l'islam. Mes sœurs ne le portent pas, moi je pense le porter à l'avenir. Mais pour l'instant, je ne me sens pas prête à affirmer mes convictions religieuses aussi fortement.

---

la faculté college (of a university, e.g., liberal arts, science, etc.)
la comptabilité accounting
de marche on foot
me rendre to go
à l'autre bout on the other side
la fac la faculté
enseignement teaching
se fait is done
matières subjects
dicte à toute allure dictates quickly
amphis (amphithéâtres) large lecture halls
bondés crowded, full to capacity
micros microphones
efficaces in working order
le retard vient très vite you fall behind very quickly
me débrouiller to cope
moyens means
femme de ménage housewife
elle m'en veut encore she's still mad at me
gars guy

bonne situation good job
pression pressure
Casa short for Casablanca
l'exigent require it
mosquée mosque
prières prayers
voile veil
fortement strongly

blé wheat
agrumes citrus fruits
écarts extremes
enneigement snow cover
désertique desert (adj.)
j'ai monté I started
turbulent trouble-maker
renvoyé kicked out
j'ai traîné I kicked around
cela m'a bien plu I liked it a lot
outils tools
en réparant repairing
j'économise I save

à égalité equally
frais de la famille family expenses
dépenses spending
dépanner to help out
sauf except
partage divide
chemins de fer railroad
gratuits free
corniche coast road
rigole have fun
je ne bois pas I don't drink
je ne fume pas I don't smoke
je prie I pray
sur place at work
une séance de musculation weight training session
à l'étranger to a foreign country
démarrer to start up
forcément necessarily

150 *Quant à moi...* ■ Manuel de classe

Le Maroc en chiffres

Pays du Maghreb: D'une superficie de 710 850 km² et peuplé de 26,4 millions d'habitants dont 50% ont moins de 20 ans et 70% moins de 30 ans (3,2 millions vivent à Casablanca).
Capitale: Rabat, 1,5 millions d'habitants.
Langues: arabe, berbère, français et espagnol.
Religions: Musulmans (98,7%).
Monnaie: dirham (700 dirhams = 40 000 CFA = 60 euros).
Régime monarchique: Roi du Maroc Mohammed VI, il a succédé à son père, Hassan II, mort en 1999.
Indépendance du Maroc: Accordée par la France en mars 1956 et par l'Espagne en avril 1956.
Principales sources de devises: blé, agrumes, mines, tourisme.
Population: Elle se compose d'Arabes (70%) mais également de Berbères et des Harratines.
Climat: Le climat dominant au Maroc est méditerranéen; tempéré à l'ouest et au nord par l'Océan Atlantique. A l'intérieur, le climat est plus continental avec des écarts importants de températures. La zone de l'Atlas est humide, l'enneigement y est fréquent. Le sud a un climat désertique.

Tarik, mécanicien: j'ai monté mon business

Un job qui me plaît

Bonjour, je m'appelle Tarik, j'ai 20 ans. Je parle arabe et un peu berbère. Chez moi, on est 7 enfants et je suis le dernier. J'ai arrêté l'école en classe de troisième. Ça n'allait pas fort, j'étais turbulent. Un jour, je me suis disputé avec un prof et j'ai été renvoyé. C'est comme ça que je suis devenu mécanicien. D'abord, pendant deux ans j'ai traîné, je n'ai pas fait grand-chose. Et puis un copain de mon frère m'a proposé de travailler dans son garage. J'ai commencé et cela m'a bien plu. Ensuite j'ai progressé et il m'a proposé de m'associer avec lui. Depuis tout marche bien. Nous sommes devenus associés: lui a investi dans le garage et les outils, moi je travaille en réparant les voitures et nous partageons les bénéfices. Chaque mois j'économise 30% de ce que je gagne et j'investis la même proportion dans le garage. Le reste, je le partage à égalité entre la participation aux frais de la famille et à mes dépenses personnelles.

Je répare des voitures mais je roule en mobylette.

Ma copine, c'est top secret

J'ai un téléphone cellulaire mais c'est surtout pour dépanner les clients, mais bon, ça sert aussi pour ma «copine». On sort ensemble, mais je ne peux pas en parler en famille. Si j'en parle, ça veut dire que c'est sérieux, et mes parents vont trouver que c'est trop tôt pour en discuter car de toute façon, j'ai des frères plus vieux que moi qui ne sont pas encore mariés. A part ça, à la maison, on parle à peu près de tout. Mes relations

Chapitre 4 ■ Reportage 151

avec mes parents sont basées sur le respect: ils me considèrent comme un adulte et me laissent faire ma vie et me débrouiller. On parle de tout... sauf de ma copine.

Les copains, les voyages et la musique...

Pour l'instant je partage mon temps entre le garage, un appartement que j'ai loué avec deux copains et des passages tous les jours chez mes parents. J'aime bien quitter Casa. Grâce au travail de mon père dans les chemins de fer je peux avoir des billets gratuits et voyager dans tout le Maroc. Le week-end on va faire un tour sur la corniche avec des copains et ma copine. On boit un café, on discute, on rigole entre nous, on écoute nos groupes favoris: Cheb Housni (Algérien assassiné) et également Nass El Ghywane (groupe de Raï de Casa). Nous aimons cette musique, elle nous ressemble car ceux qui la font habitent le même quartier que nous. Nous les connaissons bien. Et puis, on rentre, vers une heure du matin.

La religion m'aide à équilibrer ma vie...

La religion musulmane est en tout, elle fait partie de tout et elle rythme ma vie. Il y a des jours où je ne bois pas et je ne fume pas parce que je prie. Chaque jour je vais à la mosquée, et parfois cinq fois par jour pour faire mes prières, mais si le travail ne me permet pas de quitter le garage, je prie sur place.

Centre-ville, place Mohammed V, le rendez-vous des habitants de Casa.

Trois fois par semaine je vais dans une salle de sport pour une séance de musculation, c'est mon loisir préféré. Je regarde le foot à la télé avec mes copains, mais pour les grands matchs je vais dans un café où l'ambiance est plus sympa. [...]

J'aime bien Casa et je suis très attaché à mon pays. Je suis contre le mouvement de ceux qui partent, je n'ai pas envie d'aller à l'étranger demander du travail. [...]

Bien sûr, pour réussir ou avoir une activité qui marche, il faut un peu d'argent pour démarrer un projet mais pas forcément beaucoup, ce qu'il faut avant tout c'est bien regarder les opportunités et puis travailler sérieusement. [...]

Planète jeunes, no. 46, août–septembre 2000, pp. 6–8. Reportage et photos de Nicolas Cornet.

Réponses, Ex. S: 1. loin de; 2. 1 h 15; 3. du père du roi du Maroc; 4. en arabe; 5. en français; 6. son indépendance; 7. traditionnelle; 8. en Belgique; 9. à la mosquée; 10. arabe; 11. 30 ans; 12. Les oranges; 13. Rabat; 14. mauvais; 15. deux ans; 16. les réparations des voitures; 17. bien; 18. la musculation; 19. très au sérieux; 20. très

S. Est-ce que vous avez compris? Terminez les phrases suivantes en choisissant l'élément entre parenthèses qui correspond à ce que vous avez appris dans l'article sur Mbarka et Tarik.

1. Mbarka habite (loin de / à côté de / près de) son université.
2. Ça lui prend (1 h 45 / 1 h 30 / 1 h 15) pour aller à l'université.
3. Le nom de son université, Hassan II, est le nom (du roi du Maroc / du grand-père du roi du Maroc / du père du roi du Maroc).
4. Au Maroc, l'enseignement au lycée se fait (en arabe / en français / en espagnol).
5. A la fac, il faut absolument avoir un bon niveau (en arabe / en français / en espagnol).
6. La chose la plus importante pour Mbarka, c'est (sa religion / son indépendance / un mari).

7. Mbarka n'a pas une idée (traditionnelle / moderne / libérale) du mariage.
8. Elle aimerait bien aller (à Paris / en Suisse / en Belgique) pour rendre visite à son frère.
9. Elle ne va pas (à l'église / à la mosquée / au temple) tous les jours comme sa mère.
10. Mbarka aime surtout la musique (française / arabe / canadienne).
11. La majorité de la population marocaine a moins de (50 ans / 40 ans / 30 ans).
12. (Les oranges / Les haricots verts / Les bananes) sont très important(e)s dans l'économie du Maroc.
13. La capitale du Maroc, c'est (Casablanca / Marrakech / Rabat).
14. Tarik était un (très bon / mauvais) étudiant au lycée.
15. Après avoir été renvoyé de l'école, il n'a rien fait pendant (un an / deux ans / trois ans).
16. Comme associé dans le garage, Tarik fait surtout (les réparations des voitures / la comptabilité du commerce / le marketing pour le garage).
17. Tarik connaît (très peu / bien / mal) son propre pays.
18. Son sport préféré, c'est (le foot / le basket / la musculation).
19. Tarik prend sa religion (très au sérieux / pas très au sérieux).
20. Pour Tarik, son pays est (peu / très) important.

Parlez!

T. Portraits de Mbarka et de Tarik. Faites la description de la personnalité de Mbarka et de Tarik. Utilisez les adjectifs et les expressions descriptives que vous avez appris et illustrez chaque élément de la description avec un ou deux exemples de l'article.

Modèle: *Mbarka a l'esprit ouvert. Elle veut voyager et apprendre beaucoup de choses.*

Ex. T

Discutez!

U. Des aspects de la vie au Maroc. L'article sur Mbarka et Tarik révèle certains aspects de la culture marocaine. Pour chaque thème proposé, trouvez des idées dans l'article qui expliquent, en partie, comment se font les choses au Maroc.

1. l'enseignement
2. le rôle de la femme
3. le rôle de la famille
4. le rôle de la religion
5. le mariage
6. les rapports enfants/parents

Ex. U

Follow-up, Ex. U: When the groups have finished discussing these topics, turn to the whole class asking students to contrast what they've learned about Morocco with their own culture(s). Note that this comparison is the subject of the composition that students will write in *A faire! (4-3)*, Ex. XVI. This discussion can therefore serve as a brainstorming activity in preparation for writing.

Do *A faire! (4-3)* on page 156 of the **Manuel de préparation**.

Fonction
Comment exprimer l'émotion

SUGGESTED LESSON OUTLINE
Students assigned *A faire! (4-3)* have:
- written a composition;
- studied the infinitive and the subjunctive (present and past) with expressions of emotion.
- Ex. XVI was not self-correcting. Ex. V in this segment asks students to do peer editing of their composition before rewriting it and turning it in.

In this segment, do:
- *Ecrivez!* (Ex. V);
- *Ecoutez!* (Ex. W);
- *Parlez!* (Ex. X);
- *Discutez!* (Ex. Y).

Ex. V

Suggestion, Ex. V: This is a peer-editing exercise designed to help students refine the composition they wrote in the **Manuel de préparation**. Once their work has been edited, give students until the next class period to revise it before handing it in. Ask them to attach the edited copy to the final version so that you can see the types of mistakes made and corrected. The editor should put his/her name on the edited copy.

Ecrivez!

V. Mbarka (Tarik) et moi. Lisez la rédaction (**Manuel de préparation**, Ex. XVI) de votre camarade de classe et faites-en la critique. Pour aider votre camarade à améliorer sa rédaction, regardez les éléments suivants:

- l'organisation (introduction, développement, conclusion)
- la grammaire (conjugaison des verbes, accord des adjectifs, etc.)
- le choix de vocabulaire

Discutez de vos suggestions avec votre camarade. Il/Elle va faire de même pour votre rédaction.

Rappel

L'emploi du subjonctif

1. L'INFINITIF ET LE SUBJONCTIF AVEC LES EXPRESSIONS D'ÉMOTION

   Je suis content d'**aller** à Rome.   Je suis content que **tu ailles** à Rome.
   Tu es heureuse d'**être** avec nous?   Tu es heureuse qu'**il soit** avec nous?

   Expressions d'émotion: **regretter / être navré(e) / être désolé(e) / être content(e) / être heureux(se) / être ravi(e) / être étonné(e) / être furieux(se) / être déçu(e)**

2. LES EXPRESSIONS D'ÉMOTION + LE PASSÉ DU SUBJONCTIF

   Je suis content que **tu aies fait** tes devoirs.
   Nous sommes étonnés qu'**elle soit rentrée** si tard.
   Elle est déçue qu'**il ne se soit pas souvenu** de son oncle.

Audio: CD2, Track 36

Réponses, Ex. W: 1. Elle décrit la colère de son amie qui a perdu son job. 2. Il exprime le bonheur parce que Marc est venu les voir. 3. Elle exprime la déception parce que sa mère ne veut pas la laisser sortir avec ses amis. 4. Il décrit la joie des parents de son ami parce que cet ami a fini ses études et a trouvé un très bon job. 5. Elle exprime le regret parce que Gérard n'est pas allé en France avec elle. 6. Il exprime la surprise parce que Zoé a trouvé un job si (très) vite.

Ecoutez!

W. Quelles émotions est-ce qu'ils expriment et pourquoi? Ecoutez ce que disent les différentes personnes et décidez quelle émotion chacune d'elles exprime: la joie *(joy)* ou le bonheur *(happiness)*, la colère *(anger)*, la déception *(disappointment)*, la surprise ou le regret. Donnez la raison pour chaque émotion.

Modèle: Vous entendez: Je suis désolée que Sylvie ait manqué la fête. On s'est bien amusés.
Vous dites: *Elle exprime le regret parce que Sylvie a manqué la fête.*

154 *Quant à moi...* ■ Manuel de classe

Parlez!

X. Des invitations. Complétez les dialogues suivants. Utilisez les éléments donnés pour expliquer pourquoi on va accepter ou refuser l'invitation. N'oubliez pas d'utiliser les expressions d'émotion avec soit un subjonctif, soit un infinitif.

Modèle: Tu viens au match de basket avec nous ce soir?
(être désolé / ne pas être libre ce soir / aller chez les parents)
Je suis désolé(e) de ne pas être libre ce soir. Je dois aller chez mes parents.

1. Vous venez nous rendre visite à l'île de Ré cet été?
   (regretter / ne pas pouvoir venir chez vous / déménager cet été)

2. Nous organisons une fête d'anniversaire pour Sarah samedi soir. Tu peux venir?
   (accepter avec plaisir / être heureux / vous / organiser / une fête pour elle)

3. Coralie a eu un coup de téléphone aujourd'hui. On l'a invitée à une entrevue pour le poste au Louvre.
   (elle / être ravi / on / l'inviter (*passé*) / à une entrevue)

4. Nous allons faire un pique-nique dimanche prochain. Ça vous intéresse de nous accompagner?
   (je / être désolé / nous / ne pas être ici dimanche prochain / passer le week-end chez des cousins à Avignon)

5. On ne vous a pas vus chez les Deslauriers hier soir. On nous a dit que vous étiez à l'hôpital avec votre fille. J'espère qu'il n'y a rien de grave.
   (nous / être navré / rater leur fête / en effet / être à l'hôpital avec Claudia / elle / se casser le bras)

6. Tu veux venir au concert avec nous demain soir? Nous avons un billet pour toi, si tu le veux.
   (être désolé / ne pas avoir le temps / avoir un examen en maths jeudi / devoir réviser)

Suggestion, Ex. X: Given the relative complexity of this exercise, you may choose to do it as a whole-class activity.

Réponses, Ex. X: 1. Nous regrettons de ne pas pouvoir venir chez vous. Nous déménageons cet été. 2. J'accepte avec plaisir. Je suis heureux(se) que vous organisiez une fête pour elle. 3. Elle est ravie qu'on l'ait invitée à une entrevue. 4. Je suis désolé(e) que nous ne soyons pas ici dimanche prochain. Nous allons passer le week-end chez des cousins à Avignon. 5. Nous sommes navrés d'avoir raté leur fête. En effet, nous étions à l'hôpital avec Claudia. Elle s'est cassé le bras. 6. Je suis désolé(e) de ne pas avoir le temps. J'ai un examen en maths jeudi et je dois réviser.

Discutez!

Y. Des joies et des regrets. Parlez un peu de votre vie à votre camarade de classe. Parlez de vos joies, de vos regrets, de vos déceptions, etc. Utilisez les expressions d'émotion et le subjonctif ou l'infinitif.

Modèle: *Moi, ce que je regrette surtout dans ma vie, c'est que je n'aie jamais appris à jouer du piano. Quand j'avais six ans, j'ai commencé des leçons. Mais j'ai vite perdu tout intérêt et j'ai donc abandonné. Mais je suis très contente d'avoir continué mes cours de français. Mes grands-parents sont québécois et j'aime leur rendre visite. Je peux discuter avec eux en français et ça leur fait très plaisir, etc.*

Ex. Y

Do ***A faire!* (4-4)** on page 163 of the **Manuel de préparation**.

Portrait
«Oui, à 17 ans, je suis en prison»

Lisez!

Dans ce portrait, vous allez lire un article sur un jeune homme qui est en prison. Vous apprendrez comment il passe ses journées et ce qu'il fait pour «tenir».

«J'ai pensé à ma mère»

Je m'appelle Théo, j'ai 17 ans et ça fait quelques mois que je suis en prison. J'ai fait une grosse bêtise comme tous ceux qui sont ici. Quand je suis arrivé en prison, ce qui m'a frappé d'abord, c'est toutes ces grilles. Et puis l'odeur: une mauvaise odeur de toilettes, de produit nettoyant. Et les bruits qui résonnent sans arrêt. Je me souviendrai toujours quand les flics sont venus me chercher chez moi. C'était le matin. Je dormais. La veille, avec mes potes, on avait fait la fête. J'ai entendu des hurlements, ma mère qui pleurait. Je lui disais: «Arrête de pleurer.» J'ai pleuré aussi. J'avais peur. Ils m'ont emmené. Ils m'ont fouillé. J'ai passé deux jours au

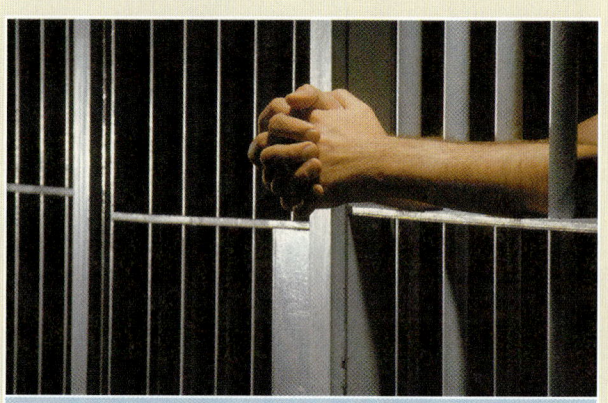

La prison où se trouve Théo dispose de 478 places, pour 695 détenus. 155 surveillants y travaillent. Les détenus sont répartis dans la section A, pour les prévenus (ceux qui n'ont pas encore été jugés), la section D, pour les condamnés et la section C pour les mineurs.

Pourquoi?

Sur les 13 jeunes présents dans le quartier des mineurs de cette prison, un est condamné pour meurtre, quatre sont accusés de viol, les autres de vol avec violence.

viol rape
vol avec violence armed robbery

L'arrivée en prison, étape par étape

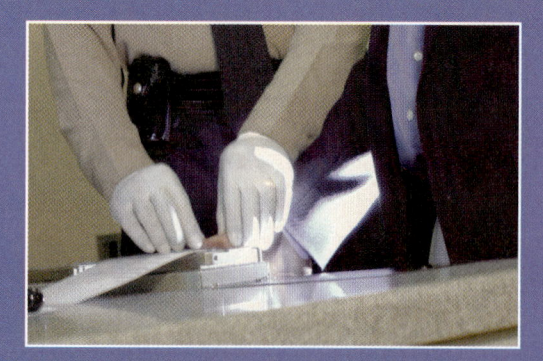

1. La prise d'empreintes
Le mineur passe au greffe, un bureau où il remplit une fiche d'identité. Il est aussi mesuré et photographié. [...]

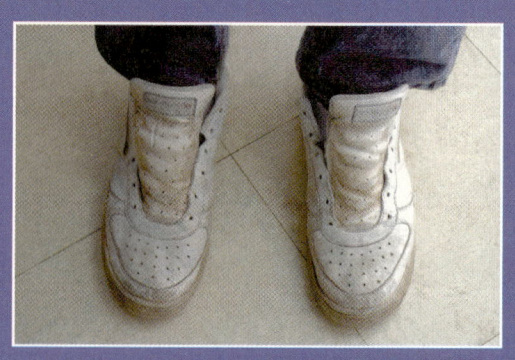

2. Plus de lacet
Pour éviter les tentatives de suicide, les surveillants enlèvent momentanément les lacets du détenu. Ses bijoux et son argent lui sont aussi retirés.

commissariat, en garde à vue. Et puis le juge m'a dit qu'il m'envoyait en prison. J'ai pensé à ma mère, sans travail, sans mari. A mes quatre petits frères. A la prison, des surveillants m'ont complètement fouillé, même sous la langue et dans les oreilles, avant de me conduire à ma cellule.

détenus detainees, prisoners
surveillants guards
prévenus accused
bêtise stupid thing
ceux those
ce qui m'a frappé what struck me
grilles bars
produit nettoyant cleaning product
flics cops
La veille The night before
potes pals
hurlements yelling
pleurait was crying
Ils m'ont emmené They took me away
fouillé searched
commissariat police station
en garde à vue in police custody
sous la langue under the tongue
se sont mal conduits who misbehaved
La prise d'empreintes Fingerprinting
greffe clerk's office
lacet shoelace
bijoux jewelry
argent money
un numéro d'écrou prisoner number
état de santé state of health
entretien interview
tout au long for the duration

Quartier des mineurs
Le quartier des mineurs (pour les 13–18 ans) appelé «section C», compte 16 places. Les surveillants l'appellent «le sandwich infernal». En effet, il se situe au 1er étage, entre le «mitard», où sont placés les prisonniers (mineurs ou adultes) qui se sont mal conduits, et «l'isolement», réservé aux détenus adultes les plus dangereux.

3. Discussion
Le jeune détenu rencontre ensuite la responsable du quartier des mineurs, qui lui en explique les règles de vie. Il a maintenant une carte de détenu, avec un numéro d'écrou.

4. Rencontre avec la psychiatre
Le jeune détenu a vu un médecin qui a vérifié son état de santé. Il a aussi un entretien avec une psychiatre qu'il rencontrera régulièrement tout au long de sa détention.

Reportage

«On s'ennuie trop en prison»

Au début, on m'avait mis avec un autre détenu pour éviter qu'on déprime trop. Après, on a une cellule individuelle. Les surveillants m'avaient donné mes affaires: deux draps, deux couvertures, un bol, une assiette, du savon, du dentifrice. Le matin, c'était plus dur. A sept heures, un surveillant te réveille. Il appelle, tu dois lui répondre, ou faire un signe de la main, pour lui montrer que tu es vivant. Après, ils distribuent le petit déjeuner. Une bassine d'eau chaude et des sachets de chocolat ou de café et de lait en poudre. Après les nettoyages de cellules, on part en promenade, dans une grande cour. Puis on rentre en cellule et on y reste jusqu'au repas. L'après-midi, on peut avoir des activités: on regarde un film avec l'éducatrice, on peut prendre aussi des cours de code de la route. Mais la plus grande partie du temps, on la passe dans sa cellule. Tout seul. On s'ennuie en prison. On dort beaucoup aussi. Moi, pour tenir, j'essaie de ne pas trop penser à dehors.

Repas à la prison
Les repas, qui ressemblent à ceux d'une cantine scolaire, sont préparés dans les cuisines de la prison. Les détenus mangent peu de légumes. Ils préfèrent les sandwichs mayonnaise/thon/sauce tomate qu'ils se fabriquent en achetant ce qu'il leur faut à «l'épicerie» de la prison. Tout s'achète en prison (nourriture, cigarettes, journaux…). Pour commander, les jeunes cochent des bons de cantine. Les détenus sans famille ni argent, se contentent de l'ordinaire de la prison. Pour se faire un peu d'argent (120 euros par mois), ils aident aux distributions des repas et au nettoyage de la prison.

«Je fais du sport pour me relaxer»

Pour ne pas déprimer, je m'intéresse à la vie de la prison. Je suis devenu «balayeur». Je ramasse les ordures, dehors, et je travaille à la cantine. Ça me fait un peu d'argent. J'essaie de faire du sport aussi. Je vais en salle de musculation. Ça détend trop! Je fais du foot aussi. Comme ça, j'arrive à tenir. Je me rends compte que je n'aurais pas dû faire ce que j'ai fait. Alors j'assume. Ceux qui dépriment, c'est parce qu'ils n'assument pas. Ils ne comprennent pas pourquoi ils sont là. Pas moi. Et ma peur, c'est que ça arrive à l'un de mes petits frères. Il a déjà été embarqué par la police. Je lui dis de faire attention, à chaque fois qu'il vient me voir, avec ma mère, au parloir. Ils viennent trois fois par semaine.

Tout est fouillé
Un surveillant fouille le sac à linge d'un détenu. La prison n'assure pas le lavage. Au moment du parloir, familles et détenus s'échangent le linge sale et le linge propre.

Trois fois par semaine, le parloir
C'est ici que les familles viennent voir les détenus, adultes et mineurs. Ils sont séparés par une vitre et par un mur à mi-hauteur. La rencontre dure une demi-heure.

déprime get depressed
draps sheets
savon soap
dentifrice toothpaste
vivant alive
sachets packets
cour courtyard
tenir hold up, survive
à dehors about the outside
bons de cantine cafeteria coupons
cantine scolaire school cafeteria
cochent check

l'ordinaire de la prison whatever the prison offers
balayeur sweeper (those who sweep floors)
ramasse pick up
ordures garbage, trash
salle de musculation weight room
j'assume I assume responsibility (for what I did)
peur fear
embarqué hauled away
sac à linge laundry bag
n'assure pas le lavage doesn't do the laundry
vitre glass

«Il faut se débrouiller pour tenir»

La prison, c'est sale, plein de barbelés. Dehors, il y a les ordures que les détenus jettent par les fenêtres. Au quartier des mineurs, heureusement, ça se passe plutôt bien. Les surveillants nous connaissent. Bien sûr, ils nous donnent des ordres tout le temps. «Nettoie ta cellule, va prendre ta douche...» Ils veulent faire comprendre qu'on doit respecter les règles. Et puis on se débrouille pour que la vie soit moins dure. On «yoyote» beaucoup: on s'envoie des objets, des mots, des cigarettes ou autre chose, d'une cellule à l'autre. Les surveillants l'acceptent. Le soir, on peut regarder la télé. Normalement, c'est extinction des feux à 23h30. Mais si on se conduit mal, le surveillant peut nous la supprimer pour plusieurs jours. J'écoute aussi la radio: du rap, du raï. Ce qui nous plaît, ici, c'est d'avoir des vêtements de marque. J'aime bien aussi discuter avec Patrice, l'aumônier. Il ne nous pose pas de questions, il ne nous juge pas. On lui dit ce qu'on veut. Moi, le rêve de ma vie, ce serait d'avoir une petite maison, avec ma mère et mes frères. Oui, c'est ça que je voudrais.

Tout le monde fume
Tous les mineurs fument. Ils achètent leurs cigarettes à la prison, au même prix que dehors.

Les «yoyos»
Comme dans toutes les prisons, les détenus communiquent ou s'envoient des objets d'une cellule à l'autre, grâce à des «yoyos». Pour les fabriquer, ils utilisent des morceaux de draps.

Basé sur l'histoire d'un jeune français de 17 ans dans une prison en France.

sale dirty
barbelés barbed wire
extinction des feux lights out
se conduit mal misbehaves
supprimer take away
aumônier chaplain
morceaux de draps pieces of sheets

Z. La journée de Théo. Relisez l'article sur Théo et reconstruisez chronologiquement sa journée typique en prison. N'oubliez pas qu'il est «balayeur» et qu'il a donc des responsabilités qui sont différentes des autres détenus.

AA. Les employés des prisons. Théo mentionne un certain nombre de personnes qui sont responsables des détenus. Il y a les surveillants, le/la responsable du quartier des mineurs, le/la psychiatre, les éducateurs. Lisez les descriptions des métiers de surveillant et d'éducateur. Ensuite, décidez quels traits de caractère sont importants pour faire ces jobs.

Profession surveillant

A la prison de Théo, il y en quatre qui s'occupent des mineurs. Tous volontaires pour travailler ici, les surveillants jouent un rôle important dans l'adaptation du jeune à la prison. Ils ne portent pas d'uniforme. Ils participent, avec la psychiatre et les éducateurs, aux réunions mensuelles où le cas de chaque mineur est examiné.

Le rôle des éducateurs

Un éducateur de la Protection judiciaire de la jeunesse s'occupe de chaque jeune dès son entrée en prison. Il lui rend visite tous les 15 jours et l'aide à préparer sa sortie. L'objectif, c'est de monter avec le jeune détenu un projet de vie et de travail. Il est bon d'éloigner le jeune de son quartier. Il faut alors lui trouver un centre d'apprentissage ou un foyer de jeunes travailleurs où il sera aidé par d'autres éducateurs. Ces mesures prennent fin quand le jeune atteint 18 ans.

1. Pour être surveillant(e), il faut (il est important d', il est nécessaire d') être… avoir…
2. Pour être éducateur(trice), il faut (il est important d', il est nécessaire d') être… avoir…

Ex. Z

Suggestion and Follow-up, Ex. Z: Ask one group member to write down Théo's daily routine as determined by the group. It can then serve as a reference for the full-class reconstruction of the chronology written on a transparency or on the board. Note that not everything about Théo's day is stated explicitly. For example, since he works at the cafeteria, it's assumed that he gets up immediately so that he can help serve breakfast. Students can guess that he may even have to get up earlier than everyone else in order to fulfill this responsibility.

Réponses, Ex. Z:
7h: un surveillant réveille les détenus (il faut faire signe de la main pour montrer qu'on est vivant—c'est obligatoire); Théo se lève (ou, peut-être, Théo se lève même plus tôt parce qu'il est balayeur).
Le petit déjeuner: Théo travaille à la cantine.
Après le petit déjeuner: Théo nettoie sa cellule; ensuite il fait une promenade dans une grande cour; puisqu'il est balayeur, il aide ensuite à nettoyer d'autres parties de la prison (il ramasse les ordures dehors, sous les fenêtres, etc.).
Avant le déjeuner: Théo rentre dans sa cellule.
Au déjeuner: il aide avec la distribution des repas; on ne sait pas s'il mange avant ou après les autres prisonniers.
L'après-midi: des activités—Théo peut regarder un film avec l'éducatrice, il peut prendre un cours sur le code de la route, il peut aller à la salle de musculation, il peut jouer au foot; ensuite il prend une douche; puis il rentre dans sa cellule où il reste jusqu'au dîner. Il peut écouter la radio.
Le dîner: Théo aide à la cantine. On ne sait pas s'il mange avant ou après les autres.
Le soir: Après le dîner, il rentre dans sa cellule. Il peut regarder la télévision. En principe, l'extinction des feux (on éteint la lumière) à 23h30, mais quelquefois les détenus regardent la télé plus tard.
En dehors de la routine quotidienne:
Trois fois par semaine: La famille de Théo vient lui rendre visite.
Parler à l'aumônier
Entretiens réguliers avec la psy

Ex. AA

Follow-up, Ex. AA: When the small group work is completed, have the whole class create lists of the characteristics and qualities necessary for these two professions. Turn this follow-up activity into a discussion by asking students to give reasons/examples for the choices they made. For example: **Pour être éducateur, il faut avoir beaucoup de patience. Par exemple, les jeunes n'ont pas l'habitude d'écouter les adultes et ils ont tendance à résister à leurs idées. Il faut donc être patient et répéter les idées plusieurs fois. Il faut aussi encourager le jeune à parler et à contribuer ses propres idées,** etc.

Audio: CD2, Track 37

Suggestion, Audio CD: Have students listen to the lecture once without taking notes. Then ask them to listen again to jot down the main ideas they understood. Then, in a whole-class format, list the main ideas on a transparency or on the board, adding the ones students omitted. Finally, have them listen again and answer the questions in Ex. BB. Main ideas: Quand il y a une crise économique, la criminalité et la violence augmentent. / La famille a beaucoup d'influence sur le comportement des jeunes. / Les jeunes qui sont malheureux chez eux tombent facilement sous l'influence de ceux qui leur promettent une vie meilleure. / Les jeunes sont pessimistes à cause de tous les problèmes qu'ils voient autour d'eux. / Les gangs représentent la solidarité et la valorisation pour beaucoup de jeunes. / Il faut que les parents et les profs consacrent du temps aux jeunes et qu'ils leur donnent de l'attention. / Beaucoup de jeunes vivent dans des milieux peu favorables à leur développement.

Réponses, Ex. BB: 1. Une crise économique. 2. On n'arrive pas à se nourrir. 3. Des effets sérieux sur le comportement de l'enfant. 4. L'enfant vit dans une famille de chômeurs. 5. Ça ne va pas bien à la maison. 6. Il tombe facilement sous l'influence de quelqu'un qui lui promet une vie meilleure. 7. L'augmentation du crime et de la violence. 8. L'enfant devient indifférent aux images des horreurs de la vie. 9. Elle cherche souvent le soutien de gangs. 10. S'enrôler dans un gang. 11. Rechercher la compagnie; chercher à se faire reconnaître, à affirmer son identité, à regagner de l'importance. 12. Les parents et les profs consacrent du temps aux jeunes.

Ex. CC

Suggestion, Ex. CC: Students can use the *Fiche lexicale* in the **Manuel de préparation** for reference. Remind them to focus on the causes of crime and violence in their discussion and that they may use vocabulary for family, work, etc., that they've already learned.

Follow-up, Ex. CC: When the groups have compiled their lists of the causes of crime and violence, create a list for the whole class on the board or on a transparency. Then have students prioritize the list in order of perceived importance.

Do ***A faire! (4-5)*** on page 167 of the **Manuel de préparation**.

Ecoutez!

BB. Causes et effets. Ecoutez cette conférence *(lecture)* faite par une sociologue. Elle s'adresse à des profs de lycée réunis pour discuter de la croissance de la criminalité et de la violence dans les écoles. Ensuite faites l'exercice selon les indications données.

«Pendant les périodes de crise économique, la criminalité et la violence augmentent proportionnellement au désespoir et à la misère dans lesquels se trouvent les gens.»

Jacqueline Laffont, sociologue

Vocabulaire utile

à l'égard de *(about)*, **le crime gratuit** *(gratuitous crime)*, **le crime irréfléchi** *(unpremeditated, impulse crime)*, **le vol** *(theft, burglary)*, **un délit** *(a crime)*, **signes de reconnaissance** *(gang emblems)*, **le soutien** *(support)*, **s'enrôler** *(to join)*, **la pression d'autrui** *(peer pressure)*, **recherchent la compagnie** *(look for companionship)*, **cherchent à se faire reconnaître** *(look for acceptance)*, **affirmer leur identité** *(to assert their identity)*, **valorisé** *(validated)*, **néfastes** *(harmful)*

Selon ce que vous avez compris d'après la conférence de Jacqueline Laffont, donnez soit la cause, soit l'effet de chacun des phénomènes suivants. Attention: Il y a beaucoup d'exceptions, et il ne faut surtout pas généraliser sur les causes et les conséquences des problèmes de notre société. Par exemple, il y a beaucoup de jeunes qui viennent de familles éclatées *(split, broken up)* et qui ne tombent pas dans la criminalité et la violence. Les causes et les effets ci-dessous indiquent des tendances et des causes *possibles*, et non des absolus.

1. *Cause*: ? *Effet*: Le crime et la violence augmentent.
2. *Cause*: Le manque d'argent. *Effet*: ?
3. *Cause*: Une jeune personne sans famille. *Effet*: ?
4. *Cause*: ? *Effet*: L'enfant devient pessimiste à l'égard de son avenir.
5. *Cause*: ? *Effet*: L'adolescent se tourne vers des copains.
6. *Cause*: Un adolescent sans espoir. *Effet*: ?
7. *Cause*: Les enfants se sentent abandonnés par la société. *Effet*: ?
8. *Cause*: ? *Effet*: Le développement d'une attitude criminelle chez les jeunes.
9. *Cause*: Une jeune personne se sent déshéritée. *Effet*: ?
10. *Cause*: Pression d'autrui. *Effet*: ?
11. *Cause*: ? *Effet*: S'enrôler dans un gang.
12. *Cause*: ? *Effet*: Les jeunes ont moins tendance à s'associer avec des gangs.

Discutez!

CC. Quelles sont les causes de la criminalité chez les jeunes? Il y a toutes sortes de théories qui expliquent la criminalité que nous constatons aujourd'hui chez les jeunes. En utilisant votre propre expérience et vos connaissances aussi bien que les idées du dossier, discutez avec vos camarades de vos théories concernant la question de la criminalité chez les jeunes. Donnez des exemples pour soutenir vos idées.

162 *Quant à moi...* ■ *Manuel de classe*

Chapitre 5

On discute

SOMMAIRE

- **Lisez!:** L'Amitié
- **Pour communiquer:** Pour identifier quelqu'un
- **Lecture:** *Le Petit Prince* (extrait)
- **Dossier:** Les minorités visibles
- **Pour communiquer:** Demander l'avis de quelqu'un / Donner son avis
- **Fonction:** Comment exprimer la certitude et le doute
- **Pour communiquer:** Dire qu'on est d'accord / Dire qu'on n'est pas d'accord
- **Lecture:** L'Amérique touchée au cœur
- **Dossier:** Le terrorisme
- **Fonction:** Comment exprimer l'hypothèse
- **Lisez!:** Etes-vous terrorisés par la pollution?
- **Dossier:** L'environnement
- **Fonction:** Comment parler de l'avenir

Objectives

In this chapter, you will learn to:

- read, write, and talk about social issues;
- express certainty and doubt;
- express hypotheses;
- talk about the future;
- express your opinion;
- express agreement and disagreement.

Chapter Support Materials (Student)
MP: pp. 170–206
Audio: CD3, Tracks 2–9

Syllabus
The minimum amount of time needed to cover the material of **Chapitre 5** is eight class periods.

Chapter Support Materials (Instructor)
Audio: CD3, Tracks 2–9
Video: Chapitre 5
Test Bank: Chapitre 5
Website: http://quantamoi.heinle.com

Lisez!

L'Amitié

Dans ce chapitre, il s'agit des rapports entre les êtres humains ainsi qu'entre les êtres humains et la nature. Vous commencerez par examiner le concept de l'amitié. Ensuite, vous analyserez les préjugés et la discrimination qui empêchent le respect et l'amitié. Et enfin, vous allez voir comment les êtres humains sont, à la fois, les amis et les ennemis de l'environnement qu'ils habitent. Dans ce chapitre, vous apprendrez donc les stratégies qui vous aideront à discuter de sujets qui nous touchent tous d'une façon ou d'une autre.

SUGGESTED LESSON OUTLINE
In this segment, do:
- *Lisez!* (Ex. A);
- *Parlez!* (Ex. B);
- *Discutez!* (Ex. C, D).

**Léane, 16 ans
Trois-Rivières**

Ma meilleure amie et moi, nous n'avons pas toujours besoin de bavarder. On se comprend sans parler et, quelquefois, le silence affirme notre amitié bien plus que les mots.

**Chloé, 15 ans
Arcachon**

Mes amis et moi, nous aimons nous promener au bord de la mer. En été comme en hiver, nous allons à la plage presque tous les week-ends avec des sacs en plastique pour ramasser des déchets. Ça nous permet aussi de discuter, de faire des projets et de nous détendre. Notre amitié se définit par les intérêts que nous avons en commun et le fait que nous voulons protéger notre environnement.

**Nathan, 21 ans
Bamako**

Pour mes copains et moi, c'est le sport qui nous lie d'amitié. Le foot, c'est notre passion. Mais c'est aussi le sport qui nous a appris le respect des autres et l'importance du travail en équipe. Quand j'ai des problèmes, c'est mon équipe qui m'écoute et qui me soutient. Pour nous, le sport, c'est le symbole parfait de l'amitié.

**Yanis, 15 ans
Grenoble**

Thomas, c'est mon meilleur copain. Pourquoi est-ce que nous sommes amis? Il y a beaucoup de raisons, mais une chose est sûre: pour être amis, il faut avoir quelque chose en commun. Thomas et moi, nous sommes des passionnés de cinéma. Ce qui nous fascine surtout, ce sont les films dans lesquels il y a des effets spéciaux extraordinaires. Que ce soit pour voir des films français, américains ou autres, vous nous retrouverez au cinéma au moins une fois par semaine.

**Mohamed, 15 ans
Tunis**

J'ai beaucoup de copains mais, à vrai dire, je n'ai qu'un seul vrai ami. Sur la photo, j'attends mon ami Aimé qui doit arriver avec son vélo. On se connaît depuis toujours et Aimé est comme mon frère. Nous nous intéressons tous les deux au cyclisme et nous faisons donc du vélo tous les jours. Notre rêve, c'est de participer un jour à une course cycliste, peut-être même au Tour de France!

**Coralie, 20 ans
Lausanne**

J'ai rencontré mes meilleurs amis ici à Lausanne où nous poursuivons tous des études universitaires. Nous avons des cours ensemble, nous révisons ensemble, nous communiquons sans cesse par courrier électronique, nous nous promenons en ville et au bord du lac et nous passons des heures à discuter dans les cafés. On s'écoute, on se comprend, on s'aide. Voilà l'amitié.

Suggestion, Lisez!: (1) This section contains short definitions of friendship. You might consider having students bring in their own photos (or put them on a class web page) that they think represent their idea of friendship. Tell students to write captions for their own photos, imitating the models in this **Lisez!** section. (2) As an extra credit project, you can ask students to research the the towns indicated on the photos in this reading (Trois-Rivières, Arcachon, Bamako, Grenoble, Lausanne, Tunis).

Chapitre 5 ■ Lisez! **165**

Paroles libres

A quoi reconnaît-on ses amis(es)?

Suggestion, Paroles libres: Give students a few minutes to read the statements. Ask some general questions to verify comprehension of each statement. Then continue to Ex. A. As an extra credit project, students can research the cities of Dakar, Lomé, Bobo Dioulasso, Gouesnou, and Cotonou.

Côte d'Ivoire

«Je reconnais mes ami(e)s aux qualités suivantes: quelqu'un qui m'éclaire comme un soleil d'amour et de tendresse quand les nuages s'amoncellent au-dessus de ma tête. Quelqu'un qui me sert de «poteau indicateur» quand je suis tout embrouillé dans la vie. Quelqu'un qui souffre de me voir souffrir et qui se réjouit de me voir bondir de joie. Quelqu'un qui m'assiste dans la joie ou dans la peine. On reconnaît l'ami dans le malheur. Quelqu'un qui me rendra inconsolable si je le perds.»

Tovou Kouassi Kouman Augustin,
Yamoussoukro, Côte d'Ivoire

Sénégal

En amitié, on ne compte pas la race, la religion ou l'âge.

«Bonjour, je m'appelle Walimata, j'ai 17 ans. Pour moi, le mot ami(e) n'est pas le synonyme de camarade, de voisin ou de compagnon. C'est une personne sans distinction de race, de religion, d'âge, de langue que l'on admire et estime beaucoup. Ce dernier doit être reconnu pour ses qualités: sincérité, solidarité, honnêteté qui ne vous dit que la vérité qu'on le prenne mal ou bien, qui partage avec nous tout moment de bonheur ou de malheur, qui nous rend service en cas de problème, qui est notre bras droit pour le meilleur et le pire.»

Walimata Séne Ouakam,
Dakar, Sénégal

Togo

L'amitié a besoin de temps.

«Se faire des amis n'est pas facile mais entretenir ses amitiés est encore plus difficile. Nous sympathisons avec des gens mais avec qui on se sépare après un malentendu. Ce n'est pas cela l'amitié. L'ami est celui qui est présent dans notre vie, aussi bien dans nos joies que dans nos peines. Il ne nous envie pas mais cherche notre bien et doit pouvoir nous pardonner à la suite d'une dispute aussi sérieuse qu'elle soit, à cause des liens sacrés. Il doit nous aimer sans intérêt et doit être ce frère ou cette sœur recherché. Cependant seul le temps renforce cette relation.»

Annick Akpadjavi,
Lomé, Togo

Burkina

L'amitié est une main qui se tend des deux faces.

«Mon nom est Silva Amilcar, j'ai 25 ans, je suis Cap Verdien, je vis à Bobo Dioulasso au Burkina Faso.

Je crois que cette question n'a qu'une seule réponse. En effet, on reconnaît ses amis lorsqu'on traverse des moments difficiles.

Eh oui! C'est dans ces moments que les faux vrais amis se défilent et vous laissent seul avec vos problèmes.

Il y a aussi des amis qui orientent leur amitié uniquement vers le sens du recevoir. Ma grand-mère me disait que l'amitié est une main qui se tend des deux faces: une face pour donner et une autre pour recevoir. Les vrais amis ce sont ceux qui tendent la main sur ses deux faces.

Silva Amilcar,
Bobo Dioulasso, Burkina Faso

France
Savoir écouter

«Lorsque mes parents ont divorcé, j'ai su qui étaient mes vrais amis. En effet, mes meilleures amies me téléphonaient, m'invitaient chez elles, m'aidaient, m'écoutaient parler... Tandis que la plupart de mes copines et copains faisaient comme si rien ne s'était passé. Peut-être n'osaient-ils pas m'en parler, mais je sais que certains s'en fichaient. Une fille m'a même dit: «Bon, arrête un peu de rabâcher cette histoire, tout le monde a des problèmes et on n'est pas obligé de t'écouter!» Cette fille m'avait dégoûtée, et mes autres amis qui m'avaient aidé sont toujours mes meilleurs amis.»

Gaidig Le Clere,
Gouesnou, France

Bénin
Comment reconnaître ses vrais amis?

«On peut reconnaître son ami(e) à travers sa manière de parler et les discussions qu'on engage avec lui. Lorsque quelqu'un qui vous fréquente vous parle toujours mal de son prochain pour une raison ou pour une autre, il n'est certainement pas votre ami puisque tel il vous parle de quelqu'un, tel il parle de vous aux autres. C'est donc ceux qui vous critiquent et ont le courage de vous dire vos qualités et vos défauts qui sont vos amis(es).»

Emeve Pierre Prince Peterson,
Cotonou, Bénin

Cameroun
Des amis pour se détendre

«Premièrement je ne sais pas si vous parlez des vrais amis parce que je vais vous dire que les faux amis existent. Puisqu'il n'y a aucune précision à ce sujet, je dirai ceci à ma façon. On reconnaît ses amis à leur manière de faire les choses quand elles sont bonnes bien sûr; ceux qui savent écouter les autres en les conduisant tout de même dans le bon chemin, ceux qui t'aident quand tu te trouves en difficulté, ceux avec qui tu peux bien te détendre sans toutefois être embêté. Bref, des amis avec qui on peut bien s'entendre pour faire quelque chose de bien qui pourra faire baisser la haine, les meurtres, les viols, les vols...»

Magloire Kana,
Cameroun

Source: *Planète jeunes*, no. 53, octobre–novembre 2001.

---

m'éclaire lights me up
s'amoncellent gather
au-dessus above
poteau indicateur signpost
embrouillé confused
se réjouit is happy
bondir de joie jump for joy
peine pain
malheur unhappiness
me rendra will make me
le perds lose him
voisin neighbor
Ce dernier This latter
partage shares
bonheur happiness
rend service helps
pour le meilleur et le pire for better or worse
Se faire Making

entretenir maintain
celui qui the one who
vie life
aussi sérieuse qu'elle soit as serious as it may be
liens sacrés sacred bonds
se tend reaches out
des deux faces in both directions
faux vrais amis false true friends
se défilent leave
le sens du recevoir in the direction of receiving
j'ai su I found out
comme si rien ne s'était passé as if nothing had happened
n'osaient-ils they didn't dare
s'en fichaient didn't care
rabâcher harp on, repeat

m'avait dégoûtée disgusted me
se détendre to relax, to have a good time
à ma façon in my way
en les conduisant directing them
dans le bon chemin on the right path
ceux qui those who
embêté bothered, irritated
Bref In short
s'entendre get along
baisser decrease
haine hate
fréquente spends time (with you)
prochain the next person
tel il vous parle de quelqu'un, tel... as he speaks about others to you, so he speaks about you to others
défauts faults, shortcomings

Ex. A

Réponses, Ex. A: 1. Tovou, Walimata, Annick; 2. Emeve; 3. Walimata, Emeve; 4. Walimata; 5. Walimata, Emeve; 6. Emeve; 7. Annick; 8. Tovou, Walimata; 9. Walimata, Silva, Gaidig; 10. Tovou, Magloire; 11. Annick; 12. Magloire

A. Qui a dit quoi? *(Who said what?)* Identifiez les personnes qui ont fait les constatations suivantes sur l'amitié dans **Paroles libres.**

Modèle: Un(e) ami(e), c'est quelqu'un qui sait écouter.
C'est Gaidig Le Clere qui a dit ça.

Un(e) ami(e),
1. c'est quelqu'un qui partage nos joies et nos peines.
2. c'est quelqu'un avec qui on peut parler et discuter.
3. c'est quelqu'un à qui on peut dire la vérité.
4. c'est quelqu'un qui est sincère.
5. c'est quelqu'un d'honnête.
6. c'est quelqu'un qui dit du bien des autres.
7. c'est quelqu'un qui nous pardonne à la suite d'une dispute.
8. c'est quelqu'un qui nous aide.
9. c'est quelqu'un qui nous soutient quand nous avons des problèmes.
10. c'est quelqu'un qui nous guide.
11. c'est quelqu'un qui n'est pas jaloux.
12. c'est quelqu'un qui veut faire des choses pour améliorer la société.

Pour communiquer

Pour mieux vous exprimer

Pour identifier quelqu'un

c'est quelqu'un qui + *verbe*	*it's someone who* + verb
c'est quelqu'un avec (à) qui on peut (je peux)…	*it's someone with (to) whom one (I) can…*
c'est quelqu'un de (d') + *adjectif*	*it's someone* + adjective
c'est quelqu'un en qui on peut avoir confiance	*it's someone you can trust*

Parlez!

B. C'est quelqu'un qui… Utilisez les éléments donnés pour faire des phrases avec les expressions pour identifier quelqu'un que vous avez apprises ci-dessus.

> **Modèle:** parler
> *Un(e) ami(e), c'est quelqu'un avec (à) qui on peut (je peux, nous pouvons) parler.*

1. honnête
2. sincère
3. discuter
4. partager ses joies et ses peines
5. avoir confiance
6. dire la vérité
7. travailler
8. comprendre
9. aider
10. s'amuser
11. marrant *(really funny)*
12. rassurant *(reassuring, comforting)*

Discutez!

C. C'est quoi un(e) ami(e)? Avec vos camarades, identifiez les cinq caractéristiques qui, à votre avis, sont les plus importantes en ce qui concerne un(e) ami(e). Utilisez les expressions que vous avez apprises ainsi que les verbes et les adjectifs des listes ci-dessous. Inspirez-vous également de l'article que vous avez lu où les jeunes donnent leurs définitions de l'amitié.

Verbes: ne pas juger / avoir confiance en / avoir de l'humour / avoir de l'imagination / comprendre / parler / discuter / se disputer / (savoir) pardonner / aimer / rassurer / s'amuser / rigoler *(to laugh)* / s'entendre bien avec *(to get along well with)* / sortir / travailler / étudier / passer du temps (à) / exprimer ses frustrations avec / soutenir / tolérer / respecter / accepter / rendre service / aider / servir de guide / confier ses secrets / raconter ses ennuis, ses problèmes / écouter

Adjectifs: accommodant(e) *(easygoing)* / indépendant(e) / ouvert(e) / réservé(e) / agréable / sympathique / aimable / calme / décontracté(e) / dynamique / énergique / honnête / sincère / fidèle *(faithful)* / franc (franche) / généreux(se) / poli(e) / raisonnable / sensible *(sensitive)* / vif (vive) *(lively)* / optimiste / marrant(e) / amusant(e) / curieux(se) / patient(e) / discret(ète) / gentil(le) / intelligent(e) / sérieux(se) / différent(e) / intéressant(e) / complémentaire / indispensable

D. C'est quoi, un(e) ami(e)? (suite) Regardez les définitions de l'amitié que votre camarade de classe a rédigées dans l'Exercice II du **Manuel de préparation**. Vérifiez que les exemples illustrent de façon logique les définitions et qu'ils vous aident à comprendre les idées de votre camarade. Faites des suggestions (ou posez des questions) s'il y a quelque chose que vous ne comprenez pas.

Lecture

Audio: CD3, Track 2

Antoine de Saint-Exupéry est né à Lyon en 1900. Il était pilote et écrivain. Il a disparu avec son avion en 1944 au cours d'une mission militaire. Ses romans les plus connus sont *Vol de nuit* (1931), *Terre des hommes* (1939), *Pilote de guerre* (1942) et sa fable symbolique *Le Petit Prince*.

Le Petit Prince (extrait)

Antoine de Saint-Exupéry

Le Petit Prince est une «fable» qui raconte l'histoire d'un petit garçon, habitant d'une autre planète. Après un malentendu avec sa fleur, il s'enfuit de sa petite planète pour visiter sept autres planètes, dont la septième est la Terre°. C'est dans cet endroit immense qu'il rencontre le renard (fox) qui lui fait cadeau d'un secret.

° Earth

> **Aide-Lecture**
>
> In this reading, you'll see many verbs in a form with which you may not be familiar. It's the literary past tense **(le passé simple).** You will learn to read it quickly if you can recognize each verb stem. For example, **répondit** = *answered*, **se retourna** = *turned around*, **proposa** = *proposed*, etc. We provide glosses only for irregular verbs whose stem is not obvious.

Le petit prince arrive sur la Terre et il cherche des amis. Il entend une voix°:

—Bonjour, dit le renard.
—Bonjour, répondit poliment le petit prince, qui se retourna mais ne vit° rien.
—Je suis là, dit la voix, sous le pommier°…
—Qui es-tu? dit le petit prince. Tu es bien joli…
—Je suis un renard, dit le renard.
—Viens jouer avec moi, lui proposa le petit prince. Je suis tellement triste…
—Je ne puis° pas jouer avec toi, dit le renard. Je ne suis pas apprivoisé.
—Ah! pardon, fit° le petit prince.

° voice
° saw
° apple tree

° alternate form of **peux**
° said

Mais, après réflexion, il ajouta:

—Qu'est-ce que signifie «apprivoiser»?

—Tu n'es pas d'ici, dit le renard, que cherches-tu?

—Je cherche les hommes, dit le petit prince. Qu'est-ce que signifie «apprivoiser»?

—Les hommes, dit le renard, ils ont des fusils° et ils chassent°. C'est bien gênant°! Ils élèvent aussi des poules. C'est leur seul intérêt. Tu cherches des poules°? *rifles; they hunt / bothersome / chickens*

—Non, dit le petit prince. Je cherche des amis. Qu'est-ce que signifie «apprivoiser»?

—C'est une chose trop oubliée, dit le renard. Ça signifie «créer des liens°...» *bonds*

—Créer des liens?

—Bien sûr, dit le renard. Tu n'es encore pour moi qu'un petit garçon tout semblable à cent mille petits garçons. Et je n'ai pas besoin de toi. Et tu n'as pas besoin de moi non plus. Je ne suis pour toi qu'un renard semblable à° cent mille renards. Mais, si tu m'apprivoises, nous aurons besoin l'un de l'autre. Tu seras pour moi unique au monde. Je serai pour toi unique au monde... *similar to*

—Je commence à comprendre, dit le petit prince. Il y a une fleur... je crois qu'elle m'a apprivoisé...

—C'est possible, dit le renard. On voit sur la terre toutes sortes de choses...

—Oh! ce n'est pas sur la Terre, dit le petit prince.

Le renard parut° très intrigué: *appeared*

—Sur une autre planète?

—Oui.

—Il y a des chasseurs, sur cette planète-là?

—Non.

—Ça, c'est intéressant! Et des poules?

—Non.

—Rien n'est parfait, soupira° le renard. *sighed*

Mais le renard revint° à son idée: *came back*

—Ma vie est monotone. Je chasse les poules, les hommes me chassent. Toutes les poules se ressemblent, et tous les hommes se ressemblent. Je m'ennuie donc un peu. Mais, si tu m'apprivoises, ma vie sera comme ensoleillée°. Je connaîtrai un bruit de pas° qui sera différent de tous les autres. Les autres pas me font rentrer sous terre°. Le tien° m'appellera hors du terrier°, comme une musique. Et puis regarde! Tu vois, là-bas, les champs de blé°? Je ne mange pas de pain. Le blé pour moi est inutile. Les champs de blé ne me rappellent rien°. Et ça, c'est triste! Mais tu as des cheveux couleur d'or°. Alors ce sera merveilleux quand tu m'auras apprivoisé! Le blé, qui est doré°, me fera souvenir de toi. Et j'aimerai le bruit du vent dans le blé... *sunny (full of sunshine) / footstep / underground; Yours; out of my burrow / wheat fields / remind me of nothing / golden / golden*

Le renard se tut° et regarda longtemps le petit prince: *fell silent*

—S'il te plaît... apprivoise-moi, dit-il!

—Je veux bien, répondit le petit prince, mais je n'ai pas beaucoup de temps. J'ai des amis à découvrir et beaucoup de choses à connaître.

—On ne connaît que les choses que l'on apprivoise, dit le renard. Les hommes n'ont plus le temps de rien connaître. Ils achètent des choses toutes faites° chez les marchands. Mais comme il n'existe point de marchands d'amis, les hommes n'ont plus d'amis. Si tu veux un ami, apprivoise-moi! *ready-made things*

—Que faut-il faire? dit le petit prince.

—Il faut être très patient, répondit le renard. Tu t'assoiras° d'abord un peu loin de moi, comme ça, dans l'herbe. Je te regarderai du coin de l'œil° et tu ne diras rien. Le langage est source de malentendus°. Mais, chaque jour, tu pourras t'asseoir un peu plus près... *You'll sit down / out of the corner of my eye / misunderstandings*

Le lendemain revint le petit prince.

—Il eût mieux valu° revenir à la même heure, dit le renard. Si tu viens, par exemple, à quatre heures de l'après-midi, dès trois heures° je commencerai d'être heureux. Plus l'heure avancera, plus je me sentirai heureux. A quatre heures, déjà, je m'agiterai et m'inquiéterai: je découvrirai le prix du bonheur! Mais si tu viens n'importe quand, je ne saurai jamais à quelle heure m'habiller le cœur°... Il faut des rites°.

°It would have been better

°from three o'clock on

°to get my heart ready
°rituals

—Qu'est-ce qu'un rite? dit le petit prince.

—C'est aussi quelque chose de trop oublié, dit le renard. C'est ce qui fait qu'un jour est différent des autres jours, une heure, des autres heures. Il y a un rite, par exemple, chez mes chasseurs. Ils dansent le jeudi avec les filles du village. Alors le jeudi est jour merveilleux! Je vais me promener jusqu'à la vigne°. Si les chasseurs dansaient n'importe quand, les jours se ressembleraient tous, et je n'aurais point de vacances.

°the vineyard

Si tu viens, par exemple, à quatre heures de l'après-midi, dès trois heures je commencerai d'être heureux.

* * *

Ainsi° le petit prince apprivoisa le renard. Et quand l'heure du départ fut proche°:

—Ah! dit le renard... Je pleurerai°.

—C'est ta faute, dit le petit prince, je ne te souhaitais point de mal°, mais tu as voulu que je t'apprivoise...

—Bien sûr, dit le renard.

—Mais tu vas pleurer! dit le petit prince.

—Bien sûr, dit le renard.

—Alors tu n'y gagnes rien°!

—J'y gagne, dit le renard, à cause de la couleur du blé. [...] Va revoir les roses. Tu comprendras que la tienne est unique au monde. Tu reviendras me dire adieu, et je te ferai cadeau° d'un secret.

[....]

°And so; was near
°I'll cry
°I didn't wish you any harm

°you don't gain anything

°I'll make you the gift

Et il revint vers le renard:

—Adieu, dit-il...

—Adieu, dit le renard. Voici mon secret. Il est très simple: on ne voit bien qu'avec le cœur. L'essentiel est invisible pour les yeux.

—L'essentiel est invisible pour les yeux, répéta le petit prince, afin de se souvenir°.

—C'est le temps que tu as perdu pour ta rose qui fait ta rose si importante.

—C'est le temps que j'ai perdu pour ma rose... fit le petit prince, afin de se souvenir.

—Les hommes ont oublié cette vérité, dit le renard. Mais tu ne dois pas l'oublier. Tu deviens responsable pour toujours de ce que tu as apprivoisé. Tu es responsable de ta rose...

—Je suis responsable de ma rose... répéta le petit prince, afin de se souvenir.

°in order to remember

Source: *Le Petit Prince,* Antoine de Saint-Exupéry. Harcourt Brace Jovanovitch, Inc., 1943, 1971.

Discutez!

E. Je connais quelqu'un qui... Voici quelques citations du *Petit Prince*. Pour chacune de ces citations, donnez des exemples de votre vie ou de la vie de quelqu'un que vous connaissez pour montrer que vous avez bien compris de quoi il s'agit.

Modèle: *«… si tu m'apprivoises, nous aurons besoin l'un de l'autre.»*
Je comprends ce que ça veut dire. Prenez, par exemple, mon expérience avec Beth. J'ai fait sa connaissance l'année dernière dans le cours de français. Nous avons commencé à réviser ensemble… Maintenant, quand j'ai un problème, je pense automatiquement à Beth et je lui téléphone, je lui envoie un e-mail ou je vais chez elle. C'est ma meilleure amie et elle me comprend. Et moi, je l'aide quand elle a besoin de quelque chose. Nous avons donc besoin l'une de l'autre.

1. «… si tu m'apprivoises, nous aurons besoin l'un de l'autre.»
2. «… si tu m'apprivoises, ma vie sera comme ensoleillée.»
3. «On ne connaît que les choses que l'on apprivoise.»
4. «Le langage est source de malentendus.»
5. «Il faut des rites.»
6. «… on ne voit bien qu'avec le cœur. L'essentiel est invisible pour les yeux.»
7. «Tu deviens responsable pour toujours de ce que tu as apprivoisé.»

F. Vivent les différences! Commentez les citations ci-dessous et donnez des exemples pour montrer que, dans l'amitié, les différences sont aussi importantes que les points communs entre deux personnes. Donnez des exemples tirés de votre vie pour montrer en quoi vos amis et vous êtes différents les uns des autres et pourquoi c'est intéressant.

«Imaginez un monde où vivraient 5 milliards de personnes se ressemblant comme deux gouttes d'eau! Ce serait l'horreur absolue, l'ennui sur toute la ligne…
Heureusement, il y a des garçons et des filles, des jeunes et des moins jeunes, des trouillards et des casse-cou… Une mine de rencontres!»

«Moi, ma meilleure copine est tout le contraire de moi: je suis petite, elle est grande, elle aime Céline Dion, pas moi… Ça ne nous empêche pas d'être des super copines.»

«Mon copain n'est pas ma copie… Un ami n'est pas un miroir pour contempler son propre reflet.»

«Un ami, on l'appelle par son prénom, même s'il est peu connu, démodé, dur à prononcer, étrange. Un ami n'est pas la copie de nous-même. Si tous les gens se ressemblaient comme des gouttes d'eau, la vie serait fade. Ses opinions complètent les nôtres.»

«Vos amis s'appellent Mohamed, Mizué, Carlo, James… Leurs habitudes de vie ne sont pas les vôtres. Soyez curieux de leur culture. Ils connaissent des tas de choses que vous ne soupçonnez pas. Ils peuvent vous faire découvrir de nouveaux goûts, de nouvelles musiques… »

«Ma vie est monotone. Je chasse les poules, les hommes me chassent. Toutes les poules se ressemblent, et tous les hommes se ressemblent. Je m'ennuie donc un peu. Mais, si tu m'apprivoises, ma vie sera comme ensoleillée.»
Le renard

Dossier
Les minorités visibles

SOS SOS SOS

«Ceci est un SOS. Je voudrais parler d'une chose qui me révolte: le racisme, la xénophobie, la haine des étrangers. Nous sommes tous égaux: les noirs, les blancs, les jaunes, les rouges, les café-au-lait et tous les autres. Nous sommes tous d'une seule race: la race humaine. Moi j'ai peur, peur du mal que peut faire un homme à un autre rien que pour son origine. Imaginez qu'on soit tous, par exemple, blonds aux yeux bleus! Quel ennui! Alors vive la différence, et "non" à l'inégalité des races.»

Anonyme

Suggestion, Dossier: Since the Ben Jelloun text is part of the next homework assignment, *A faire! (5-2)*, Ex. G will focus only on the short paragraphs dealing with French attitudes toward diversity, freedom, and tolerance (taken from polls described in *Francoscopie 2001*). Ask students to read one segment at a time, and ascertain that they have grasped the main idea. Then do Ex. G.

Dans le *Dossier* qui suit, vous allez entrer dans les sujets controversés de la liberté, de la tolérance, de la discrimination et du racisme. Controversés parce que tout le monde a des définitions différentes de ces mots et chaque individu réagit de façon personnelle devant les différences des autres. Les textes que vous allez lire vont vous permettre de formuler vos propres opinions et de les partager avec vos camarades de classe. Il est sûr que vous ne serez pas tous d'accord sur tout, mais le premier pas vers la tolérance, c'est la capacité de donner de la valeur à tous les points de vue.

Les «minorités visibles» s'affichent davantage...

On estime que près de dix millions de Français ont au moins un parent ou un grand-parent né hors de France.

La France est [...] divisée entre deux visions du monde et de la société. D'un côté, ceux qui ont peur de l'avenir et [...] ont tendance à refuser les changements de la société. De l'autre côté, ceux qui pensent que l'adaptation aux nouvelles réalités est indispensable se sentent moins attachés à l'idée nationale et considèrent que l'intégration des étrangers ou des immigrés devenus français est une nécessité à la fois morale, démographique et économique.

174 *Quant à moi...* ■ Manuel de classe

La liberté et la tolérance sont des valeurs croissantes.

Des trois composantes de la devise républicaine, la liberté apparaît aujourd'hui comme la plus importante aux yeux des Français. Les valeurs d'égalité et de fraternité sont un peu passées au second plan, même si elles sont reconnues dans leur principe. La reconnaissance de la liberté individuelle a favorisé la tolérance. Elle implique de ne pas porter de jugement de valeur sur les personnes, quels que soient leur origine géographique ou ehtnique, leur milieu social, leur caractère, leurs aptitudes, leurs croyances... Tout individu a de bonnes raisons d'être ce qu'il est et de faire ce qu'il fait, si l'on tient compte de son histoire, de sa culture, de ses caractéristiques personnelles ou de sa conception du monde.

Tahar Ben Jelloun, sociologue et romancier, est né à Fès (Maroc) en 1944. Il a obtenu le prix Goncourt français en 1987 pour *La nuit sacrée*.

Le racisme expliqué à ma fille (extrait)

Tahar Ben Jelloun

—Dis, Papa, c'est quoi le racisme?

—Le racisme est un comportement° assez répandu°, commun à toutes les sociétés, devenu, hélas!, banal dans certains pays parce qu'il arrive qu'on ne s'en rende pas compte°. Il consiste à se méfier°, et même à mépriser°, des personnes ayant des caractéristiques physiques et culturelles différentes des nôtres. […]

La **différence**, c'est le contraire de la ressemblance, de ce qui est identique. La première différence manifeste° est le sexe. Un homme se sent différent d'une femme. Et réciproquement. […]

Par ailleurs, celui qu'on appelle «différent» a une autre couleur de peau° que nous, parle une autre langue, cuisine autrement que nous, a d'autres coutumes, une autre religion, d'autres façons de vivre, de faire la fête, etc. Il y a la différence qui se manifeste par les apparences physiques (la taille, la couleur de la peau, les traits du visage, etc.), et puis il y a la différence du comportement, des mentalités, des croyances°, etc.

—Alors le raciste n'aime pas les langues, les cuisines, les couleurs qui ne sont pas les siennes°?

—Non, pas tout à fait; un raciste peut aimer et apprendre d'autres langues parce qu'il en a besoin pour son travail ou ses loisirs, mais il peut porter un jugement négatif et injuste sur les peuples qui parlent ces langues. De même, il peut refuser de louer une chambre à un étudiant étranger, vietnamien par exemple, et aimer manger dans des restaurants asiatiques. Le raciste est celui qui pense que tout ce qui est trop différent de lui le menace° dans sa tranquillité.

—C'est le raciste qui se sent menacé°?

—Oui, car il a peur° de celui qui ne lui ressemble pas. Le raciste est quelqu'un qui souffre d'un complexe d'infériorité ou de supériorité. Cela revient au même° puisque son comportement, dans un cas comme dans l'autre, sera du mépris°.

—Il a peur?

—L'être humain a besoin d'être rassuré. Il n'aime pas trop ce qui risque de le déranger° dans ses certitudes. Il a tendance à se méfier de ce qui est nouveau. Souvent, on a peur de ce qu'on ne connaît pas. On a peur dans l'obscurité, parce qu'on ne voit pas ce qui pourrait nous arriver quand toutes les lumières sont éteintes°. On se sent sans défense face à l'inconnu. On imagine des choses horribles. Sans raison. Ce n'est pas logique. Parfois, il n'y a rien qui justifie la peur, on réagit comme si une menace réelle existait. Le racisme n'est pas quelque chose de juste ou de raisonnable. […]

Source: Extraits de Tahar Ben Jelloun, *Le racisme expliqué à ma fille*.
Paris: Editions du Seuil, 1998.

Glosses: behavior; widespread / one doesn't realize it; to mistrust, distrust, be suspicious of; to despise, look down on, scorn / visible, obvious / skin color / beliefs / his own / threatens him / feels threatened / he's afraid / It comes down to the same thing / scorn / upsetting him / turned off

Ex. G

Suggestion, Ex. G: This exercise is designed to be done in French. However, because comprehension is the primary goal, you may wish to let students answer the questions in English. Or you may prefer to do the exercise in French with the whole class, so that you can help with vocabulary and structure difficulties.

Réponses, Ex. G: 1. 10 millions de Français ont au moins un parent ou un grand-parent qui n'est pas né en France. 2. Il y a ceux qui ont peur de l'avenir et qui n'aiment pas les changements (ceux qui insistent sur les valeurs traditionnelles) et ceux qui pensent que l'intégration des étrangers est importante et nécessaire pour la France. 3. Liberté, égalité, fraternité. 4. la liberté; 5. le mot tolérance; 6. La tolérance, c'est de ne pas faire de distinction entre les individus selon leur origine géographique ou ethnique, leur milieu social, leur caractère, leurs aptitudes, leurs croyances, leur histoire, leur culture, leurs caractéristiques personnelles, leur conception du monde.

G. Les valeurs des Français. Répondez aux questions selon ce que vous avez appris sur les attitudes des Français devant le pluralisme.

1. Selon ce que vous avez lu, qu'est-ce que vous savez sur les ancêtres des Français?
2. Quelles sont les deux visions du monde et de la société qui caractérisent les Français?
3. Quelle est la devise de la France?
4. Quelle partie de cette devise semble être la plus importante pour les Français d'aujourd'hui?
5. Quel mot s'associe au mot «liberté»?
6. Comment est-ce que le texte définit le mot «tolérance»?

Do *A faire! (5-2)* on page 174 of the **Manuel de préparation**.

Pour communiquer

Parlez!

H. «Le racisme expliqué à ma fille.» Voici quelques citations du texte de Ben Jelloun. Donnez des exemples tirés de votre expérience qui illustrent l'idée de chaque citation.

1. «Le racisme est un comportement assez répandu.»
2. Le racisme, «il arrive qu'on ne s'en rende pas compte».
3. «Le raciste peut aimer et apprendre d'autres langues…, mais il peut porter un jugement négatif et injuste sur les peuples qui parlent cette langue.
4. «Le raciste est celui qui pense que tout ce qui est trop différent de lui le menace dans sa tranquillité.
5. «… il a peur de celui qui ne lui ressemble pas.»
6. «L'être humain a besoin d'être rassuré.»
7. «Souvent, on a peur de ce qu'on ne connaît pas.»
8. On se sent sans défense face à l'inconnu.»
9. «Le raciste est quelqu'un qui souffre d'un complexe d'infériorité.»
10. Le raciste est quelqu'un qui souffre «d'un complexe de supériorité».

Comme le dit Ben Jelloun, le racisme est une attitude qui est malheureusement très répandue dans le monde. Mais ce n'est pas le seul préjugé. D'autres groupes sont l'objet de mépris et de haine et le résultat, c'est le sexisme, l'homophobie, l'antisémitisme, les préjugés contre les pauvres et les personnes âgées, et ainsi de suite. A nous d'examiner nos attitudes pour comprendre les préjugés que nous avons… et pour les corriger.

Pour mieux vous exprimer

Demander l'avis de quelqu'un

Vous pensez (Tu penses) que… ?	*Do you think that . . . ?*
Qu'est-ce que vous pensez (tu penses) de… ?	*What do you think about. . . ?*
A votre (ton) avis,… ?	*In your opinion, . . . ?*

Donner son avis

Je pense que…	*I think that . . .*
A mon avis,…	*In my opinion, . . .*
Je trouve que…	*I think that . . .*
Il me semble que…	*It seems to me that . . .*

SUGGESTED LESSON OUTLINE

Students assigned *A faire! (5-2)* have:
- written a portrait about themselves and a friend;
- read the Ben Jelloun text and done a basic comprehension exercise;
- studied the *Fiche lexicale* and done a vocabulary exercise.
- Ex. V was not self-correcting.

In this segment, do:
- *Parlez!* (Ex. H);
- *Discutez!* (Ex. I).

Ex. H

Suggestion, Ex. H: In order to be able to guide students in this exercise, consider doing the first item with the whole class.

Discutez!

Ex. I

I. La discrimination. Avec votre camarade de classe, discutez des causes de la discrimination en répondant aux questions suivantes. Quand vous aurez fini, partagez vos idées avec un autre groupe. Utilisez les expressions qui vous permettent de demander l'avis de votre camarade et de donner votre avis.

1. A votre avis, quelles sont les causes de la discrimination?
2. Quelles formes de discrimination est-ce que vous avez observées vous-même? Soyez précis(e) et donnez des exemples. A votre avis, quelles étaient les causes de cette discrimination?
3. A votre avis, qu'est-ce qu'on doit faire quand on observe un acte de discrimination?

Do *A faire!* (5-3) on page 176 of the **Manuel de préparation**.

Fonction
Comment exprimer la certitude et le doute

Rappel

L'indicatif et le subjonctif pour exprimer la certitude et le doute

1. LA CERTITUDE (EXPRESSIONS DE CERTITUDE + INDICATIF)
   - il est certain que
   - il est évident que
   - il est sûr que
   - il est vrai que
   - (je) être sûr(e) que
   - (je) être certain(e) que
   - (je) penser que
   - il est probable que

2. LE DOUTE (EXPRESSIONS DE DOUTE + SUBJONCTIF)
   - il est possible que
   - il se peut que
   - (je) douter que
   - (il) ne pas être sûr(e) que
   - (je) être sûr(e) (certain[e]) que
   - (je) penser que… ?
   - (je) ne pas penser que
   - (il) ne pas être évident que

J. Certitude ou doute? Utilisez les expressions de certitude et de doute pour modifier chaque constatation. N'oubliez pas d'utiliser soit l'indicatif soit le subjonctif dans la proposition subordonnée selon l'expression indiquée.

1. Les crimes violents sont plus fréquents dans notre ville.
   (je suis sûr[e] / nous doutons / il est probable / il est évident)
2. Le racisme est moins évident aujourd'hui qu'autrefois.
   (je ne pense pas / il est vrai / il est probable / il se peut que)
3. Les étudiants peuvent parler des questions sociales en français.
   (vous êtes sûr? / il est certain / le prof ne pense pas / je pense)
4. Vous comprenez son point de vue.
   (je ne pense pas / il est vrai / nous sommes sûrs / il n'est pas évident)
5. Le sexisme continue à exister partout.
   (je pense / il ne pense pas / es-tu certain(e) / je doute)

K. Thomas l'incrédule. (Doubting Thomas.) Les personnes dans votre groupe ne sont jamais sûres de rien! Pour chaque affirmation, montrez votre incrédulité en utilisant une expression de doute. N'oubliez pas le subjonctif et ajoutez un exemple ou un commentaire supplémentaire pour justifier votre point de vue. Evidemment, si vous êtes sûr(e) de quelque chose, utilisez l'indicatif.

Modèle: Je suis sûr(e) que l'alcool est mauvais pour la santé.
—Eh bien, moi, je ne trouve pas que l'alcool soit mauvais pour la santé. Par exemple, ma grand-mère boit son verre de vin chaque jour et elle a déjà 95 ans!
—Je pense que tu as raison. Il n'est pas du tout évident que l'alcool soit mauvais pour la santé. Surtout si on en boit en modération.

1. Nous trouvons que les policiers sont assez payés pour le travail qu'ils font.
2. Je pense que les Etasuniens sont plus matérialistes que les Européens.
3. A mon avis, il y a assez de logements à loyer modéré aux Etats-Unis.
4. Je pense que la langue anglaise va un jour dominer l'Europe et le monde.
5. Il trouve que le gouvernement fait assez de choses pour aider les pauvres.
6. Elle est sûre que la pollution va nous tuer.
7. Nous pensons que les guerres sont inévitables.
8. Je suis certain(e) que les jeunes n'ont plus de respect pour les traditions.

Pour communiquer

Pour mieux vous exprimer

Dire qu'on est d'accord

Tout à fait!	*Absolutely!*
Absolument!	
C'est vrai!	
Je suis d'accord!	
Effectivement!	*Exactly!*
Vous avez (Tu as) raison.	*You're right.*
Oui, mais…	

Dire qu'on n'est pas d'accord

Je ne suis pas (du tout) d'accord.	*I don't agree (at all).*
Absolument pas!	
Je ne suis pas convaincu(e).	*I'm not convinced.*
Ce n'est pas (tout à fait) vrai!	*That's not (altogether) true!*

Parlez!

Ex. L

Suggestion, Ex. L: You can have each pair do all of the items; better yet, distribute items so that students have more time to give examples. Then have students share ideas in a whole-class format, while you check their grammar. Give students' ideas priority by waiting until after the discussion to offer corrections.

L. D'accord ou pas d'accord? Lisez les constatations suivantes et dites si vous êtes d'accord ou pas. Illustrez votre point de vue avec un ou deux exemples.

1. La vie dans les villes est moins agréable que la vie à la campagne.
2. Les Etasuniens suivent un régime qui est bon pour la santé.
3. La violence à la télé et dans les films contribue à l'agressivité des enfants.
4. En général, les Etasuniens sont en bonne forme.
5. En général, les cours à l'université sont très intéressants et valent la peine.
6. En général, les étudiants d'aujourd'hui ne sont pas assez sérieux.

Suggestion, Ex. M: For a change of pace, you may wish to answer these questions as a whole class. Remind students to use expressions to agree or disagree with each other as they express their points of view.

M. Des questions sociales. Décidez si vous êtes d'accord ou pas avec ces points de vue sur quelques grandes questions sociales.

1. Depuis quelques années, les femmes ont bénéficié de beaucoup de progrès. Aujourd'hui les femmes ont les mêmes opportunités que les hommes. On pourrait dire que les hommes et les femmes sont aujourd'hui plus ou moins égaux.
2. L'action en faveur des minorités aux Etats-Unis devrait être éliminée. Nous n'avons plus de problèmes dans ce domaine.
3. La discrimination à l'envers est un problème très sérieux aux Etats-Unis.
4. Nos préjugés viennent de notre famille et aussi des médias.

Lecture

L'Amérique touchée au cœur

Quand les préjugés et la haine s'intensifient, le résultat peut être la violence et le terrorisme. Ces dernières années sont de plus en plus caractérisées par des actes de terrorisme individuels et par des guerres qui, à leur tour, intensifient la haine, et ainsi de suite. L'humanité semble être tombée dans un cercle vicieux où la haine pour ceux qui sont différents nous menace de partout. Vous allez examiner ce sujet qui nous fait vivre dans un état d'insécurité.

Lieu: Manhattan, New York, Etats-Unis
Date: 11 septembre 2001

En plein dans l'actu

Un gigantesque nuage de fumée et de poussière s'élevant au-dessus de Manhattan, le plus célèbre et le plus riche quartier de New York. Même le plus dingue des réalisateurs hollywoodiens n'aurait jamais osé l'imaginer. Et pourtant, la scène qui a saturé les journaux et les télévisions pendant des jours et des jours n'a rien à voir avec le cinéma. La statue de la Liberté, censée trôner fièrement devant l'entrée du port de New York, a tout à coup l'air bien penaude. Comme si elle n'avait rien à faire devant ce paysage ravagé. Quel symbole!

Le lieu de l'attentat n'a pas été choisi au hasard.

New York, c'est le cœur de l'Amérique: la vitrine du pays le plus puissant du monde. Le World Trade Center (ou «Centre du commerce mondial»), c'est le signe de sa force économique et financière. Les terroristes qui ont accompli cet acte barbare ne voulaient pas seulement détruire des bâtiments, aussi majestueux soient-ils, ni accumuler les victimes, même si on les dénombre par milliers. Ils voulaient aussi assener un coup terrible au gouvernement et au peuple américain. Les humilier. Une manière de leur dire: Vous vous croyez les plus forts, vous pensez contrôler la planète, vous imaginez être à l'abri. Eh bien regardez ce que nous sommes capables de faire de vos symboles chez vous, sous vos yeux. Dans le monde entier, le choc de cette image a été terrible.

Source: *Okapi*, no. 701, octobre 2001.

fumée *smoke*
poussière *dust*
dingue *crazy*
réalisateurs *movie directors*
censée trôner fièrement *supposedly standing proudly*
penaude *sheepish*
vitrine *window*
dénombre *number*
assener un coup *to deal a blow*
être à l'abri *to be safe*

New York, la ville qui ne dort jamais, est devenue fantôme!

Hélène Gresso

J'habite State College/University Park, une petite ville dans les montagnes de Pennsylvanie, non loin de l'endroit où s'est écrasé° le quatrième avion.

Rien qu'au nom, vous pouvez deviner l'activité principale de la ville: il y a environ 70.000 habitants, dont 45.000 étudiants, pour la plupart sympathiques et rangés°, qui vont à la principale université publique de l'Etat. J'y enseigne le français depuis cinq ans. […]

Ce matin je pars enseigner comme d'habitude, à bicyclette. Le ciel est bleu, les oiseaux chantent dans les arbres verts… Seule fausse note° dans cette atmosphère champêtre°: les bacs° (rouges) du recyclage sont sortis, pleins de canettes de bière°.

J'arrive en classe vers 9h55. Je passe dans le couloir, j'aperçois une étudiante qui dévisage° une camarade dont l'oreille semble définitivement incrustée dans son portable°: «bonjour Michelle!». Michelle me regarde avec un visage hébété°, incrédule, avec cette expression figée° qui semble sortir d'une mauvaise transmission de web-vidéo et que je verrai encore et encore, toute la journée. «Madame, vous savez? vous avez entendu la nouvelle? Un avion s'est écrasé dans la tour du World Trade Center.»

Dans la salle de classe, la moitié des étudiants consultent leur e-mail, regardent la page de leurs correspondants français, discutent aimablement. Les autres entrent: «vous avez entendu? vous savez?»

C'est facile de voir qui sait, et qui ne sait pas. Ceux qui savent sont au bord des larmes° ou ont cette figure arrêtée°. On n'arrive pas à digérer les nouvelles. Ceux qui arrivent reçoivent des «tu as entendu?» Brian demande si on peut voir ce qui se dit à la télé. J'allume le projecteur. Tous les sites web sont saturés. Pas de chaîne de télé accessible d'ici. J'annonce qu'on va prendre quelques minutes. Je leur propose le site d'un journal français, avec une photo. La langue atténue l'effroi°, le choc. Les retardataires° ouvrent de grands yeux en voyant l'article et la photo «ils disent quoi, là?» Ils comprennent bien qu'il s'est passé quelque chose au World Trade Center. Ils s'appliquent à comprendre. Ils rapprochent leurs chaises les uns des autres. Personne ne veut être tout seul devant son ordinateur. J'explique le mot «attentat»—en anglais, ça se dit «bombing», la même chose que pour «bombardement». On discute des deux sens du mot. Pendant ce temps, Patrick a trouvé une source vidéo-web. Il est un peu plus de 10h25. On voit la deuxième tour du World Trade Center s'écrouler° en direct°. C'est horrible. Pire° qu'un téléfilm fauché°. On sait qu'il y a là des milliers et des milliers de personnes. Des personnes qu'on connaît, peut-être. Immédiatement je repasse la page du quotidien° et j'éteins le projecteur.

Pour juguler° la panique qui gagne° tout le monde, je dis «on fait cours». Alors, on fait cours, on oublie un peu, je me sens un peu futile. Ça se passe au calme. On apprend qu'un avion s'est écrasé dans le comté de Somerset. Somerset, c'est à côté. Pas loin. S'est écrasé sur quoi? sur qui? Les portables sonnent la fin du cours. Dans les cours de 11h15, c'est l'hystérie. Maintenant, tout le monde sait. Les étudiants pleurent°. Ceux qui ont de la famille qui travaillent à Manhattan sont partagés entre l'impossibilité de croire qu'ils sont morts, l'envie de savoir, et le désir d'ignorer encore un peu.

Marginal glosses: crashed; well-behaved; jarring note; rural; bins; beer cans; stares at; cell phone; dazed; fixed; at the edge of tears; blank face; The (foreign) language mutes the horror; latecomers; collapse; as it happens; Worse; bad; French daily newspaper on the Internet; To calm, suppress, stop; overcomes; cry

Je sors. Dans les allées, sous le ciel bleu, les arbres verts, les écureuils° qui sautillent°, les gens pleurent ouvertement, les autres ont les yeux gonflés°. On a remisé° les patinettes° électriques et les skateboards: Tout le monde marche, lentement, les yeux fixés au sol° ou l'oreille collée° à un portable. Certains ont fait des petits mausolées° (dont un avec icônes) sous les arbres. On entend marmonner° des prières. Hagard, un jeune homme mâchouille° un sandwich sans avaler une bouchée°, assis devant l'auditorium. Il va y avoir une veillée aux chandelles° à la chapelle. Une cellule de crise° est ouverte par les services psychologiques et les groupes religieux. Une collecte de sang° pour les victimes de New York commence au centre des étudiants. Il y a tellement de volontaires qu'on fait appel à des étudiants infirmiers.

Le vol Boston-Los Angeles a détruit une tour. Quand votre famille habite dans l'une ou l'autre de ces villes, quand votre meilleure amie travaille au 41e étage de ladite° tour, et qu'on enseigne, que tous les élèves pleurent, même les grands garçons à casquette, il faut être adulte, on oublie sa famille. De toute façon on ne peut contacter personne. Le téléphone ne marche plus. Seul l'Internet reste un lien° entre les gens.

Le professeur qui enseigne dans la salle après moi annonce: «Il n'y a pas cours; je vais chercher mes enfants, qu'on soit ensemble. Je rentre chez moi.» Il y a cinq étudiants, tous pleurent. Pour une fois, on est tous sortis de nos bureaux et on a mangé ensemble, en ville. Et on a parlé, surtout, d'autre chose. On ne risque rien, ici. Mais on a tous dans les yeux l'image de ces tours immenses qui s'écroulent dans des volutes° noires, comme dans un mauvais film catastrophe que la télé nous présente de temps en temps. On se dit que tout le monde est mort. On ne comprend pas. On se demande «Qui? Pourquoi?»

Dossier
Le terrorisme

SUGGESTED LESSON OUTLINE

Students assigned *A faire!* (5-4) have:
- read the *Dossier* about terrorism;
- studied the *Fiche lexicale* about terrorism.
- All exercises were self-correcting.

In this segment, do:
- *Dossier* (Ex. N);
- *Parlez!* (Ex. O);
- *Discutez!* (Ex. P).

11 septembre un an déjà

Ils s'appellent Peter, Maria ou Beverly. Des ados new yorkais qui ont surmonté le choc des attentats à leur manière. Un an après, ils se souviennent et témoignent…

Le lycée de Peter, à Manhattan, se trouve à deux rues du World Trade Center.

Par les fenêtres de la cantine, Peter voit le «Ground Zero», l'endroit où se trouvaient les «Twin Towers» avant. Un immense trou. Les tours jumelles, Peter les connaissait bien: c'est là qu'il traînait parfois après le lycée. […] Jusqu'en janvier, le quartier de son lycée est resté

Peter, collégien à Manhattan, a surmonté le choc en tournant une vidéo avec sa classe.

POINTS DE REPERE

2819
C'est le nombre des victimes des attentats à New York, dont 343 pompiers. 90 personnes sont toujours portées disparues.

Al Qaïda
C'est le nom du réseau terroriste dirigé par Oussama Ben Laden, le milliardaire d'origine saoudienne, qui serait responsable des attentats.

9 mois
C'est le temps qu'il a fallu pour déblayer les 1 800 000 tonnes de décombres du World Trade Center.

100 milliards de dollars
C'est le coût total estimé pour New York des attaques du 11 septembre et de toutes leurs conséquences matérielles et humaines.

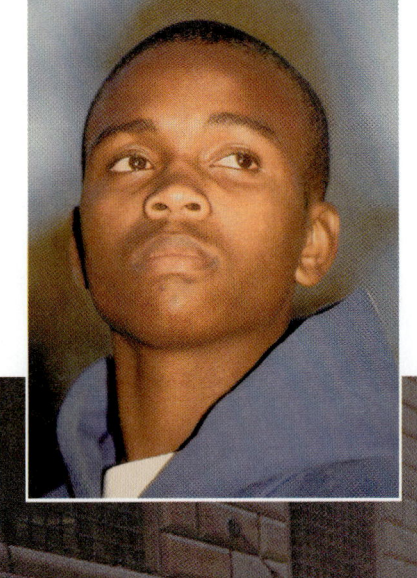

184 *Quant à moi…* ■ Manuel de classe

Maria et Beverly ont peint, avec leurs camarades d'un lycée du Bronx, une fresque à la mémoire du 11 septembre 2001.

bouclé à cause de la fumée, et un autre établissement de New York a dû l'accueillir ainsi que ses copains. «Les classes étaient surchargées, se souvient-il. Nos profs étaient perdus et nous aussi. On avait la tête ailleurs.» [...]

En avril, Peter a commencé à aller mieux. Il a eu besoin de parler.

De retour dans son lycée, il fallait dépasser le choc, raconter l'explosion, les flammes, la panique des élèves qui fuyaient dans les escaliers... Alors, avec ses copains, ils ont tourné un film vidéo. Pour témoigner. «Nous voulions le faire pour nous, mais aussi pour les futurs élèves de ce lycée. Il fallait qu'ils sachent... » [...]

Loin de Manhattan, un autre lycée new-yorkais se souvient du 11 septembre.

[...] En juin dernier, les habitants ont découvert une fresque peinte par des lycéens. Le 11 septembre, quand le nuage de poussière est arrivé au-dessus d'eux, tous ont été choqués. «C'était la 3e Guerre mondiale ici, sous nos yeux!», lance Beverly, la Nigériane...

Maria, sa copine dominicaine, n'en revient pas d'être aussi vite devenue «patriote». «Chez moi on se parle en espagnol et il y avait un drapeau dominicain à la fenêtre. Ce jour-là, on l'a remplacé par le drapeau américain.» Toutes deux, comme leurs camarades, ont retrouvé une vie normale en janvier. «On était contentes car ça faisait mal de toujours penser à ça. Mais en même temps, on n'avait pas le droit d'oublier», explique Maria. L'idée de la fresque du souvenir s'est alors imposée. «On voulait peindre les tours, la peur, les sauveteurs.»

Source: Guillemette Faure. *Okapi*, no. 722, 15 septembre 2002.

déblayer clear away	**surchargées** overcrowded
décombres rubble	**ailleurs** elsewhere
ados short for **adolescents**	**dépasser** get beyond
ont surmonté overcame	**fuyaient** escaped
à leur manière in their own way	**tourné un film vidéo** made a video
cantine school cafeteria	**Il fallait qu'ils sachent** They had to know
trou hole	**ont peint** painted
tours jumelles twin towers	**fresque** mural
traînait used to hang out	**peinte** painted
est resté bouclé was closed off	**nuage de poussière** cloud of dust
fumée smoke	**lance** says

Le terrorisme: A qui la faute?

Quelque part à Jérusalem, à Johannesburg, à Ajaccio, une bombe vient d'exploser, faisant plusieurs morts. Des personnes innocentes qui passaient par là, ont perdu la vie.

Le terrorisme, c'est agir de manière violente sur les choses ou les personnes, pour faire entendre son opinion. Attentats, prises d'otages... ces horreurs n'ont pas de nom. Tuer des innocents est condamnable, injustifiable, inexcusable. Cela ne fait aucun doute.

Pourtant, après l'indignation, on se pose encore des questions. Au fond, qui est responsable? Les terroristes et seulement eux? Ou également les journalistes qui parlent d'eux, leur faisant ainsi une sorte de «publicité»? Les politiques qui n'ignorent rien? Le cinéma qui fait des terroristes des héros?... Pas si simple...

Après l'explosion d'une bombe dans un immeuble d'Oklahoma City (avril 1995).

Est-ce la faute des terroristes?

Evidemment les terroristes sont les premiers responsables. Ils considèrent que la violence est le seul moyen de faire entendre leurs revendications et qu'il n'y en a pas d'autres.

Ils pensent que les causes pour lesquelles ils se battent sont plus importantes que tout. Plus importantes même que la vie des personnes innocentes. [...]

En réalité, à chaque fois qu'une bombe explose, c'est un retard de plus pour la paix... D'une certaine manière, les terroristes se rendent responsables du fait que les conflits continuent au lieu d'aboutir à la paix.

Est-ce la faute des photographes?

En 1997 la «photo de l'année» était celle d'une mère algérienne effondrée au lendemain du massacre de Raïs le 29 août 1997.

Elle poussait un grand cri de détresse après le massacre commis par les Groupes Islamistes Armés. L'image de la «madone algérienne» comme on l'a appelée depuis a fait le tour du monde. Elle symbolise la douleur vécue par tout un peuple aujourd'hui. Mais sous prétexte d'information a-t-on le droit d'exhiber ainsi une souffrance aussi intime? [...]

N'a-t-elle pas l'effet pervers «d'embellir» aussi la situation? Ne risque-t-on pas d'oublier, en l'admirant, que c'est bien d'horreur que l'on parle et d'actes terroristes?

Est-ce la faute des journalistes télé?

Quand les médias décident de traiter un sujet, il prend soudain de l'importance.

[...] La télévision nous montre la réalité! Avec la télévision, les images d'un acte terroriste sont encore plus frappantes que les paroles qu'on peut entendre à la radio. On montre l'aspect spectaculaire de la réalité. Parfois même, on la suit littéralement en direct.

Des images d'une violence ou d'une tension inouïes peuvent être suivies minute par minute! Du coup, le problème est que le sensationnel, le «scoop» est recherché par toutes les télés et fait monter les taux d'audience d'une télévision. Les journalistes informent sur la violence des faits, leurs informations invitent à réfléchir sur le terrorisme mais en faisant cela, ils font aussi sans le vouloir une «publicité journalistique» aux terroristes. Et grâce à cela, l'objectif de ces derniers est malheureusement atteint. C'est pourquoi le commentaire du journaliste est important: il doit aider les spectateurs à se faire une juste opinion sur ces événements.

Quant à moi... ■ Manuel de classe

LE TERRORISME A CHANGE NOS VIES!

A cause du terrorisme, un peu partout..., hommes, femmes et enfants sont obligés d'apprendre à:

- être toujours vigilants,
- faciliter les contrôles de police,
- surveiller les bagages et ne pas accepter de bagages d'autrui,
- signaler les comportements suspects,
- savoir porter secours en cas d'urgence...

Des métiers nouveaux sont nés à cause du terrorisme: démineur, artificier (ils désamorcent les bombes), techniciens de première urgence...

Le terrorisme a changé nos vies.

Attentifs, ensemble.

Ne vous séparez pas de vos bagages.
Assurez-vous qu'aucun paquet n'a été oublié sous un siège.
Signalez-nous tout colis abandonné.
N'hésitez pas à nous solliciter.
RATP

Est-ce la faute des politiques?

Après chaque attentat, on reproche à ceux qui nous gouvernent de ne pas savoir lutter contre le terrorisme en assurant la sécurité des gens.
En fait, on pourrait dire qu'ils sont eux-mêmes les otages des terroristes puisque ces derniers parviennent parfois à leur faire du chantage. «Relâchez notre ami et nous laisserons partir nos otages!...»

Est-ce la faute du cinéma?

Stallone, Schwarzenegger, Van Damme, Bruce Lee... vous connaissez ces héros de la gâchette et du combat grâce au cinéma. Ils ont fait le tour du monde. Leur côté superman vous plaît: ils réussissent tout ce qu'ils entreprennent, même ce qui paraît impossible dans la vie normale. Mais avez-vous déjà pensé que dans leurs films, la violence, la brutalité sont des choses banalisées? Les armes à feu sont utilisées comme s'il s'agissait de jouets. Tuer quelqu'un ne semble poser aucun problème. C'est comme si cela ne touchait presque personne. Comme si personne n'en pleurait.

Le cinéma aurait-il une influence néfaste?
On pense que si le cinéma s'inspire de la réalité, il influence et inspire aussi de plus en plus les gens dans le monde réel. Sociologues et psychologues font de grandes recherches sur la question. Mais il faut rester prudent: personne n'est encore capable de dire avec certitude si un jeune fait une chose parce qu'il l'a vue dans un film. [...]

Est-ce notre faute à tous?

Etre vigilant face au terrorisme, ce n'est pas seulement, comme les Parisiens ont appris à le faire, vérifier que dans un lieu public il n'y a pas un sac abandonné, et surveiller les actes des autres.

L'une des seules voies que l'on puisse trouver pour lutter contre le terrorisme, au-delà de la surveillance policière, c'est probablement de mieux éduquer les gens. Savoir prendre de la distance avec ce que l'on nous montre à la radio, dans la presse, à la télévision, c'est déjà un début. Cela veut dire que l'on s'interroge suffisamment pour ne pas tout croire mais apprendre à comparer les informations et réfléchir. Cela veut dire aussi que l'on apprend à écouter l'autre, à mieux comprendre ce qui le fait agir, ce qui le motive. Face au terrorisme, difficile de rester maître de son destin. Mais l'éducation, la connaissance, la réflexion: c'est plus que jamais le début de la liberté.

---

faisant plusieurs morts causing several deaths
otages hostages
moyen means
se battent fight
paix peace
aboutir lead
effondrée collapsed
madone madonna
vécue lived
pervers perverted, pernicious
d'embellir embellish, beautify
frappantes striking
paroles words
suit follows
en direct live (broadcasting)
inouïes unheard of, unbelievable
atteint reached
surveiller watch
d'autrui from others
porter secours help
démineur mine removal specialist
artificier member of a bomb squad
désamorcent disable, defuse
lutter contre fight against
parviennent succeed
chantage blackmail
Relâchez Release
gâchette trigger
jouets toys
néfaste harmful, disastrous
lieu place
voies ways
ce qui le fait agir what makes him act
maître de son destin master of one's destiny

Source: *Planète jeunes*, no. 35, octobre–novembre 1998.

Suggestion, Ex. N: Since students have already done a basic comprehension exercise in the **Manuel de préparation**, they should be able to handle the questions in this exercise. If problems arise, you may want to review the exercise from the **Manuel de préparation** with the whole class before proceeding to Ex. N.

Suggestion, Ex. O: In order to have students use the new vocabulary and expressions, do this exercise with the whole class. You can then contribute your own ideas and reinforce the use of the new expressions. Note that in order to provoke some student reactions the points of view listed are purposely outrageous and will need to be debunked during your class discussion.

Un petit truc

You've already learned to use examples to support your ideas and opinions. To further support your points of view, you'll often need to give reasons. Use the following two expressions to express reasons for your opinions, agreement, or disagreement:

… **parce que** + *sujet* + *verbe*
… *because* + subject + verb

C'est parce que + *sujet* + *verbe*
It's because + subject + verb

… **à cause de** + *nom*
because of + noun

C'est à cause de + *nom*
It's because of + noun

Exemples:
A mon avis, la télé et les films posent un grand problème *parce qu'ils banalisent* la violence.

A cause du terrorisme récent aux Etats-Unis, nous avons perdu notre sentiment de sécurité et aussi notre naïveté.

Ex. P

Suggestion, Ex. P: Remind your students that they'll be writing an essay that involves the same issues. They should therefore take notes and pay particular attention as their classmates present their ideas.

Do *A faire!* (5-5) on page 184 of the **Manuel de préparation.**

N. Qu'est-ce que vous avez compris? Répondez aux questions suivantes à partir des informations dans le *Dossier*.

1. Qu'est-ce que Peter, Maria et Beverly ont fait pour commémorer les événements du 11 septembre 2001?
2. A votre avis, quelles sortes d'attitudes contribuent au terrorisme?
3. Selon l'article dans le *Dossier*, les terroristes ne sont pas les seuls responsables du terrorisme. Est-ce que vous êtes d'accord avec la description des autres responsables identifiés dans l'article? Pourquoi? Pourquoi pas?
4. Quelles raisons pour le terrorisme sont identifiées dans l'article?
5. Comment est-ce que notre vie a changé après le 11 septembre 2001?

Parlez!

O. Je ne suis pas d'accord parce que… Pour chaque point de vue exprimé ci-dessous, dites si vous êtes d'accord ou pas et donnez des raisons pour justifier votre réponse.

Modèle: Le terrorisme est toujours le résultat d'une attitude fanatique!
Je ne suis pas du tout d'accord. Je pense que c'est aussi le résultat des problèmes politiques. Le terrorisme existe parce que les différentes cultures ne font pas d'efforts pour se comprendre. C'est à cause des malentendus entre les nations que nous avons tous ces problèmes. Par exemple… etc.

1. La seule réponse au terrorisme, c'est la guerre!
2. Il y a certaines cultures qui n'ont aucun respect pour la vie!
3. Le terrorisme, c'est la faute de la presse!
4. Il n'y a vraiment pas de passants innocents. Tout le monde est un peu coupable de la situation dans laquelle nous nous trouvons aujourd'hui.
5. Je comprends pourquoi il y a des terroristes. Il faut essayer de comprendre leur point de vue.
6. La violence n'est jamais justifiable!

Discutez!

P. A qui la responsabilité du terrorisme? Voici une liste des différents groupes qui partagent peut-être la responsabilité du terrorisme. A part les terroristes eux-mêmes *(Besides the terrorists themselves)*, décidez lequel de ces groupes vous semble aussi responsable du terrorisme. Donnez votre avis, expliquez pourquoi vous êtes de cet avis et donnez des exemples.

Les groupes

les photographes / les journalistes / les médias en général / les politiques / le cinéma / ceux qui votent / ceux qui ne votent pas / les groupes racistes / les émissions télévisées / nous tous

Modèle: *Il est vrai que la responsabilité du terrorisme doit être partagée par plusieurs groupes. Mais, à mon avis, c'est surtout la faute de… parce que (à cause de)…*

188 *Quant à moi…* ■ Manuel de classe

Fonction
Comment exprimer l'hypothèse

Rappel

Le conditionnel

1. LE PRÉSENT DU CONDITIONNEL

   Conditional endings: -ais, -ais, -ait, -ions, -iez, -aient
   Regular stems: infinitive of -er or -ir verbs + endings (je **parlerais** / tu **finirais**)
   Regular stems: infinitive of -re verbs (drop -e) + endings (il **attendrait**)
   Irregular stems:

aller	ir-	j'irais
avoir	aur-	tu aurais
devoir	devr-	il devrait
envoyer	enverr-	elle enverrait
être	ser-	on serait
faire	fer-	nous ferions
falloir	faudr-	il faudrait
pouvoir	pourr-	vous pourriez
savoir	saur-	ils sauraient
voir	verr-	elles verraient
vouloir	voudr-	je voudrais

2. LE CONDITIONNEL PASSÉ

   Conjugation of past conditional
   Use the conditional form of the auxiliary **avoir** or **être** + past participle of main verb:

   j'aurais fait / elle serait allée / ils se seraient disputés

3. LES PHRASES CONDITIONNELLES

   One sentence clause: **si** + imperfect   *The other sentence clause*: conditional
   Si tu *finissais* tes devoirs, tu *pourrais* aller au cinéma avec nous.
   Tu *pourrais* aller au cinéma avec nous si tu *finissais* tes devoirs.

   One sentence clause: **si** + pluperfect   *The other sentence clause*: past conditional
   Si tu *avais fini* tes devoirs, tu *aurais pu* aller au cinéma avec nous.
   Tu *aurais pu* aller au cinéma avec nous si tu *avais fini* tes devoirs.

SUGGESTED LESSON OUTLINE
Students assigned *A faire! (5-5)* have:
- written a short essay about terrorism;
- studied the present conditional, the past conditional, and conditional sentences.
- Ex. XIV and XIX were not self-correcting.

In this segment, do:
- *Parlez!* (Ex. Q, R);
- *Discutez!* (Ex. S, T);
- *Lisez!*

Parlez!

Ex. Q

Suggestion Ex. Q: In order to verify students' use of the conditional and the past conditional, do the first couple of items of Ex. Q and R with the whole class. If problems arise, you can go over the *Rappel* and do a very quick substitution drill before continuing with Ex. Q and R.

Q. Que feriez-vous si...? Expliquez à vos camarades ce que vous feriez dans les cas hypothétiques suivants. N'oubliez pas d'utiliser l'imparfait avec **si** et le présent du conditionnel pour exprimer les conséquences. Vos camarades vont vous donner des conseils pour suggérer d'autres possibilités.

Modèle: Que feriez-vous si vous ne trouviez pas un poste qui vous plaît?
—*Si je ne trouvais pas un poste qui me plaît, je prendrais n'importe quoi* (anything at all) *pour gagner de l'argent.*
—*Moi, à ta place, j'irais travailler pour mes parents.*
—*Si j'étais toi, je continuerais mes études.*
—*A mon avis, tu devrais parler à ta conseillère.*

Que feriez-vous...

1. si un(e) camarade de classe demandait de copier vos devoirs?
2. si votre père (mère, femme, mari) perdait son poste?
3. si vous n'aviez pas assez d'argent pour terminer vos études?
4. si vous aviez un problème avec un(e) ami(e)?
5. si vous aviez à vous adapter à une culture étrangère?
6. si vous trouviez un petit chat perdu dans la rue?
7. si vous saviez qu'un(e) ami(e) prenait des drogues?
8. si vous saviez que votre meilleur(e) ami(e) buvait de l'alcool tous les jours?

Ex. R

R. Qu'est-ce que vous auriez fait si... Répondez aux questions en utilisant le conditionnel passé pour exprimer les conséquences.

Modèle: Qu'est-ce que vous auriez fait si vous n'étiez pas venu(e) à l'université?
J'aurais trouvé un job près de ma famille. J'aurais travaillé pour gagner de l'argent. J'aurais acheté une voiture et ensuite je serais allé(e) à l'université.

Qu'est-ce que vous auriez fait...

1. si vous n'étiez pas venu(e) à l'université?
2. si vous vous étiez disputé(e) avec votre meilleur(e) ami(e)?
3. si vous aviez gagné des millions à la loterie?
4. si vous aviez trouvé un portefeuille qui contenait 1 000 dollars sur le trottoir?
5. si vous n'aviez pas étudié le français?
6. si vous aviez oublié d'étudier pour un examen?

Discutez!

Ex. S

S. Les conséquences du 11 septembre 2001. A votre avis, en quoi est-ce que les Etats-Unis ont changé depuis les événements du 11 septembre? Qu'est-ce qui a changé pour vos amis et vous? Quelles sont les conséquences de ces actes de terrorisme?

Ex. T

T. Qu'est-ce qu'on devrait faire pour décourager le terrorisme? Avec vos camarades, discutez de ce qu'on pourrait faire pour essayer de limiter ou même d'éliminer le terrorisme.

Modèle: —*On devrait encourager le contact entre les gens.*
—*Pourquoi?*
—*Parce que, si on se connaissait mieux, on aurait moins de préjugés et moins de peur et de haine.*
—*Vous êtes sûr(e) (Tu es sûr[e])?*
—*Oui, parce que je pense qu'il est difficile d'agresser une personne qu'on connaît, qu'on comprend et qu'on aime bien. Par exemple... etc.*

Lisez!

Le terrorisme ne se limite pas à la destruction de personnes et de bâtiments. Il peut aussi se manifester sous d'autres formes. Les écoterroristes visent la nature et ce qui nous fait vivre comme, par exemple, l'eau qui nous maintient en vie et l'air que nous respirons. Mais la menace de la destruction de l'environnement ne vient pas uniquement de terroristes potentiels. La protection de la nature est la responsabilité de tout le monde et nous sommes tous coupables, d'une façon ou d'une autre, de sa dégradation. Il faut donc se demander ce que nous pouvons faire pour protéger la Terre et les ressources dont nous avons besoin pour vivre.

Etes-vous terrorisés par la pollution?

«Il faut câliner notre planète»

Je trouve que trop de gens ne font pas assez attention à la nature. Notre planète, pour qu'elle ne s'use pas, il faut la protéger, la câliner... J'habite à 30 km de la centrale nucléaire de Chinon et à 50 km de Saint-Laurent-des-Eaux. Alors, si tout saute, je serai radioactivisée: quelle horreur! Si tu jettes un chewing-gum par terre, reprends-le et dépose-le dans une poubelle; ainsi tu aides la nature à être moins polluée. Il faut penser que notre Terre, c'est pas une poubelle!

Mireille, Tours

«Je ramasse les détritus de mes camarades»

Moi aussi, j'ai peur de la pollution. Je ne jette pas un seul papier par terre, dans la nature, et je dispute mes camarades quand ils polluent avec leurs détritus. Parfois même, je ramasse ce qu'ils ont jeté. Je trouve que Greenpeace est pas mal du tout, mais ils sont souvent hors-la-loi. Les humains sont incapables de sauver la Terre sans utiliser la violence. Ce qui les intéresse, c'est l'argent. Je suis révolté.

Jonas, Toulouse

«Tous responsables»

Terrorisée, ce serait beaucoup dire, car si la pollution existe, c'est en premier lieu à cause de nous. Mais il est vrai que parfois cela m'effraie. Je pense qu'avant tout, vous et moi sommes tout aussi coupables de la population totale de la Terre.

Madame Dailly, Bordeaux

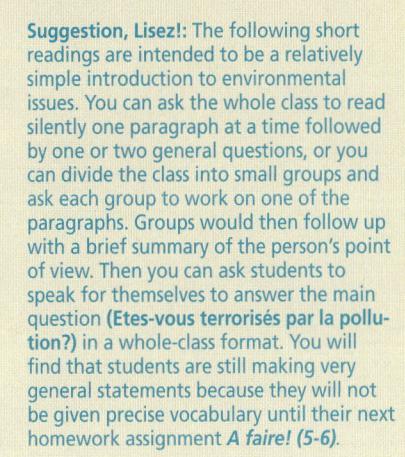

Suggestion, Lisez!: The following short readings are intended to be a relatively simple introduction to environmental issues. You can ask the whole class to read silently one paragraph at a time followed by one or two general questions, or you can divide the class into small groups and ask each group to work on one of the paragraphs. Groups would then follow up with a brief summary of the person's point of view. Then you can ask students to speak for themselves to answer the main question (Etes-vous terrorisés par la pollution?) in a whole-class format. You will find that students are still making very general statements because they will not be given precise vocabulary until their next homework assignment *A faire! (5-6)*.

Note that no glosses accompany these texts. Because of the relatively simple style and the accessible vocabulary, students should have no difficulty understanding the main ideas of each segment. Reading these texts simulates the reading one would do in a French or francophone magazine or newspaper (i.e., without assistance from glossaries). Remind students to concentrate on the general ideas. The *Fiche lexicale* in the **Manuel de préparation** contains the most important words and expressions related to environmental issues.

«C'est effrayant!»

[...] Mais le plus terrible, c'est que les hommes politiques et autres, bref, toutes les personnes qui auraient la capacité d'agir ne le font pas. Et souvent, il faut avoir de l'argent pour lutter contre la pollution. Par exemple, en Russie, ils n'ont pas les moyens de fermer des usines qui polluent, d'arrêter l'activité de certaines centrales nucléaires, etc. C'est déplorable!

Monsieur Ahmad, Paris

«Stop au gaspillage»

Bientôt la Terre s'appellera décharge. Tout ça à cause des voitures, des usines, des essais nucléaires. On vit dans une société de gaspillage, il faut arrêter tout ça! La France à vélo et en patins! Et c'est mieux pour les asthmatiques!

Magali, Strasbourg

Et vous, êtes-vous terrorisé(e) par la pollution?

○ Do *A faire! (5-6)* on page 191 of the **Manuel de préparation**.

Dossier
L'environnement

LES DIX PLAIES DE LA TERRE

Selon les experts en environnement des Nations unies, les principales menaces pour l'avenir de l'humanité sont les suivantes:

1. La dégradation des sols due à la disparition du couvert forestier et à l'intensification des cultures;
2. Le réchauffement climatique causé par l'effet de serre, qui provoquera une élévation du niveau des mers et modifiera les écosystèmes;
3. La réduction de la biodiversité liée au recul des zones naturelles devant l'urbanisation, les cultures et la pollution, qui fait disparaître des milliers d'espèces;
4. La déforestation (150 millions d'hectares disparus entre 1980 et 1990, soit 12% de la surface totale);
5. La raréfaction de l'eau douce, conséquence des prélèvements par l'agriculture et de la pollution des nappes phréatiques; 
6. La pollution chimique produite par l'industrie, qui se retrouve dans l'eau, l'air, les sols et contamine les animaux et les hommes;
7. L'urbanisation anarchique, qui entraîne la multiplication des mégapoles et des bidonvilles où les conditions de vie se détériorent;
8. La surexploitation des mers (pêche) et la pollution du littoral, qui vont accroître la famine dans certains pays et les risques de maladie dans les pays développés;
9. La pollution de l'air, liée à l'activité des grandes villes (chauffage, circulation, usines...), qui favorise les pluies acides;
10. Le trou de la couche d'ozone (20 à 30% au-dessus de l'Arctique et plus de 50% de l'Antarctique), qui réduira la protection aux rayons du soleil.

Source: PNUE, 1998

SUGGESTED LESSON OUTLINE

Students assigned *A faire! (5-6)* have:
- written a short essay about September 11;
- read the *Dossier* about the environment;
- studied the *Fiche lexicale* about the environment.
- Ex. XX and XXIV were not self-correcting.

In this segment, do:
- *Parlez!* (Ex. U, V);
- *Discutez!* (Ex. W).

Chapitre 5 ■ *Dossier* 193

Marseille sans voiture

La ville de Marseille a annoncé des journées sans voiture pour toute la durée de l'été afin de lutter contre les effets de la pollution automobile. Au cours de l'été 2001, [Marseille] avait enregistré un niveau record de pollution atmosphérique avec 21 jours de pic d'ozone, plus qu'à Paris et dans de nombreuses autres villes de France. Cette année, dès le mois de juin, sous l'effet de la chaleur, la région a enregistré ses premières alertes que le seuil de pollution acceptable avait été dépassé.

A Marseille, la pollution causée par les voitures est aggravée par les émanations provenant des raffineries du complexe pétro-chimique de Fos-sur-Mer. C'est pour tenter d'inverser cette tendance que la ville a lancé le principe de «Journées de la qualité d'air partagé» sur quatre dimanches d'été.

Une famille marseillaise se promène à vélo, à pied et à patinette lors d'une «Journée de la qualité de l'air partagé», journée qui a pour but de réduire la pollution atmosphérique.

Source: *Journal Français*, vol. 24, no. 8, août 2002.

✱ En 1998, le taux d'ozone a dépassé le seuil considéré comme dangereux pour la santé pendant 12 jours à Strasbourg, 11 à Lyon, 10 à Marseille, 9 à Fos-Berre, 3 à Paris.

✱ Depuis 1995, plus de 90% des Européens ont été exposés à des niveaux d'ozone supérieurs aux limites recommandées par l'Organisation mondiale de la santé.

Source: *Francoscopie 2001*.

Les voitures électriques sont de plus en plus fréquentes, surtout dans les grandes villes comme Paris. Ces voitures sont économiques, elles ne polluent pas l'atmosphère et elles sont très pratiques dans des villes à stationnement limité.

Aurons-nous toujours de l'eau à boire?

L'eau, c'est une richesse illimitée pour certains, une denrée rare pour d'autres, selon l'endroit de la planète où on vit. Ce qui est sûr, c'est que le corps ne peut pas se passer d'eau pour vivre. Et que les hommes commencent à se rendre compte qu'il faut établir une politique mondiale si on veut préserver la qualité de l'eau, et aussi la quantité nécessaire à la vie, dans les années à venir.

Peut-on vivre sans eau?

La vie est apparue sur Terre il y a 3,5 milliards d'années. «Sur Terre», c'est une manière de parler: elle est apparue dans l'eau! Et aucune forme de vie ne peut subsister sans eau. Les plantes et les animaux marins se satisfont d'eau salée. Mais les plantes et les animaux terrestres, et nous les hommes, avons besoin d'eau douce.

Bien sûr, il y a de grandes inégalités dans la consommation d'eau: en moyenne, aux Etats-Unis chaque habitant consomme 30 m³ d'eau par an alors que dans les pays défavorisés, chacun se contente de moins de 5 m³. 1 m³ = 1 000 litres.

Qu'est-ce qui pollue l'eau?

Les problèmes ne sont pas exactement les mêmes dans tous les pays. Dans les pays très industrialisés, il y a beaucoup de pollution chimique: les usines, les nombreux véhicules rejettent des produits toxiques. Les paysans mettent dans leurs champs des quantités d'engrais aux nitrates ou des pesticides pour tuer les insectes. Les familles utilisent dans les lave-linge des détergents très polluants. Beaucoup de ces produits chimiques se retrouvent dans les rivières, ou même s'infiltrent dans la terre vers les nappes souterraines qu'ils polluent peu à peu. Quelle eau va-t-on boire alors? Il faut donc épurer soigneusement les eaux usées dans des usines spécialisées pour éviter une telle contamination.

Dans les pays peu industrialisés, les problèmes viennent plutôt des microbes.

L'eau souterraine est potable. Mais il suffit de plonger dans le puits du village un seau infecté d'un microbe pour que le puits, et donc tout le village, soit contaminé. Et même s'il y a une fontaine avec un robinet, l'eau que l'on emporte chez soi et que l'on garde plusieurs heures risque de vite se polluer. En effet, avec la chaleur tropicale, les bactéries et parasites se développent à grande vitesse. Ainsi se transmettent par l'eau l'hépatite, le choléra, les salmonelles, la typhoïde, la poliomyélite, les amibes...

C'est pourquoi il faut faire bouillir l'eau au moins cinq minutes avant de la boire.

Quelle quantité d'eau faut-il pour...
- Une douche: environ 25 litres
- Une baignoire: 150–200 litres
- Une chasse d'eau de WC: 10 litres
- Une lessive en lave-linge: 40–50 litres

RÉPARTITION DE L'EAU SUR LA PLANÈTE

Y a-t-il beaucoup d'eau sur notre planète? Enormément: 1 350 millions de km³, c'est-à-dire une quantité inimaginable. 74% de la surface du globe est recouverte par les océans… mais c'est de l'eau salée, qui n'est bonne ni pour notre soif ni pour nos cultures. Seules 2,5% des eaux du globe sont douces!

Environ les 3/4 de cette eau douce sont bloqués, gelés dans les calottes glaciaires des pôles. Inaccessibles donc!

Que reste-t-il alors pour notre soif? Nos rivières et nos lacs, qui ne représentent que 1% de l'eau douce, et surtout l'eau qui se loge loin de nos yeux sous le sol, et qui représente le quart de l'eau douce.

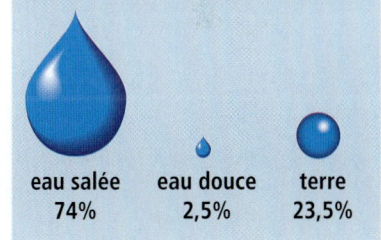

eau salée	eau douce	terre
74%	2,5%	23,5%

Si ça se trouve, l'air qu'on respire c'est pas de l'air.

Préserve la couche d'ozone!

Les plantes aussi boivent et transpirent. Il faut 622 g d'eau pour produire un gramme de riz, 275 g d'eau pour un gramme de millet.

DES GESTES D'ECONOMIE

L'eau du robinet n'est pas gratuite: elle coûte cher à extraire, éventuellement à nettoyer, et à transporter. Les eaux usées coûtent cher aussi à évacuer et à épurer. Quand il faut puiser l'eau et la transporter sur son dos, on sait bien qu'il faut l'économiser.

Quand on n'a qu'à ouvrir le robinet, il faut se rappeler que l'eau est précieuse et penser à avoir des gestes d'économie.

- Ne pas oublier un robinet ouvert.
- Ne pas laisser couler l'eau pour rien, par exemple pendant qu'on se brosse les dents.
- Changer le joint du robinet au lieu de le laisser goutter.
- Ne pas jeter dans l'égout les huiles de vidange des moteurs.
- Ne pas jeter de déchets dans la nature. La pluie les introduit dans les lacs et les rivières.
- Ne pas jeter de produits chimiques dans l'évier, le lavabo, les toilettes, la baignoire. Ils sont très toxiques et polluent l'eau.
- Dans le jardin, utiliser un grand bac pour amasser l'eau de la pluie; utiliser cette eau pour arroser les plantes.
- Dans le jardin, utiliser le tuyau le moins possible; l'arrosoir gaspille moins d'eau et est donc préférable.
- Demander à la compagnie d'eau d'indiquer la quantité moyenne d'eau utilisée pendant un mois; établir le but de réduire la consommation d'eau par un quart; surveiller la consommation d'eau de très près.

Source: *Planète jeunes*, no. 39, juin–juillet 1999.

Comment recycle-t-on les ordures?

Bouteilles, cartons, boîtes de conserve: les déchets ménagers sont de plus en plus nombreux. Chaque année, les Français en jettent 22 millions de tonnes. C'est 3 000 fois le poids de la tour Eiffel! Heureusement, le recyclage leur donne une seconde vie.

[En France, depuis 2002], les décharges sont interdites. Depuis le vote de cette loi en 1991, les mairies doivent s'occuper des déchets de leur ville. Les habitants classent les ordures par «famille»: papier, plastique, verre… et le reste dans un sac. Ensuite, ils jettent les déchets dans des bennes ou des conteneurs différents. L'aluminium, lui, est récupéré par des sortes de machines à sous dans certains supermarchés: en y déposant sa canette de soda, on peut gagner un cadeau!

Le recyclage de l'aluminium

L'aluminium est le seul matériau à pouvoir être réutilisé indéfiniment. Une canette de boisson vide, par exemple, est nettoyée puis broyée en tout petits morceaux. Le métal est ensuite chauffé dans un four où il fond rapidement.

Le recyclage préserve la forêt

Pour fabriquer une tonne de papier, il faut 17 arbres, beaucoup d'eau et une grande quantité de pétrole. En recyclant le papier, on protège la forêt et on fait faire des économies d'énergie.

Pourquoi trier?

Trier c'est faire un geste utile pour soi et pour les autres. Une manière moderne et personnelle de contribuer à la protection de l'environnement.

Trier c'est bon pour l'environnement. Le tri des déchets recyclables rime avec économies d'énergie et de ressources naturelles. Par exemple, lorsque l'on crée des produits en aluminium recyclé plutôt qu'en aluminium non recyclé, on économise 95% de l'énergie nécessaire à la fabrication.

Trier c'est la première étape. En triant chaque jour vous êtes le premier maillon d'une chaîne. Vous effectuez le premier geste de tri chez vous en déposant les déchets recyclables dans le bac à couvercle jaune ou blanc. Dans les centrales de tri, les différents matériaux sont séparés: acier, aluminium, briques alimentaires, papier carton, plastique opaque ou transparent, journaux, magazines et petit électroménager. Des usines de recyclage réceptionnent ensuite les matériaux pour en faire de la matière première destinée aux industries du recyclage.

Trier c'est donner une seconde vie à vos emballages. Trier ses déchets, c'est changer le destin des emballages en leur permettant de réapparaître sous forme de produits recyclés.

Avec du verre recyclé les verreries peuvent fabriquer de nouvelles bouteilles. En France, durant l'année 2001, 1 200 000 tonnes de verre ont été recyclées, soit l'équivalent de 3 milliards de bouteilles de 75 cl, une quantité de verre suffisante pour mettre en bouteilles les deux tiers de la consommation annuelle française de vin.

Avec du carton, on peut fabriquer du carton, de l'essuie-tout ou du papier hygiénique. En France, durant l'année 2001, 285 000 tonnes de papiers-cartons ont été recyclées, soit l'équivalent de 1 milliard de boîtes de chaussures.

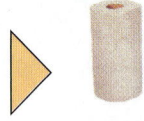

Avec de l'aluminium, les fonderies d'aluminium peuvent fabriquer des pièces de moteur. En France, durant l'année 2001, 6 000 tonnes d'aluminium ont été recyclées, soit 74 fois le poids d'un Airbus A310.

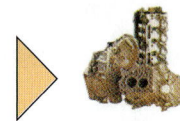

Avec du plastique, on peut fabriquer des tubes ou des fibres polaires. En France, durant l'année 2001, 111 000 tonnes de plastique ont été recyclées, soit deux fois le volume du Stade de France.

Avec des métaux ferreux, les aciéries fabriquent de l'acier (fers à béton, poutrelles...). En France, durant l'année 2001, 265 000 tonnes d'acier ont été recyclées, soit 36 fois le poids de la Tour Eiffel.

Avec des journaux et des papiers, les papeteries peuvent fabriquer du papier.

Pour le petit électroménager, la filière est en cours de développement.

Source: *Paris le journal*, no. 125, 15 mai 2002.

Pollution: des solutions?

La pollution est devenue ces dernières années, l'un des très grands problèmes des villes africaines. Concernés par le phénomène, jusqu'à l'indignation, les jeunes agissent… quand c'est possible.

Le *«Set Setal»* au Sénégal

Nul ne peut dire avec certitude comment est né le phénomène du *set setal* (mot wolof qui veut dire «garde ton environnement propre»). Vers le début des années 80 déjà, il n'était pas rare de tomber sur une foule de jeunes de Niari Tally (un quartier populaire de Dakar) en train de nettoyer et de désensabler les trottoirs devant chez eux. La mode était lancée et pas une seule Association Sportive et Culturelle n'osait oublier le *set setal* dans son programme d'activités.

Le nettoyage des rues de Dakar se fait deux fois par semaine.

SACS PLASTIQUES: ATTENTION DANGER!

Le fameux sachet plastique («mbousse» en wolof) que l'on retrouve partout sur les trottoirs ou accroché aux branches des arbres […] constitue une réelle menace pour notre environnement. […]

Une enquête révèle qu'à Dakar, 30% des animaux domestiques meurent pour avoir consommé des sacs plastiques. Les arbres meurent aussi par la faute de ces sacs qui empêchent l'infiltration de l'eau dans le sol.

Une solution à ces problèmes?

Difficile, mais, du côté de l'ONG Enda Ecopole, en plein cœur du quartier Khadimou Khassoul, il se passe des choses intéressantes. Un atelier de fabrique d'objets divers à partir de récupération de sachets en plastique a été mis en place. Une dizaine de filles de 10 à 18 ans issues pour la plupart de milieux défavorisés y sont inscrites. Après avoir lavé et séché les sacs, elles les découpent en fines lanières avant de les tresser au crochet. La matière première ne manque pas avec les sachets collectés par les élèves.

Le produit de la vente de ces objets d'art est versé dans une caisse de solidarité qui sera partagée au bout d'une certaine période entre toutes les élèves. Le plus grand pas, lui, est à faire dans la tête des populations quand elles choisiront de ne pas faire de la rue une décharge où l'on jette toutes les ordures.

Source: *Planète jeunes*, no. 45, juin–juillet 2000.

Parlez!

U. Qu'est-ce que vous avez compris? Commentez les phrases extraites des textes sur l'environnement en vous référant aux informations que votre lecture vous a fournies. N'oubliez pas d'utiliser le vocabulaire que vous avez appris dans la *Fiche lexicale*.

1. «L'eau, c'est une richesse illimitée pour certains, une denrée rare pour d'autres, selon l'endroit de la planète où on vit.»
2. «Les problèmes [de l'eau] ne sont pas exactement les mêmes dans tous les pays.»
3. «... il y a de grandes inégalités dans la consommation d'eau...»
4. «Quand on n'a qu'à ouvrir le robinet, il faut se rappeler que l'eau est précieuse et penser à avoir des gestes d'économie.»
5. «Bouteilles, cartons, boîtes de conserve: les déchets ménagers sont de plus en plus nombreux.»
6. «L'aluminium est le seul matériau à pouvoir être réutilisé indéfiniment.»
7. «Trier ses déchets, c'est changer le destin des emballages en leur permettant de réapparaître sous forme de produits recyclés.»
8. «Une enquête révèle qu'à Dakar, 30% des animaux domestiques meurent pour avoir consommé des sacs plastiques.»

V. Qu'est-ce que vous pouvez donner comme exemple? Choisissez un des points de vue possibles à l'égard de chaque sujet et donnez des raisons et un exemple pour justifier votre choix.

1. En ce qui concerne l'environnement, les jeunes sont plus (moins) actifs que les adultes.
2. Les gens qui habitent à la campagne sont plus (moins) consciencieux que les citadins en ce qui concerne la protection de l'environnement.
3. Je suis très (Je ne suis pas très) consciencieux(se) en ce qui concerne le recyclage.
4. Certains pensent que les écologistes protègent la nature (flore et faune) aux dépens de l'homme.
5. Nous faisons assez (Nous ne faisons pas assez) d'efforts pour protéger les espaces naturels.

Discutez!

W. Exemples d'actions. Pour chacun des problèmes mentionnés dans les articles sur l'environnement, proposez des actions individuelles ou collectives qui ont pour but de protéger l'environnement. Inspirez-vous des solutions proposées dans les textes sur l'environnement et ajoutez-en d'autres.

1. la pollution de l'air
2. les déchets ménagers
3. la pollution de l'eau
4. la protection des forêts

Do *A faire!* (5-7) on page 196 of the **Manuel de préparation**.

Fonction
Comment parler de l'avenir

Rappel

Le futur

1. **LES FORMES DU FUTUR**

    J'ir*ai* en Espagne dans deux ans.
    Tu fer*as* cet exercice pour demain.
    Il aur*a* assez de patience pour finir ce puzzle?
    Nous enverr*ons* un e-mail à Carla.
    Vous ser*ez* à la réunion demain matin?
    Elles apprendr*ont* les phrases conditionnelles.

2. **LES EMPLOIS DU FUTUR**

Future event:	Nous *aurons* un examen la semaine prochaine.
Command:	Vous *mangerez* tous vos légumes.
Polite request:	Tu *iras* à la boulangerie pour moi?
With **quand, lorsque, dès que, aussitôt que:**	Je les *verrai* dès qu'ils *arriveront*.

3. **LES PHRASES CONDITIONNELLES**

si + present + future	Si tu *as* assez d'argent, tu *pourras* acheter ce DVD.
+ present	Si tu *as* assez d'argent, tu *peux* acheter ce DVD.
+ imperative	Si tu *as* assez d'argent, *achète* ce DVD.
si + imperfect + present conditional	Si tu *avais* assez d'argent, tu *pourrais* acheter ce DVD.
si + pluperfect + past conditional	Si tu *avais eu* assez d'argent, tu *aurais pu* acheter ce DVD.

⊙ **SUGGESTED LESSON OUTLINE**

Students assigned *A faire! (5-7)* have:
- written an e-mail about an environmental problem in their region;
- studied the future tense.
- Ex. XXV was not self-correcting.

In this segment, do:
- *Parlez!* (Ex. X, Y);
- *Discutez!* (Ex. Z).

Parlez!

Suggestion, Ex. X: To verify students' mastery of future forms, do this exercise with the entire class. If you find that they require more reinforcement, use some of the sentences to create a quick mechanical drill. (**Est-ce que vous serez prêt à déménager?** [il] **Est-ce qu'il sera prêt à déménager?**, etc.)

Réponses, Ex. X: 1. serez; 2. irons; 3. pourrez; 4. restera, partirai, voudrez; 5. prendrez; 6. arrangera, iront, retrouverai, verront, aurai; 7. ira, serai, prendras, sera, visitera, sera; 8. aura, commencerez, verrai, pourrez, enverrez; 9. ferai

X. Une interview pour un job. Complétez l'entrevue en utilisant le futur des verbes entre parenthèses.

1. —Est-ce que vous (être) _____ prêt à déménager?

2. —Oui, tout à fait. Ma femme et moi, nous (aller) _____ dans n'importe quelle partie de la France ou même à l'étranger, si c'est nécessaire.

3. —Est-ce que vous (pouvoir) _____ commencer dans quinze jours?

4. —Oui, absolument. Ma femme (rester) _____ ici pour s'occuper de nos affaires et moi, je (partir) _____ quand vous (vouloir) _____.

5. —Est-ce que vous (prendre) _____ vos vacances en juillet?

6. —Oui. Ça vous (arranger) _____? Ma femme et mes enfants (aller) _____ au bord de la mer et moi, je les y (retrouver) _____ pour quinze jours. Les enfants (voir) _____ leurs grands-parents et moi, j'(avoir) _____ le temps de me reposer un peu.

7. —Quinze jours, oui, ça (aller) _____ très bien pour nous. Moi, aussi, je (être) _____ en vacances à ce moment-là. Ma fille ne cesse de me répéter: «Tu (prendre) _____ des vacances cette année?» Elle (être) _____ très contente quand je vais lui dire qu'on (visiter) _____ la Grèce cette année. Ça (être) _____ une grande surprise pour elle.

8. —En effet! Elle a quel âge, votre fille?
   —Elle (avoir) _____ douze ans le mois prochain. Bon, alors, on est d'accord. Vous (commencer) _____ dans quinze jours et je vous (voir) _____ donc à ce moment-là. Et si vous avez d'autres questions, vous (pouvoir) _____ me téléphoner ou vous m'(envoyer) _____ un e-mail.

9. —D'accord. Et merci, madame. Je (faire) _____ de mon mieux pour remplir les responsabilités du poste.

202 *Quant à moi...* ■ *Manuel de classe*

Y. Si on ne fait rien… Faites des phrases avec le futur pour indiquer ce qui arrivera si on ne fait rien pour protéger l'environnement.

Modèle: Si on ne fait rien pour conserver l'eau douce…
Si on ne fait rien pour conserver l'eau douce, on n'aura pas assez d'eau pour les plantes, les animaux et les personnes.

1. Si on ne fait rien pour limiter la pollution de l'eau…
2. Si on ne fait rien pour protéger les forêts…
3. Si on ne fait rien pour limiter la pollution de l'air…
4. Si on ne fait rien pour protéger les espèces animales et végétales…

Ex. Y

Suggestion, Ex. Y: Have each group create two or three sentences for each item. Then bring the class back together and list the sentences by topic. As a follow-up, you can then ask students to restate some of the solutions to the problems, using the expression **il faudra** + *infinitive* (Il faudra absolument recycler de façon systématique. Il faudra conserver l'eau. Il faudra prendre moins de douches. Il faudra acheter des petites voitures électriques ou hybrides, etc.).

C'est à vous maintenant!

Discutez!

Ex. Z

Suggestion, Ex. Z: Since this is the final chapter discussion, remind students that they will be writing an essay on one of the problems they've been considering. In addition to the topics treated in this chapter (racism and other forms of discrimination, terrorism, water and air pollution), feel free to include the issues of crime and violence from Chapter 4. This will serve as a review of the vocabulary for these significant matters and will give students more options when they select an essay topic.

Encourage groups to consult with you about vocabulary or grammar questions as they formulate their ideas. The more you can serve as a resource for them during this discussion phase, the more accurate their essays will be.

Z. Qu'est-ce qu'on peut faire? Choisissez un problème qui vous semble particulièrement grave dans le monde où nous vivons. Identifiez le problème pour votre camarade et expliquez pourquoi c'est un problème en donnant des raisons et des exemples. Enfin proposez des solutions, expliquez pourquoi ce sont de bonnes solutions, et donnez des exemples qui illustrent ces solutions. Puisque vous allez écrire un essai sur ce sujet dans le **Manuel de préparation** (Ex. XXXIII), il serait peut-être prudent de prendre quelques notes pendant cette discussion.

Do *A faire!* *(5-8)* on page 203 of the **Manuel de préparation.**

Chapitre 6

On raconte

Objectives

In this chapter, you will learn to:

- read and write informal narratives;
- read and write a creative text;
- use the passive voice;
- use negative expressions.

Chapter Support Materials (Student)
MP: pp. 208–232
Audio: CD3, Tracks 10–16

Syllabus
The minimum amount of time needed to cover the material of **Chapitre 6** is nine class periods.

Chapter Support Materials (Instructor)
Audio: CD3, Tracks 10–16
Video: Chapitre 6
Test Bank: Chapitre 6
Website: http://quantamoi.heinle.com

SOMMAIRE

- **Comptes rendus:** Les films de la semaine
- **Pour communiquer:** Classer les films / Donner sa réaction aux films / Dire ce qu'on a aimé ou pas aimé à propos d'un film
- **Fonction:** Comment distinguer entre la voix active et la voix passive
- **Documents de voyage:** Un itinéraire / Un e-mail / Un article
- **Lecture:** *Réseau aérien* de Michel Butor
- **Fonction:** Comment exprimer la négation

Comptes rendus
Les films de la semaine

L'activité principale de ce chapitre, c'est la narration. Le sujet principal, c'est le voyage—dans l'imaginaire et dans le réel. Vous lirez et vous imiterez des comptes rendus de filma, des récits de voyage et un texte littéraire expérimental.

Lisez!

Pariscope est une revue de petit format qui paraît tous les mercredis et qui résume tout ce qu'il y a à faire à Paris et dans la région parisienne pendant la semaine qui vient—films, concerts, pièces de théâtre, opéras, musées, restaurants, clubs et discothèques. Voici quelques comptes rendus de films tirés d'un numéro de *Pariscope*. En les lisant, faites surtout attention à la façon dont ils sont composés, car vous devrez à votre tour imiter cette structure pour rédiger vos propres comptes rendus.

○ SUGGESTED LESSON OUTLINE
Do *Comptes rendus* (Ex. A, B, C).

DA LE VOYAGE DE CHIHIRO. 2000. 2h. Dessin animé japonais en couleurs de Hayao Miyazaki.
Une fillette de dix ans, en route avec ses parents, pour sa nouvelle demeure, se perd et se retrouve dans un curieux village. Ses parents transformés en cochons, elle doit affronter la sorcière des lieux, et trouver le moyen de recouvrer sa liberté. Un voyage initiatique fantastique, aventureux et poétique réalisé par le maître japonais de l'animation, auteur de «Princesse Mononoké». ◆L'Arlequin 25 v.o. ◆Elysées Lincoln 46 v.o. ◆Cinéalternative 71 bis v.o. ◆Saint Lambert 96 v.f.

CO LE FABULEUX DESTIN D'AMELIE POULAIN. 2000. 2h. Comédie française en couleurs de Jean-Pierre Jeunet avec Audrey Tautou, Mathieu Kassovitz, Rufus, Claire Maurier, Isabelle Nanty, Dominique Pinon, Serge Merlin, Jamel Debbouze, Yolande Moreau.
Décidée à réparer les accrocs de la vie de son entourage, une jeune fille multiplie les ruses et les stratagèmes pour intervenir en douce sur les destins… au point d'en oublier son propre bonheur. Pourtant, le prince charmant est juste sous son nez! Un univers qui mêle tendresse, humour et poésie avec une galerie d'acteurs épatants. ◆Studio Galande 21 ◆Denfert 82 ◆Le grand Pavois 94 ◆Saint Lambert 96

DR MARIE-JO ET SES DEUX AMOURS. 2002. 2h05. Drame français en couleurs de Robert Guédiguian avec Ariane Ascaride, Jean-Pierre Darroussin, Gérard Meylan, Julie-Marie Parmentier.
Marie-Jo aime sa vie, elle aime sa fille et son mari, mais depuis quelque temps elle aime aussi Marco qui fait maintenant partie de cette vie et qui la rend invivable. En famille, elle ne pense qu'à lui et lorsqu'elle le retrouve, les siens lui manquent… Un nouveau tome (très beau) du livre de la vie par Guédiguian et sa troupe. ◆UGC Ciné Cité Les Halles 2 ◆Gaumont Opéra Premier 6 ◆UGC Rotonde Montparnasse 41 ◆Majestic Bastille 72 ◆MK2 Beaugrenelle 95

HO EMPRISE. *Frailty.* 2001. 1H40. Film d'horreur américain en couleurs de Bill Paxton avec Bill Paxton, Matthew McConaughey, Powers Boothe.
Au siège du FBI, en pleine nuit un homme se présente et déclare être le frère d'un serial killer recherché depuis des années et qui vient de se suicider. Mais les meurtres de ce dernier ne sont qu'une petite partie d'une longue et terrible histoire qui a commencé 20 ans auparavant… Un premier film réalisé par l'acteur de «Twister». int -16 ans. ◆UGC Ciné Cité Les Halles 2 v.o. ◆Gaumont Opéra Premier 6 v.o. ◆UGC Danton 38 v.o. ◆Rex 9 v.f. ◆UGC Montparnasse 39 v.f.

CD L'OISEAU D'ARGILE. 2002. 1h30. Comédie dramatique franco-bengladeshie en couleurs de Tareque Masud avec Nurul Islam Bablu, Russell Farazi, Jayanto Chattopadhyay, Rokeya Prachy.
A la fin des années 60 dans l'est du Pakistan qui deviendra bientôt le Bengladesh, un enfant pauvre est envoyé étudier dans une école religieuse musulmane. Il lutte pour s'adapter à une nouvelle vie très rude alors que grandit l'opposition dans le pays entre le pouvoir militaire et le peuple. Un récit inspiré de l'enfance du réalisateur, dont c'est la première fiction. ◆Gaumont Opéra Premier 6 v.o. ◆MK2 Beaubourg 11 v.o. ◆UGC Triomphe 55 v.f. ◆Les 7 Parnassiens 90 v.o.

Source: *Pariscope*, nos. 1781, 1774.

A. L'organisation d'un compte rendu. Répondez aux questions suivantes d'après les cinq comptes rendus que vous venez de lire.

1. Lesquels des éléments suivants *ne* font *pas* partie du compte rendu de film tel qu'on le trouve dans *Pariscope*?
   a. les acteurs principaux du film
   b. l'année où le film est sorti
   c. la compagnie qui a produit le film
   d. le compositeur de la musique du film
   e. le coût de la production du film
   f. la durée du film
   g. une courte évaluation du film
   h. le genre du film
   i. le(s) pays où le film a été produit
   j. le réalisateur du film
   k. les heures des séances
   l. la (les) salle(s) de cinéma où passe le film
   m. le titre du film

2. Dans quel ordre apparaissent les éléments qui font partie du compte rendu?

3. Le petit paragraphe au milieu du compte rendu comprend généralement deux ou trois phrases. En quoi la première (ou les deux premières) phrase(s) diffère(nt)-t-elle(s) de la dernière (ou des deux dernières)?

4. Ces phrases ne sont pas toujours grammaticalement complètes. Trouvez un exemple de phrase complète (c'est-à-dire, avec un sujet et un verbe principal) et un exemple de phrase incomplète (c'est-à-dire, sans verbe principal).

Ecrivez!

B. Un compte rendu de film. Choisissez un film que vous avez vu. Rédigez un compte rendu de ce film en imitant les modèles tirés de *Pariscope*. S'il y a une date ou un nom qui vous manquent, vous pourrez les inventer (ou bien les chercher sur Internet); l'essentiel, c'est de bien imiter la forme du compte rendu.

Réponses, Ex. A: 1. Les éléments qui ne font pas partie du compte rendu sont c, d, e et g. 2. m, b, f, h, i, j, a, k, l. 3. La première phrase (ou les deux premières phrases) donne(nt) un résumé du film; la dernière (ou les deux dernières) donne(nt) des renseignements supplémentaires.
4. La première et la deuxième phrases de chaque compte rendu sont des phrases complètes; la dernière phrase ne l'est pas.

Suggestion, Ex. B: Have several students put their entries on the board, on a transparency, or on a classroom computer. As you go over them, you can verify the format and correct any grammatical problems.

Lisez!

Okapi est une revue pour jeunes qui paraît deux fois par mois. On y trouve des articles sur une grande variété de sujets: l'actualité, les sciences, l'histoire, la vie adolescente, etc. Dans chaque numéro il y a aussi des comptes rendus de films un peu plus longs et un peu plus détaillés que ceux qu'on trouve dans *Pariscope*. Voici deux comptes rendus tirés d'*Okapi*. En les lisant, faites surtout attention à leur organisation et à ce qui les différencient des comptes rendus de *Pariscope*.

Le Seigneur des anneaux

L'histoire: Dans le monde fantastique des Terres du Milieu, une légende parle d'un anneau aux pouvoirs terrifiants. Cet anneau maléfique est retrouvé par Bilbo, la créature la plus innocente qui soit. Son ami Gandalf, grand magicien, le convainc de lui confier cet objet, qui attire à lui la violence, la cupidité et la mort. Pour éviter que les humains et les elfes ne se déchirent à nouveau à cause de lui, une décision s'impose: détruire l'anneau, en le jetant dans la lave, au cœur du pays de Mordor…

L'avis d'Okapi: Nous avons enfin pu voir ce film événement. Résultat: c'est grandiose! Transposer à l'écran l'univers fantastique créé par l'écrivain J.R.R. Tolkien relevait du pari fou. A force de travail et de talent, le réalisateur a réussi à insuffler à ce premier volet toute la magie des livres de Tolkien. Bravo. Vivement décembre 2002… et l'épisode 2!

Le pacte des loups

L'histoire: Dans les années 1760, une «bête» terrifiante s'attaque aux femmes et aux enfants dans une région reculée de France, le pays de Gévaudan. De victime en victime, sa réputation grandit et atteint Paris. Le roi Louis XV envoie sur place le chevalier Grégoire de Fronsa, chargé d'étudier cet étrange tueur qui échappe à tous les pièges. S'agit-il d'un loup? D'un monstre? Ou peut-être est-ce pire encore…

L'avis d'Okapi: Le pacte des loups s'appuie sur un fait divers de l'histoire de France, celui de la «bête de Gévaudan» qui, au 18e siècle, aurait fait plus d'une centaine de victimes. A partir de ce matériau, le réalisateur Christophe Gans et le scénariste Stéphane Cabel ont laissé agir leur imagination. Résultat: un film d'aventures, effrayant, envoûtant et étrange. Tout est fait pour nous divertir: une forêt inquiétante, des aristocrates décadents, un ennemi insaisissable, des combats à couper le souffle, une atmosphère irréelle, des images superbes et même un Indien adepte du Kung fu. Malgré certaines scènes improbables, on prend un vrai plaisir à se perdre dans les forêts fantastiques du pays de Gévaudan…

Source: *Okapi*, no. 687, 1er février 2001.

C. Deux comptes rendus. Après avoir lu le compte rendu du film *Le Seigneur des anneaux* et celui du film *Le Pacte des loups*, répondez aux questions suivantes.

1. Les comptes rendus de films d'*Okapi* comprennent normalement deux parties: l'histoire, l'avis d'*Okapi*. En quoi consiste la première partie (l'histoire)? Est-ce qu'on raconte tout ce qui se passe? Expliquez. En quoi consiste la seconde partie (l'avis d'*Okapi*)? Après avoir lu le compte rendu, est-ce que vous savez l'opinion de la revue à l'égard du film? On l'aime? On ne l'aime pas? Expliquez.

2. Les mini-comptes rendus de *Pariscope* nous offrent plusieurs détails à propos d'un film: son titre, l'année où il est sorti, la durée du film, son genre, le(s) pays où le film a été produit, son réalisateur (sa réalisatrice), ses acteurs principaux, son sujet et les salles où on le passe actuellement. Lesquels de ces détails sont présents dans les comptes rendus d'*Okapi*? Qu'est-ce qu'on trouve dans *Okapi* qu'on ne voit pas dans les comptes rendus de *Pariscope*?

Suggestion, Ex. C: Since most students will probably be familiar with one or both of these films, no vocabulary has been provided here. Ask students to read the reviews for the gist and then do the exercise, which concentrates on format and general ideas. You may decide to set them up in groups of 2 or 3. Students will work in more detail with words and expressions from the movie reviews in the **Manuel de préparation**.

Réponses, Ex. C: 1. L'histoire: la situation de base—où? quand? qui? quoi? L'avis d'*Okapi*: les origines du film (*Le Seigneur des anneaux, Le Pacte des loups*), une appréciation générale du film (*Le Seigneur des anneaux, Le Pacte des loups*), les meilleurs aspects du film (*Le Pacte des loups*). On aime les deux: *Le Seigneur des anneaux* = «grandiose, le réalisateur a réussi, Bravo, Vivement décembre 2002... et l'épisode 2. *Le Pacte des loups* = «on prend un vrai plaisir». 2. Dans *Okapi* et dans *Pariscope*: le titre du film, le nom du réalisateur, le genre du film (*Le Pacte des loups*), le sujet du film. Dans *Okapi*: les origines du film, une critique du film (aspects positifs et négatifs).

Do *A faire! (6-1)* on page 208 of the **Manuel de préparation**.

> **SUGGESTED LESSON OUTLINE**
>
> Students assigned *A faire! (6-1)* have:
> - read and written a movie review;
> - worked on imitating French sentence structure.
> - Ex. IV and V were not self-correcting.
>
> In this segment, do:
> - *Ecrivez!* (Ex. D);
> - *Aimez-vous le cinéma?*
> - *Ecoutez!* (Ex. E);
> - *Parlez!* (Ex. F);
> - *Discutez!* (Ex. G).

Ecrivez!

D. Un compte rendu de film. En lisant le compte rendu rédigé par un(e) camarade de classe (Exercice V dans votre **Manuel de préparation**), considérez les questions suivantes:

1. *Organisation*: Quel est le sujet de chaque paragraphe du compte rendu? Est-ce que le contenu correspond à celui du compte rendu modèle?
2. *Style*: Est-ce que l'auteur a réussi à imiter les phrases-modèles tirées du texte?
3. *Contenu*: Est-ce que vous avez vu le film dont parle votre camarade? Si oui, êtes-vous d'accord avec ce qu'il/elle dit au sujet du film? Pourquoi (pas)? Sinon, aimeriez-vous voir le film? Pourquoi (pas)?

Aimez-vous le cinéma?

Les Français ont toujours aimé le cinéma, mais de nos jours ce sont surtout les jeunes qui fréquentent le plus assidûment les salles de cinéma: plus de 80% des 6–24 ans y vont plusieurs fois par an. Les Français aiment beaucoup les films étrangers: les films français représentent seulement un tiers des entrées tandis que les films américains en représentent plus de la moitié. Voici ce que disent quatre jeunes Français à propos du cinéma.

«Moi, j'aime beaucoup le cinéma. J'y vais tous les week-ends… d'habitude avec une bande de copains, mais parfois seul. J'aime surtout les films comiques et les films d'aventures… Je n'aime pas beaucoup les films d'amour ni les films d'horreur. Je suis musicien, donc j'écoute toujours avec attention la musique du film.» — Arnaud

«Moi, j'adore aller au cinéma. J'aime beaucoup les films policiers comme *Femme fatale* et aussi les thrillers comme *Panic Room* ou bien *Crimes et pouvoir*. Normalement ce sont des films qui ont une très bonne intrigue et qui font penser ou qui donnent des sensations fortes. Alors un peu de mystère ou la peur: avec ça, je suis contente!» — Sophie

«Ce que j'aime, moi, ce sont les effets spéciaux. Avec les ordinateurs on peut en réaliser de sensationnels. J'ai beaucoup aimé *Qui veut la peau de Roger Rabbit?* et *Chéri, j'ai rétréci les gosses* sans mentionner *La Matrice* et *Terminator 2*. Ce que je n'aime pas, ce sont les sous-titres; je préfère voir les films en version française, si c'est possible.» — Christophe

«Moi, j'adore les films d'espionnage comme *The Bourne Identity*. Il a été tourné dans des décors réels avec de bons acteurs. J'aime aussi les films classiques en noir et blanc, comme *La Règle du jeu* et *Le Grand Chemin*. Par contre, les films de guerre et les films d'action, ça ne me plaît pas du tout. Il y a beaucoup trop de violence.» — Myriam

Pour communiquer

Pour mieux vous exprimer

Classer les films

les films *(m.)* d'aventures
les films comiques (les comédies *[f.]*)
les comédies dramatiques
les films d'amour
les films d'animation (les dessins animés)
les documentaires *(m.)*
les drames *(m.)*
les drames psychologiques
les films d'espionnage
les films fantastiques
les films historiques
les films d'horreur (les films d'épouvante)
les films musicaux
les films noirs
les films policiers
les films de science-fiction
les films de guerre
les thrillers *(m.)*
les westerns *(m.)*

Donner sa réaction aux films

J'aime (beaucoup) (J'adore) les…
Je n'aime pas (du tout) les…
Ce que j'aime (Ce que je n'aime pas), ce sont les…
Les… , ça me plaît (beaucoup) (ça ne me plaît pas).

Dire ce qu'on a aimé ou pas aimé à propos d'un film

J'ai aimé (Je n'ai pas aimé)…
    les effets spéciaux *(m.)*
    l'intrigue *(f.)*
    le décor
    la musique
    les acteurs / les actrices
    le suspense
    la violence

Audio: CD3, Track 10

Écoutez!

Star Wars épisode II: L'Attaque des clones

Le Défi

Le miel n'est jamais dans une seule bouche

17 Fois Cécile Cassard

La Guerre à Paris

Answers, Ex. E: 1. *17 Fois Cécile Cassard* / le Gaumont Parnasse / un drame psychologique / l'actrice principale (Béatrice Dalle) / la structure du film; 2. *Le Défi* / l'UGC George V / un film musical / la musique et les danseurs / l'intrigue; 3. *Le miel n'est jamais dans une seule bouche* / l'Espace Saint-Michel / un documentaire / les décors et la musique / (rien); 4. *La Guerre à Paris* / le MK2 Gambetta / un drame psychologique / les acteurs et le suspense / (rien); 5. *L'Attaque des clones* / le Paramount Opéra / un film de science-fiction / les effets spéciaux / les décors et le dialogue

E. Les nouveaux films de la semaine. Ecoutez quelques personnes parler des films récemment sortis, puis résumez ce qu'elles en disent en donnant pour chaque personne: le nom du film qu'elle a vu, la salle de cinéma où passe le film, le type de film, ce qu'elle a aimé, ce qu'elle n'a pas aimé.

1. Gérald Lafitte
2. Agnès Fourreau
3. Anna Piat-Nguyen
4. Jean-Claude Casselino
5. Isabelle Ledoux

Parlez!

F. La semaine dernière. Des amateurs de cinéma parlent des films qu'ils ont vus la semaine dernière. Recréez leur conversation en utilisant les renseignements donnés.

Modèle: mardi dernier / Michèle et moi / *Terminator 2* / oui: effets spéciaux / non: violence
Mardi dernier, Michèle et moi, nous avons vu Terminator 2. *Nous avons bien aimé les effets spéciaux, mais nous n'avons pas aimé la violence.*

1. mercredi après-midi / Jean-Noël et moi, nous / *Shrek* / oui: animation
2. jeudi / Gilles, François et moi, nous / *L'Avventura* / oui: acteurs et musique
3. vendredi après-midi / Martine et moi, nous / *Sixième Sens* / oui: film
4. vendredi soir / moi, je / *Stars Wars Episode 1: La Menace fantôme* / oui: effets spéciaux / non: violence
5. samedi soir / Virginie et moi, nous / *Jeanne d'Arc* / oui: acteurs / non: histoire
6. samedi soir / Patrick et moi, nous / *La Reine Margot* / oui: film
7. dimanche après-midi / moi, je / *La Pianiste* / oui: actrice principale / non: film
8. dimanche soir / Simone, Florence et moi, nous / *Monstres et Compagnie* / oui: animation

Discutez!

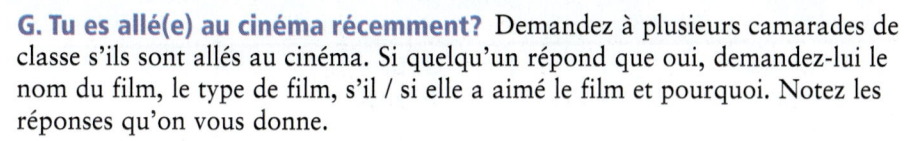

G. Tu es allé(e) au cinéma récemment? Demandez à plusieurs camarades de classe s'ils sont allés au cinéma. Si quelqu'un répond que oui, demandez-lui le nom du film, le type de film, s'il / si elle a aimé le film et pourquoi. Notez les réponses qu'on vous donne.

Modèle: —*Tu es allé(e) au cinéma récemment?*
—*Oui, je suis allé(e) au cinéma (samedi dernier).*
—*Qu'est-ce que tu as vu?*
—*J'ai vu* (Gosford Park).
—*Tu as aimé le film?*
—*Oui, j'ai beaucoup aimé les acteurs.* ou *Non, je n'ai pas aimé le le film. C'est trop long.*

Suggestion, Ex. G: Have students report to the class about what they've learned from questioning their classmates.

Do *A faire! (6-2)* on page 213 of the **Manuel de préparation**.

Fonction
Comment distinguer entre la voix active et la voix passive

> **SUGGESTED LESSON OUTLINE**
> Students assigned *A faire! (6-2)* have:
> - written an e-mail about films they've seen;
> - studied the passive voice.
> - Ex. VI was not self-correcting.
>
> In this segment, do:
> - *Fonction* (Ex. H, I, J, K),
> - *Document de voyage* (Ex. L, M).

Rappel

1. **LA VOIX ACTIVE**
   L'inondation **a détruit** plus de 200 maisons.
   Evelyne **va acheter** une nouvelle voiture.

2. **LA VOIX PASSIVE SANS AGENT**
   Mitterrand **a été élu** président pour la première fois en 1981.
   Notre maison **a été cambriolée**.

3. **LA VOIX PASSIVE AVEC AGENT**
   Elles **seront accueillies par** le président de l'université.
   Tous ses frais **ont été payés par** ses parents.

4. **LA VOIX PASSIVE À VALEUR DESCRIPTIVE**
   Ce professeur **est respecté de** tous ses étudiants.
   La maison **était entourée d'**arbres.

Ecoutez!

Audio: CD3, Track 11

Réponses, Ex. H: 1. voix active (a demandé); 2. voix active (a suspendu); 3. voix passive (a été retardée); 4. voix passive (a été appuyée); 5. voix passive (ont été tuées); 6. voix active (appellent); 7. voix active (commenceront); 8. voix passive (a été saluée)

H. Les dernières nouvelles: qu'est-ce qui s'est passé? En écoutant les actualités à la radio, indiquez si les verbes donnés ci-dessous sont conjugués à la voix active ou à la voix passive.

1. demander
2. suspendre
3. retarder *(to delay)*
4. appuyer *(to support)*
5. tuer
6. appeler
7. commencer
8. saluer *(to greet)*

Audio: CD3, Track 12

Réponses, Ex. I: 1. passé; 2. futur; 3. passé; 4. présent; 5. passé; 6. futur; 7. passé; 8. présent

I. Passé, présent, futur? En écoutant les phrases à la voix passive, indiquez si elles sont au passé, au présent ou au futur.

Parlez!

J. En lisant *Pariscope*... Quand on lit *Pariscope*, on apprend beaucoup de choses sur les films et sur le monde du cinéma. Transformez les phrases à la voix active en phrases à la voix passive.

> **Modèle:** Dans le film noir français *Sur mes lèvres*, une jeune femme malentendante *(hearing-impaired)* et frustrée choisit comme assistant un repris de justice *(ex-con)*.
> *Dans le film noir français* Sur mes lèvres, *un repris de justice est choisi comme assistant par une jeune femme malentendante et frustrée.*

1. Dans le film de Robert Altman *Gosford Park*, un double meurtre et quelques scandales provoquent des remous *(a stir)* dans le monde privilégié d'un manoir anglais.

214 *Quant à moi...* ■ *Manuel de classe*

2. Dans le drame français *A la folie... pas du tout*, une jolie artiste de 20 ans aime passionnément un cardiologue marié, bientôt papa.
3. Le film d'aventures canadien *Atanarjuat* a gagné le prix Caméra d'Or au festival de Cannes en 2001.
4. Les réalisateurs du documentaire américain-israélo-palestinien *Les Réalistes* ont interviewé sept enfants juifs et palestiniens à propos de leur vision des événements au Moyen-Orient.
5. Aux prochains Césars (équivalent français des Oscars), on décernera un nouveau prix, celui du meilleur court métrage *(short subject)*.
6. On a tourné le film *L'Orphelin d'Anyang* dans une petite ville de province chinoise.
7. Dans le thriller américain *L'Intrus*, le divorce de ses parents perturbe la vie d'un jeune garçon.
8. Le comité de sélection du festival de Cannes a présenté *Hollywood Ending* (comédie de Woody Allen) en ouverture de la compétition 2002.
9. Dimanche prochain sur France 2 on interviewera les acteurs principaux du drame psychologique franco-autrichien *La Pianiste*.
10. L'histoire vraie de Kurt Gerstein pendant la Seconde Guerre mondiale a inspiré le film de Costa-Gavras, *Amen*.

K. Dans notre université. Utilisez les mots suggérés pour faire une description de votre université. Exprimez autant que possible vos idées en employant et la voix active et la voix passive.

Modèle: *Dans notre université les assistants enseignent les cours de débutants.*
Dans notre université les cours de débutants sont enseignés par des assistants.

Vocabulaire utile

enseigner les cours	le/la président(e)
corriger les devoirs	le/la/les vice-président(e)(s)
corriger les examens	le doyen / la doyenne *(dean)*
établir les règles	le chef du département
punir les effractions aux règles	les professeurs
engager les nouveaux professeurs	les étudiants
organiser les activités	les administrateurs
organiser le programme d'études	
remettre les diplômes	

Réponses, Ex. J: 1. Dans le film de Robert Altman *Gosford Park*, des remous sont provoqués dans le monde privilégié d'un manoir anglais par un double meurtre et quelques scandales. 2. Dans le drame français *A la folie... pas du tout*, un cardiologue marié, bientôt papa, est aimé passionnément d'une jolie artiste de 20 ans. 3. Le prix Caméra d'Or à Cannes en 2002 a été gagné par le film d'aventures canadien *Atanarjuat*. 4. Sept enfants juifs et palestiniens ont été interviewés à propos des événements au Moyen-Orient par les réalisateurs du documentaire américain-israélo-palestinien *Les Réalistes*. 5. Un nouveau prix, celui du meilleur court métrage, sera décerné aux prochains Césars (équivalent français des Oscars). 6. Le film *L'Orphelin d'Anyang* a été tourné dans une petite ville de province chinoise. 7. Dans le thriller américain *L'Intrus*, la vie d'un jeune garçon est perturbée par le divorce de ses parents. 8. *Hollywood Ending* (comédie de Woody Allen) a été présenté en ouverture de la compétition par le comité de sélection du festival de Cannes. 9. Les acteurs principaux du drame psychologique franco-autrichien *La Pianiste* seront interviewés dimanche prochain sur France 2. 10. Le film de Costa-Gavras *Amen* a été inspiré par l'histoire vraie de Kurt Gerstein pendant la Seconde Guerre mondiale.

Document de voyage (1)
Un itinéraire

Il y a quelques années, Audrey Gagnaire a fait partie d'un groupe de lycéens français qui ont visité les Etats-Unis. Pour la plupart des étudiants c'était leur premier voyage en Amérique du Nord.

Voyage aux Etats-Unis
New York / Washington / Minneapolis
15 février—2 mars

15 février:	Arrivée à l'aéroport de New York Rencontre des familles d'accueil
16 février:	Cours Visite de Central Park
17 février:	Cours Shopping au centre-ville
18 février:	Cours Visite de Chinatown Soirée dans un restaurant de Chinatown
19 février:	Cours Visite de la Statue de la Liberté et Ellis Island
20 février:	Cours Visite du musée d'art Metropolitan Visite du zoo du Bronx
21 février:	Patin à glace sur un lac gelé Départ pour Washington, D.C., avec un membre de votre famille d'accueil
22 février:	Visite du musée de l'Aérospatiale
23 février:	Visite de la Maison Blanche, des monuments de Lincoln et de Washington
24 février:	Visite du monument des Vétérans de la Guerre du Vietnam Temps libre: musées, shopping
25 février:	Dernier jour avec vos amis de New York Départ pour Minneapolis Rencontre des nouvelles familles d'accueil
26 février:	Cours Visite du musée d'art moderne Walker et de son jardin des sculptures
27 février:	Cours Visite du centre-ville de Saint-Paul (le Capitole, la cathédrale, shopping)
28 février:	Cours Temps libre avec les familles
1er mars:	Cours
2 mars:	Visite du Mall of America (shopping) Tour des lacs Retour en France

Parlez!

L. Le voyage d'Audrey aux Etats-Unis. Répondez aux questions suivantes à l'aide de l'itinéraire à la page précédente.

1. Combien de temps Audrey a-t-elle passé aux Etats-Unis?
2. Quelles villes américaines a-t-elle visitées? Combien de temps a-t-elle passé dans chaque ville?
3. Combien de nuits a-t-elle été logée chez une famille? Combien de nuits est-elle descendue à l'hôtel?
4. Combien de fois a-t-elle visité des écoles américaines?
5. Quels sites touristiques a-t-elle visités?
6. A quelles autres activités a-t-elle participé?

M. Résumé: le voyage d'Audrey. Faites un résumé du voyage d'Audrey aux Etats-Unis. Mettez les verbes au passé composé.

Modèle: *Elle a voyagé avec des étudiants de son lycée. Elle est arrivée à New York le 15 février. Là, elle a rencontré sa famille d'accueil…*

Réponses, Ex. L: 1. 16 jours. 2. 7 jours à New York; 3 jours à Washington, D.C.; 6 jours à Minneapolis. 3. 11 nuits chez des familles, 3 nuits à l'hôtel. 4. 9 fois. 5. à New York: Central Park, Chinatown, la Statue de la Liberté et Ellis Island, le musée d'art Metropolitan, le zoo du Bronx; à Washington: la Maison Blanche, les monuments de Lincoln et de Washington, le musée de l'Aérospatiale, le monument des Vétérans de la Guerre du Vietnam; à Minneapolis (le musée d'art moderne Walker et son jardin de sculptures, le Capitole, la cathédrale, les lacs). 6. dîner dans un restaurant chinois, faire du patin à glace, faire du shopping

◉ Do *A faire! (6-3)* on page 218 of the **Manuel de préparation.**

Document de voyage (2)

SUGGESTED LESSON OUTLINE

Students assigned *A faire! (6-3)* have:
- prepared the itinerary for a trip they have taken;
- learned some expressions;
- reviewed the use of verb tenses in preparation for recounting a trip;
- written an account of the trip for which they prepared the itinerary.
- Exercises XIII and XV were not self-correcting. Students were instructed to bring to class a draft of their *récit de voyage*.

In this segment, do:
- *Ecrivez!* (Ex. N)
- *Document de voyage: Un e-mail* (Ex. O, P)
- *Document de voyage: Un article* (Ex. Q, R)
- *Discutez!* (Ex. S).

Ex. N

deviner to guess
embouteillage traffic jam
plein de = beaucoup de
gratte-ciel skyscraper
sécher to cut (a class)
le pire the worst
se plaindre to complain
faire la queue to stand in line

Ecrivez!

N. Mon itinéraire (suite). En lisant le compte rendu rédigé par un(e) camarade de classe (Exercice XV dans votre **Manuel de préparation**), examinez les aspects suivants.

1. Mettez un cercle autour de toutes les expressions tirées des listes aux pages 220–222 du **Manuel de préparation**. A votre avis, est-ce que votre partenaire a fait un effort pour utiliser ce vocabulaire?
2. Soulignez une fois chaque verbe au passé composé. Y a-t-il des verbes qui devraient être conjugués à un temps différent? Expliquez.
3. Soulignez deux fois chaque verbe à l'imparfait. Y a-t-il des verbes qui devraient être conjugués à un temps différent? Expliquez.
4. Soulignez trois fois chaque verbe au plus-que-parfait. Y a-t-il des verbes qui devraient être conjugués à un temps différent? Expliquez.

Un e-mail

Pendant qu'elle visitait les Etats-Unis, Audrey a envoyé un e-mail à sa copine Sophie. Voici ce qu'elle lui a écrit:

De: Audrey Gagnaire <audrygggg@>
>À: "Sophie Desain" <sophieddd@noos.fr>
>Objet: mon séjour aux E-U
>Date: Mer 23 fév 2003 16:15

Salut, Sophie!

Comment vas-tu? Moi, je suis en pleine forme! Comme tu le sais, je suis aux Etats-Unis en ce moment. On est parti de Charles de Gaulle il y a 9 jours exactement. Comme ça passe vite! Tu devineras jamais combien il fait en février ici: il fait -10 degrés! Il y a de la neige partout et tu devrais voir les embouteillages que ça cause. A part ça, c'est génial! On est arrivé à New York dimanche soir et les familles d'accueil nous attendaient dans la cafétéria de l'école. J'ai enfin rencontré ma correspondante, Danielle. Elle est super sympa, ainsi que sa famille. Il m'ont amenée à Central Park (je ne peux pas te décrire comme c'est immense! Il faudra absolument qu'on revienne ensemble et je te montrerai tout, mais plutôt en été). On est aussi allé à Chinatown, il y a plein de boutiques partout, d'ailleurs je vais te ramener quelque chose d'ici, mais c'est une surprise. On a fait du shopping sur la 5e avenue. Mais en fait, le plus impressionnant, c'est de regarder en l'air. Les gratte-ciel sont immenses! [T'as] l'impression d'être tout petit à côté. On a visité le musée d'art Metropolitan. C'est trop grand, tu sais plus où regarder tellement il y a de choses. On est aussi allé en cours, le matin. On en a séché quelques-uns aussi (les maths en anglais, c'est encore plus incompréhensible qu'en français). Ce qui est chouette ici, c'est qu'ils finissent les cours à 2 heures de l'après-midi, et après ça, ils sont libres! Certains font du sport, d'autres vont au centre commercial. Ils ont beaucoup moins de cours et de matières que nous. Le pire dans tout ça, c'est le repas de midi: la nourriture de la cafet' est horrible! Je ne me plaindrai plus de nos repas en France. Hier, on a pris l'avion pour Washington. Là, on est à l'hôtel avec les enfants de nos familles d'accueil. Danielle et moi partageons une chambre avec Carole et Christina. C'est très rare qu'on aille se coucher avant 3 ou 4 heures du matin. C'est peut-être pour ça que le réveil est assez dur. Ce matin, on a visité la Maison Blanche. On a dû faire la queue pendant 4 heures! On s'est gelé! Mais ça en valait la peine. C'était pas mal, style château français côté décoration. Cet après-midi, on ira voir le monument de Lincoln. Bon, on doit y aller bientôt, alors je vais te laisser. Je t'enverrai un autre e-mail dès que j'aurai accès à un ordinateur.

A bientôt, gros bisous.
Audrey

Réponses, Ex. O: 1. 9 jours après son arrivée à New York. 2. Il faisait froid (–10 degrés) et il y avait beaucoup de neige (il avait neigé). 3. Sa correspondante. Elle la trouve super sympa. 4. Le parc est tellement grand. 5. On ne sait pas. C'est une surprise. 6. Regarder les gratte-ciel. 7. Trop grand, trop de choses à regarder. 8. Non. Elle n'aime les maths ni en français ni en anglais. 9. Les repas. 10. Danielle, les autres membres de son groupe et les étudiants américains qui les accueillaient. 11. Elles se couchaient normalement vers 3 ou 4 heures du matin. 12. Elle a dû faire la queue pendant quatre heures et il faisait froid. 13. Oui. Elle a trouvé que la décoration ressemblait à celle d'un château français. 14. Elle devait partir pour aller visiter le monument de Lincoln.

Parlez!

O. Vous avez bien compris? Répondez aux questions suivantes à propos de l'e-mail d'Audrey.

1. Quand Audrey a-t-elle envoyé cet e-mail?
2. Quel temps faisait-il quand elle est arrivée à New York?
3. Qui est Danielle? Comment Audrey la trouve-t-elle?
4. Qu'est-ce qu'Audrey a remarqué en visitant Central Park?
5. Qu'est-ce qu'elle a acheté pour sa copine?
6. Qu'est-ce qui l'a impressionnée le plus à New York?
7. Pourquoi n'a-t-elle pas tellement aimé le musée d'art Metropolitan?
8. A-t-elle assisté à tous les cours au lycée de Danielle? Pourquoi (pas)?
9. Qu'est-ce qu'elle n'a pas du tout aimé au lycée?
10. Qui l'a accompagnée à Washington?
11. Pourquoi ont-elles eu du mal à se lever le matin?
12. Pourquoi a-t-elle trouvé la visite de la Maison Blanche un peu difficile?
13. A-t-elle aimé la visite de la Maison Blanche? Expliquez.
14. Pourquoi a-t-elle terminé son e-mail?

P. Avant ou après? En vous basant sur l'e-mail d'Audrey et sur son article aux pages 220–221, répondez aux questions suivantes en utilisant les expressions **avant (de)** ou **après**.

1. Est-ce qu'Audrey a envoyé un e-mail à Sophie avant d'arriver à Washington ou après être arrivée à Washington?
2. Est-ce qu'Audrey a visité Central Park avant ou après la visite de Chinatown?
3. Est-ce qu'Audrey est allée au musée d'art Metropolitan avant de visiter Chinatown ou après avoir visité Chinatown?
4. Est-ce que les étudiants américains au lycée de Danielle faisaient du sport avant ou après la fin des cours?

Un petit truc

Les prépositions *avant (de)* **et** *après*

Relationships of anteriority (before)

To indicate that an action *precedes (will precede, did precede)* another action, use the prepositions **avant** or **avant de**. Use **avant** with a noun; use **avant de** with a verb (infinitive form).

Nous avons fait nos valises **avant le jour** de notre départ.

Nous avons fait nos valises **avant de partir**.

If the verb following **avant de** is pronominal (reflexive), the pronoun agrees with the subject of the sentence.

Nous avons pris une douche **avant de *nous* habiller**.

Relationships of posteriority (after)

To indicate that an action *follows (will follow, did follow)* another action, use the preposition **après**. When **après** is used with a verb, it is followed by a past infinitive (i.e., **avoir** or **être** plus the past participle).

Jean est arrivé **après le départ** de Marianne.

Tu pourras sortir **après avoir fait** la vaisselle.

Après être retournée en Chine, Li-yang nous a envoyé un e-mail.

If the verb following **après** is pronominal (reflexive), the pronoun accompanying the past infinitive agrees with the subject of the sentence.

Nous avons déjeuné **après *nous* être habillés**.

5. Est-ce qu'Audrey a fait du shopping avant de quitter New York ou après avoir quitté New York?
6. A Washington, est-ce qu'Audrey, Danielle et leurs amies se sont couchées avant ou après l'heure habituelle du coucher?
7. Est-ce que les jeunes filles ont visité la Maison Blanche avant d'aller au monument de Washington ou après être allées au monument de Washington?
8. Est-ce qu'Audrey a visité Minneapolis avant d'aller à Washington ou après avoir visité Washington?

Lisez!

Un article

De retour en France, Audrey a rédigé pour le journal de son école un article sur son voyage aux Etats-Unis. Dans cet article, elle offre encore des détails sur ses activités et particulièrement sur ses impressions.

15 JOURS DE L'AUTRE CÔTÉ DE L'ATLANTIQUE
Audrey Gagnaire

Après un long vol (environ 8 heures), nous arrivons enfin dans ce pays qui fait tant rêver. Dans le bus qui nous amène au lycée où nous attendent les familles d'accueil, toutes les têtes sont tournées vers les gratte-ciel, ces gigantesques bâtiments qui ne laissent entrevoir qu'un minuscule coin de ciel bleu. Le lycée se situe en dehors de la ville, et nous traversons un pont enjambant un lac entièrement gelé. L'hiver sur la côte est plutôt froid, et nous, pauvres petits Français habitués à des températures plus élevées même en plein cœur de l'hiver, nous nous trouvons complètement frigorifiés. Mais ce sentiment est vite estompé par tout ce qui nous entoure. C'est un véritable choc culturel: tout est différent, tout est disproportionné, les immeubles, les distances, tellement d'autres choses inexplicables que l'on ne peut décrire.

New York est une ville où tout se déroule très vite: les gens courent partout, les embouteillages sont affolants, personne ne prend le temps de faire une pause, de souffler. Comme on dit: le temps, c'est de l'argent, mais ici on comprend vraiment le sens de ce proverbe. Cette ville immense, où tant de personnes se croisent, semble anonyme. Personne ne s'arrête pour parler à son voisin, ou simplement pour dire bonjour à un passant. Seulement des individus, solitaires, qui ne font que courir d'un endroit à l'autre. Mais cette ville est pleine d'énergie, et quand vous posez un pied au centre-ville, vous ne pouvez que vous étonner de ce sentiment qui vous pénètre, un sentiment de pure énergie et d'excitation qui vous fait suivre le reste de la foule, et vous vous retrouvez quelques minutes plus tard en train de courir comme tous les gens autour de vous. Mais New York n'est pas seulement un damier de rues et de gratte-ciel. C'est aussi un centre de richesses culturelles avec des musées de grande renommée, Wall Street, Chinatown, Central Park. On trouve une telle multitude de cultures et de traditions, et quand on change de quartier, on peut se retrouver complètement dépaysé.

Alors que l'on commençait à peine à s'habituer au train de vie de nos familles d'accueil, nous voilà déjà repartis pour une autre destination: Washington, D.C., capitale des Etats-Unis et lieu de résidence du président. Washington est vraiment différent de New York: on y ressent moins d'énergie, de trépidation. Cela semble plus calme. La Maison Blanche ressemble étrangement à une collection de salles de châteaux européens. Et malgré la longue et douloureuse attente pour y entrer (4 heures dans un froid mordant), c'est l'un des endroits les plus intéressants de la capitale. Le monument de Lincoln et l'Obélisque ont un air solennel. Le monument des Vétérans, quant à lui, est toujours visité par des familles qui ont perdu l'un de leurs membres pendant la

---

entrevoir to glimpse
estompé softened, blurred
se déroule happens, unfolds
courent run
affolants alarming
souffler to breathe
se croisent pass each other
damier checkerboard
dépaysé disoriented
trépidation flurrying about
douloureuse painful
mordant biting
pleurent cry
ressentir to feel
étape stage (of the trip)
jumelle twin
porte-monnaie wallet

guerre au Vietnam. On peut voir des fleurs au pied du mur où sont inscrits tous les noms des soldats morts ou disparus lors de cette terrible guerre. Certaines personnes pleurent. On peut ressentir la tristesse et la douleur des personnes autour de nous.

Dernière étape: Minneapolis. Minneapolis est une ville encore plus calme, tranquille. Les gens prennent leur temps et ne courent pas comme des fous. Cette ville est au milieu de nulle part: la majorité de la population de l'état du Minnesota est regroupée dans Minneapolis et sa ville jumelle, Saint Paul (qui est aussi la capitale) et autour, on ne voit que des champs et de la verdure. Minneapolis est la ville du shopping avec le Mall of America, l'un des plus grands centres commerciaux du monde. Il nous a fallu toute une journée pour en faire le tour, et encore sans avoir tout vu! Attention au porte-monnaie... Il y a aussi plusieurs musées et galeries d'art. Par exemple, un jardin de sculpture dont l'attraction principale est une cuillère gigantesque au milieu d'une fontaine avec une cerise dessus. C'est l'art moderne, à approcher avec un esprit ouvert. La caractéristique des habitants du Minnesota, c'est le «Minnesota Nice»: c'est-à-dire que les gens sont très sympathiques et souriants la majorité du temps.

Ce voyage a été une expérience formidable pour tous les participants, français et américains. Nous avons découvert un aspect différent de ce que l'on voit dans les films américains: la vraie vie américaine.

Q. Qu'est-ce que vous avez compris? Après avoir lu l'article d'Audrey, résumez ce qu'elle a dit sur les sujets suivants.

1. Les premières impressions des lycéens français en arrivant aux Etats-Unis
2. Ses impressions de New York
3. Ses impressions de Washington
4. Ses impressions de Minneapolis
5. Sa réaction générale au voyage

R. L'expression *ne... que*. Dans son article, Audrey utilise plusieurs fois l'expression **ne... que** *(only)*. Donnez l'équivalent anglais des phrases suivantes.

1. «... ces gigantesques bâtiments qui ne laissent entrevoir qu'un minuscule coin de ciel bleu.»
2. «... des individus, solitaires, qui ne font que courir d'un endroit à l'autre.»
3. «... quand vous posez un pied au centre-ville, vous ne pouvez que vous étonner de ce sentiment... »
4. «... et autour, on ne voit que des champs et de la verdure.»

Réponses, Ex. R: *(Answers may vary.)*
1. ... those gigantic buildings that allow you to glimpse only a tiny corner of blue sky. 2. ... solitary people who do nothing but run from one place to another. 3. ... when you set foot into downtown, all you can do is be astonished at that feeling ... (you can only be surprised at that feeling) ... 4. ... and all around we see only (all you can see is) fields and greenery (foliage).

Discutez!

S. Mes impressions de voyage. Parlez avec quelques camarades de classe au sujet d'un voyage que vous avez fait. (Si vous voulez, vous pouvez utiliser le voyage dont vous avez donné l'itinéraire et au sujet duquel vous avez envoyé l'e-mail dans le **Manuel de préparation**; si vous préférez, vous pouvez choisir un autre voyage.) Indiquez où et quand vous avez fait ce voyage, décrivez brièvement ce que vous avez fait au cours de ce voyage, puis discutez de vos impressions des différents endroits que vous avez visités.

Ex. S

Do *A faire! (6-4)* on page 223 of the **Manuel de préparation**.

Lecture

SUGGESTED LESSON OUTLINE

Students assigned *A faire! (6-4)* have:
- outlined and written the draft of an article about a trip they took.
- Exercises XVI and XVII were not self-correcting, and students were instructed to bring the draft of their article to class.

In this segment:
- do *Ecrivez!* (Ex. T);
- read the initial segment of Butor's *Réseau aérien*;
- do Ex. U.

Suggestion, *Réseau aérien:* We have included an excerpt (the first 30 pages in the original edition) of Michel Butor's text for radio, *Réseau aérien,* to give students the experience of working with a modern literary text. We also want to prepare students for a writing activity that involves imitating the general structure of Butor's text while they describe trips they have taken and/or can imagine.

Audio: CD3, Tracks 13–16

Michel Butor (1926–) est un écrivain français connu pour ses romans, ses poèmes, ses œuvres critiques et ses textes expérimentaux. Voyageur intrépide, il introduit dans ses textes les fruits de ses voyages—en Egypte (*Passage de Milan*), en Angleterre (*L'Emploi du temps*), en Italie (*La Modification*), aux Etats-Unis (*Mobile, 6 810 000 litres d'eau par seconde*), en Orient et en Australie (*Boomerang*). Parmi ses textes peu orthodoxes se trouve *Votre Faust*, opéra à multiples voies (les spectateurs votent à différents moments pour déterminer ce qui va se passer ensuite) et *Réseau aérien*, texte «stéréophonique à multiples voix» (dix acteurs—cinq hommes, cinq femmes—se parlent par combinaisons variées).

Ecrivez!

T. Mon article (suite). En lisant l'article par un(e) camarade de classe (Exercice XVII dans votre **Manuel de préparation**), examinez les aspects suivants:

1. Vérifiez qu'il y ait une introduction, une partie centrale et une conclusion.
2. L'introduction, situe-t-elle bien le voyage dans le temps et dans l'espace?
3. Est-il possible d'identifier clairement les différentes parties de la partie centrale?
4. Y a-t-il assez de détails?
5. Après avoir lu l'article, a-t-on une idée claire des réactions et des opinions de l'auteur?

Réseau aérien

Michel Butor

A tout moment du jour et de la nuit, invisibles pour la plupart, des avions sillonnent (criss-cross) *le ciel, reliant des endroits lointains et réduisant la taille* (size) *de notre globe. Dans* Réseau aérien, *texte radiophonique diffusé* (broadcast) *pour la première fois en juin 1962 et publié la même année, Michel Butor essaie de suggérer au moyen de la littérature la simultanéité de voyages et la multiplicité de préoccupations des voyageurs. En voici un extrait, qui représente le début du texte.*

[*Deux couples*] *partent en voyage. Ils prennent deux avions différents: l'un vole vers l'est, l'autre vers l'ouest. A chaque escale un couple descend et un nouvel avion repart. A l'intérieur des avions les couples se parlent et leurs conversations se mêlent à* (mix with) *celles des autres voyageurs.*

Imaginons que nous écoutons ce texte à la radio.

Le signe ✈ indique un bruit *(noise)* d'avion.

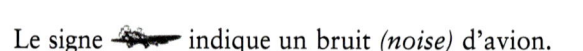

Le signe 👥 indique un bruit de foule *(crowd of people)*.

Le signe ◉ indique une percussion sourde.

Les chiffres qui suivent ✈ ou 👥 indiquent le numéro de l'avion (il y en a 5).

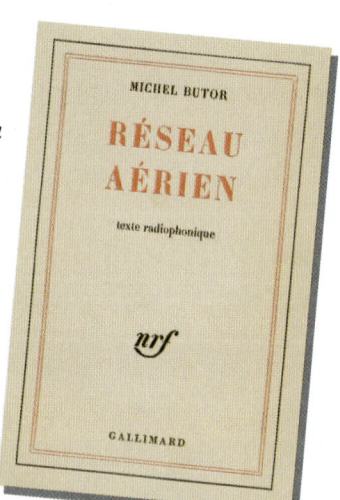

Aéroport d'Orly. Aéroport d'Orly.

1

A Nouméa.
　　C'est notre premier grand voyage.
　La moitié° de la tour de la terre.　　　　　　　　　*half*
　　Sans presque rien voir.
　Pas trop émue°?　　　　　　　　　　　　　　　　*nervous, excited*
　　Si, très émue.
B Peur?
　　Non.
　Extraordinaire, on est comme arraché du sol°.　　*pulled out of (off from) the ground*
　　Il paraît que le plus désagréable…
　Ne t'inquiète° pas.　　　　　　　　　　　　　　*worry*
　　Je ne m'inquiète pas.
C Détends-toi°.　　　　　　　　　　　　　　　　　*Relax*
　　Ça va.
　Prends ma main.
　　Je ne m'y habituerai jamais.
　Tu es ridicule.
　　Je n'y puis rien°.　　　　　　　　　　　　　　*I can't help it*
D On voit encore Paris?
　　Disparu°.　　　　　　　　　　　　　　　　　　*Gone (Disappeared)*
　A quoi ton bonbon?
　　Menthe. Et le tien?
　Citron. Je n'ai pas encore fini.
　　Moi non plus.
E Le signal s'est éteint°.　　　　　　　　　　　　*has been turned off*
　　On peut enlever° sa ceinture°.　　　　　　　　*to take off; seat belt*
　Baisser le dossier°.　　　　　　　　　　　　　　*To put the seat back*
　　C'est assez confortable.
　Pas de place pour les jambes.
　　Tu n'es jamais content.
F Bientôt la Bourgogne°.　　　　　　　　　　　　*province in the east of France*
　　Ce doit être la Bourgogne.
　Les vignes°.　　　　　　　　　　　　　　　　　*vineyards*
　　La Saône°.　　　　　　　　　　　　　　　　　*river in Burgundy*
　Tu es sûre que c'est la Saône?
　　Je ne sais pas.

U. Qu'est-ce que vous avez compris? Répondez aux questions suivantes à propos du premier extrait de *Réseau aérien*.

1. L'avion numéro 1, quelle est sa destination? D'où part-il?
2. A quel moment ont lieu ces petites conversations—au décollage *(take-off)* ou à l'atterrissage *(landing)*? Comment le savez-vous?
3. Distinguez entre les différents voyageurs:
　a. Qui a peur de voyager en avion?
　b. Qui mange des bonbons?
　c. Qui est à la fois un peu nerveux(se) et un peu excité(e)?
　d. Qui semble avoir l'habitude de prendre l'avion?
　e. Qui regarde par la fenêtre (le hublot)?
　f. Qui n'est pas très confortable? Pourquoi pas?
4. Où se trouve l'avion à la fin de ce morceau de texte?

Audio: CD3, Track 13

The Butor text consists of snatches of numerous short dialogues (each only six lines long), organized in groups of six or fewer conversations and then juxtaposed with other conversations to give an impression of simultaneity. The first set of six conversations takes place in an airplane leaving from France (Orly airport) for the South Pacific (Nouméa, in New Caledonia); this plane is flying east. The second set of four conversations occurs in an airplane also leaving Orly for Nouméa but heading in the opposite direction. Each time one of the planes makes a stop (for example, the plane heading east stops in Athens, the plane going west stops in Montreal), another plane takes off and a new set of conversations joins the mix.

Butor's text is continuous, i.e., there are no part or chapter breaks. In order to help students read the text, we have divided our excerpt from *Réseau aérien* into four mini-segments, each followed by exercises. A recording of each mini-segment of the Butor text can be heard on the Audio CD. The first mini-segment is extremely short (one set of six conversations and a single exercise). As students become more comfortable with the material, succeeding mini-segments are longer and include multiple exercises. Although students may initially find the text somewhat confusing, we are confident that with your guidance and the help of the recordings and the exercises, they will come to understand it well and that it will stimulate their imaginations for the final writing project.

Note: In the original printed version of *Réseau aérien,* Butor identifies each new conversation by letters associated with the actors (five men: A B C D E; five women: f g h i j). Thus, A j form one couple in the first airplane; A i form a different couple in the second airplane. In order to simplify the text for our students, we have simply designated each new couple by a single capital letter (A through M). The male voice starts each exchange.

Réponses, Ex. U: 1. Nouméa. Paris (Orly). 2. Au décollage («comme arraché du sol» / «le signal s'est éteint» / «on peut enlever sa ceinture») 3. a. La femme du couple C («Je ne m'y habituerai jamais») b. Le couple D («A quoi ton bonbon?» / «Menthe.» / «Citron.») c. La femme du couple A («Si, très émue.») d. Les hommes des couples B («Peur?» / Ne t'inquiète pas.»), C («Détends-toi.» / «Tu es ridicule.»), E («Baisser le dossier.»); la femme du couple E («On peut enlever… » e. les couples D («On voit encore Paris?» / «Disparu.») et F («Ce doit être la Bourgogne.» / «Les vignes.») f. l'homme du couple E («Pas de place pour les jambes.») 4. au-dessus de la Bourgogne (à l'est de Paris)

Do **A faire! (6-5)** on page 224 of the **Manuel de préparation.**

Chapitre 6 ■ *Lecture* **223**

Fonction
Comment exprimer la négation

> **SUGGESTED LESSON OUTLINE**
> Students assigned *A faire! (6-5)* have:
> - done an exercise on geographical places mentioned in the first segment of *Réseau aérien;*
> - worked with negative expressions.
> - All exercises were self-correcting.
>
> In this segment,
> - do *Fonction* (Ex. V, W, X)
> - continue working with *Réseau aérien;*
> - do Ex. Y, Z.

Rappel

Les expressions négatives

ne… rien
> Je **ne** vois **rien**.
> Nous **n'**avons **rien** acheté.
> Je **n'**ai besoin de **rien**.
> Que voulez-vous? **Rien**.

ne… personne
> Elle **ne** connaît **personne** à Lyon.
> Je **n'**ai rencontré **personne**.
> Ils **n'**ont parlé à **personne**.
> Qui a téléphoné? **Personne**.

ne… jamais
> Je **n'**y vais **jamais**.
> Tu **ne** vas **jamais** comprendre!
> Il **n'**est **jamais** allé en Orient.

ne… plus
> Elle **n'**est **plus** là.
> Je **ne** peux **plus** supporter le stress.

ne… pas encore
> Je **n'**ai **pas encore** mangé.
> Ils **ne** sont **pas encore** rentrés.

> **Ex. V**
>
> **Réponses, Ex. V:** 1. personne n'a téléphoné ce matin. 2. je n'ai besoin de rien. 3. il ne neige plus. 4. je n'ai pas encore dîné. 5. il ne lui faut rien. 6. personne ne veut voir ce film. 7. je n'ai vu personne dans la rue. 8. elle n'a rien acheté au magasin de musique. 9. personne ne connaît le numéro de téléphone de Jean-Jacques. 10. elles ne sont pas encore parties pour l'Afrique. 11. je ne vais (nous n'allons) jamais au musée. 12. ils ne sont plus au restaurant. 13. je ne vais envoyer d'e-mail à personne. 14. elle n'a peur de rien. 15. personne ne m'a accompagné.

V. Toujours non. Répondez négativement aux questions suivantes.

1. Est-ce que quelqu'un a téléphoné ce matin? Non,…
2. Est-ce que tu as besoin de quelque chose? Non,…
3. Est-ce qu'il neige encore? Non,…
4. Tu as déjà dîné? Non,…
5. Il lui faut quelque chose? Non,…
6. Quelqu'un veut voir ce film? Non,…
7. Tu as vu quelqu'un dans la rue? Non,…
8. Elle a acheté quelque chose au magasin de musique? Non,…
9. Quelqu'un connaît le numéro de téléphone de Jean-Jacques? Non,…
10. Elles sont déjà parties pour l'Afrique? Non,…
11. Vous allez souvent au musée? Non,…
12. Ils sont toujours au restaurant? Non,…
13. Tu vas envoyer un e-mail à quelqu'un? Non,…
14. Elle a peur de quelque chose? Non,…
15. Quelqu'un t'a accompagné? Non,…

W. Deux sœurs qui ne se ressemblent pas. En utilisant des expressions négatives, expliquez en quoi Jacqueline diffère de sa sœur Myriam.

Modèle: Myriam aime tout le monde.
Jacqueline n'aime personne.

1. Myriam aide toujours ses parents à la maison.
2. Myriam dit bonjour à beaucoup de gens en allant à l'école.
3. Myriam a déjà trouvé un job d'été.
4. Myriam embrasse encore ses parents avant de se coucher.
5. Myriam a donné des CD et un bijou à Jacqueline pour son anniversaire.
6. Myriam téléphone à sa meilleure copine tous les soirs.
7. Myriam connaît beaucoup de gens en dehors de l'école.
8. Myriam a envoyé une carte de Noël à ses grands-parents.
9. Myriam porte souvent une jupe.
10. Myriam fait beaucoup de choses le week-end.

X. Des caricatures. Avec l'aide des expressions négatives, caricaturez les personnages suivants. Utilisez l'expression **C'est quelqu'un qui…**

1. le (la) timide
   C'est quelqu'un qui ne parle à personne. Il (Elle) …
2. le (la) pessimiste
3. le (la) distrait(e)
4. l'avare *(miser)*
5. le (la) paresseux(se)
6. le (la) misanthrope
7. l'hypocondriaque

Réponses, Ex. W: 1. Jacqueline n'aide jamais ses parents à la maison. 2. Jacqueline ne dit bonjour à personne en allant à l'école. 3. Jacqueline n'a pas encore trouvé de job d'été. 4. Jacqueline n'embrasse plus ses parents avant de se coucher. 5. Jacqueline n'a rien donné à Myriam pour son anniversaire. 6. Jacqueline ne téléphone jamais à sa meilleure copine. 7. Jacqueline ne connaît personne en dehors de l'école. 8. Jacqueline n'a rien envoyé à ses grands-parents. (Jacqueline n'a pas envoyé de carte de Noël à ses grands-parents.) 9. Jacqueline ne porte jamais de jupe. 10. Jacqueline ne fait rien le week-end.

Lecture

Audio: CD3, Track 14

Réseau aérien (suite)

✈ 2

G   Nouméa.
    Par Los Angeles.
  L'autre moitié du tour de la terre.
    Pour une fois.
  Pour la première fois.
    Dans le même temps.
H   L'avion est plein.
    Toujours plein.
  Je ne pensais pas qu'il y avait un tel trafic entre Paris et Los Angeles.
    La moitié des gens descendent à Montréal.
  Vous connaissez Montréal?
    L'aérodrome, seulement.
I   Voit encore Paris?
    Fini.
  Quoi?
    Les boucles de la Seine°.   *(° loops formed by the Seine as it passes through Paris)*
  Et puis?
    Des prés°.   *(° meadows)*
J   Je suis heureux d'être à côté de vous.
    Vous êtes français?
  Oui, pourquoi? J'ai vraiment l'air° très français.   *(° look)*
    Vous vous conduisez comme° un Français.   *(° act like)*
  Et vous, vous êtes canadienne?
    J'ai vraiment l'air canadienne?

✈ 1

A   L'avion ne bouge vraiment plus.
    A peine° ce petit tremblement.   *(° Barely, scarcely)*
  On pourrait faire des châteaux de cartes°.   *(° house of (playing) cards)*
    Comme dans les films publicitaires.
  Il y a longtemps que j'ai vu ça.
    Moi aussi, je ne t'avais pas encore rencontré.
B   Où sommes-nous?
    Au-dessus de° la Suisse.   *(° Above)*
  Déjà?
    Quelle heure as-tu?
  Trois heures.
    Voici les Alpes.
C   Regarde.
    Non.
  Ça vaut la peine°.   *(° It's worthwhile)*
    Je sais.
  Un orage sur les pics bleus.
    Je préfère ne pas…

226   *Quant à moi…* ■ Manuel de classe

D Un journal?
      Tu as fini *le Monde*?
   A peu près°.   Almost
      Quoi de neuf?
   Pas grand-chose.
      Tiens, prends *Elle*.
E Je n'ai pas bien compris ce que c'est
   exactement que cette histoire avec ta tante
   Eugénie.
      Bah, c'est sordide, c'est absolument sordide…
   Encore une affaire de testament?
      Oui. Julien…
   Celui qui a les lunettes noires?
      Non, les lunettes noires, c'est Edmond.
F Isabelle.
      Denis.
   Les glaciers.
      Et de l'autre côté l'Italie.
   Aller en Italie.
      Moi, mais, n'est-ce pas, c'est mieux de commencer par la Grèce.

2

G Encore la Seine?
      Oh non, depuis longtemps!
   Nous avons quitté la France?
      La Manche°. Un bateau passe.   English Channel
   Il va peut-être vers New York ou Montréal?
      Il lui faudra une semaine.
H Vous avez dû visiter tous les Etats-Unis.
      J'ai fait les grandes excursions classiques: les chutes du Niagara, le
      canyon du Colorado.
   Et ça vaut la peine?
      Oh oui, ça vaut la peine. Nous allons passer sur le canyon.
   On voit quelque chose d'avion?
      Pourvu qu'°il y ait de la lune.   Provided that
I Et maintenant?
      La mer.
   Agitée°?   Rough
      Je ne sais pas. Il y a un petit
      quadrillage° dessus. Nous appro-   grid
      chons d'une côte°.   coast
   La Cornouaille°.   Cornwall (area of southwestern England)
      Le temps devient gris.
J Vous habitez Montréal?
      Non, je suis de Québec.
   Et vous êtes restée longtemps en France?
      Un peu plus d'un an.
   C'est loin Québec de Montréal?
      Vous, vous restez à Montréal?

1

A De quoi aura l'air Nouméa?
      On s'arrangera°.   will manage
   Et nos élèves?
      On s'habituera.
   Nous avons pris un énorme risque, mais il y avait tant d'avantages!
      Tout se passera très bien, tu verras.

Chapitre 6 ■ Lecture   227

B   Gilberte.
     Oui?
Il faudra que je me débarrasse de° ce Lucien.   *get rid of*
     Tu as bien le temps d'y penser. Veux-tu la fenêtre?
Tu en as déjà assez?
     La mer.
C   L'Adriatique°.   *Adriatic Sea (off east coast of Italy)*
     Bernard.
Toute verte.
     Bernard, écoute-moi.
Qu'est-ce qu'il y a encore?
     Tu as entendu parler de cet accident?
D   J'ai fini le courrier du cœur°.   *advice column*
     Tu pourrais lire le roman°.   *here, serialized novel*
Au-dessus de° mes forces.   *Beyond*
     Pourquoi n'achètes-tu pas un bon policier°?   *detective novel*
Un peu tard.
     Chaque fois c'est la même chose.
E   Edmond...
     Tu n'as jamais aimé Edmond.
Je n'ai jamais beaucoup mis le nez dans les affaires de ta famille.
     Mais il y a des choses qu'il vaut mieux que tu saches.
Il y a des choses que j'aimerais mieux ne pas trop savoir.
     Oh, tout n'est pas joli joli.
F   Corfou°.   *a Greek island*
     Et cette montagne?
La chaîne du Pinde°.   *mountain chain in western Greece*
     On doit apercevoir° le Parnasse°.   *glimpse; Greek mountain*
Le golfe de Corinthe°.   *Gulf of Corinth (Greece)*
     L'isthme°.   *isthmus (narrow strip of land connecting two land masses)*

Réponses, Ex. Y: 1. Faux. L'un se dirige vers l'est, l'autre vers l'ouest: ils s'éloignent, se séparent l'un de l'autre. 2. Faux. La moitié des passagers vont descendre à Montréal. 3. Vrai. Le couple J. 4. Faux. Elle ne veut pas regarder par la fenêtre. Elle parle d'un accident (probablement d'avion). 5. Faux. Le couple E parle de la famille de la femme. 6. Vrai. Le couple A va habiter et travailler à Nouméa. 7. Vrai. L'homme du couple D a déjà fini de lire le journal. Il n'a pas de livres. 8. Faux. Il fera nuit quand ils survoleront le Grand Canyon; ils le verront s'il y a de la lune. 9. Vrai. Corfou, Corinthe, le Parnasse. 10. Vrai. La Manche, Cornouaille.

Réponses, Ex. Z: 1. C'est leur premier grand voyage. Ils prennent un grand risque. Ils ont peut-être pris un poste d'enseignants à Nouméa («nos élèves»). Ils devront s'habituer à une nouvelle vie. 2. Il lit le journal, elle a un magazine. Il finit son journal. Il lit un peu dans son magazine («J'ai fini le courrier du cœur»), mais le reste ne l'intéresse pas. Il n'a pas acheté de livre. Il commence donc à s'ennuyer. Ça se passe toujours comme ça quand ils voyagent («C'est chaque fois la même chose.»). 3. Ils ont l'habitude de voyager en avion. Il y a des problèmes dans la famille de la femme. Une affaire de testament. Le mari dit qu'il ne veut pas en savoir trop, mais il continue à en parler. 4. La femme connaît bien les Etats-Unis. L'homme fait le voyage pour la première fois. 5. L'homme est français. Il veut faire la connaissance de sa voisine, une Canadienne. Elle vient de passer un an en France. Elle habite à Québec.

🎯 Do **A faire! (6-6)** on page 229 of the **Manuel de préparation.**

Y. Vrai ou faux? Indiquez si c'est vrai ou faux en justifiant votre réponse.

1. Au cours de leur vol, les deux avions s'approchent l'un de l'autre.
2. La plupart des passagers du deuxième avion vont à Los Angeles.
3. Dans le deuxième avion il y a un Français qui flirte avec une jeune Canadienne.
4. La femme qui était très nerveuse au début du vol n'a plus peur.
5. Dans le premier avion il y a un couple marié qui parle de la famille du mari.
6. Dans le premier avion il y a un couple qui se prépare à changer sa façon de vivre.
7. Dans le premier avion il y a un couple dont le mari commence à s'ennuyer.
8. Les voyageurs du deuxième avion verront le Grand Canyon parce qu'ils le survoleront pendant qu'il fera jour.
9. Le premier avion survole la Grèce.
10. Le deuxième avion s'approche de l'Angleterre.

Z. Les voyageurs. Qu'est-ce que vous pouvez deviner au sujet des voyageurs suivants? Suggestion: relisez séparément les dialogues de chaque couple.

Le premier avion
1. le couple A
2. le couple D
3. le couple E

Le deuxième avion
4. le couple H
5. le couple J

228 *Quant à moi...* ■ *Manuel de classe*

Lecture

Audio: CD3, Track 15

Réseau aérien (suite)

Athènes

3

K   S'enfonce°.
    Salamine° à gauche.
Le soleil juste en face de nous.
    Le golfe de Corinthe brillant° comme une plaque de cuivre°.
J'aurais tellement voulu voir Olympie°.
    Nous reviendrons dès que nous pourrons.

1

A   De nouveau nous montons, nous sommes arrachés du sol.
        Le ciel a changé de couleur.
    Toutes les maisons font de longues ombres°.
        Laissons le soleil derrière nous.
    De longues traînées° de soleil cuivré° sur les montagnes.
        A la rencontre de la nuit.
B   Bientôt les îles.
        Egée°.
    L'Eubée°.
        Les îles font des ombres sur la mer.
    Le cap Sounion° juste au-dessous.
        Montons.
C   Ne montons plus.
        Tu veux fumer?
    Passons au-dessus des Cyclades°.
        Très haut.
    Des petites maisons comme des diamants enflammés°.
        Toutes ces voiles° minuscules.
D   Tu te souviens? Il y a combien de temps maintenant?
        Vingt ans au moins, c'était avant la guerre°.
    Il doit y avoir vingt-cinq ans.
        Nous avions dit que nous reviendrions.
    Et cela fait combien de fois que nous passons au-dessus sans nous arrêter.
        Henri, tu me promets depuis si longtemps que nous prendrons un jour des vacances.
E   Seulement, ce que je ne peux pas comprendre, ce que je n'admets pas de la part de Lucien…
        Julien, tu dis toujours Lucien et c'est Julien.
    Il s'est toujours conduit° à ton égard avec une parfaite muflerie°!
        Mais non, Léon, il a des côtés extrêmement gentils, souviens-toi°, lorsque ton cousin Adrien s'était montré, excuse-moi, tellement insupportable°…
    Je ne vais pas me mettre à° défendre Adrien!
        Je reconnais Mykonos°, Délos°.

SUGGESTED LESSON OUTLINE

Students assigned *A faire! (6-6)* have:
- reviewed the negative expressions.
- worked with the previous segment of *Réseau aérien;*
- Ex. XXIII and XXIV were not self-correcting.

In this segment:
- read another segment of *Réseau aérien;*
- do Ex. AA and BB.

Plunges in or ahead
city on the island of Cyprus

shining; sheet of copper
Greek city, site of the first Olympic games

shadows

streaks, trails; copper-colored

Aegean Sea (between Greece and Turkey)
island in the Aegean

southeastern point of Greece

Greek islands

brilliant, shining
sails

here, World War II

acted, conducted himself; boorishness
remember
unbearable
to begin to
Greek island northeast of the Cyclades; the smallest of the Cyclades

✈ 2

G   Depuis plus d'une heure dans les nuages.
      Cet itinéraire passe beaucoup plus au nord.
      J'ai l'impression que nous montons encore.
      Le pilote doit essayer de trouver le soleil.
      La vitre toujours piquée° de gouttes° d'eau qui tremble.   *dotted; drops*
      S'éclaircit.
H   Vous faites le trajet° combien de fois par an?   *trip*
      Au moins quatre fois.
      Et Honolulu, vous y êtes déjà allée?
      Oui, j'ai fait la folie° une fois de me   *was extravagant*
      payer là des vacances.
      Et alors?
      Vous verrez.
I   Sortir des nuages.
      Un pan° de bleu.   *patch*
      La vitre sèche°.   *dries*
      Encore du bleu.
      Voici la plaine des nuages qui s'étend à l'infini° éblouissante°.   *infinity; dazzling*
      Et le ciel parfaitement bleu.
J   Et quel temps fait-il à Québec?
      Le printemps est assez pluvieux°.   *rainy*
      L'été?
      Assez chaud. De très belles journées; mais c'est surtout l'hiver.
      L'hiver?
      Quand la neige est tombée le ciel est clair, bleu comme celui-ci.

Italics in the text indicate that the conversations are taking place at night.

✈ 1

A   *La moyenne de température, vingt-cinq degrés, c'est très supportable.*
      Et ça ne doit pas être tellement humide, Nouméa.
      Seize mille habitants.
      Nous nous y retrouverons° très vite.   *will know our way around*
      Il faut tenir le coup° trois ans.   *to hold out, last*
      Quand nous reviendrons, nous aurons des économies°.   *savings*
B   *Complètement nuit.*
      Les lumières d'une île, des lumières qui se doublent dans l'eau.
      Tu es sûre que c'est une île?
      Ce doit être Rhodes°.   *Greek island in the Aegean near Turkey*
      Oh nous avons sûrement déjà dépassé Rhodes.
      Ou Chypre°.   *Cyprus, small island state in the eastern Mediterranean*
C   *L'hôtesse apporte le dîner.*
      Je n'ai pas faim.
      Essaie.
      Je te donnerai presque tout.
      Grignote°.   *Nibble*
      C'est très joli, ce petit plateau°.   *tray*
D   *Quel vin?*
      Choisis.
      Un vin blanc sec°?   *dry*
      Sec si tu veux.
      Avec le poulet froid, je vais me payer un petit Bordeaux.
      Si tu me passes ton gâteau, je te donnerai ma pomme.

E *Où maintenant?*
   L'eau.
   Etoiles°? — Stars
   En mettant mes mains autour de mes yeux j'en aperçois quelques-unes.
   Nous approchons des côtes de la Syrie°, et nous mangeons la même chose que si nous survolions la France. — Syria
   Tu sais, en bateau, ce serait pareil°. — the same thing, similar

✈ 3

K *Du thé?*
   Bien sûr, du thé.
   Le crépuscule°. — twilight
   A la poursuite° du soleil. — pursuit
   Le ciel vert.
   Sur la mer vert sombre°. — dark

✈ 2

G *Le ciel éclatant°.* — bright
   Le soleil éclatant.
   Les heures passent mais le jour ne passe pas.
   Des fondrières° dans la plaine des nuages. — holes
   On les dirait remplies° d'épaisse° boue° tumultueuse. — filled; thick; mud
   Un autre avion comme une aiguille de glace.
H *Directement à Los Angeles?*
   Je n'ai pas un jour de plus.
   J'aurais presque envie, vous savez…
   De retarder votre retour? Mais oui!
   J'enverrai un télégramme.
   Je vous ferai faire quelques promenades.
I *Nuages.*
   S'effilochent°. — Fray, break apart
   Environs de Terre-Neuve°? — Newfoundland
   Rien que la mer sombre.
   Peut-être apercevrez-vous un iceberg?
   Une tache° de soleil qui vient d'atteindre° la mer. — spot; to reach
J *Et qu'est-ce que vous étiez venue faire en France? Je ne voudrais pas être indiscret. Vous étiez étudiante?*
   Oui, j'étais étudiante.
   A Paris?
   Non, à Poitiers°; j'avais une bourse. — city in France, southwest of Paris
   Je ne connais pas Poitiers; ça vous a plu°? — did you like it
   Oui, ça m'a plu.

AA. Le troisième avion. Répondez aux questions au sujet du troisième avion.

1. D'où part-il? Se dirige-t-il vers l'est ou vers l'ouest? Comment le savez-vous?
2. A votre avis, qu'est-ce que le couple K a fait à Athènes? Qu'est-ce qui vous donne cette idée?

Réponses, Ex. AA: 1. D'Athènes. Vers l'ouest. Salamine est à gauche. L'avion va vers le soleil («Le soleil juste en face de nous» / «A la poursuite du soleil»). 2. Ce sont peut-être des touristes, mais ils n'ont pas pu tout voir. Ils reviendront voir Olympie un jour.

Réponses, Ex. BB: 1. Vers l'est. Ils vont vers la nuit, il fait bientôt noir. On voit les ombres. La couleur de cuivre = le coucher du soleil. Ils passent au-dessus des îles grecques et s'approchent de la Syrie. 2. Vers l'ouest. Le ciel bleu. Le soleil. «Les heures passent, mais le jour ne passe pas.» Ils volent au-dessus de l'océan; ils s'approchent de Terre-Neuve. 3. a. Ils parlent du climat de Nouméa. Ils y vont pour travailler et pour faire des économies. b. Julien. Adrien. c. Elle ne veut pas manger. d. Il lui pose des questions sur Québec, sur ses études en France. e. Le monsieur du couple H va retarder son retour, envoyer un télégramme, visiter Los Angeles avec la femme assise à côté de lui. f. Le couple D a visité la Grèce avant la guerre («Il doit y avoir vingt-cinq ans.»). Elle voudrait y passer des vacances.

BB. Les deux autres avions. Répondez aux questions au sujet des avions dont vous avez déjà parlé.

1. *Le premier avion:* Dans quelle direction se dirige-t-il? Comment le savez-vous (plusieurs raisons)? Où se trouve-t-il au moment où les couples parlent?
2. *Le deuxième avion:* Dans quelle direction se dirige-t-il? Comment le savez-vous (plusieurs raisons)? Où se trouve-t-il au moment où les couples parlent?
3. Toutes les phrases suivantes sont correctes. Expliquez pourquoi.
    a. Le couple qui change de vie continue à parler de sa nouvelle vie.
    b. Le couple marié continue à parler de la famille de la femme.
    c. La femme qui n'aime pas prendre l'avion continue à ne pas être à son aise.
    d. Le Français continue à flirter avec la jeune Canadienne.
    e. Il y a un monsieur qui pense modifier son itinéraire.
    f. Il y a un couple marié qui a visité la Grèce il y a assez longtemps.

Do *A faire!* *(6-7)* on page 229 of the **Manuel de préparation.**

Lecture

Réseau aérien (suite)

✈ 1

A *Beaucoup d'autres dans cet avion qui vont à Nouméa comme nous?*
    Il y en a déjà qui sont descendus à Athènes.
D'autres sont montés, l'avion est plein, mais je ne saurais dire lesquels°.   *I couldn't say which ones (got on)*
    D'autres qui descendront à Téhéran°.   *capital of Iran*
Je n'aurais jamais accepté d'aller à Nouméa si l'on ne m'avait assuré qu'il y a un excellent hôpital.
    Mais oui, mon chéri.

B *Plus je pense à ce Lucien.*
    Il est vraiment si mal que ça? Passe-moi une cigarette.
Je n'ai que des gauloises°, mais on peut demander à l'hôtesse.   *French brand of cigarettes*
    Non, une gauloise.
Tu vois quelque chose?
    Rien.

C *Tu devrais t'étendre°.*   *stretch out*
    Je vais prendre mon tricot°.   *knitting*
Tu serais mieux.
    Je t'assure que ça va très bien.
Encore au moins deux heures avant Téhéran.
    Je vais pouvoir faire une manche°.   *sleeve*

D *J'ai terminé les mots croisés°.*   *crossword puzzle*
    Il y en a peut-être sur le Monde.
Repasse-moi le Monde.
    On pourra descendre à Téhéran.
Pour se dégourdir les jambes°.   *To stretch one's legs*
    La nuit de Téhéran!

E *Mais tu comprends, lorsque ta tante Eugénie a commencé sa petite enquête°.*   *investigation*
    La pauvre femme, elle s'est trouvée soudain tellement seule!
Elle avait bien fait ce qu'il fallait pour ça!
    Ses fils partis, toute sa famille lui faisant la tête°…   *sulking*
Elle n'a pas su les élever°.   *to raise, bring up (children)*
    Ce n'est pas la peine de lui jeter la pierre°. Elle en a tant° vu!   *to cast stones; so many*

✈ 3

K *Encore une bande un peu plus claire à l'horizon.*
    Toutes les maisons de la vallée sont allumées°.   *lit up*
En France?
    Approchons de Paris.
Bientôt descendre.
    Phares° minuscules sur les routes.   *Headlights*

2

	G	Ciel toujours éclatant.
Seedbed		Semis° de nuages.
		Bientôt apercevoir Terre-Neuve.
		Ce doit être couvert de nuages.
		Quelle heure?
		Où ça?
	H	Et Hollywood, de quoi ça a l'air, Hollywood?
		Cela n'existe presque plus.
		Mais les stars, il y a encore des stars.
close themselves up		Elles s'enferment° dans leurs villas.
		Vous en connaissez?
		J'ai autre chose à faire!
	I	La première fois que vous allez à Los Angeles?
		La première fois.
		Mais vous connaissez les Etats-Unis?
		J'y suis allée plus de vingt fois.
		Et Montréal?
		Je passais toujours par New York.
training course	J	C'est pour un stage°.
		Vous resterez combien de temps?
in theory		Six mois, en principe°.
		Six mois à Montréal?
		Je viendrai vous voir à Québec. Vous parlez anglais? Il faut que je fasse de l'anglais.
		Avec vous, j'aimerais mieux parler français.

1

mail	A	Combien de temps va mettre le courrier° jusqu'à Nouméa?
		Il ne pourra aller plus vite que nous.
		Et si on oublie de l'envoyer par avion, un mois au moins.
		Personne n'oubliera.
		J'espère que nous aurons un jardin.
		Et qu'il y aura quelqu'un pour m'aider lorsque…
Stretch out	B	Allonge-toi°.
		La lune se lève.
Persia (former name of Iran)		Lune de Perse°.
		Le sol brille.
to stop over		Une fois il faudra faire escale° à Téhéran, y rester deux jours.
		Quinze jours! Voir un peu le pays.
	C	Alors cette manche?
		Elle avance.
		C'est pour qui?
		Gisèle. Je l'avais promis avant de partir.
		Et tu crois que tu auras fini avant d'arriver?
		Si je ne suis pas malade, ça ira.
Tablecloth	D	Nappe° de lune.
Puddles		Flaques° de lune.
		Quelle heure as-tu?
		L'heure de Paris.
		Il faudra ajouter trois heures, non, deux heures et demie pour Téhéran.
		Quand je pense que je ne connais rien, absolument rien entre la France et le Pakistan.

E *Quand je pense que lorsque j'étais enfant le mot Perse...*
       Et maintenant?
   Depuis des années que j'y vis, je n'ai même pas réussi à parler la langue vulgaire°.   common, popular
       Nous n'avons même pas réussi.
   Nous ne sommes allés qu'une seule fois à Ispahan°.   city in Iran, site of the Great Mosque
       La première fois que je t'ai vu, lorsque tu m'as dit: je vais repartir pour la Perse.

2

G L'avion que nous prenions d'habitude, où est-il maintenant?
       Il y a combien de temps que nous sommes partis?
   Je ne sais plus, avec ce jour qui n'en finit pas, ce soleil qui n'en finit pas, il y a des heures.
       Ils ont dû quitter l'Europe.
   Quitter la Méditerranée.
       Volent en pleine nuit°.   in the middle of the night

H Vous ne trouvez pas ça fatigant, ce changement d'heure?
       Il me faut toujours à peu près une journée pour m'y retrouver.
   Et vous avez de la famille à Paris?
       Des frères, des cousins, et puis, bien sûr, mes deux enfants.
   Je ne savais pas que vous aviez des enfants.
       Je les ai gardés° avec moi tant que° j'ai pu et puis...   kept; as long as

I Terre-Neuve°?   Newfoundland
       Nous avons dépassé Terre-Neuve.
   Alors, c'est l'Amérique?
       Oui, mon cher, c'est l'Amérique!
   Vous, vous y êtes habituée.
       Ça me fait toujours un petit quelque chose.

J Je ne vous dérange° pas?   bother
       Mais non, penchez-vous°!   lean over (here, in order to see out the window); cliff
   Qu'est-ce que c'est que cette falaise°?
       La Gaspésie°; il faudra que vous alliez voir, c'est très fameux; la Roche Percée.   peninsula in eastern Canada
   Est-ce que c'est très loin de Québec? Nous pourrions y aller ensemble.
       Nous allons commencer à descendre; bientôt vous pourrez voir Québec.

Montréal

4

L Fonçons° vers un plafond° de nuages.   We're plunging ahead; ceiling
       Arrachés du sol.
   Adieu, Montréal!
       Bientôt Québec à notre gauche.
   Finalement, je ne suis jamais allé à Québec.
       Ça viendra, je te ferai visiter tout ça.

2

G Arrachés du sol.
       Fonçons vers un plafond de nuages.
   La prochaine fois que nous reviendrons à Paris.
       Passant par Sidney, Darwin°, Saïgon°.   cities in Australia; city in Vietnam
   Nous aurons fait le tour du monde.
       Sans connaître rien de ce monde que Paris d'un côté, les mines de Nickel et Nouméa.

H Et vos enfants, vous les faites venir à Los Angeles pendant les vacances?
       Je les faisais venir, mais c'est une si terrible dépense°.   *expense*
   Ils ne vous manquent pas trop°?   *You don't miss them too much?*
       Je n'en ai plus que pour deux ans, après je m'installe en France.
   Sans trop de regrets, j'imagine.
       Je regretterai° le climat, le Pacifique.   *I'll miss*
I Nous ne verrons pas New York?
       Nous passons beaucoup plus au nord.
   C'est toujours le Canada pour l'instant?
       Forêts, lacs.
   Vous resterez combien de temps à Los Angeles?
       Un mois en principe.

✈ 1

A *Lune.*
       Plus tout à fait la même lune.
   Tout doucement gagnant le sud.
       Nous traverserons l'équateur?
   Oh, dans très longtemps; après Saïgon.
       Monts lavés de lune.
B *Passent.*
       Teints° de lune.   *Colored, tinted*
   Après Téhéran, j'espère que nous allons dormir!
       A combien l'escale suivante?
   Karachi°, avec cet avion…   *port and largest city in Pakistan*
       Approchons doucement du sol.
C *Fini cette manche avec Téhéran?*
       Presque. Vois!
   Lorsque tu tricotes, toutes tes appréhensions disparaissent.
       J'oublie que je suis en avion.
   Tu vois assez clair?
       Je vais mettre mes lunettes.
D *Mais des journaux à Téhéran?*
       Il sera tard.
   Et même si le kiosque est ouvert…
       Nous verrons bien.
   Vaut-il la peine…
       Il serait peut-être aussi sage…
E *Moment de boucler les ceintures.*
       Pourvu que la voiture ne soit pas en retard!
   Rien à craindre; il aime cet aérodrome, lui!
       Tous ces avions étincelants° dans le clair de lune, les lumières de la   *sparkling*
       piste°, les gens qui partent.   *runway*
   Tu te souviens, lorsque tu m'as mené pour la première fois chez tes cousins,
   tu voulais absolument me les présenter…
       Et la tête qu'ils ont faite lorsque tu leur as dit: en Perse; eux qui se
       croyaient de grands voyageurs!

Téhéran

M *Lune.*
       Inconnue à Paris.
   Sources° de lune.   *Springs (small streams)*
       Adieu Iran.
   La prochaine fois, il faudra essayer d'aller voir Chiraz° et Persépolis°.   *city in Iran, famous for its gardens; ruins of one of the capitals of the Persian empire*
       Pour l'instant je pense à Paris.

✈ 1

A *Bien attachée?*
   Scellée° à toi. — Sealed
   Cale-toi bien sur le dossier°. — Settle yourself comfortably against the back of the seat;
   Pas le moindre malaise°. — Not the slightest discomfort
   Il paraît que pour rentrer on peut traverser tout le Pacifique et changer à Los Angeles.
   Nous aurons fait le tour du monde.
B *Disparaît Téhéran.*
   Jamais vu.
   Aperçu plusieurs fois d'en haut.
   Sans jamais sortir de l'avion.
   Une fois, mais je suis resté dans l'aérodrome.
   Un jour il faudra…
C *La manche est finie?*
   Je vais commencer l'autre.
   Tu peux baisser ton dossier.
   Je préfère être bien assise.
   Vraiment pas essayer de dormir.
   Je n'arriverai sûrement pas à dormir.
D *Tu dors?*
   Presque.
   Dors.
   Veux quelque chose?
   Nous avons bien fait de ne pas descendre à Téhéran.
   Il y a peut-être un mots-croisés sur…

✈ 2

G *Je commence à avoir faim.*
   Goûter.
   Et le soleil brille toujours.
   Il a un peu baissé.
   Mais nous sommes sur une mer!
   Le lac Huron.
H *Ce devait être merveilleux pour eux de venir, de traverser tous les Etats-Unis.*
   J'allais les chercher à New York; nous y passions une semaine.
   Et puis l'avion?
   Non, ma voiture, ils la conduisaient; nous passions par Chicago.
   De quoi ça a l'air Chicago?
   On va l'apercevoir.
I *Nous pourrons repartir ensemble?*
   Vous avez retenu votre place?
   Déjà?
   A cette époque de l'année c'est indispensable.
   Vous savez où sera votre hôtel?
   Vous pourrez toujours me joindre par l'intermédiaire de Gordon.

✈ 4

L *Les nuages, impossible de voir la Gaspésie.*
   Ni Terre-Neuve.
   Tu connais Terre-Neuve?
   Pas du tout. Je connais à peine le Canada.
   Je connais à peine la France.
   Je te la ferai visiter.

1

A Quel effet me feront les arbres?
   Pourquoi les arbres?
   Il paraît que la flore est tout à fait originale.
   Je ne connaissais pas les noms des arbres en France.
   Tu sentiras bien la différence.
   Tu me chercheras les noms de ces arbres.

B Ces étapes° sur notre route. — *stages (of a trip)*
   Stable lune.
   Il a fallu que je fasse le voyage avec toi pour avoir envie de m'y arrêter.
   Je te rajeunis°. — *make younger*
   En bateau, ce n'est pas pareil, les escales...
   On se promène dans les rues: Aden°, le canal de Suez, on allait au Caire, Naples... — *port in South Yemen*

C Avance?
   Avance.
   Cigarette?
   Oui.
   Attends, je me redresse°. — *sit up*
   Voilà, j'ai terminé mon rang°. — *row (of knitting)*

D Pourquoi ne dors-tu pas?
   Je suis énervée.
   Nous n'en avons plus pour longtemps.
   Chaque fois que j'approche de ce pays...
   Ne sois pas ridicule; tu y vis depuis des années...
   Je sais, je sais, je suis ridicule, c'est plus fort que moi.

5

M Quitté l'Iran.
   Plus de montagnes.
   La vallée du Tigre°, Mossoul°? — *river in Iraq; city in Iraq, on the Tigris River*
   Je vois bien un fleuve briller...
   Toute la Syrie à traverser.
   Je ne pense plus à Paris.

2

G Le jour qui dure toujours.
   Les toits de Chicago.
   C'est la banlieue de Chicago.
   Quel état déjà?
   Illinois.
   Du thé.

H Combien de temps mettiez-vous pour traverser?
   Une semaine environ, avec le séjour à New York, le voyage d'aller, ça me faisait la moitié de mes vacances.
   La moitié?
   Il fallait bien l'autre moitié pour le retour.
   Vous changiez d'itinéraire?
   Ça aurait apporté de telles complications!

I C'est la première fois que je rencontre une actrice comme vous.
   Ce n'est pas la première fois que je rencontre un étudiant comme vous.
   Je suis assez intimidé.
   Pas de quoi.
   Je faisais le malin° tout à l'heure. — *was showing off*
   Continuez, ça vous allait bien.

CC. Les nouveaux avions. Répondez aux questions au sujet des deux nouveaux avions.

1. D'où part le quatrième avion? Se dirige-t-il vers l'est ou vers l'ouest? Comment le savez-vous?
2. Qu'est-ce que vous pouvez deviner au sujet du couple L? Pourquoi?
3. Quel autre couple dans quel autre avion le couple L rappelle-t-il?
4. D'où part le cinquième avion? Se dirige-t-il vers l'est ou vers l'ouest? Comment le savez-vous?
5. A votre avis, d'où vient le couple M? Pourquoi?

DD. Le(s)quel(s)... Répondez aux questions au sujet des trois autres avions. Justifiez toujours votre réponse. **Attention aux questions 4–14:** la réponse peut être un (seul) voyageur ou un couple de voyageurs.

Le(s)quel(s) des avions...?

1. ... semble(nt) être arrivé(s) à sa (leur) destination?
2. ... vole(nt) dans le noir?
3. ... se dirige(nt) vers le soleil?

Lequel des voyageurs...

4. ... est peut-être mère ou grand-mère?
5. ... habite en Iran depuis un certain temps?
6. ... est peut-être enceinte *(pregnant)*?
7. ... prend normalement l'avion qui passe par Athènes et par Téhéran plutôt que l'avion se dirigeant vers Los Angeles?
8. ... habite aux Etats-Unis depuis un certain temps?
9. ... voyage pour son travail et ne voit pas très souvent ses enfants?
10. ... travaille pour une société qui l'envoie au Canada pour se préparer pour son travail?
11. ... a du mal à dormir dans les avions?
12. ... a traversé les Etats-Unis en voiture?
13. ... visite des endroits pour la première fois grâce à l'influence de sa compagne?
14. ... a peut-être l'habitude d'établir des liaisons avec des gens rencontrés dans un avion?

Réponses, Ex. CC: 1. De Montréal. Vers l'est. «Québec à notre gauche.» 2. Ils se connaissent bien («te»). Ils ont peut-être passé tout leur séjour au Québec à Montréal. 3. Le couple K dans le troisième avion, qui veut retourner à un endroit pour voir les choses qu'il n'a pas eu le temps de voir la première fois. 4. De Téhéran (D'Iran). Vers l'ouest. «Toute la Syrie à traverser.» 5. Ils sont probablement parisiens. La femme parle beaucoup de Paris.

Réponses, Ex. DD: 1. l'avion 3 (Athènes-Paris); 2. Les avions 1, 3, 5 (les italiques); 3. Les avions 2 et 4; 4. La femme du couple C qui fait du tricot. Gisèle (sa fille? sa petite fille?) lui a demandé un chandail ou quelque chose d'autre de tricoté. 5. La femme du couple E («Depuis des années que j'y vis... » «pas réussi à parler la langue» «repartir pour la Perse»); 6. La femme du couple A («il y a un excellent hôpital» «quelqu'un pour m'aider lorsque... »); 7. Les voyageurs du couple G («L'avion que nous prenions d'habitude» «Ils ont dû quitter l'Europe... volent en pleine nuit»); 8. La femme du couple I («c'est l'Amérique / Vous vous y êtes habituée»); 9. La femme du couple H («mes deux enfants» «je les ai gardés tant que j'ai pu»); 10. L'homme du couple J («C'est pour un stage» « Six mois»); 11. La femme du couple C («Je n'arriverai sûrement pas à dormir»); 12. La femme du couple H («Non, ma voiture, ils la conduisaient; nous passions par Chicago» «Combien de temps mettiez-vous pour traverser? / Une semaine.»); 13. L'homme du couple B («il a fallu que je fasse le voyage avec toi pour avoir envie de m'y arrêter»); 14. La femme du couple J («Ce n'est pas la première fois que je rencontre un étudiant comme vous.»)

Discutez!

EE. Qu'est-ce que vous en pensez? Discutez des questions suivantes avec des camarades de classe.

Ex. EE

1. Normalement un écrivain choisirait un seul couple et il raconterait leur histoire en donnant beaucoup de détails. A votre avis, pourquoi Michel Butor a-t-il choisi de présenter les histoires de plusieurs couples en donnant très peu de détails?
2. Quels sont les éléments réalistes de ce texte? Quels en sont les éléments poétiques?
3. Voudriez-vous lire le reste du texte? Pourquoi (pas)?

Do *A faire!* (6-8) on page 230 of the **Manuel de préparation**.

Ecrivez!

FF. Petits poèmes en prose: Sur la route / Dans le train. Dans son texte, Michel Butor crée des petits passages poétiques pour suggérer ce que c'est que de voyager en avion. Par exemple:

> Fonçons vers un plafond de nuages.
> > Arrachés du sol.
>
> Sortir des nuages.
> > Un pan de bleu.
> La vitre sèche.
> > Encore du bleu.
>
> Encore une bande un peu plus claire à l'horizon.
> > Toutes les maisons de la vallée sont allumées.
> En France?
> > Approchons de Paris.
> Bientôt descendre.
> > Phares minuscules sur les routes.

Utilisez le vocabulaire suggéré pour créer vous-même de petits poèmes en prose qui suggèrent ce que c'est que de voyager en voiture ou en train.

Vocabulaire utile

En voiture

l'autoroute *(f.)*
  une sortie *(exit)*
  un péage *(tollbooth)*
  une aire de repos *(rest area)*
  une aire de service *(service area)*
  la vitesse maximale *(speed limit)*
  un panneau d'affichage *(billboard)*

la rue
  un carrefour *(intersection)*
  un feu rouge (vert) *(red [green] light)*
  des phares *(m.)* *(headlights)*
  un embouteillage *(traffic jam)*
  aux heures d'affluence *(during rush hour)*

un véhicule
  une voiture (une auto)
  un camion *(truck)*
  une caravane *(trailer)*
  un camping-car *(motor home)*
  un taxi
  une ambulance
  un car *(bus [with routes outside the city])*
  un dépanneur *(towtruck)*

les bruits *(m.) (noises)*
    un klaxon *(horn)*
    klaxonner *(to blow the horn)*
    une sirène *(siren)*
    le bruit des freins *(the sound of brakes)*

un accident
    heurter *(to run into)*

une voiture en panne *(car that has broken down)*
    tomber en panne *(to have a breakdown)*
    un pneu crevé *(flat tire)*
    avoir une panne d'essence *(to be out of gas)*

En train

    la gare *(station)*
    un quai *(platform)*
    une voie *(track)*
    l'horaire *(m.)* des trains *(train schedule)*
    l'arrivée *(f.) (arrival)*
    en provenance de *(coming from)*
    le départ *(departure)*
    à destination de *(going to)*

un train
    une voiture de première (deuxième) classe
    une voiture-restaurant
    une voiture-bar *(snack bar)*
    le contrôleur *(ticket inspector)*
    contrôler les billets *(to check the tickets)*
    (s')accélérer *(to pick up speed)*
    ralentir *(to slow down)*
    s'arrêter *(to stop)*

l'arrêt *(m.) (stop)*
    descendre (de) *(to get off)*
    monter (dans) *(to get on)*

les bruits du train
    le sifflet *(whistle [of conductor])*
    le sifflement *(whistle [of train])*
    le bruit des freins *(sound of braking)*

C'est à vous maintenant!

Discutez!

Suggestion, Ex. GG: This could be set up as a small-group project. The whole-class brainstorming you do as preparation could serve to organize students into pairs (for students who choose to produce a written text) or in slightly larger groups (if some students would like to try producing their own **texte radiophonique**).

GG. Réseau routier / Réseau ferroviaire (suite). Avec l'aide de vos réponses à l'exercice XXVIII dans le **Manuel de préparation,** parlez avec vos camarades de classe de vos idées pour un texte inspiré de celui de Butor.

⊙ Do *A faire! (6-9)* on page 232 of the **Manuel de préparation.**

Appendices

Appendice A
Les temps littéraires

There are four literary verb tenses in French. Their use is usually limited to a written context; they are almost never heard in conversation.

It is unlikely that you will be called upon to produce these tenses, but you should be able to recognize them. They appear in classical and much of the contemporary literature that you will read, especially in the **je** and **il** forms. Passive recognition of these tenses is not difficult since the verb endings are usually easy to identify.

The **passé simple** and the **passé antérieur** belong to the indicative mood; the two other tenses, also presented below, are the imperfect subjunctive and the pluperfect subjunctive.

The *passé simple*

As its name indicates, this is a simple past tense, involving no auxiliary verb. It will be easier for you to recognize it if you become familiar with the endings of the three regular conjugations and certain irregular forms.

A. Regular Forms

To form the **passé simple** of regular -er verbs, take the stem of the infinitive and add the appropriate endings: **-ai, -as, -a, âmes, âtes, -èrent.**

parler	
je parlai	nous parlâmes
tu parlas	vous parlâtes
il/elle/on parla	ils/elles parlèrent

To form the **passé simple** of regular -ir and -re verbs, take the stem of the infinitive and add the appropriate endings: **-is, -is, -it, îmes, îtes, -irent.**

réfléchir	
je réfléchis	nous réfléchîmes
tu réfléchis	vous réfléchîtes
il/elle/on réfléchit	ils/elles réfléchirent

rendre	
je rendis	nous rendîmes
tu rendis	vous rendîtes
il/elle/on rendit	ils/elles rendirent

B. Irregular Forms

Most verbs that have an irregularly formed **passé simple** have an irregular stem to which you add one of the following groups of endings:

-is	-îmes	-us	-ûmes
-is	-îtes	-us	-ûtes
-it	-irent	-ut	-urent

Below is a partial list of the most common verbs in each category.

-is		-us	
faire	je fis	boire	je bus
mettre	je mis	croire	je crus
prendre	je pris	devoir	je dus
rire	je ris	plaire	je plus
voir	je vis	pleuvoir	il plut
écrire	j'écrivis	pouvoir	je pus
conduire	je conduisis	savoir	je sus
craindre	je craignis	falloir	il fallut
peindre	je peignis	valoir	je valus
vaincre	je vainquis	vouloir	je voulus
		vivre	je vécus
		connaître	je connus
		mourir	il mourut

Avoir and **être,** which are frequently seen in the **passé simple,** have completely irregular forms.

avoir	
j'eus	nous eûmes
tu eus	vous eûtes
il/elle/on eut	ils/elles eurent

être	
je fus	nous fûmes
tu fus	vous fûtes
il/elle/on fut	ils/elles furent

Two additional common verbs with irregular forms in the **passé simple** are **venir** and **tenir**.

venir	
je **vins**	nous **vînmes**
tu **vins**	vous **vîntes**
il/elle/on **vint**	ils/elles **vinrent**

tenir	
je **tins**	nous **tînmes**
tu **tins**	vous **tîntes**
il/elle/on **tint**	ils/elles **tinrent**

C. Use of the *passé simple*

The **passé simple** is often thought of as the literary equivalent of the **passé composé**. To an extent this is true. Both tenses are used to refer to specific past actions that are limited in time.

    Victor Hugo **est né** en 1802.   (passé composé)
    Victor Hugo **naquit** en 1802.   (passé simple)

The fundamental difference between these two tenses is that the **passé simple** can never be used in referring to a time frame that has not yet come to an end. There is no such limitation placed on the **passé composé**.

Look at this sentence: **J'ai écrit deux lettres aujourd'hui.** This thought can only be expressed by the **passé composé**, since **aujourd'hui** is a time frame that is not yet terminated. **Robert Burns a écrit des lettres célèbres à sa femme** could also be expressed in the **passé simple**: **Robert Burns écrivit des lettres célèbres à sa femme.** The time frame has come to an end.

Descriptions in the past that are normally expressed by the imperfect indicative are still expressed in the imperfect, even in a literary context.

The passé antérieur

A. Formation

The **passé antérieur** is a literary compound tense that is the **passé simple** of the auxiliary verb **avoir** or **être** and a past participle.

parler	j'**eus parlé**, etc.
sortir	je **fus sorti(e)**, etc.
se lever	je me **fus levé(e)**, etc.

B. Use of the *passé antérieur*

The **passé antérieur** is used to refer to a past action that occurred prior to another past action. It is most frequently found in a subordinate clause following a conjunction such as **quand, lorsque, après que, dès que, aussitôt que**. The conjunction indicates that the action in question immediately preceded another action in the past. The latter action will generally be expressed in the **passé simple** or the imperfect.

    Hier soir, après qu'il **eut fini** de manger, il **sortit**.
    Le soir, après qu'il **eut fini** de manger, il **sortait**.

The imperfect subjunctive

A. Formation

The imperfect subjunctive is most often encountered in the third-person singular. The imperfect subjunctive is formed by taking the **tu** form of the **passé simple**, doubling its final consonant, and adding the endings of the present subjunctive. The third-person singular (**il/elle/on**) does not follow the regular formation. To form it, drop the consonant, place a circumflex accent (ˆ) over the final vowel, and add a **t**.

aller (tu allas → allass-)	
que j'**allasse**	que nous **allassions**
que tu **allasses**	que vous **allassiez**
qu'il/elle/on **allât**	qu'ils/elles **allassent**

B. Use of the imperfect subjunctive

Like the other tenses of the subjunctive, the imperfect subjunctive is most often found in a subordinate clause governed by a verb in the main clause that requires the use of the subjunctive. The verb of the main clause is either in a past tense or in the conditional. In order for the imperfect subjunctive to be used in the subordinate clause, the action expressed in this clause must occur at the same time as the action of the main verb or later on.

    Je **voulais** qu'elle me **répondît**.
    Elle **voudrait** qu'on l'**écoutât**.

The pluperfect subjunctive

A. Formation

The pluperfect subjunctive is formed with the imperfect subjunctive of the auxiliary verb **avoir** or **être** and a past participle. Like the imperfect subjunctive, this tense is mostly used in the third-person singular.

    que j'**eusse parlé**, qu'il **eût parlé**, etc.
    que je **fusse sorti(e)**, qu'il **fût sorti**, etc.
    que je me **fusse lavé(e)**, qu'elle se **fût lavée**, etc.

B. Use of the pluperfect subjunctive

The pluperfect subjunctive, like the imperfect subjunctive, is usually found in a subordinate clause. It is used when the main verb is either in a past tense or in the conditional and the action expressed in the subordinate clause has occurred prior to the action of the main clause.

Il **déplora qu'elle fût** déjà **partie.**

In reading, you may occasionally encounter a verb form identical to the pluperfect subjunctive that does not follow the usage outlined above. In such cases, you will be dealing with an alternate literary form of the past conditional, and you should interpret it as such.

J'eusse voulu qu'elle m'**accompagnât.**
(J'aurais voulu qu'elle m'accompagne.)

In lighter prose and conversation, the imperfect subjunctive is replaced by the present subjunctive, and the pluperfect subjunctive is replaced by the past subjunctive.

Appendice B
Conjugaison des verbes

Les verbes réguliers

INFINITIF	PRÉSENT	IMPÉRATIF	PASSÉ COMPOSÉ	IMPARFAIT
parler (to talk, speak)	je **parle** tu **parles** il **parle** nous **parlons** vous **parlez** ils **parlent**	**parle** **parlons** **parlez**	j'**ai parlé** tu **as parlé** il **a parlé** nous **avons parlé** vous **avez parlé** ils **ont parlé**	je **parlais** tu **parlais** il **parlait** nous **parlions** vous **parliez** ils **parlaient**
finir (to finish)	je **finis** tu **finis** il **finit** nous **finissons** vous **finissez** ils **finissent**	**finis** **finissons** **finissez**	j'**ai fini** tu **as fini** il **a fini** nous **avons fini** vous **avez fini** ils **ont fini**	je **finissais** tu **finissais** il **finissait** nous **finissions** vous **finissiez** ils **finissaient**
rendre (to give back)	je **rends** tu **rends** il **rend** nous **rendons** vous **rendez** ils **rendent**	**rends** **rendons** **rendez**	j'**ai rendu** tu **as rendu** il **a rendu** nous **avons rendu** vous **avez rendu** ils **ont rendu**	je **rendais** tu **rendais** il **rendait** nous **rendions** vous **rendiez** ils **rendaient**
se laver (to wash oneself)	je **me lave** tu **te laves** il **se lave** nous **nous lavons** vous **vous lavez** ils **se lavent**	**lave-toi** **lavons-nous** **lavez-vous**	je **me suis lavé(e)** tu **t'es lavé(e)** il/elle **s'est lavé(e)** nous **nous sommes lavé(e)s** vous **vous êtes lavé(e)(s)** ils/elles **se sont lavé(e)s**	je **me lavais** tu **te lavais** il **se lavait** nous **nous lavions** vous **vous laviez** ils **se lavaient**

PASSÉ SIMPLE	FUTUR	CONDITIONNEL	SUBJONCTIF	PARTICIPE PRÉSENT
je parlai tu parlas il parla nous parlâmes vous parlâtes ils parlèrent	je parlerai tu parleras il parlera nous parlerons vous parlerez ils parleront	je parlerais tu parlerais il parlerait nous parlerions vous parleriez ils parleraient	que je parle que tu parles qu'il parle que nous parlions que vous parliez qu'ils parlent	parlant
je finis tu finis il finit nous finîmes vous finîtes ils finirent	je finirai tu finiras il finira nous finirons vous finirez ils finiront	je finirais tu finirais il finirait nous finirions vous finiriez ils finiraient	que je finisse que tu finisses qu'il finisse que nous finissions que vous finissiez qu'ils finissent	finissant
je rendis tu rendis il rendit nous rendîmes vous rendîtes ils rendirent	je rendrai tu rendras il rendra nous rendrons vous rendrez ils rendront	je rendrais tu rendrais il rendrait nous rendrions vous rendriez ils rendraient	que je rende que tu rendes qu'il rende que nous rendions que vous rendiez qu'ils rendent	rendant
je me lavai tu te lavas il se lava nous nous lavâmes vous vous lavâtes ils se lavèrent	je me laverai tu te laveras il se lavera nous nous laverons vous vous laverez ils se laveront	je me laverais tu te laverais il se laverait nous nous laverions vous vous laveriez ils se laveraient	que je me lave que tu te laves qu'il se lave que nous nous lavions que vous vous laviez qu'ils se lavent	se lavant

Appendice B

Les verbes en *-er* avec changement d'orthographe

INFINITIF	PRÉSENT	IMPÉRATIF	PASSÉ COMPOSÉ	IMPARFAIT
acheter *(to buy)*	j'achète tu achètes il achète nous achetons vous achetez ils achètent	achète achetons achetez	j'ai acheté tu as acheté il a acheté nous avons acheté vous avez acheté ils ont acheté	j'achetais tu achetais il achetait nous achetions vous achetiez ils achetaient
Verbs like **acheter**:	amener *(to bring [someone])*, élever *(to raise)*, emmener *(to take away [someone])*, enlever *(to take off, remove)*, peser *(to weigh)*			
appeler *(to call)*	j'appelle tu appelles il appelle nous appelons vous appelez ils appellent	appelle appelons appelez	j'ai appelé tu as appelé il a appelé nous avons appelé vous avez appelé ils ont appelé	j'appelais tu appelais il appelait nous appelions vous appeliez ils appelaient
Verbs like **appeler**:	épeler *(to spell)*, jeter *(to throw)*, rappeler *(to recall, call back)*, rejeter *(to reject)*			
préférer *(to prefer)*	je préfère tu préfères il préfère nous préférons vous préférez ils préfèrent	préfère préférons préférez	j'ai préféré tu as préféré il a préféré nous avons préféré vous avez préféré ils ont préféré	je préférais tu préférais il préférait nous préférions vous préfériez ils préféraient
Verbs like **préférer**:	célébrer *(to celebrate)*, espérer *(to hope)*, inquiéter *(to worry)*, posséder *(to own)*, protéger *(to protect)*, répéter *(to repeat)*, sécher *(to dry)*, suggérer *(to suggest)*			
manger *(to eat)*	je mange tu manges il mange nous mangeons vous mangez ils mangent	mange mangeons mangez	j'ai mangé tu as mangé il a mangé nous avons mangé vous avez mangé ils ont mangé	je mangeais tu mangeais il mangeait nous mangions vous mangiez ils mangeaient
Verbs like **manger**:	arranger *(to fix, arrange)*, changer *(to change)*, corriger *(to correct)*, déménager *(to move one's residence)*, déranger *(to disturb)*, diriger *(to manage, run)*, nager *(to swim)*, négliger *(to neglect)*, obliger *(to oblige)*, partager *(to share)*, plonger *(to dive)*, protéger *(to protect)*, ranger *(to put in order, put away)*, songer à *(to think of)*, voyager *(to travel)*			
commencer *(to start, begin)*	je commence tu commences il commence nous commençons vous commencez ils commencent	commence commençons commencez	j'ai commencé tu as commencé il a commencé nous avons commencé vous avez commencé ils ont commencé	je commençais tu commençais il commençait nous commencions vous commenciez ils commençaient
Verbs like **commencer**:	annoncer *(to announce)*, avancer *(to move forward)*, effacer *(to erase)*, lancer *(to throw, launch)*, menacer *(to threaten)*, placer *(to put, set, place)*, remplacer *(to replace)*, renoncer *(to give up, renounce)*			
payer *(to pay, pay for)*	je paie tu paies il paie nous payons vous payez ils paient	paie payons payez	j'ai payé tu as payé il a payé nous avons payé vous avez payé ils ont payé	je payais tu payais il payait nous payions vous payiez ils payaient
Verbs like **payer**:	employer *(to use, employ)*, ennuyer *(to bore, annoy)*, envoyer *(to send)* (except in future and conditional), essayer *(to try)*, essuyer *(to wipe)*, nettoyer *(to clean)*			

PASSÉ SIMPLE	FUTUR	CONDITIONNEL	SUBJONCTIF	PARTICIPE PRÉSENT
j'achetai tu achetas il acheta nous achetâmes vous achetâtes ils achetèrent	j'achèterai tu achèteras il achètera nous achèterons vous achèterez ils achèteront	j'achèterais tu achèterais il achèterait nous achèterions vous achèteriez ils achèteraient	que j'achète que tu achètes qu'il achète que nous achetions que vous achetiez qu'ils achètent	achetant
j'appelai tu appelas il appela nous appelâmes vous appelâtes ils appelèrent	j'appellerai tu appelleras il appellera nous appellerons vous appellerez ils appelleront	j'appellerais tu appellerais il appellerait nous appellerions vous appelleriez ils appelleraient	que j'appelle que tu appelles qu'il appelle que nous appelions que vous appeliez qu'ils appellent	appelant
je préférai tu préféras il préféra nous préférâmes vous préférâtes ils préférèrent	je préférerai tu préféreras il préférera nous préférerons vous préférerez ils préféreront	je préférerais tu préférerais il préférerait nous préférerions vous préféreriez ils préféreraient	que je préfère que tu préfères qu'il préfère que nous préférions que vous préfériez qu'ils préfèrent	préférant
je mangeai tu mangeas il mangea nous mangeâmes vous mangeâtes ils mangèrent	je mangerai tu mangeras il mangera nous mangerons vous mangerez ils mangeront	je mangerais tu mangerais il mangerait nous mangerions vous mangeriez ils mangeraient	que je mange que tu manges qu'il mange que nous mangions que vous mangiez qu'ils mangent	mangeant
je commençai tu commenças il commença nous commençâmes vous commençâtes ils commencèrent	je commencerai tu commenceras il commencera nous commencerons vous commencerez ils commenceront	je commencerais tu commencerais il commencerait nous commencerions vous commenceriez ils commenceraient	que je commence que tu commences qu'il commence que nous commencions que vous commenciez qu'ils commencent	commençant
je payai tu payas il paya nous payâmes vous payâtes ils payèrent	je paierai tu paieras il paiera nous paierons vous paierez ils paieront	je paierais tu paierais il paierait nous paierions vous paieriez ils paieraient	que je paie que tu paies qu'il paie que nous payions que vous payiez qu'ils paient	payant

Les verbes irréguliers

In the list below, the number at the right of each irregular verb corresponds to the number of the verb, or of a similarly conjugated verb, in the tables that follow. Verbs conjugated with **être** as an auxiliary verb in the compound tenses are marked with an asterisk (*). All other verbs are conjugated with **avoir**.

absoudre *(to forgive)* 1
accueillir *(to receive, welcome)* 15
acquérir *(to acquire, get)* 2
admettre *(to admit)* 26
*****aller** *(to go)* 3
*****s'en aller** *(to go away)* 3
apercevoir *(to catch a glimpse of)* 34
*****apparaître** *(to appear)* 10
appartenir *(to belong)* 43
apprendre *(to learn)* 33
*****s'asseoir** *(to sit down)* 4
atteindre *(to attain)* 13
avoir *(to have)* 5
battre *(to beat)* 6
*****se battre** *(to fight)* 6
boire *(to drink)* 7
combattre *(to combat)* 6
comprendre *(to understand)* 33
conclure *(to conclude)* 8
conduire *(to drive; to conduct)* 9

connaître *(to know)* 10
conquérir *(to conquer)* 2
construire *(to construct)* 9
contenir *(to contain)* 43
convaincre *(to convince)* 41
convenir *(to agree)* 43
coudre *(to sew)* 11
courir *(to run)* 12
couvrir *(to cover)* 29
craindre *(to fear)* 13
croire *(to believe)* 14
cueillir *(to pick, gather)* 15
cuire *(to cook)* 9
décevoir *(to deceive)* 34
découvrir *(to discover)* 29
décrire *(to describe)* 19
déplaire *(to displease)* 30
détruire *(to destroy)* 9
*****devenir** *(to become)* 43
devoir *(must, to have to; to owe)* 16

dire *(to say, tell)* 17
disparaître *(to disappear)* 10
dormir *(to sleep)* 18
écrire *(to write)* 19
élire *(to elect)* 25
*****s'endormir** *(to fall asleep)* 18
envoyer *(to send)* 20
éteindre *(to turn off)* 13
être *(to be)* 21
faire *(to do, make)* 22
falloir *(to be necessary)* 23
fuir *(to flee)* 24
*****s'inscrire** *(to join, sign up)* 19
interdire *(to forbid, prohibit)* 17
joindre *(to join)* 13
lire *(to read)* 25
maintenir *(to maintain)* 43
mentir *(to lie)* 38
mettre *(to put, place)* 26
*****mourir** *(to die)* 27

INFINITIF	PRÉSENT	IMPÉRATIF	PASSÉ COMPOSÉ	IMPARFAIT
1. **absoudre** *(to forgive)*	j'**absous** tu **absous** il **absout** nous **absolvons** vous **absolvez** ils **absolvent**	**absous** **absolvons** **absolvez**	j'ai **absous** tu as **absous** il a **absous** nous avons **absous** vous avez **absous** ils ont **absous**	j'**absolvais** tu **absolvais** il **absolvait** nous **absolvions** vous **absolviez** ils **absolvaient**
2. **acquérir** *(to acquire, get)*	j'**acquiers** tu **acquiers** il **acquiert** nous **acquérons** vous **acquérez** ils **acquièrent**	**acquiers** **acquérons** **acquérez**	j'ai **acquis** tu as **acquis** il a **acquis** nous avons **acquis** vous avez **acquis** ils ont **acquis**	j'**acquérais** tu **acquérais** il **acquérait** nous **acquérions** vous **acquériez** ils **acquéraient**
3. **aller** *(to go)*	je **vais** tu **vas** il **va** nous **allons** vous **allez** ils **vont**	**va** **allons** **allez**	je suis **allé(e)** tu es **allé(e)** il/elle est **allé(e)** nous sommes **allé(e)s** vous êtes **allé(e)(s)** ils/elles sont **allé(e)s**	j'**allais** tu **allais** il **allait** nous **allions** vous **alliez** ils **allaient**
4. **s'asseoir** *(to sit down)*	je m'**assieds** tu t'**assieds** il s'**assied** nous nous **asseyons** vous vous **asseyez** ils s'**asseyent**	**assieds-toi** **asseyons-nous** **asseyez-vous**	je me suis **assis(e)** tu t'es **assis(e)** il/elle s'est **assis(e)** nous nous sommes **assis(es)** vous vous êtes **assis(e)(s)** ils/elles se sont **assis(es)**	je m'**asseyais** tu t'**asseyais** il s'**asseyait** nous nous **asseyions** vous vous **asseyiez** ils s'**asseyaient**

*naître *(to be born)* 28
obtenir *(to obtain, get)* 43
offrir *(to offer)* 29
ouvrir *(to open)* 29
paraître *(to appear)* 10
parcourir *(to travel over)* 12
*partir *(to leave)* 38
*parvenir *(to arrive; to succeed)* 43
peindre *(to paint)* 13
permettre *(to permit)* 26
*se plaindre *(to complain)* 13
plaire *(to please)* 30
pleuvoir *(to rain)* 31
poursuivre *(to pursue)* 39
pouvoir *(can, to be able)* 32
prédire *(to predict)* 17
prendre *(to take)* 33
prévoir *(to foresee)* 45
produire *(to produce)* 9
promettre *(to promise)* 26

recevoir *(to receive, get)* 34
reconnaître *(to recognize)* 10
reconstruire *(to reconstruct)* 9
recouvrir *(to recover)* 29
*redevenir *(to become again)* 43
réduire *(to reduce)* 9
remettre *(to postpone)* 26
reprendre *(to take back)* 33
résoudre *(to resolve, solve)* 35
retenir *(to reserve)* 43
*revenir *(to come back)* 43
revoir *(to see again)* 45
rire *(to laugh)* 36
rompre *(to break)* 6
savoir *(to know)* 37
sentir *(to smell)* 38
*se sentir *(to feel)* 38
servir *(to serve)* 38
*se servir de *(to use)* 38
*sortir *(to go out)* 38

souffrir *(to suffer)* 29
soumettre *(to submit)* 26
sourire *(to smile)* 36
soutenir *(to support)* 43
*se souvenir *(to remember)* 43
suivre *(to follow)* 39
surprendre *(to surprise)* 33
survivre *(to survive)* 44
*se taire *(to be quiet)* 40
tenir *(to hold)* 43
traduire *(to translate)* 9
transmettre *(to transmit)* 26
vaincre *(to conquer)* 41
valoir *(to be worth; to deserve, merit)* 42
*venir *(to come)* 43
vivre *(to live)* 44
voir *(to see)* 45
vouloir *(to wish, want)* 46

PASSÉ SIMPLE	FUTUR	CONDITIONNEL	SUBJONCTIF	PARTICIPE PRÉSENT
n'existe pas	j'absoudrai tu absoudras il absoudra nous absoudrons vous absoudrez ils absoudront	j'absoudrais tu absoudrais il absoudrait nous absoudrions vous absoudriez ils absoudraient	que j'absolve que tu absolves qu'il absolve que nous absolvions que vous absolviez qu'ils absolvent	absolvant
j'acquis tu acquis il acquit nous acquîmes vous acquîtes ils acquirent	j'acquerrai tu acquerras il acquerra nous acquerrons vous acquerrez ils acquerront	j'acquerrais tu acquerrais il acquerrait nous acquerrions vous acquerriez ils acquerraient	que j'acquière que tu acquières qu'il acquière que nous acquérions que vous acquériez qu'ils acquièrent	acquérant
j'allai tu allas il alla nous allâmes vous allâtes ils allèrent	j'irai tu iras il ira nous irons vous irez ils iront	j'irais tu irais il irait nous irions vous iriez ils iraient	que j'aille que tu ailles qu'il aille que nous allions que vous alliez qu'ils aillent	allant
je m'assis tu t'assis il s'assit nous nous assîmes vous vous assîtes ils s'assirent	je m'assiérai tu t'assiéras il s'assiéra nous nous assiérons vous vous assiérez ils s'assiéront	je m'assiérais tu t'assiérais il s'assiérait nous nous assiérions vous vous assiériez ils s'assiéraient	que je m'asseye que tu t'asseyes qu'il s'asseye que nous nous asseyions que vous vous asseyiez qu'ils s'asseyent	s'asseyant

INFINITIF	PRÉSENT	IMPÉRATIF	PASSÉ COMPOSÉ	IMPARFAIT
5. avoir *(to have)*	j'ai tu as il a nous avons vous avez ils ont	aie ayons ayez	j'ai eu tu as eu il a eu nous avons eu vous avez eu ils ont eu	j'avais tu avais il avait nous avions vous aviez ils avaient
6. battre *(to beat)*	je bats tu bats il bat nous battons vous battez ils battent	bats battons battez	j'ai battu tu as battu il a battu nous avons battu vous avez battu ils ont battu	je battais tu battais il battait nous battions vous battiez ils battaient
7. boire *(to drink)*	je bois tu bois il boit nous buvons vous buvez ils boivent	bois buvons buvez	j'ai bu tu as bu il a bu nous avons bu vous avez bu ils ont bu	je buvais tu buvais il buvait nous buvions vous buviez ils buvaient
8. conclure *(to conclude)*	je conclus tu conclus il conclut nous concluons vous concluez ils concluent	conclus concluons concluez	j'ai conclu tu as conclu il a conclu nous avons conclu vous avez conclu ils ont conclu	je concluais tu concluais il concluait nous concluions vous concluiez ils concluaient
9. conduire *(to drive; to conduct)*	je conduis tu conduis il conduit nous conduisons vous conduisez ils conduisent	conduis conduisons conduisez	j'ai conduit tu as conduit il a conduit nous avons conduit vous avez conduit ils ont conduit	je conduisais tu conduisais il conduisait nous conduisions vous conduisiez ils conduisaient
10. connaître *(to know)*	je connais tu connais il connaît nous connaissons vous connaissez ils connaissent	connais connaissons connaissez	j'ai connu tu as connu il a connu nous avons connu vous avez connu ils ont connu	je connaissais tu connaissais il connaissait nous connaissions vous connaissiez ils connaissaient
11. coudre *(to sew)*	je couds tu couds il coud nous cousons vous cousez ils cousent	couds cousons cousez	j'ai cousu tu as cousu il a cousu nous avons cousu vous avez cousu ils ont cousu	je cousais tu cousais il cousait nous cousions vous cousiez ils cousaient
12. courir *(to run)*	je cours tu cours il court nous courons vous courez ils courent	cours courons courez	j'ai couru tu as couru il a couru nous avons couru vous avez couru ils ont couru	je courais tu courais il courait nous courions vous couriez ils couraient
13. craindre *(to fear)*	je crains tu crains il craint nous craignons vous craignez ils craignent	crains craignons craignez	j'ai craint tu as craint il a craint nous avons craint vous avez craint ils ont craint	je craignais tu craignais il craignait nous craignions vous craigniez ils craignaient

PASSÉ SIMPLE	FUTUR	CONDITIONNEL	SUBJONCTIF	PARTICIPE PRÉSENT
j'eus tu eus il eut nous eûmes vous eûtes ils eurent	j'aurai tu auras il aura nous aurons vous aurez ils auront	j'aurais tu aurais il aurait nous aurions vous auriez ils auraient	que j'aie que tu aies qu'il ait que nous ayons que vous ayez qu'ils aient	ayant
je battis tu battis il battit nous battîmes vous battîtes ils battirent	je battrai tu battras il battra nous battrons vous battrez ils battront	je battrais tu battrais il battrait nous battrions vous battriez ils battraient	que je batte que tu battes qu'il batte que nous battions que vous battiez qu'ils battent	battant
je bus tu bus il but nous bûmes vous bûtes ils burent	je boirai tu boiras il boira nous boirons vous boirez ils boiront	je boirais tu boirais il boirait nous boirions vous boiriez ils boiraient	que je boive que tu boives qu'il boive que nous buvions que vous buviez qu'ils boivent	buvant
je conclus tu conclus il conclut nous conclûmes vous conclûtes ils conclurent	je conclurai tu concluras il conclura nous conclurons vous conclurez ils concluront	je conclurais tu conclurais il conclurait nous conclurions vous concluriez ils concluraient	que je conclue que tu conclues qu'il conclue que nous concluions que vous concluiez qu'ils concluent	concluant
je conduisis tu conduisis il conduisit nous conduisîmes vous conduisîtes ils conduisirent	je conduirai tu conduiras il conduira nous conduirons vous conduirez ils conduiront	je conduirais tu conduirais il conduirait nous conduirions vous conduiriez ils conduiraient	que je conduise que tu conduises qu'il conduise que nous conduisions que vous conduisiez qu'ils conduisent	conduisant
je connus tu connus il connut nous connûmes vous connûtes ils connurent	je connaîtrai tu connaîtras il connaîtra nous connaîtrons vous connaîtrez ils connaîtront	je connaîtrais tu connaîtrais il connaîtrait nous connaîtrions vous connaîtriez ils connaîtraient	que je connaisse que tu connaisses qu'il connaisse que nous connaissions que vous connaissiez qu'ils connaissent	connaissant
je cousis tu cousis il cousit nous cousîmes vous cousîtes ils cousirent	je coudrai tu coudras il coudra nous coudrons vous coudrez ils coudront	je coudrais tu coudrais il coudrait nous coudrions vous coudriez ils coudraient	que je couse que tu couses qu'il couse que nous cousions que vous cousiez qu'ils cousent	cousant
je courus tu courus il courut nous courûmes vous courûtes ils coururent	je courrai tu courras il courra nous courrons vous courrez ils courront	je courrais tu courrais il courrait nous courrions vous courriez ils courraient	que je coure que tu coures qu'il coure que nous courions que vous couriez qu'ils courent	courant
je craignis tu craignis il craignit nous craignîmes vous craignîtes ils craignirent	je craindrai tu craindras il craindra nous craindrons vous craindrez ils craindront	je craindrais tu craindrais il craindrait nous craindrions vous craindriez ils craindraient	que je craigne que tu craignes qu'il craigne que nous craignions que vous craigniez qu'ils craignent	craignant

INFINITIF	PRÉSENT	IMPÉRATIF	PASSÉ COMPOSÉ	IMPARFAIT
14. croire (to believe)	je crois tu crois il croit nous croyons vous croyez ils croient	crois croyons croyez	j'ai cru tu as cru il a cru nous avons cru vous avez cru ils ont cru	je croyais tu croyais il croyait nous croyions vous croyiez ils croyaient
15. cueillir (to pick, gather)	je cueille tu cueilles il cueille nous cueillons vous cueillez ils cueillent	cueille cueillons cueillez	j'ai cueilli tu as cueilli il a cueilli nous avons cueilli vous avez cueilli ils ont cueilli	je cueillais tu cueillais il cueillait nous cueillions vous cueilliez ils cueillaient
16. devoir (must, to have to; to owe)	je dois tu dois il doit nous devons vous devez ils doivent	dois devons devez	j'ai dû tu as dû il a dû nous avons dû vous avez dû ils ont dû	je devais tu devais il devait nous devions vous deviez ils devaient
17. dire (to say, tell)	je dis tu dis il dit nous disons vous dites ils disent	dis disons dites	j'ai dit tu as dit il a dit nous avons dit vous avez dit ils ont dit	je disais tu disais il disait nous disions vous disiez ils disaient
18. dormir (to sleep)	je dors tu dors il dort nous dormons vous dormez ils dorment	dors dormons dormez	j'ai dormi tu as dormi il a dormi nous avons dormi vous avez dormi ils ont dormi	je dormais tu dormais il dormait nous dormions vous dormiez ils dormaient
19. écrire (to write)	j'écris tu écris il écrit nous écrivons vous écrivez ils écrivent	écris écrivons écrivez	j'ai écrit tu as écrit il a écrit nous avons écrit vous avez écrit ils ont écrit	j'écrivais tu écrivais il écrivait nous écrivions vous écriviez ils écrivaient
20. envoyer (to send)	j'envoie tu envoies il envoie nous envoyons vous envoyez ils envoient	envoie envoyons envoyez	j'ai envoyé tu as envoyé il a envoyé nous avons envoyé vous avez envoyé ils ont envoyé	j'envoyais tu envoyais il envoyait nous envoyions vous envoyiez ils envoyaient
21. être (to be)	je suis tu es il est nous sommes vous êtes ils sont	sois soyons soyez	j'ai été tu as été il a été nous avons été vous avez été ils ont été	j'étais tu étais il était nous étions vous étiez ils étaient
22. faire (to do, make)	je fais tu fais il fait nous faisons vous faites ils font	fais faisons faites	j'ai fait tu as fait il a fait nous avons fait vous avez fait ils ont fait	je faisais tu faisais il faisait nous faisions vous faisiez ils faisaient
23. falloir (to be necessary)	il faut	n'existe pas	il a fallu	il fallait

PASSÉ SIMPLE	FUTUR	CONDITIONNEL	SUBJONCTIF	PARTICIPE PRÉSENT
je crus tu crus il crut nous crûmes vous crûtes ils crurent	je croirai tu croiras il croira nous croirons vous croirez ils croiront	je croirais tu croirais il croirait nous croirions vous croiriez ils croiraient	que je croie que tu croies qu'il croie que nous croyions que vous croyiez qu'ils croient	croyant
je cueillis tu cueillis il cueillit nous cueillîmes vous cueillîtes ils cueillirent	je cueillerai tu cueilleras il cueillera nous cueillerons vous cueillerez ils cueilleront	je cueillerais tu cueillerais il cueillerait nous cueillerions vous cueilleriez ils cueilleraient	que je cueille que tu cueilles qu'il cueille que nous cueillions que vous cueilliez qu'ils cueillent	cueillant
je dus tu dus il dut nous dûmes vous dûtes ils durent	je devrai tu devras il devra nous devrons vous devrez ils devront	je devrais tu devrais il devrait nous devrions vous devriez ils devraient	que je doive que tu doives qu'il doive que nous devions que vous deviez qu'ils doivent	devant
je dis tu dis il dit nous dîmes vous dîtes ils dirent	je dirai tu diras il dira nous dirons vous direz ils diront	je dirais tu dirais il dirait nous dirions vous diriez ils diraient	que je dise que tu dises qu'il dise que nous disions que vous disiez qu'ils disent	disant
je dormis tu dormis il dormit nous dormîmes vous dormîtes ils dormirent	je dormirai tu dormiras il dormira nous dormirons vous dormirez ils dormiront	je dormirais tu dormirais il dormirait nous dormirions vous dormiriez ils dormiraient	que je dorme que tu dormes qu'il dorme que nous dormions que vous dormiez qu'ils dorment	dormant
j'écrivis tu écrivis il écrivit nous écrivîmes vous écrivîtes ils écrivirent	j'écrirai tu écriras il écrira nous écrirons vous écrirez ils écriront	j'écrirais tu écrirais il écrirait nous écririons vous écririez ils écriraient	que j'écrive que tu écrives qu'il écrive que nous écrivions que vous écriviez qu'ils écrivent	écrivant
j'envoyai tu envoyas il envoya nous envoyâmes vous envoyâtes ils envoyèrent	j'enverrai tu enverras il enverra nous enverrons vous enverrez ils enverront	j'enverrais tu enverrais il enverrait nous enverrions vous enverriez ils enverraient	que j'envoie que tu envoies qu'il envoie que nous envoyions que vous envoyiez qu'ils envoient	envoyant
je fus tu fus il fut nous fûmes vous fûtes ils furent	je serai tu seras il sera nous serons vous serez ils seront	je serais tu serais il serait nous serions vous seriez ils seraient	que je sois que tu sois qu'il soit que nous soyons que vous soyez qu'ils soient	étant
je fis tu fis il fit nous fîmes vous fîtes ils firent	je ferai tu feras il fera nous ferons vous ferez ils feront	je ferais tu ferais il ferait nous ferions vous feriez ils feraient	que je fasse que tu fasses qu'il fasse que nous fassions que vous fassiez qu'ils fassent	faisant
il fallut	il faudra	il faudrait	qu'il faille	*n'existe pas*

Appendice B

INFINITIF	PRÉSENT	IMPÉRATIF	PASSÉ COMPOSÉ	IMPARFAIT
24. fuir (to flee)	je fuis tu fuis il fuit nous fuyons vous fuyez ils fuient	fuis fuyons fuyez	j'ai fui tu as fui il a fui nous avons fui vous avez fui ils ont fui	je fuyais tu fuyais il fuyait nous fuyions vous fuyiez ils fuyaient
25. lire (to read)	je lis tu lis il lit nous lisons vous lisez ils lisent	lis lisons lisez	j'ai lu tu as lu il a lu nous avons lu vous avez lu ils ont lu	je lisais tu lisais il lisait nous lisions vous lisiez ils lisaient
26. mettre (to put, place)	je mets tu mets il met nous mettons vous mettez ils mettent	mets mettons mettez	j'ai mis tu as mis il a mis nous avons mis vous avez mis ils ont mis	je mettais tu mettais il mettait nous mettions vous mettiez ils mettaient
27. mourir (to die)	je meurs tu meurs il meurt nous mourons vous mourez ils meurent	meurs mourons mourez	je suis mort(e) tu es mort(e) il/elle est mort(e) nous sommes mort(e)s vous êtes mort(e)(s) ils/elles sont mort(e)s	je mourais tu mourais il mourait nous mourions vous mouriez ils mouraient
28. naître (to be born)	je nais tu nais il naît nous naissons vous naissez ils naissent	nais naissons naissez	je suis né(e) tu es né(e) il/elle est né(e) nous sommes né(e)s vous êtes né(e)(s) ils/elles sont né(e)s	je naissais tu naissais il naissait nous naissions vous naissiez ils naissaient
29. ouvrir (to open)	j'ouvre tu ouvres il ouvre nous ouvrons vous ouvrez ils ouvrent	ouvre ouvrons ouvrez	j'ai ouvert tu as ouvert il a ouvert nous avons ouvert vous avez ouvert ils ont ouvert	j'ouvrais tu ouvrais il ouvrait nous ouvrions vous ouvriez ils ouvraient
30. plaire (to please)	je plais tu plais il plaît nous plaisons vous plaisez ils plaisent	plais plaisons plaisez	j'ai plu tu as plu il a plu nous avons plu vous avez plu ils ont plu	je plaisais tu plaisais il plaisait nous plaisions vous plaisiez ils plaisaient
31. pleuvoir (to rain)	il pleut	n'existe pas	il a plu	il pleuvait
32. pouvoir (can, to be able)	je peux tu peux il peut nous pouvons vous pouvez ils peuvent	n'existe pas	j'ai pu tu as pu il a pu nous avons pu vous avez pu ils ont pu	je pouvais tu pouvais il pouvait nous pouvions vous pouviez ils pouvaient
33. prendre (to take)	je prends tu prends il prend nous prenons vous prenez ils prennent	prends prenons prenez	j'ai pris tu as pris il a pris nous avons pris vous avez pris ils ont pris	je prenais tu prenais il prenait nous prenions vous preniez ils prenaient

PASSÉ SIMPLE	FUTUR	CONDITIONNEL	SUBJONCTIF	PARTICIPE PRÉSENT
je fuis tu fuis il fuit nous fuîmes vous fuîtes ils fuirent	je fuirai tu fuiras il fuira nous fuirons vous fuirez ils fuiront	je fuirais tu fuirais il fuirait nous fuirions vous fuiriez ils fuiraient	que je fuie que tu fuies qu'il fuie que nous fuyions que vous fuyiez qu'ils fuient	fuyant
je lus tu lus il lut nous lûmes vous lûtes ils lurent	je lirai tu liras il lira nous lirons vous lirez ils liront	je lirais tu lirais il lirait nous lirions vous liriez ils liraient	que je lise que tu lises qu'il lise que nous lisions que vous lisiez qu'ils lisent	lisant
je mis tu mis il mit nous mîmes vous mîtes ils mirent	je mettrai tu mettras il mettra nous mettrons vous mettrez ils mettront	je mettrais tu mettrais il mettrait nous mettrions vous mettriez ils mettraient	que je mette que tu mettes qu'il mette que nous mettions que vous mettiez qu'ils mettent	mettant
je mourus tu mourus il mourut nous mourûmes vous mourûtes ils moururent	je mourrai tu mourras il mourra nous mourrons vous mourrez ils mourront	je mourrais tu mourrais il mourrait nous mourrions vous mourriez ils mourraient	que je meure que tu meures qu'il meure que nous mourions que vous mouriez qu'ils meurent	mourant
je naquis tu naquis il naquit nous naquîmes vous naquîtes ils naquirent	je naîtrai tu naîtras il naîtra nous naîtrons vous naîtrez ils naîtront	je naîtrais tu naîtrais il naîtrait nous naîtrions vous naîtriez ils naîtraient	que je naisse que tu naisses qu'il naisse que nous naissions que vous naissiez qu'ils naissent	naissant
j'ouvris tu ouvris il ouvrit nous ouvrîmes vous ouvrîtes ils ouvrirent	j'ouvrirai tu ouvriras il ouvrira nous ouvrirons vous ouvrirez ils ouvriront	j'ouvrirais tu ouvrirais il ouvrirait nous ouvririons vous ouvririez ils ouvriraient	que j'ouvre que tu ouvres qu'il ouvre que nous ouvrions que vous ouvriez qu'ils ouvrent	ouvrant
je plus tu plus il plut nous plûmes vous plûtes ils plurent	je plairai tu plairas il plaira nous plairons vous plairez ils plairont	je plairais tu plairais il plairait nous plairions vous plairiez ils plairaient	que je plaise que tu plaises qu'il plaise que nous plaisions que vous plaisiez qu'ils plaisent	plaisant
il plut	il pleuvra	il pleuvrait	qu'il pleuve	pleuvant
je pus tu pus il put nous pûmes vous pûtes ils purent	je pourrai tu pourras il pourra nous pourrons vous pourrez ils pourront	je pourrais tu pourrais il pourrait nous pourrions vous pourriez ils pourraient	que je puisse que tu puisses qu'il puisse que nous puissions que vous puissiez qu'ils puissent	pouvant
je pris tu pris il prit nous prîmes vous prîtes ils prirent	je prendrai tu prendras il prendra nous prendrons vous prendrez ils prendront	je prendrais tu prendrais il prendrait nous prendrions vous prendriez ils prendraient	que je prenne que tu prennes qu'il prenne que nous prenions que vous preniez qu'ils prennent	prenant

Appendice B

INFINITIF	PRÉSENT	IMPÉRATIF	PASSÉ COMPOSÉ	IMPARFAIT
34. recevoir *(to receive, get)*	je reçois tu reçois il reçoit nous recevons vous recevez ils reçoivent	reçois recevons recevez	j'ai reçu tu as reçu il a reçu nous avons reçu vous avez reçu ils ont reçu	je recevais tu recevais il recevait nous recevions vous receviez ils recevaient
35. résoudre *(to resolve, solve)*	je résous tu résous il résout nous résolvons vous résolvez ils résolvent	résous résolvons résolvez	j'ai résolu tu as résolu il a résolu nous avons résolu vous avez résolu ils ont résolu	je résolvais tu résolvais il résolvait nous résolvions vous résolviez ils résolvaient
36. rire *(to laugh)*	je ris tu ris il rit nous rions vous riez ils rient	ris rions riez	j'ai ri tu as ri il a ri nous avons ri vous avez ri ils ont ri	je riais tu riais il riait nous riions vous riiez ils riaient
37. savoir *(to know)*	je sais tu sais il sait nous savons vous savez ils savent	sache sachons sachez	j'ai su tu as su il a su nous avons su vous avez su ils ont su	je savais tu savais il savait nous savions vous saviez ils savaient
38. sortir *(to go out)*	je sors tu sors il sort nous sortons vous sortez ils sortent	sors sortons sortez	je suis sorti(e) tu es sorti(e) il/elle est sorti(e) nous sommes sorti(e)s vous êtes sorti(e)(s) ils/elles sont sorti(e)s	je sortais tu sortais il sortait nous sortions vous sortiez ils sortaient
39. suivre *(to follow)*	je suis tu suis il suit nous suivons vous suivez ils suivent	suis suivons suivez	j'ai suivi tu as suivi il a suivi nous avons suivi vous avez suivi ils ont suivi	je suivais tu suivais il suivait nous suivions vous suiviez ils suivaient
40. se taire *(to be quiet)*	je me tais tu te tais il se tait nous nous taisons vous vous taisez ils se taisent	tais-toi taisons-nous taisez-vous	je me suis tu(e) tu t'es tu(e) il/elle s'est tu(e) nous nous sommes tu(e)s vous vous êtes tu(e)(s) ils/elles se sont tu(e)s	je me taisais tu te taisais il se taisait nous nous taisions vous vous taisiez ils se taisaient
41. vaincre *(to conquer)*	je vaincs tu vaincs il vainc nous vainquons vous vainquez ils vainquent	vaincs vainquons vainquez	j'ai vaincu tu as vaincu il a vaincu nous avons vaincu vous avez vaincu ils ont vaincu	je vainquais tu vainquais il vainquait nous vainquions vous vainquiez ils vainquaient
42. valoir *(to be worth; to deserve, merit)*	je vaux tu vaux il vaut nous valons vous valez ils valent	vaux valons valez	j'ai valu tu as valu il a valu nous avons valu vous avez valu ils ont valu	je valais tu valais il valait nous valions vous valiez ils valaient

PASSÉ SIMPLE	FUTUR	CONDITIONNEL	SUBJONCTIF	PARTICIPE PRÉSENT
je reçus tu reçus il reçut nous reçûmes vous reçûtes ils reçurent	je recevrai tu recevras il recevra nous recevrons vous recevrez ils recevront	je recevrais tu recevrais il recevrait nous recevrions vous recevriez ils recevraient	que je reçoive que tu reçoives qu'il reçoive que nous recevions que vous receviez qu'ils reçoivent	recevant
je résolus tu résolus il résolut nous résolûmes vous résolûtes ils résolurent	je résoudrai tu résoudras il résoudra nous résoudrons vous résoudrez ils résoudront	je résoudrais tu résoudrais il résoudrait nous résoudrions vous résoudriez ils résoudraient	que je résolve que tu résolves qu'il résolve que nous résolvions que vous résolviez qu'ils résolvent	résolvant
je ris tu ris il rit nous rîmes vous rîtes ils rirent	je rirai tu riras il rira nous rirons vous rirez ils riront	je rirais tu rirais il rirait nous ririons vous ririez ils riraient	que je rie que tu ries qu'il rie que nous riions que vous riiez qu'ils rient	riant
je sus tu sus il sut nous sûmes vous sûtes ils surent	je saurai tu sauras il saura nous saurons vous saurez ils sauront	je saurais tu saurais il saurait nous saurions vous sauriez ils sauraient	que je sache que tu saches qu'il sache que nous sachions que vous sachiez qu'ils sachent	sachant
je sortis tu sortis il sortit nous sortîmes vous sortîtes ils sortirent	je sortirai tu sortiras il sortira nous sortirons vous sortirez ils sortiront	je sortirais tu sortirais il sortirait nous sortirions vous sortiriez ils sortiraient	que je sorte que tu sortes qu'il sorte que nous sortions que vous sortiez qu'ils sortent	sortant
je suivis tu suivis il suivit nous suivîmes vous suivîtes ils suivirent	je suivrai tu suivras il suivra nous suivrons vous suivrez ils suivront	je suivrais tu suivrais il suivrait nous suivrions vous suivriez ils suivraient	que je suive que tu suives qu'il suive que nous suivions que vous suiviez qu'ils suivent	suivant
je me tus tu te tus il se tut nous nous tûmes vous vous tûtes ils se turent	je me tairai tu te tairas il se taira nous nous tairons vous vous tairez ils se tairont	je me tairais tu te tairais il se tairait nous nous tairions vous vous tairiez ils se tairaient	que je me taise que tu te taises qu'il se taise que nous nous taisions que vous vous taisiez qu'ils se taisent	se taisant
je vainquis tu vainquis il vainquit nous vainquîmes vous vainquîtes ils vainquirent	je vaincrai tu vaincras il vaincra nous vaincrons vous vaincrez ils vaincront	je vaincrais tu vaincrais il vaincrait nous vaincrions vous vaincriez ils vaincraient	que je vainque que tu vainques qu'il vainque que nous vainquions que vous vainquiez qu'ils vainquent	vainquant
je valus tu valus il valut nous valûmes vous valûtes ils valurent	je vaudrai tu vaudras il vaudra nous vaudrons vous vaudrez ils vaudront	je vaudrais tu vaudrais il vaudrait nous vaudrions vous vaudriez ils vaudraient	que je vaille que tu vailles qu'il vaille que nous valions que vous valiez qu'ils vaillent	valant

Appendice B

INFINITIF	PRÉSENT	IMPÉRATIF	PASSÉ COMPOSÉ	IMPARFAIT
43. venir *(to come)*	je viens tu viens il vient nous venons vous venez ils viennent	viens venons venez	je suis venu(e) tu es venu(e) il/elle est venu(e) nous sommes venu(e)s vous êtes venu(e)(s) ils/elles sont venu(e)s	je venais tu venais il venait nous venions vous veniez ils venaient
44. vivre *(to live)*	je vis tu vis il vit nous vivons vous vivez ils vivent	vis vivons vivez	j'ai vécu tu as vécu il a vécu nous avons vécu vous avez vécu ils ont vécu	je vivais tu vivais il vivait nous vivions vous viviez ils vivaient
45. voir *(to see)*	je vois tu vois il voit nous voyons vous voyez ils voient	vois voyons voyez	j'ai vu tu as vu il a vu nous avons vu vous avez vu ils ont vu	je voyais tu voyais il voyait nous voyions vous voyiez ils voyaient
46. vouloir *(to wish, want)*	je veux tu veux il veut nous voulons vous voulez ils veulent	veuille veuillons veuillez	j'ai voulu tu as voulu il a voulu nous avons voulu vous avez voulu ils ont voulu	je voulais tu voulais il voulait nous voulions vous vouliez ils voulaient

PASSÉ SIMPLE	FUTUR	CONDITIONNEL	SUBJONCTIF	PARTICIPE PRÉSENT
je vins	je viendrai	je viendrais	que je vienne	venant
tu vins	tu viendras	tu viendrais	que tu viennes	
il vint	il viendra	il viendrait	qu'il vienne	
nous vînmes	nous viendrons	nous viendrions	que nous venions	
vous vîntes	vous viendrez	vous viendriez	que vous veniez	
ils vinrent	ils viendront	ils viendraient	qu'ils viennent	
je vécus	je vivrai	je vivrais	que je vive	vivant
tu vécus	tu vivras	tu vivrais	que tu vives	
il vécut	il vivra	il vivrait	qu'il vive	
nous vécûmes	nous vivrons	nous vivrions	que nous vivions	
vous vécûtes	vous vivrez	vous vivriez	que vous viviez	
ils vécurent	ils vivront	ils vivraient	qu'ils vivent	
je vis	je verrai	je verrais	que je voie	voyant
tu vis	tu verras	tu verrais	que tu voies	
il vit	il verra	il verrait	qu'il voie	
nous vîmes	nous verrons	nous verrions	que nous voyions	
vous vîtes	vous verrez	vous verriez	que vous voyiez	
ils virent	ils verront	ils verraient	qu'ils voient	
je voulus	je voudrai	je voudrais	que je veuille	voulant
tu voulus	tu voudras	tu voudrais	que tu veuilles	
il voulut	il voudra	il voudrait	qu'il veuille	
nous voulûmes	nous voudrons	nous voudrions	que nous voulions	
vous voulûtes	vous voudrez	vous voudriez	que vous vouliez	
ils voulurent	ils voudront	ils voudraient	qu'ils veuillent	

Appendice B

Lexique

A

à at, in, on, to
à bientôt see you soon
à bord de aboard
à cause de because of
à côté near; **l'un — de l'autre** side by side
à égalité equally
à la traîne to lag behind
à l'égard de towards, concerning
à long terme in the long run
à mesure que as
à moins que unless
à part ça besides that
à partir de (du) from . . . on
à propos de concerning
à quelle heure (at) what time
à tout à l'heure see you soon
à toute allure quickly
abandonner to give up
abattre to gun down
abattu(e) shot down
abîmer to damage, harm
aboiement *m* barking
abonnement *m* subscription
abords *m pl* outskirts, surroundings; **d'abord** first
aboutir to result in
abri *m* shelter; **sans-abri** *m pl* homeless; **à l'—** sheltered
abricot *m* apricot
abriter to shelter
absolument absolutely
accélérer: s'— to speed up
accentuer to stress; **pronoms** *m pl* **accentués** stress pronouns
accidenté(e) an injured person
accord *m* agreement; **d'—** okay, all right; **être d'—** to agree
accorder to grant; **— l'asile aux terroristes** to grant asylum to terrorists; **s'—** to give oneself
accoucher to give birth
accouder: s'— to lean
accrocher to hang; **s'— à** to hold on to
accroissant(e) increasing
accroissement *m* increase, soaring
accroître (*pp* **accru**) to increase
accroupir: s'— to crouch down
accueillant(e) welcoming
accueillir to welcome, receive
achat *m* purchase; **pouvoir d'—** purchasing power

acheminer to transport
acheter to buy
achever to complete, finish
acier *m* steel
acquérir (*pp* **acquis**) to acquire
acte *m* act; **— de guerre** act of war
acteur (actrice) actor
action: — *f* en faveur des minorités affirmative action
actualités *f pl* news
actuel(le) current
actuellement actually, currently
adepte *m f* follower
adhérent(e) member of a group
adieu *m* good-bye, farewell
adolescent(e) teenager
adonner: s'— à to devote oneself to
adoucir to sweeten, soften
adresser: s'— à to talk to
adversaire *m f* **des armes à feu** gun control activist
affaiblir to weaken
affaires *f pl* business; **homme (femme) d'—** businessman(woman)
affamer: être affamé(e) to starve
affecter to assign
affinage *m* maturing
affirmer to assert
affligeant(e) distressing, painful
affolant(e) alarming
affranchir: s'— to free oneself
affreux(se) terrible, hideous
afin: — de in order to; **— que** so that
agacer (*fam*) to annoy; **ça m'agace** it irritates me
âge *m* age; **du troisième —** senior citizens
agent *m* agent; **— de change** stockbroker; **— de conduite** train conductor; **— de voyage** travel agent; **— immobilier** real estate agent
aggraver to make worse; **s'—** to get worse
agir to act; **s'— de** to be about
agiter to shake
agneau *m* lamb
agrandir to enlarge, make bigger
agréable pleasant
agresser to assault, mug
agression assault, mugging
agricole agricultural
agronomie *f* study of agriculture
agrumes *m pl* citrus fruits
aider to help

aigu(ë) acute
aiguille *f* needle
ail *m* garlic
ailleurs elsewhere; **d'—** besides; **par —** moreover
aimable lovely, friendly
aimer (bien) to love, to like
aîné(e) oldest, eldest
ainsi in this manner, thus; **c'est — que** that's the way
air *m* air; **— conditionné** air-conditioning; **au grand —** outdoors; **avoir l'—** to look like
aire *f* area; **— de repos** rest area; **— de service** service area
aisé(e) financially well-off
ajouter to add
ajuster to adjust
ajusteur *m* worker who sands wood
aléatoire risky
alentours: aux — de around, about
alerte agile, nimble
alerte *f* scare; **— à la bombe** bomb scare
algue *f* seaweed
aliment *m* food
alimentation *f* food, feeding
allégé(e) light, low calorie
allégement *m* lightening
Allemagne *f* Germany
aller to go, walk
allocation *f* allowance, compensation; **— familiale** family allowance
allonger: s'— to lie down
allophone *m* who doesn't speak the language of the community
allouer to grant, allocate
allumer to light; **— (la télé, le chauffage)** to turn on
alors then, so
ambiance *f* atmosphere, environment
âme *f* soul
amélioration *f* improvement
aménagé(e) set up
aménageable ready to be finished
aménagement *m* planning, management
amener to bring, take along; **— à (au)** to take out
amer(ère) bitter
ami(e) friend
amicalement friendly, with friendship
amitié *f* friendship
amorce *f* beginning
amphithéâtre *m* large lecture hall

Lexique 263

ampleur *f* importance
amusant(e) amusing, funny
amuse-gueule *m (fam)* snack
amuser: s'— to have fun/a good time, to enjoy oneself
an *m* year; **Nouvel —** New Year
ananas *m* pineapple
ancien(ne) old, ancient; former
ancre *f* anchor; **jeter l'—** to anchor
anecdote *f* plot, story
anglais(e) English
angoisse *f* anguish
année *f* year; **—s trente** thirties
anniversaire *m* birthday; anniversary
Antarctique *m* Antarctic
août *m* August
apanage *m* privilege
apercevoir *(pp* **aperçu***)* to notice, see; **s'—** to become aware
apéro *m (fam)* for **apéritif**
aplatir to flatten
appareil *m* **ménager** appliance
apparition *f* appearance
appartenance belonging to
appartenir *(pp* **appartenu***)* to belong
appât *m* bait
appeler to call, phone; **s'—** to be named
appétissant(e) tasty
apporter to bring
apprécier to appreciate
apprendre *(pp* **appris***)* to learn, teach
apprenti(e) apprentice
apprentissage *m* learning
approbation *f* approval
approcher: s' — (de) to come close (to)
approfondi(e) thorough
appuyer to lean; **— sur** to push (the button)
après after; **d'—** according to; **—-midi** *m* afternoon
aptitude *f* ability
aquaculture *f* cultivation of fish
aquilin curved (nose)
arachide *f* peanut
arbre *m* tree; **— fruitier** fruit tree
arc-en-ciel *m* rainbow
argent *m* money; silver
argenterie *f* silverware
argile *f* clay
arme *f* weapon
armer: s'— to arm oneself
armoire *f* free-standing closet; cabinet; **— de toilette** medicine cabinet
aromatisé(e) seasoned, flavored
arracher to pull up, uproot
arrestation *f* arrest; **mettre (être) en état d'—** to put (to be) under arrest
arrêt *m* stop; stop; **sans —** increasingly
arrêter to stop; to arrest, to bust
arrière back; **—-plan** *m* background; **en —** to the past
arrivée *f* arrival
arriver to arrive; **— à** to succeed; **y —** to manage it

arroser to water; to wash down
artichaut *m* artichoke
artisanal(e) artisan, craft
artisanat *m* (arts) craft industry
ascenseur *m* elevator
asile *m* shelter; asylum; **accorder l'— aux terroristes** to grant asylum to terrorists
asphyxier: s'— to suffocate
aspirateur *m* vacuum cleaner
assainissement *m* stabilization
assaisonnement *m* seasoning
assassinat *m* (first degree) murder
assemblage *m* assembling
asseoir to sit down (somebody); **s'—** to sit down (at the table)
asservi(e) enslaved
assez (de) enough
assiduité *f* attendance
assiette *f* plate
assistance *f* help; **— sociale** welfare
assister to help; **— à** to attend, witness
association *f* organization; **— écologiste** environmental organization
assortir to match (up)
assouplir to soften
assourdir to lower, deafen
assouvir to satisfy
assurance *f* insurance; **— santé** health insurance
assuré(e) certain, assured
atelier *m* workshop
athée *m f* atheist
attaque *f* **à main armée** assault with a deadly weapon
attardé(e) behind the times
attarder to make late/behind the time; **s'—** to linger; stay late
atteindre *(pp* **atteint***)* to reach
attenant(e) adjoining
attendre *(pp* **attendu***)* to wait (for); **— avec impatience** to anticipate eagerly, to look forward to; **s'— à** to expect
attentat *m* **(terroriste)** (terrorist) attack; **— aveugle** random, indiscriminate bombing
attention *f* attention; care; **faire —** to be careful
atterrir to land
attiser to stir; **— le feu** to stir the fire
attitude *f* behavior
attraper to catch
attribuer (à) to attribute (to)
au-delà de beyond
au-dessus de beyond
au fur et à mesure as
au revoir *m* good-bye
aubaine *f* godsend
aube *f* dawn
auberge *f* hostel, inn
aubergine *f* eggplant
aubergiste *m f* innkeeper
aucun(e) no, none; no one; **aucune idée** no idea

audacieux(se) daring
augmentation *f* surge, increase
augmenter to increase
aujourd'hui today
aumône *f* handout
aumônier *m* chaplain
auparavant earlier, before
auprès de close to, next to
auquel (à laquelle) to which
aussi too, also; **— ... que** as . . . as
aussitôt que as soon as
autant as much; **d'— plus que** especially
autel *m* altar
auteur *m* perpetrator, author; **— d'une bombe** bomb maker
automne *m* autumn, fall
autonome independent
autoritaire authoritarian
autoroute *f* freeway
autour around; **— de nous** around us
autre other
autrefois in the old days, before
autrement otherwise
Autriche *f* Austria
autrui *m* other people, peer; **pression** *f* **d'—** peer pressure
avaler to swallow up
avance *f* advance
avant before
avare *m f* miser
avec with
avènement *m* coming (advent) [event]
avenir *m* future; **— proche** near future
avérer to recognize, to know
avertir to warn, inform
aveu *m* confession
aveugle blind; **attentat** *m* **—** random, indiscriminate bombing
avion *m* airplane; **— détourné** hijacked plane
avis *m* opinion; **à (ton/votre) —** in your opinion
aviser to notice
avocat(e) lawyer
avoine *f* oat
avoir *(pp* **eu***)* to have; **— besoin (de)** to need; **— faim** to be hungry; **— l'air de** to look like; **— lieu** to happen; **— soif** to be thirsty; **n'— que** to only have; **qu'est-ce que tu as (vous avez)** what's the matter
avoisinant(e) nearby
avoisiner to come close to
avortement *m* abortion; **droit** *m* **à l'—** abortion right
avouer to admit, confess
avril *m* April

B

bagarre *f* brawl, fight; **— d'ivrognes** drunken brawl
bac (baccalauréat) *m* competitive exams, with diploma, at the end of secondary school

bagage *m* luggage; **— à main** hand luggage; **fouiller les —s à main** to search hand luggage
bagnole *f (fam)* car
baie *f* bay
baignoire *f* bathtub
bâiller to yawn
bain *m* bath
baisse *f* drop
baisser to lower
balai *m* broom; **—-éponge** *m* sponge mop
balance *f* scale
balayer to sweep
balayeur(se) sweeper; **— de quais** platform sweeper
bananeraie *f* banana plantation
bande *f* group; **en —** in a group; **— dessinée** cartoon
banlieue *f* suburbs, outskirts
banlieusard(e) suburbanite
banquier(ère) banker
baptême *m* baptism
baraque *f* hut
barrage *m* dam
barre *f* lock
barrière *f* border; rail
bas *m* stocking
bas(se) low
basse-cour *f* farm yard
bassin *m* pond
bateau *m* boat
bâtiment *m* building
bâtir to build
battre (*pp* **battu**) to beat; **se —** to fight
battu(e) battered; **femme —** battered wife/woman
bavard(e) talkative, *(fam)* chatterbox
baver to drool
beau (belle) beautiful; **il fait —** it's beautiful weather
beau-père *m* stepfather, father-in-law
beaucoup (de) a lot (of)
beauté *f* beauty
belle-mère *f* stepmother, mother-in-law
bénévolement voluntarily
benne *f* trucks
berceau *m* baby crib
besogne *f* task
besoin *m* need; **avoir — de** to need; **vivre dans le —** to live in poverty, be in need
bétail *m* livestock
bête *f* beast
bêtise *f* stupid thing
béton *m* concrete, cement
betteraves *f pl* beets
beurre *m* butter; **faux-—** butter substitute; **petit-—** butter cookie
bibliothécaire *m f* librarian
bibliothèque *f* library; bookcase
bien well, good; **— entendu** of course
bienfait *m* godsend, kindness
biens *m pl* property, goods
bienséant(e) proper

bientôt soon; **à —** see you soon
bienvenu(e) welcome
bijou *m* (*pl* **bijoux**) jewel
bilan *m* list
bilboquet *m* cup-and-ball toy
billet *m* ticket
blague *f* joke
blanc(he) white
blé *m* wheat
blesser to wound, injure
bleu very rare (beefsteak)
blottir: se — to huddle
bobine *f* spool
bœuf *m* beef
boire (*pp* **bu**) to drink; **— un pot** to go out for a drink
bois *m* wood; **charbon** *m* **de —** charcoal
boisson *f* beverage, drink
boîte *f* box; *(fam)* office, shop; **— (de nuit)** nightclub; **en —** canned
boiter to limp
bombe *f* bomb; **— à retardement** time bomb; **alerte** *f* **à la —** bomb scare; **auteur** *m* **d'une —** bomb maker; **faire sauter une —** to detonate, explode, set off a bomb
bon *m* coupon
bon(ne) good, nice; **bon gré mal gré** whether they liked it or not
bonbons *m pl* candy
bondé(e) crowded
bonheur *m* happiness
boniche *f (pejorative)* maid
bonne *f* housekeeper, maid
bonsoir *m* good evening
bord *m* edge; **à — de** aboard; **au — de** on the banks of
bordelais(e) from Bordeaux
borné(e) narrow-minded, limited
bossu(e) hunchbacked
botte *f* boot; **— au cul** *(fam)* kick in the butt
bouc *m* **émissaire** scapegoat
bouche *f* mouth
boucher(ère) butcher
boucherie *f* butcher shop; **— au détail** non-prepackaged meat
boue *f* mud
bouffe *f (slang)* food
bouffon(ne) clowning
bouger to move
bougnoul(e) *(pejorative)* North African
bouillie: en — mashed
boulanger(ère) baker
bouleversement *m* disruption
bouleverser to turn upside down
boulot *m (fam)* job, work
bouquin *m (fam)* book
bouquiner *(fam)* to browse for books; to read
bourg *m* village
bourgeois(e[s]) middle-class people
bourse *f* **d'études** scholarship
bout *m* end; **au — de son rouleau** at the end of one's rope

bouteille *f* bottle
braillard(e) people howling
branchement *m* **(pirate)** (illegal) connection
brancher to plug in
braquer to aim
brassage *m* mixing
brave courageous
brebis *f* sheep
Bretagne *f* Brittany
bref(ève) short, concise
brevet *m* certificate, diploma
bricoler (faire du bricolage) to putter, do home repairs, do handiwork
brièvement briefly
briser: se — to break
bronzé(e) tanned
brosse *f* brush; **en —** crewcut (hair)
brosser to brush
brouhaha *m* hubbub
brouillon *m* first draft
brousse *f* bush
broyer to grind
bruit *m* noise
brûler to burn
brun(e) brown; dark
brut(e) abrupt, rough
BTS (brevet de technicien supérieur) *m* French technical certificate
bruyant(e) noisy
bûche *f* log
bureau *m* office; desk; **chaise** *f* **de —** typing chair; **employé(e) de —** office clerk
burlesque comic
but *m* goal, aim

C

ça/cela that
c'est/ce sont it is; **c'est vrai** that's true; **c'est impossible** that's impossible
cabine *f* **de douche** shower stall
cabinet *m* **d'affaires** business agency
câbleur *m* worker who lays wires
cacahuète *f* peanut
cacher to hide, put out; **— à la vue** to put out of sight; **se —** to hide
cadeau *m* gift, present
cadenassé(e) padlocked
cadre *m* executive; **— supérieur** high-level executive
cafard *m* cockroach
cahier *m* notebook
caille *f* quail
caillé(e) curds
cailler: faire — to curdle
caissier(ère) cashier, teller
calciné(e) burnt
calcul *m* calculation, arithmetic
calendrier *m* agenda, calendar
calme quiet
camarade *m f* friend; **— de chambre** roommate

caméscope *m* camcorder
camion *m* truck
campagne *f* suburb; countryside; campaign
camping car *m* motor home
canapé *m* sofa
canard *m* duck
candidature *f* application (for a job)
caneton *m* duckling
caniculaire scorching
canne *f* stick; — **à sucre** sugar cane; — **à pêche** fishing pole
canot *m* boat
cantine *f* cafeteria
canular *m* hoax, false alarm
caoutchouc *m* rubber
CAP *m* (certificat d'aptitude professionnelle) technical degree for students who do not continue their studies in high school
car because
car *m* bus (with routes outside the city); — **de ramassage** school bus
carafe *f* pitcher
caravane *f* trailer
cardiologue *m f* cardiologist
Carême *m* Lent
carnet *m* booklet
carré *m* square; patch
carreau *m* tile; à —x checked
carrefour *m* crossroads, intersection
carrément straight out
cas *m* case; **dans ce** — in this case
casanier(ère) homebody
case *f* box, compartment
casier *m* **judiciaire** criminal record
casse-croûte *m* snack
casser to break
cauchemar *m* nightmare; **vivre un** — to live through a nightmare
cause *f* reason; **à** — **(de)** because (of)
causer to chat, talk
cavalier(ère) trooper
cave *f* (wine) cellar; — **à disques** discotheque
ce, cet(te) this; **ce que** what; **ce dont** about which
céder to give in; to cave in
ceinture *f* belt
cela that
célèbre famous
célibataire unmarried
cellule *f* unit; prison cell; — **familiale** family unit
celui (celle) that; —-**ci** the latter
cendre(s) *f (pl)* ash(es)
Cendrillon Cinderella
centaine *f* hundred
centrale *f* power plant; — **nucléaire** nuclear plant
centre *m* **d'accueil** shelter; —-**ville** *m* downtown
cependant therefore, however
cerise *f* cherry
cerne *m* shadow, ring (eye)

certain(e)s some
cerveau *m* brain
cervelle *f* brain(s)
chacun(e) each, every (one)
chagrin *m* distress, —**s** sorrows
chahut *m (fam)* noise
chaise *f* chair; — **de bureau** typing chair
chambre *f* room; — **de bonne** small room (literally, maid's room)
champ *m* field
champignon *m* mushroom
chance *f* luck
changer to exchange; to change
chanson *f* song; — **et variété** referring to popular music
chanter to sing
chanteur(se) singer
chantier *m* construction site
chapeau *m* hat; — **melon** bowler hat
chapelet *m* rosary beads
chaque each
char *m* float; tank
charbon *m* **de bois** charcoal
charcuterie *f* butcher's shop; cold cuts
charge *f* burden; freight
chargé(e) busy, full; — **de** in charge of
charger to load; **se** — **de** to take care of
charges *f pl* utilities; — **comprises** utilities included
chargeur *m* shipper
charmant(e) nice
chasse *f* hunting; **aller à la** — to go hunting
chasseur *m* hunter
chat *m* cat
châtain chestnut
château *m* castle
chaud(e) hot, warm; **avoir** — to be warm/hot; **il fait** — it's hot/warm
chauffage *m* heating
chauffer: se — to get warm
chauffeur *m* driver
chaume *m* thatch
chaussette *f* sock
chaussure *f* shoe
chaux *f* lime
chavirer to capsize
chef d'entreprise *m* business owner, company head
chef-d'œuvre *m* masterpiece
chemin *m* way; — **faisant** en route; — **de fer** railroad
cheminée *f* chimney, fireplace
cheminement *m* advance
cher(ère) expensive; dear, well-loved
chercher à to look for
chercheur *m* researcher; —-**enseignant** teacher-researcher
cheval *m (pl* **chevaux)** horse; **faire du** — to go horseback riding; **queue** *f* **de** — pony tail
cheveux *m pl* hair
cheville *f* ankle
chèvre *f* goat

chevreuil *m* deer
chez at; — **moi** at my place; — **soi** one's home
chic fashionable; **dernier** — last fad
chien(ne) dog
chiffon *m* rag
chirurgical(e) surgical
choc *m* shock
chœur *m* backup singer
choisir to choose, select
choix *m (pl)* choice(s)
chômage *m* unemployment; **être au** — to be unemployed; **taux de** — unemployment rate
chose *f* thing; **quelque** — something
chou *m (pl* **choux)** cabbage
chou-fleur *m* cauliflower
chuchoter to whisper; — **des paroles** to whisper words
chute *f* fall; — **de cheval** fallen off a horse
chuter to fall
cible *f* target; — **civile** civilian target
ciblé(e) targeted
ci-dessous following, below
ci-dessus above(-mentioned)
ciel *m* sky
cimenté(e) covered in asphalt
cimetière *m* cemetery
ciné *m* cinema
cinéaste *m f* film producer, film-maker
circulation *f* traffic
circuler to get around
citadin(e) city-dweller
citoyen(ne) citizen
citron *m* lemon
citronnelle *f* citronella (lemon bush)
citrouille *f* pumpkin
clandestin(e) underground
clapier *m* rabbit hutch
claquer: faire — to slam
classe *f* grade; **salle** *f* **de** — classroom
classer to classify
clavier *m* keyboard
clé *f* key
client(e) customer
clientèle *f* customers, clientele
clignotant(e) blinking
climatisation *f* air-conditioning
climatisé(e) air-conditioned
climatiseur *m* air conditioner
clochard(e) tramp
cloche *f* bell
clou *m* nail
co-propriétaire *m f* co-owner
coaltar *m* tar
cocher to check (off)
cochon *m* pig; — **d'Inde** guinea pig
cocon *m* cocoon
cœur *m* heart
coiffeur(se) barber, hairdresser
coin *m* corner
collectionner to collect
collège *m* junior high school
coller to stick, to attach

colline *f* hill
colloque *m* discussion
colon *m* settler
colonisé(e) colonized
colonne *f* column
combat *m* fight, battle
combattant(e) *m* fighter; **ancien(ne) —** veteran
combustible *m* fuel
combien how much; **— de** how many; **— de temps** how long
combler to satisfy
comédien(ne) stage actor (actress)
commande *f* order; **—s** controls; **— d'ouvrages** book order
comme as, like; **— toujours** as always
commencer to begin, start
comment how
commerçant(e) merchant, shopkeeper
commerce *m* business, trade; **petit —** small store
commissariat *m* police station
commode *f* dresser
compagnie *f* house, company; companionship
compagnon *m* friend, fellow
compétence *f* authority, ability
complaisance *f* self-satisfaction
complexe *m* residential subdivision
complice *m* partner in crime
comportement *m* behavior, conduct
comporter: se — to behave
composé(e) mixed
compote *f* fruit sauce
comprendre (*pp* **compris**) to understand; to include; **faire —** to make understand
comptabilisation *f* posting (accounting)
comptabilité *f* accounting
comptable *m f* accountant
compte *m* account; **à bon —** with accomplishment; **— rendu** *m* summary, report; **tenir — de** to take into account
compter to count; to expect; **— sur** to rely on
concasser to crush, grind
concessionnaire *m f* car dealer
concevoir (*pp* **conçu**) to conceive, imagine
conclure to conclude, end
concombre *m* cucumber
concours *m* (*pl*) contest(s), competitive exam(s)
concurrent(e) competitor
condamné(e) (pour) convicted (of)
conducteur (conductrice) driver
conduire (*pp* **conduit**) to drive; lead; **se —** to behave
conduite *f* conduct; **— de vie** lifestyle
conférence *f* lecture
confier to share, tell about
confiserie(s) *f* (*pl*) sweets, candies
congé *m* leave (of absence); **— payé** paid leave (of absence)

congélateur *m* freezer
connaissance *f* knowledge
connu(e) known
conquistador *m* Spanish invader
consacrer to devote
conseil *m* advice
conseiller to advise; **—(ère)** advisor
conserve(s) *f* (*pl*) canned food
consommation *f* consumption
consommer to consume (to buy and use)
constater to notice
construire (*pp* **construit**) to build
conte *m* tale; **— de fée** fairy tale
contenir (*pp* **contenu**) to contain, include
contenu *m* contents
content(e) happy
contenter to please; **se — de** to make do with
conteneur *m* container
conteur *m* storyteller
contestation *f* dispute, protest
contraindre (*pp* **contraint**) to force
contrainte *f* constraint, restriction
contraire opposite; **au —** on the contrary
contre against; **par —** on the other hand
contrefaçon *f* forgery
contremaître *m* foreman
contrepartie: en — in exchange
contrôler to control, check
contrôleur *m* ticket inspector
convaincre (*pp* **convaincu**) to convince
convenable appropriate
convenir (*pp* **convenu**) to agree, to suit
convive *m f* guest
copain (copine) boyfriend (girlfriend), pal
copeau *m* wood shaving
copieux(se) hearty, rich
coq *m* rooster
corbeau *m* crow, raven
corniche *f* coast road
corps *m* body
corvée *f* chore
costaud big (person)
cote: avoir la — to be very popular
côté *m* side; **à —** beside, next to; **— montagne** on the mountain side
côtier(ière) coastal
cou *m* neck
couche *f* diaper; layer; **— d'ozone** ozone layer; **—s de la société** levels of society
coucher: se — to go to bed
coude *m* elbow; **— à —** close together
couffin *m* baby basket
couleur *f* color; **— de la peau** skin color
couloir *m* hallway, passage
coup *m* hit; **— de feu** shot; **— de soleil** sunburn; **— de téléphone** (phone)

call; **du —** as a result; **tout à —** all of a sudden; **tout d'un —** suddenly
coupable *m f* guilty person
couper to cut
coupeur(se) cutter
cour *f* courtyard; (school)yard
couramment fluently
courant(e) commune; every-day; **c'est très courant** it's very common
courgette *f* zucchini
courir (*pp* **couru**) to run
courrier *m* mail; **— du cœur** advice column; **— électronique** e-mail
cours *m* (*pl*) class(es)
course *f* running; **au pas de —** on the run; **— à pied** running; **—s** *f pl* errands; **faire les —s** to go shopping
court(e) short; **(à) court/long terme** short/long term, in the short/long run
courtier(ière) stockbroker
coussin *m* cushion
coût *m* price, cost
couteau *m* knife
coûter to cost
coutume *f* habit
couturier(ère) fashion designer
couvert *m* serving; **—(e)** covered
couverture *f* blanket
couvre-lit *m* bedspread
cracher to spit
craindre (*pp* **craint**) to fear, be scared of
crainte *f* fear
craquer (*fam*) to go wild, freak out
crèche *f* day care center
créer to create
crémeux(se) creamy
crêpe *f* pancake
crépitement *m* crackling, rattling
crépu(e) frizzy
crépuscule *m* twilight
creuser to hollow out, to dig
creux *m* hollow
crevettes *f pl* shrimp
cri *m* scream
crier to shout
crime *m* crime; **— d'émulation** copycat crime; **— gratuit** gratuitous crime; **— irréfléchi** unpremeditated, impulse crime
criminalité *f* crime
criminel(le) felon
crise *f* crisis; attack; **— cardiaque** heart attack
croire (*pp* **cru**) to believe
croiser: se — to pass each other
croissance *f* growth
croissant(e) increasing
croître to grow
croquer to bite into; **— la vie à pleines dents** to approach life with gusto
croûte *f* rind
croyance *f* belief
croyant(e) believer
crustacés *m pl* shellfish

cueillir to pick/gather (flowers)
cuiller/cuillère f spoon
cuire (pp **cuit**) to cook
cuisine f kitchen
cuisiner to cook
cuisinière f stove
cuisson f cooking; **à quel degré de cuisson** how well cooked
cuit(e) cooked
cultivé(e) cultured
cuivre m copper, brass
cuivré(e) copper-colored
cul-de-sac m dead-end (street)
culotte f short pants
culpabilité f guilt
culture f cultivation
curé m priest
cuve f tank, vat
cyclable: piste — bicycle trail

D

d'abord first (of all), at first
dactylo f typist
dames f pl ladies; checkers; **jeu** m **de —** checkers game
damier m checkerboard
dans in
davantage more
débarbouiller: se — to wash up, to take a sponge bath
débarquer to unload, to land
débarrasser to clear; **se — de** to get rid of
débile mentally deficient
déborder to overflow
débouché m outlet
déboussolé(e) disoriented
debout standing
débraillé(e) (people) dressed sloppily
débrancher to unplug
débrouillard(e) smart, resourceful person
débrouiller: se — to manage
début m beginning; **au —** at the beginning
décalage m staggering
décennie f decade
décevoir (pp **déçu**) to disappoint
décharges f pl discharges
déchéance f downward mobility
déchets m pl garbage, waste, trash
déchirer: se — to be tearing
déclencher to set in motion, start; **— une bagarre** to start a fight
décoller to take off
décolleté(e) with low-cut neckline
décombres m pl rubble
déconnecter to disconnect
déconseiller to advise against
décontracté(e) relaxed
décor m setting
découper to cut (up)
décourager to deter

décrire (pp **décrit**) to describe
décrocher to get; to pick up (telephone)
décroissant(e) decreasing
déculpabiliser to make feel less guilty
dédaigner to be averse to
dedans inside
défaut m flaw; defect
défavorisé(e) underprivileged
défendre (pp **défendu**) to forbid; **— ses biens contre** to protect one's property from
défenseur m **de l'environnement** environmentalist
défi m challenge
défilé m parade
dégager to free, clear
dégourdir: se — les jambes to stretch one's legs
dégoût m dislike
dégraissage m cleaning out
déguster to taste, savor
dehors outside; **en — de** outside of, beyond
déjà already
déjeuner m lunch; **petit —** breakfast
délabré(e) run-down
délaisser to abandon
délice m delight
délinquance f delinquency; **— juvénile** juvenile crime
délinquant(e) law breaker, offender, delinquent
délit m crime; misdemeanor; **en flagrant —** in the act
demain tomorrow; **après- —** the day after tomorrow
demander to ask
démarrer to start; **faire —** to get started
déménager to move (change lodging)
demeure f résidence, home
demeurer to remain, stay
demi(e) half
démissionner to resign
démolition f crushing, pulling down
dénoter to show
denrée f foodstuff
dent f tooth; **brosse** f **à —s** toothbrush
dentifrice m toothpaste
dénuement m destitution
dépanner to help out
dépanneur m towtruck
départ m departure
dépasser to go beyond
dépaysé(e) uprooted; disoriented
dépêcher: se — to hurry
dépense f expenditure, spending
déplacement: en — traveling
déplacer to move; **se —** to be displaced
déplier to unfold
déposer to put, lay down
déprimant(e) depressing
déprime f depression
déprimer to get depressed

depuis since, for; **— combien de temps** since when, how long; **— quand** since when; **— que** since
déranger to disrupt, upset, trouble, bother
déraper to slip
dernier(ère) last (before this one); last (in a series)
dérober: se — to run away
dérouler: se — to happen, unfold
derrière behind
dés m pl dice
désaccord m disagreement
désaffection f loss of interest
désagréger: se — to break up
désarroi m confusion
descendre (pp **descendu**) to get off; to go down; **— (dans)** to stay (in); **— de** to get out of
désertique desert (adjective)
désespéré(e) discouraged
désigner to name, point out
désolé(e) sorry, distress
désormais from now on
desservi(e) served
dessin m drawing; **— animé** cartoon
dessus above, on top; **au- — (de)** on top (of); **ci- —** above (mentioned)
destin m fate
destination: à — de going to
détaillant(e) retailer
détendre (pp **détendu**): **se —** to relax
détenir to hold
détente f relaxation
détenu(e) detainee, prisoner
détonner to explode
détourné(e) hijacked; **avion** m **— détourné** hijacked plane
détournement: — m d'avion hijacking; **— de fonds** embezzlement, misappropriation of funds
DEUG m (**diplôme d'études universitaires générales**) degree received after two years of college
deuxième second
devant in front of
développement m developing; **pays en voie de —** developing countries
déverser to pour out
deviner to guess
devinette f riddle
devoir (pp **dû**) to intend to; **se — de** to have the obligation to devote oneself
devoir m duty; **—(s)** homework
dévoué(e) devoted
diable m devil
diablotin m little devil
Dieu m God
difficile difficult
dimanche m Sunday
diminuer to reduce, decrease
dinde f turkey
dindon m turkey
dîner m dinner

diplôme *m* degree, diploma
dire (*pp* **dit**) to say, tell; **à vrai —** to tell the truth, in other words; **c'est-à- —** that is to say; **entendre — que** to hear that; **on dit que** it's said that
diriger: se — (vers) to head (for)
discipline *f* field (of study)
disco: aller en — to go to a nightclub
discrimination: discrimination *f* **à l'envers** reverse discrimination; **être l'objet de —** to be discriminated against
dissoudre (*pp* **dissous**) to dissolve
disparaître (*pp* **disparu**) to disappear
disparition *f* extinction
disponible available; usable
disposer to set; fit; **— de** to have at one's disposal
disputer: se — to fight
distrayant(e) entertaining
dit(e) called
divers(es) various, miscellaneous
dizaine *f* ten
doigt *m* finger
domaine *m* field
dominical(e) (of) Sunday
donner to give; **étant donné** given; **— sur** to look out on, overlook
donc then, therefore
donnée(s) *f (pl)* data, information
dont of whom, which, with which
doré(e) golden
d'ores et déjà already
dortoir *m* dormitory; **cité** *f* **—** bedroom community
dos *m* back; **en avoir plein le —** *(fam)* to have enough
dossier *m* back (of a seat)
doucement slowly, softly
douceur *f* sweet
douche *f* shower; **cabine** *f* **de —** shower stall
doué(e) talented; **sur —** gifted
douloureux(se) painful
doux(ce) sweet
douzaine *f* dozen; **demi- —** half a dozen
doyen(ne) dean; oldest resident
drap *m* sheet
drapeau *m* flag
dresser to stand up; **être dressé(e)** to be well-trained
drogue(s) *f (pl)* drugs
droguer: se — to take drugs
droit *m* law, right; **—s d'inscription** tuition; **avoir — à** to be entitle/eligible to; **égalité** *f* **des —s** equal rights; **revendiquer ses —s** to demand one's rights
droit(e) straight; **à droite** to the right
drôle funny
duquel/de laquelle of which/whom
dur(e) hard, difficult; **vie** *f* **dure** hard life
durée *f* length, duration, period of time; **longue —** extended
duvet *m* down (feathers)

E

eau *f* water; **—x-fortes** engravings; **sale** *f* **d' —** shower room, bathroom
éblouissant(e) dazzling
éblouissement *m* bedazzlement
éboueur *m* garbage collector
écart *m* distance, gap, extreme
échappement *m* exhaust; **tuyau** *f* **d' —** exhaust pipe
échec *m* failure; **—s** *m pl* chess
échelle *f* scale; **à grande —** on a large scale
échouer to fail
éclairer to light on
éclat *m* bit, fragment
éclatant(e) glaring
éclatement *m* break-up
écloserie *f* hatchery [of shrimp]
écœurer to make one fell sick
école *f* school; **— primaire** primary school
écolo *m f (fam)* for **écologiste**
écologiste: association *f* **—** environmental organization
économies *f pl* savings
économiser to save (money)
écorcher to skin
écouler to move (sell)
écouter to listen
écran *m* screen; **crever l' —** to break into film
écraser to crash
écrire (*pp* **écrit**) to write
écriture *f* writing
écrivain *m* writer; **une femme —** *f* writer
écrouler: s' — to collapse
éculé(e) worn
écureuil *m* squirrel
éducation *f* upbringing; **sur —** overeducating
édulcorant *m* **de synthèse** artificial sweetener
effet *m* **de serre** greenhouse effect
efficace efficient, in working order
efficacement efficiently
effigie *f* model, representation
effilocher: s' — to fray, break apart
effluent *m* contaminated waste
effondrer: s' — to collapse
efforcer: s' — to make an effort
effrayant(e) frightening, traumatic, horrible
effrayer: s' — to be frightened
effriter to crumble (away)
égal(e) same, equal; **ça me serait égal** it shouldn't matter to me
également equally, evenly
égalité *f* equality; **— des droits** *m pl* equal rights
égard: à l' — de towards, concerning; **sans —** without regard
égarer: s' — to get lost
église *f* church

égoïsme *m* selfishness
égorger to slit
égouts *m pl* sewers
égoutter to drip, strain, sieve
élaborer to work out carefully
élargir to widen
élevé: bien (mal) — well (badly) raised
élever to raise
éloignement *m* distance
élu(e) elected, chosen
émaner to come from
emballage *m* wrapping
emballeur *m* packer
embaucher to hire
embêter to bother, bug someone
emboîter le pas to follow
embouteillage *m* traffic jam
embrasser to kiss
embrasure *f* doorway
émerveillé(e) amazed
émeute *f* riot
emmener to take
émouvant(e) moving
empêche: n' — que all the same, unless
empêchement *m* obstacle
empêcher (de) to prevent (from); **n'empêche que** all the same, unless
empirer to get worse
emplacement *m* place, site
emploi *m* work, job; **— du temps** schedule
employé(e) worker; **— de bureau** office worker, clerical personnel; **— de maison** housekeeper
emporter to take; **se laisser —** to be carried away
empreinte *f* imprint; fingerprint; **prise** *f* **d' —s** fingerprinting
emprunter to borrow
ému(e) nervous, excited
émulation *f* copycat
en in; **— plus** extra, surplus; moreover; **— bas** down below
enchaîner to link
encore again; **pas —** not yet
encre *f* ink
endettement *m* debt
endormir to put to sleep; **s' —** to fall asleep
endroit *m* spot, place
endurci(e) hardened
énerver: s' — to get angry, be upset
enfermer: s' — to close oneself up
énergique energetic
enfance *f* childhood
enfant *m f* child
enfer *m* hell
enfermement *m* locking
enfin at last, finally
enflammé(e) brilliant, shining
enfuir: s' — to flee, run away
engager to hire
engendrer to generate, create

Lexique **269**

engin *m* aircraft; **— au plastic** plastic explosive; **— incendiaire** incendiary device
engloutir to swallow
engouement *m* craze, fancy
engrais *m* fertilizer
enivrer: s'— to get drunk
enlever de to get out of
enneigement *m* snow cover
ennui *m* boredom
ennuyeux(se) boring
enquête *f* inquiry, investigation
enrayer to control, remedy; **— la vente d'armes** to control the sale of guns
enrôler: s'— to join
enseignant(e) instructor
enseignement *m* teaching; **— supérieur** higher education
ensembles: grands —s *m pl* large apartment buildings (projects)
ensoleillé(e) sunny, light
ensuite then, next
entasser to pile up, hoard
entendre (*pp* **entendu**) to hear; **— dire que** to hear that; **s' — bien (mal) avec** to get along well (not well) with
enterrer to bury
entier(ère) whole
entorse *f* stretching (of the law)
entourage *m* (family) circle
entraînement *m* training, practice
entraîner to bring (with it); **— (dans)** to drag (into); **s'—** to work out
entre between
entrebâillé(e) ajar, half-open
entrechoquer: s'— to clash
entrée *f* entrance; entrée, first course
entreprise *f* company, business
entre-temps meanwhile
entretenir (*pp* **entretenu**) to keep up, to maintain; **facile à —** easy to maintain
entretien *m* interview, discussion; maintenance
entrevoir to glimpse
envahir to invade
envahissant(e) intrusive
envergure *f* scale, level
envers: à l'— reverse
envie: avoir — (de) to feel like
environ about; **aux —s** in the vicinity
environnement *m* **planétaire** global environment
envoyer to send
épais(se) thick
épanouir: s'— to bloom
épanouissement *m* blooming
épargner to save (money, time); to spare
éparpiller to scatter
épater to show off
épaule *f* shoulder
épée *f* sword
épeler to spell
épicé(e) spiced

épinards *m pl* spinach
épouvantable terrible
éprouver to feel
époux(se) husband (wife)
éprendre (*pp* **épris**): **s'— de** to fall in love with
épuisé(e) exhausted, worn out
épuisement *m* exhaustion, depletion, using up
épuiser to wear out
équilibré(e) balanced
équipage *m* crew
équipe *f* team
équitation *f* horseback riding
errer to wander aimlessly
escale *f* stop
escalier(s) *m (pl)* stair(s)
escamoter to skip
escargot *m* snail
esclave *m f* slave
escompté(e) anticipated
escroc *m* swindler, con artist
Espagne *f* Spain
espagnol(e) Spanish
espèce *f* sort, type; **— en voie de disparition** endangered species
espérer to hope
espion(ne) spy
esprit *m* spirit; mind; **étroit d'—** narrow-minded; **avoir un — ouvert** to be open-minded; **mots** *m pl* **d'—** witty remarks
essai *m* test; **— nucléaire** nuclear test
essayer to try
essence *f* gas; **avoir une panne d'—** to be out of gas
essor *m* expansion; rise; **en plein —** in full expansion
essuyer: s'— to dry oneself off
est *m* East
esthéticien(ne) beautician
établi *m* workbench
étage *m* floor
étagère *f* shelf
étalement *m* display(ing), spreading
étaler to spread
étape *f* stage
état *m* government, State; **— de santé** state of health; **— d'esprit** state of mind
étatique state run
Etats-Unis *m pl* United States
été *m* summer
éteindre (*pp* **éteint**): **— (le gaz, la télé, le chauffage)** to turn off; **s'—** to become dark; to die
étendre (*pp* **étendu**) to hang out; **— le linge** to hang out the laundry
ethnie *f* ethnicity; ethnic group
étincelant(e) sparkling
étincelle *f* spark
étirer to stretch
étoile *f* star
étonnant(e) surprising
étourdiment *m* carelessly

étranger(ère) foreign, stranger
être (*pp* **été**) to be; **— à l'heure** to be on time; **— en panne** to be out of order; **— en train de faire** to be (in the process of) doing; **—** *m* being (person)
étroit(e) narrow
étude(s) *f (pl)* study(ies); **étude du milieu** environmental studies; **—s générales** general education
étudiant(e) student
évanouir: s'— to faint; to fade away
éveiller to awake
événement *m* event
évertuer: s'— to struggle
évidemment evidently
évier *m* sink
éviter to avoid
examen *m* test, exam; **— de rattrapage** make-up exam
exécuter to carry out, execute
exiger to require
expérience *f* experiment
expliquer to explain
exploitation *f* project
exploser to explode
explosif *m* explosive; **— télécommandé** remote-controlled explosive
exposer to exhibit, show
exprimer to express
expulser: se faire — de to be displaced from
extraterrestres *m pl* aliens from space

F

fabricant(e) manufacturer
fabrication *f* manufacturing
fac *f* short for **faculté**
face à facing; **en face de** in front of
fâché(e) angry
fâcheux(se) unfortunate
facile easy; **c'est —** it's easy
façon *f* way, manner; **d'une — ou d'une autre** one way or the other; **de — que** so that
facteur (factrice) mail carrier
faction *f* station
facture *f* bill, invoice
facturier(ère) billing clerk
fade bland
faible weak, low; **— revenu** *m* low income
faiblesse *f* weakness
faillite *f* bankruptcy; **être en —** to be bankrupt
faim *f* hunger; **avoir —** to be hungry
faire (*pp* **fait**) to do, to make; **— attention** to be careful; **— bien de** would do well; **— connaissance** to meet; **— de son mieux** to do one's best; **— des études à l'étranger** to study abroad; **— face à** to handle; **— la grasse matinée** to stay late in bed; **— la tête** to sulk; **— le malin** to show off; **— pipi** to pee *(used with chil-*

dren); — **sienne** to take as its own; — **une folie** to be extravagant; **s'y** — to get used to it; — **une partie de** to play a game of; **fait avec du (de)** made of; **il fait (beau, mauvais...)** it's nice, bad (weather)
falaise *f* cliff
falloir *(pp* **fallu)** to be necessary; have to; **il faut** it's necessary; **il me faut** I need
falsifier to forge; **document** *m* **falsifié** forgery
familial(e) family
famille *f* family; — **nombreuse** big family
faner: se — to be fading
fanfare *f* brass band
fantôme *m* ghost
farce *f* joke
fatigué(e) tired
fauteuil *m* armchair
faux (fausse) false
faveur *f* favor; **en** — **de** in favor of
fécond(e) fruitful, fertile
féculent *m* starchy food
fée *f* fairy; **gentille** — good fairy
féérie *f* enchantment
femme *f* woman; wife; — **de ménage** housemaid; — **politique** (female) politician
fenêtre *f* window
fer *m* iron; **main de** — iron hand; — **à repasser** iron
ferme *f* farm house
fermer to close
fermeté *f* firmness, confidence
fermier(ère) farmer
ferroviaire related to railroad
fête *f* feast, holiday; — **foraine** county fair
feu *m* fire; —**x d'artifice** fireworks; — **rouge/vert** red/green light; **être en** — to be on fire
feuille *f* leaf; sheet; — **de papier** sheet of paper
feuilleton *m* soap opera
février *m* February
ficeler to tie up
fiche *f* card
fichier *m* filing cabinet
fichu(e) *(fam)* gone; **c'est** — it's over; **mal** — *(fam)* terrible
fidèle faithful
fidélité *f* faithfulness
fier: se — **à** to trust, rely on
fier(ère) proud
fil *m* wire; thread
file *f* line, queue
filer to go off
filet *m* net; string bag
filiale *f* subsidiary
filière: — *f* **de formation** major (studies)
fille *f* girl, daughter
film *m* movie; — **doublé** dubbed; — **en version originale (v.o.)** with subtitles; — **d'épouvante** horror film; — **policier** detective film
fils *m (pl)* son(s)
filtrer to filter; to screen; — **les appels** *m pl* to screen the calls
fin *f* end; conclusion
fin(e) thin
finalité *f* aim
financement *m* financing
finir to end, finish; — **par** to end up with
fissure *f* tear; — **de la couche d'ozone** tear in the ozone layer
fixe permanent
fixer to set
flacon *m* small bottle, flask
flagrant: pris(e) en — **délit** be caught in the act
flambée *f* quick blaze
flâner to go for a stroll
flaque *f* puddle
fléau *m* plague, epidemic
flèche *f* arrow; steeple
fleuve *m* river
flic *m (slang)* cop
floraison *f* flowering
florissant(e) flourishing
foi *f* faith
foin *m* hay
fois *f* time; **à la** — at the same time; **une** — **(par jour)** once (a day)
folie *f* craziness
foncer to plunge ahead
fonceur(se) go getter
fonctionnaire *m f* civil servant
fond *m* bottom; **au** — **de** at the back (bottom) of; **fonds** *m pl* fund(s); **détournement de** — embezzlement, misappropriation of funds
fonder to set up
fonderie *f* foundery, smelting works
fondre *(pp* **fondu)** to melt
fondrière *f* hole
fondu(e) melted
football *m* soccer
forain(e) fair, of a fairground
force *f* strength
forcément by necessity
forcené(e) maniac researcher
forme *f* shape; **sous** — in form of, as
fort loudly; —**(e)** strong
fortement strongly
fossé *m* rift
fouiller to search, rummage; — **dans** to go through; — **les bagages** *m pl* **à main** to search hand luggage
fou (folle) mad, crazy
foule *f* crowd
four *m* oven; — **à micro-ondes** microwave oven; — **grille-pain** toaster oven
fourchette *f* fork
fourneau *m* stove
fournir to supply, provide
fournisseur *m* supplier

fourrure *f* fur
foutre *(pp* **foutu)**: — **tout par terre** *(fam)* to destroy all the plans
foyer *m* entrance way; home; shelter
fraîcheur *f* freshness
frais (fraîche) fresh
frais *m pl* expense, cost; — **de scolarité** tuition; **à de moindres** — at a lower cost
fraise *f* strawberry
fraiseur *m* worker who mills wood
framboise *f* raspberry
franchir to cross over; to go through
frapper to hit, strike
frappé(e) cooled
freiner to curb
freins *m pl* brakes; **le bruit des** —**s** the sound of brakes
fréquentation *f* popularity
fréquenter to come regularly to
frère *m* brother
friand(e) fond of
fric *m (slang)* money
frigidaire *m* (**frigo** *[fam]*) refrigerator
frisé(e) curly
frites *f pl* (French) fries
frivole shallow
froid(e) cold; **il fait froid** it's cold
front *m* forehead
fructueux(se) lucrative
fuir to avoid; to run away
fuite *f* escape
fumée *f* smoke; **nuage** *m* **de** — cloud of smoke
fumer to smoke
funèbre funereal
fusil *m* rifle
fût *m* container

G

gadget *m (fam)* thingamajig
gage *m* guarantee
gager to wager
gagner to win; to earn (money)
gant *m* glove
garagiste mécanicien(ne) mechanic
garantie *f* guarantee
garçon *m* boy
garde: être de — to be on call; **être en** — **à vue** to be in police custody; **prendre** — to be careful
garder to keep, guard
gare *f* station; — **routière** bus station
garer to park; to put to bed *(fig)*
gars *m (fam)* guy
gasoil *m* diesel oil
gaspillage *m* waste
gaspiller to waste
gâteau *m* cake
gâter to spoil
gâterie *f* treat
gauche left; **à** — to the left
gauchement awkwardly

Lexique **271**

gaver: se — to stuff oneself
gazon *m* lawn
géant(e) giant
gêne: sans — without consideration
gêner to bother, embarrass
gens *m f pl* people; **— du voyage** people who travel in campers
gentil(le) good, nice; **je les trouve très gentils** I think they're very nice
gentillesse *f* kindness
gérant(e) manager
gérer to manage, administer
géreur *m* manager
gestion *f* management
gestionnaire administrative
gibier *m* game (meat)
gifler to slap (on the face); **— à toute volée** to slap as hard as one can
gingembre *m* ginger
girofle, clou de *m* clove
glace *f* ice cream
glisser: se — dans la peau to slip into the skin
golfe *m* gulf
gonfler to inflate
gosse *m f (slang)* child
goût *m* taste; **arrière- —** after-taste; **sans —** tasteless
goûter to taste
goutte *f* drop
grâce à thanks to
grain(s) *m (pl)* bead(s)
graisse *f* fat
grand(e) big, tall, large; great; **grande surface** *f* hypermarket; **grand standing** luxurious
grand-mère *f* grandmother
grandir to grow (up)
grand-père *m* grandfather
gras(se) fat; **corps gras** *pl* fats
gratiner to sprinkle with bread crumbs and bake
gratte-ciel *m* skyscraper
gratuit(e) free; **crime** *m* **gratuit** gratuitous crime; **destruction** *f* **gratuite** wanton, gratuitous destruction
gravé(e) imprinted
greffe *m* clerk's office (justice)
greffer: se — to crop up (in connection with each other)
grève *f* strike
grignotage *m* nibbling, snacking
grignoter to nibble
grille *f* gate, railings
grille-pain *m* toaster; **four —** toaster-oven
grimace: faire la — to make a face
grimper to climb up
grincer to grate; to creak
grincheux(se) grumpy
gris(e) gray
grisaille *f* grayness
gros(se) thick
grossir to fatten, get fat
grossiste *m f* wholesaler

guère: ne — hardly, scarcely
guérir to cure
guérison *f* healing, recovery
guerre *f* war; **après- —** *m* post-war years
guetter to be watching
gui *m* mistletoe
guise: en — de (used) as; by the way of
gustatif(ve) involving taste (of food)

H

habillé(e) dressed (up)
habiller: s'— to get dressed
habitant(e) inhabitant
habiter to live
habitude *f* habit; **d'—** in general, usually
haine *f* hatred
harcèlement *m* harassment
haricot *m* (string) bean; **—s verts** green beans
hasard *m* chance; **au —** by chance; **par —** by accident, without thinking
hâte *f* haste
hausse *f* rise; **en —** on the rise; **— du niveau de vie** rise of standard of living
haut(e) high, elevated, tall; **en haut** up; **des hauts et des bas** ups and downs
hauteur *f* height
hériter to inherit
héritier(ère) heir
heure *f* hour, time; **à l'— actuelle** at this point [in time]; **à quelle —** (at) what time; **aux — d'affluence** during rush hour; **être à l'—** to be on time; **—s supplémentaires** overtime; **quelle — est-il** what is the time
heureusement fortunately
heureux(se) happy
heurter to hit; **se —** to bump, collide
hier yesterday; **avant- —** the day before yesterday
hisser to raise
hiver *m* winter
HLM *f* (habitation à loyer modéré) low-income housing
homard *m* lobster
homicide *m* **involontaire/non prémédité** manslaughter
hommage: rendre — à to pay homage/tribute to
homme *m* man; **— politique** politician; **honnête —** gentleman
homophobie *f* homophobia
honnête honest
horaire *m* time schedule; **— des trains** train schedule; **contraintes** *f pl* **d'—s** time constraints
hors (de) outside, apart from
hors-d'œuvre *m* appetizer
hôte *m f* host
houleux(se) turbulent, stormy
huile *f* oil
huilerie *f* mill that produces oil

humeur *f* mood; **mauvaise (bonne) —** bad (good) mood
hurler to scream

I

ici here
idée *f* idea; **— principale** main idea
ignames *f pl* yams
ignorer to be unaware of
il y a there is/are; **il y a... que** it's been ... since
île *f* island; **Ile de Beauté** Island of Beauty, nickname of Corsica
illettré(e) illiterate
illicite unlawful
illisible unreadable
îlot *m* small island
immeuble *m* apartment building
immonde base, vile
impact *m* **sur l'environnement** impact on the environment
impasse *f* dead-end street
impassiblement impassively
impatience: avec — eagerly
impliqué(e) (dans) involved (in)
impotent(e) crippled
imprévu *m* unexpected
imprévu(e) unexpected, unpredictable
imprimante *f* printer
incendiaire *m* arsonist
incendie *m* fire (major); **— volontaire** arson
inconnu(e) unknown
inconvénient *m* disadvantage
incroyable unbelievable
inculpé(e): être — pour to be charged with
indemnité *f* benefit; **—s de chômage** unemployment benefits
indice *m* clue
indigence *f* extreme poverty
indigent(e) poor
inédit(e) hitherto unheard of
inéluctable inescapable
inépuisable inexhaustive
inespéré(e) unexpected
infirme invalid
infirmier(ère) nurse
informaticien(ne) computer expert
infliger to inflict
informations *f pl* news
informatique *f* data processing, computer science
infraction *f* crime; **— administrative** white-collar crime; **commettre une —** to commit a crime
injurier to insult
inlassablement tirelessly
inquiétude *f* worry, concern
inscrire (*pp* incrit): s'— to sign up, enroll
insoutenable unbearable
inspecter to screen; **— les passagers** *m pl* to screen the passengers

installer: s'— to move in
instant *m* moment; **dès l'—** starting with the moment
insultant(e) abusive
insupportable unbearable
intempéries *f pl* bad weather
intention: avoir l'— de to intend to
interdire (*pp* **interdit**) to forbid; **être interdit(e)** to make illegal
intériner to internalize
interpeller: s'— to shout at each other
interphone *m* intercom
interrogation *f* quiz; inquiry
intervenir (*pp* **intervenu**) to occur
intime private
intraveineux(se): voie *f* **intraveineuse** intravenous feeding
inutile useless
invité(e) guest
irréfléchi(e) impulsive; unpremeditated
irriguer to irrigate
isolement *m* isolation
issue *f* solution, exit
ivre drunk
ivresse *f* drunkenness
ivrogne drunken

J

jadis formerly, in times past
jaillissement *m* outpouring
jamais never; **ne... —** never; not ever
jambe *f* leg
janvier *m* January
jardin *m* garden
jardinage *m* gardening
jaune yellow
jeter to throw; **se —** to throw oneself
jeu *m* game, play; **— de société** board or parlor game
jeudi *m* Thursday
jeune young; **les —s** *m pl* young people
jeûner to fast
jeunesse *f* youth
joindre (*pp* **joint**) to reach (by telephone)
joli(e) pretty
jouer to perform; to play; **— à** to play (sport); **— de** to play (instrument); **— la comédie** to act (in a film, on stage); **— un tour (à)** to play a trick (on)
jouir (de) to enjoy
jouissance *f* pleasure, delight
jour *m* day; **de nos —s** nowadays; **—s ouvrables** working days; **—s fériés** holidays (non-working days); **un de ces —s** one of these days; **tous les —s** everyday
journée *f* day
juillet *m* July
juin *m* June
jumeaux (jumelles) *m pl (f pl)* twins; **les tours** *f pl* **jumelles** the Twin Towers, the World Trade Center

juron *m* swear word
jusqu'à (au) till, until; **— présent** until now
justement precisely, exactly

K

kaolin *m* clay
klaxon *m* horn (of a car)
klaxonner to blow the horn

L

là there; **—-bas** over there
lacet *m* shoelace
lâcher to let go; **se —** to let each other go
lacté(e) made from milk
laid(e) ugly
laideur *f* ugliness
laine *f* wool
laisser to leave; **— tomber** to forget about; to quit; to leave (someone)
lait *m* milk; **— caillé** milk with curds
laitière *f* dairy woman
lampion *m* Chinese lantern
lancer to launch, throw
lanceur *m* spatial rocket launcher
langoustines *f pl* prawns
langue *f* tongue
lapin *m* rabbit; **cage** *f* **à —** rabbit cage
las(se) tired
lavabo *m* sink
lavage *m* laundry
lave-vaisselle *m* dishwasher
laver to wash; **se —** to get washed
laveur(se) washer; **— de carreaux** window washer
lecteur (lectrice) reader
lecture *f* reading
léger(ère) light; **quelque chose de —** something light
légume *m* vegetable
lendemain *m* the following day; **sur— ** *m* two days after
lentement slowly
lequel (laquelle) which; **dans —** in which
lessive *f* washing, laundry
lever to raise; **se —** to get up; **— *m* du jour** dawn; **— du soleil** sunrise
lèvre *f* lip
Liban *m* Lebanon
libanais(e) Lebanese
librairie *f* bookstore
libre free; available; **—-service** *m* self-service
licence *f* degree received after three years of college
licenciement *m* layoff, dismissal
lien *m* link, tie
lier to link together; **— à** to tie to
lieu *m* place; **au — de** instead of; **avoir —** to take place

linge *m* laundry; **sèche-—** *m* (laundry) dryer
lire (*pp* **lu**) to read
lit *m* bed; **— pliant** folding bed; **—s superposés** bunkbeds
littoral *m* coastal regions
livre *m* book
livrer to give; **se — à** to indulge in
livreur *m* delivery person
locataire *m f* renter, tenant
location *f* rental
logement *m* housing; **—s collectifs** projects
logiciel *m* software
logis *m* dwelling; **sans-—** homeless
loi *f* law
loin (de) far (from); **de —** by far; far away; **pas —** not far (from)
loisir *m* leisure; **heure** *f***/temps** *m* **de —** leisure time
long(ue) long; **longuement** at length
longtemps (for) a long time
loqueteux(se) person dressed in rags
lorsque when
lotissement *m* housing development, subdivision
louange *f* praise
louer to rent
lourd(e) heavy
loyer *m* rent
lueur *f* glimmer
luge *f* sled
lumière *f* light
lundi *m* Monday
lune *f* moon
lunettes *f pl* glasses; **— de soleil** sunglasses
lustre *m* chandelier; light
lustrer to polish
lutter to battle, fight
lycée *m* high school

M

machine *f* machine; **— à écrire** typewriter; **— à laver** washing machine
magasin *m* store
magasinier *m* warehouse worker
maigre very thin
maigrir to lose weight
main *f* hand; **à — armée** with a deadly weapon; **— de fer** iron hand; **serrer la —** to shake hands
main-d'œuvre *f* workforce
maintenant now
maintenir (*pp* **maintenu**) to maintain; **— en état (le tracteur)** to keep (the tractor) running
maintien *m* maintenance
maire *m* mayor
mais but; **— non** of course not; **— si** certainly

Lexique **273**

maïs *m* corn
maison *f* house; company; **— basse** single-story house; **— d'habitation** main house; **—-mère** company headquarters
maître (maîtresse) teacher, professor; **— assistant** assistant professor
maîtrise *f* control
mal bad; **avoir —** to hurt; **mal** *m* difficulty; **avoir du — (à comprendre)** to have trouble, difficulty (understanding)
malade sick
maladroit(e) awkward
malaise *m* feeling of sickness or faintness, discomfort
malgré in spite of; **— soi** against one's will
malheureusement unfortunately
malin (maligne) clever
maltraiter to handle roughly
manche *f* sleeve
mandat *m* money order
manger to eat
mangouste *f* mangoose
manie *f* obsession, habit
manifeste obvious, evident
manifestation *f* demonstration
manioc *m* cassava
mannequin *m* model
manœuvres *m pl* workers
manquement *m* failure
manquer to miss (something); **— à quelqu'un** to be missed by somebody; **— de** to lack
maquiller: se — to put on make-up
marchand(e) shopkeeper, tradesman(woman)
marche *f* walk; **— à pied** on foot; **mettre en —** to get running/working
marché *m* market; **bon —** cheap; **— du travail** labor market
marcher to walk; to work; **faire —** to get running/working
mardi *m* Tuesday
marée *f* tide
marge *f* margin; **vivre en — (de)** to live on the margin (of)
marginal(e) (*pl* **marginaux [marginales]**) outcast
mari *m* husband
mariage *m* wedding
marin(e) sea
Maroc *m* Morocco
marocain(e) Moroccan
marque *f* brand
marquer to show, indicate
marre: en avoir — de to be sick of
marron brown
mars *m* March
matelas *m* mattress
matériau *m* building material
matériel *m* hardware
matière *f* subject; **— libre** elective
matin *m* morning

matinée *f* morning; **faire la grasse —** to stay late in bed
maugréer to grumble
maussade sullen
mauvais(e) bad
méchant(e) bad, naughty
mécontent(e) dissatisfied
médicament *m* medicine
méfiance *f* mistrust
méfier: se — to distrust, mistrust
meilleur(e) que better than
mélange *m* mixing, mixture
membre: être — de to belong to
même same; **au — titre** in the same way
menacer (de) to threaten; **être menacé(e) (de)** to be threatened with
ménage *m* household; cleaning; **— à trois** love triangle
ménagère *f* housewife
mendicité *f* begging
mendier to beg, to ask for handouts
mener to conduct, lead; **— une vie (de)** to lead an existence
mensonge *m* lie
mentir to lie
menton *m* chin
menuisier *m* carpenter
mépris *m* disdain
mépriser to despise, scorn
mer *f* sea; **pleine —** open sea; **poisson** *m* **de —** saltwater fish; **prendre la —** setting sail; **produit** *m* **de —** seafood
mercredi *m* Wednesday; **— des Cendres** Ash Wednesday
mère *f* mother
mesure *f* measure; **à — que** as
mesurer to measure, to be... tall (height)
métier *m* job, profession
mètre *m* meter; **— carré** square meter
met(s) *m (pl)* dish(es)
metteur en scène *m* director (of a play)
mettre (*pp* **mis**) to put; **— à la rue** to dump onto the street; **— en fuite** to chase away; **— l'accent (sur)** to stress, point out; **— la table** to set the table; **se — à** to begin to; **se — en condition** to get work as a servant; **s'y —** to put one's mind to it
meuble *m* (piece of) furniture; **— informatique** computer table
meublé(e) furnished
meurtre *m* (second degree) murder
miam-miam *(fam)* yum-yum
miel *m* honey
mielleux(se) sickly sweet
miette *f* crumb (of bread)
mieux better; **aimer —** to prefer, like better; **— que** better than; **faire de son —** to do one's best
mijoter to simmer
mil *m* millet
milieu *m* place; (social) class; environment; middle; **au — de** in the middle of
millier *m* thousand

mince thin
mineur(e) underage
minuit *m* midnight
ministère *m* ministry [of education]
miroir *m* mirror
mise en scène *f* staging
misère *f* poverty, wretchedness
mistral *m* a dry, cold northerly wind that blows across the coast of southern France
mode *m* method; *f* style fashion; **— *m* de vie** lifestyle
moelle *f* marrow
mœurs *f (pl)* custom(s)
moi-même myself
moins less; **de — en —** less and less; **du —** at least; **—... que** less . . . than
mois *m* month
moisissure *f* mould
moisson *f* harvest
moitié *f* half
mollesse *f* softness
monde *m* people; world; **tout le —** everybody
monter to get (into); to climb, to go up; to start; **— à cheval** to go horseback riding; **— une pièce** to put on a play
monteur *m* assembler
montre *f* watch
moquer: se — de to make fun of
morale *f* ethics
morceau *m* piece; bite
mordant(e) biting
mordre (*pp* **mordu**) to bite
mort *f* death
mosquée *f* mosque
mot *m* word; **—s croisés** crossword puzzles; **—s d'esprit** witty remarks
mou (molle) soft
mourir (*pp* **mort**) to die
moustiquaire *f* mosquito netting
moyen *m* means (transportation); financial capability; way; **avoir les —s (financiers)** to be able to afford to; **s'il y a —** if there is a way
moyen(ne) middle, average; **en moyenne** on the average; **niveau** *m* **moyen** average
moyenâgeux(se) of the Middle Ages
muflerie *f* boorishness
muguet *m* lily-of-the-valley
muni(e) de armed with
mur *m* wall; **— antibruit** soundproof wall
musculation: faire de la — to lift weights
musée *m* museum
mutation *f* change
mutuel(le) cooperative

N

nager to swim
naguère not long ago
naissance *f* birth

naître (*pp* **né**) to be born
nappage *m* coating
nappe *f* surface; tablecloth
natal(e) native
natalité: taux *m* **de —** birthrate
natation *f* swimming; **faire de la —** to swim
navré(e): être — to be sorry
ne... que only
néanmoins nevertheless
néfaste harmful
neige *f* snow
nerf *m* nerve; **taper sur les —s** *(fam)* to get on one's nerves
net(te) clean
nettoyage *m* **clean-up**
neuf(ve) (brand) new
neuvième ninth
neveu *m* nephew
nez *m* nose
nièce *f* niece
niais(e) simple (silly)
nier to deny; **— toute responsabilité** *f* **dans** to deny any responsibility for
niveau *m* level; **— de vie** standard of living; **— moyen** average
noce *f* wedding party
nocturne night; **vie** *f* **—** night life
Noël *m* Christmas
noir(e) black; **voir tout en noir** to have a bleak outlook
noix *f (pl)* nut(s)
nom *m* name; **au — de** in the name of
nomadisme *m* moving about
nombreux(euse) numerous
nommer to name, characterize as
non compris not included
nord *m* North
normalement normally, in general
note *f* grade; note
nouilles *f pl* noodles
nourrir to feed
nourriture *f* food
nouveau/nouvel (nouvelle) new; **de nouveau** again
nouvelles *f pl* news
nu(e) naked
nuage *m* cloud; **— de fumée** cloud of smoke
nuire (à) to be detrimental, harm
nuisance *f* environmental pollution
nuit *f* night; **boîte** *f* **de —** nightclub; **en pleine —** in the middle of the night
nul(le) no; zero
nullement the slightest
numérisation *f* digitizing
numéro *m* number; **— d'écrou** prisoner number

O

objet *m* thing; **être l'— de discrimination** to be discriminated against; **—s trouvés** lost and found
obligatoire required
obsédé(e) obsessed
occasion *f* chance, opportunity
occasionnel(le) on special occasions
œil *m (pl* **yeux***)* eye
œuvre *f* work; **— d'art** work of art; **chef-d'—** *m* masterpiece; **être l'— de** to be the work of; **main-d'—** *f* workforce
œuvrer to work
oie *f* goose
oiseau *m* bird
offre *f* offer; **— existante** current supply
offrir (*pp* **offert**) to offer
ombre *f* shadow
onde *f* waters, seas
ondulé(e) wavy
onirique dreamlike
opprimé(e) oppressed
optique *f* point of view
or *m* gold
orage *m* thunderstorm
ordinateur *m* computer
ordures *f pl* (**ménagères**) (household) garbage, trash
oreiller *m* pillow; **taie** *f* **d'—** pillowcase
orienter to point in the right direction
original(e) eccentric (person)
orphelin(e) orphan
oser to dare
otage *m f* hostage; **libérer un(e) —** to free a hostage; **prendre quelqu'un en —** to take someone hostage
ôter to take away
ou or; **— bien** or else
où where, when; **d'—** from where
oublier to forget
ouest *m* West
oui yes
ours *m* bear
outil *m* tool
outillage *m* set of tools
outre: en — moreover, furthermore
outre-mer overseas
ouvert(e) open
ouverture *f* opening
ouvrier(ère) blue-collar worker
ouvrir (*pp* **ouvert**) to open

P

PDG *m* (**président-directeur général**) CEO (Chief Executive Officer)
pagne *m* loincloth
paillasse *f (fam)* mattress
paillote *f* straw hut
pain *m* bread; **— de mie** sliced white bread in a loaf
paisible peaceful
paix *f* peace
palace *m* luxury hotel
palier *m* hallway
palourdes *f pl* clams
pamplemousse *m* grapefruit
pan *m* patch
panier *m* basket
panne *f* breakdown (car); failure; **— d'essence** to be out of gas; **en —** broken down; **tomber en —** to have a break down
panneau *m* sign; board; **— d'affichage** billboard
pantalon *m* trousers, pants
paperasserie *f* paperwork
par by; **— ailleurs** moreover; **— contre** on the other hand; **— rapport à** in relation to
parapluie *m* umbrella
parce que because
parcimonieux(se) stingy
parcourir (*pp* **parcouru**) to cover
parcours *m* run
pare-choc *m* bumper (of car); **—s** fenders (protection)
pare-brise *m* windshield
pareil(le) the same, similar
parents *m pl* parents, family; **beaux-—** mother- and father-in-law
paresser to laze
paresseux(se) lazy
parfaire (*pp* **parfait**) to make perfect
parfois sometimes
pari *m* bet
parler to talk, to speak; **se —** to speak (talk) to each other
parmi among, between
paroisse *f* parish
parole *f* word
partarger to share
participer à to be party to
particulièrement particularly
partie *f* part; party; game
partir to go, to leave; **à — de/du** from
partout everywhere
pas *m* step; **— à —** step-by-step; **prendre le — sur** to supplant
passager(ère) passenger; **inspecter les passagers** to screen the passengers
passant(e) bystander; **— innocent(e)** innocent bystander
passer to pass; to spend; **se — de** to do without
passerelle *f* footbridge
pâte *f* pastry; cheese; **—s** *f pl* pasta
patience: jeu *m* **de —** solitaire
patinage *m* ice skating
patiner to skate
patinoire *f* ice skating rink
patois *m* dialect
patron(ne) boss
pauvre poor (not rich); poor (unfortunate)
pauvreté *f* poverty
pavillon *m* house in the suburbs
paye *f* salary
payer to pay
pays *m (pl)* country(ies)
Pays-Bas *m pl* Netherlands

Lexique **275**

paysan(ne) peasant
péage *m* tollbooth
peau *f* skin; **bien dans sa —** good about oneself; **couleur de la —** skin color; **l'avoir dans la —** to have gotten under one's skin
pêche *f* fishing; **aller à la —** to go fishing; **canne** *f* **à —** fishing pole
péché *m* sin
pêcheur *m* fisherman
peindre (*pp* **peint**) to paint; draw
peine *f* sorrow, problem
peiner to distress
peinture *f* drawing, painting
pelouse *f* lawn
pencher: se — to lean
pendant during; **— que** while
pendre (*pp* **pendu**) to hang
pénible hard, painful; **être —** to be a pain (a bother)
péniblement with difficulty
penser to think
pension *f* retirement benefit
pente *f* slope
percée *f* breakthrough
perdre (*pp* **perdu**) to lose
père *m* father
permettre (*pp* **permis**) to allow, permit
persil *m* parsley
persillé(e) sprinkled with parsley; marbled, veined
personnage *m* **(principal)** (main) character
perte *f* loss
pervers(e) unfortunate
pétillant(e) bubbly
petit(e) small, little
petit déjeuner *m* breakfast
petit-beurre *m* butter cookie
petit-enfant *m* grandchild
petit-fils *m* grandson
petite-fille *f* granddaughter
peu: un — (**de**) a little (of, about); **encore un peu** a little more
peuple *m* people (ordinary)
peur *f* fear; **avoir —** to be afraid; **de — que** for fear that
peut-être maybe
phare *m* headlight
phobie *f* phobia
phrase *f* sentence
piaillement *m* squawking
pic *m* **à glace** ice pick
pièce *f* room; **— de théâtre** play
pied *m* foot; **aller à —** to go on foot; **casser les —s** (*fam*) to get on one's nerves
pied-noir *m f* French person born in Algeria
piédestal *m* pedestal
piège *m* trap
piégé(e): lettre *f* **piégée** letter bomb; **paquet** *m* **piégé** package bomb; **voiture** *f* **piégée** car bombing
pierre *f* stone

piéton(ne) pedestrian
piétonnier(ère) pedestrian
pile *f* battery; (*adv*) right, exact, on the dot
pillage *m* looting
piller to plunder
pilotage *m* flying; **faire un stage de —** to take flying lessons
piment *m* pepper
pinceau *m* brush
piqué(e) dotted
piqûre *f* shot; sting
pire (**pis**) worse; **le —** the worst
piste *f* lead; trail; runway (airport); **— cyclable** bicycle trail; **suivre une —** to follow a lead; **tenir une —** to have a lead
pistolet *m* gun
placard *m* closet
place *f* space
plafond *m* ceiling
plage *f* beach
plaindre (*pp* **plaint**): **se —** to complain
plaire (*pp* **plu**) to like, please
plan *m* level; map
planche *f* board; **— à repasser** ironing board; **faire de la — à voile** to go windsurfing
plat *m* dish
plateau *m* tray
platine laser *f* CD player
plein(e) full, closed
pleurer to cry
pleuvoir (*pp* **plu**) to rain
pliant(e) folding; **lit** *m* **—** folding bed
plomb *m* lead
plongeur(se) dishwasher
plupart: la — most
plus more; no longer; **—... que** more . . . than; **— rien** nothing (more); **— tard** later
plutôt rather
pluvieux(se) rainy (weather)
pneu *m* tire; **— crevé** flat tire
poche *f* pocket
poids *m* weight
poignée *f* handle
point *m* spot; period; **à —** medium well (beefsteak); **être sur le — de** to reach the point to, be about to
pointu(e) pointed
poire *f* pear
pois *m* (*pl*) pea(s); **petits —** green peas
poisson *m* fish; **— de mer** saltwater fish; **— d'eau douce/de rivière** freshwater fish
poivre *m* pepper
poivron *m* pepper; **— vert** green pepper
poli(e) polite
policier(ère) police officer; **policier** *m* detective novel
polir to polish
polluant *m* pollutant
polluant(e) polluting

pollueur(se) polluter
pommadé(e) wearing a pomade
pomme *f* apple; **— de terre** potato
pompeux(se) pompous
pompier *m* firefighter
pont *m* bridge
populaire lower class
portable *m* cell phone
portatif(ve) portable
porte *f* door; **mis(e) à la —** thrown out, fired
porte-monnaie *m* wallet
porte-parole *m* spokesperson
portefeuille *m* wallet
porter to carry; **— une arme** to carry a gun
portière *f* door (of a car)
portique *m* doorway; **— de détection d'armes** metal detector doorway; **— détecteur de métaux** metal detector
poser to put (down); **— un problème** to be a problem; **— des questions** *f* to ask questions; **posé(e)** serious
poste *m* position, job
postier(ère) postal worker
pot: boire un — to go out for a drink
potage *m* soup
potager *m* kitchen garden
pote *m* (*fam*) pal
poteau *m* post; **— indicateur** sign-post
poubelle *f* garbage can
poudre *f* powder, dust
poule *f* hen
poulet *m* chicken
pour to, for; **— que** so that
pourboire *m* tip
pourquoi why; **— (ne) pas** why not
pourrir to get rotten, get spoiled
poursuite *f* pursuit
pourtant nevertheless
poussière *f* dust
pouvoir (*pp* **pu**) can, be able to; *n m* power, capacity; **— d'achat** purchasing power
pratique practical, useful
précipiter to push in
préciser to specify
prédécoupé(e) precut
préjugé *m* prejudice; **avoir des —s contre** to be prejudiced against
premier(ère) first
prendre (*pp* **pris**) to take, to have; to pick up; **— du poids** to put on weight; **— garde** to be careful; **— la direction de** to take charge of; **— la route** to take the road; **— le pas sur** to supplant; **— pour victime** to victimize; **— quelqu'un en otage** to take someone hostage; **s'y —** to go about it
préoccuper to worry; **se —** to be concerned
préparer: se — (**pour/à**) to get ready (to)
près (**de**) near; **à peu —** almost
présentateur(trice) host(ess)

présenter to introduce; to present
presqu'île *f* peninsula
presque almost
pressé(e) be in a hurry
pressentir to sense
pression *f* pressure; **— d'autrui** peer pressure
présure *f* rennet
prêt *m* loan
prêt(e) ready
prêtre *m* priest
preuve *f* evidence, proof
prévenir (*pp* **prévenu**) to give notice; **sans —** without notice
prévision *f* prediction
prévoir (*pp* **prévu**) to foresee, anticipate
prière *f* prayer
princier(ère) royal
principe *m* principle; **en —** in theory
printemps *m* spring
prioritaire having priority
prise *f* **de conscience** awareness
prisonnier(ière) captive, prisoner
privé(e) private
privation *f* deprivation, loss
prix *m* price; **— de vente** sale price
prochain(e) next (after this one); next (in a series)
proche close, near; **avenir —** near future
produit *m* product; **—s bios** organic foods; **— laitier** dairy; **—s allégés (basses calories)** light (low calorie); **—s nettoyants** cleaning products
profession *f* occupation
profit *m* benefit; **au — de** to the advantage
profiter (de) to take advantage (of)
promener: se — to take a walk
promettre (*pp* **promis**) to promise
promouvoir (*pp* **promu**) to upgrade
propager: se — to spread
propos *m (pl)* term(s), word(s), idea(s); **à —** in fact; **à — de** about, concerning
propre clean; own
propriétaire *m f* owner
prospérer to prosper
protéger to protect
provenance: en — de coming from
provenir to come from
provisoirement temporarily
prudent(e) careful
prune *f* plum
pruneau *m* prune
public *m* audience
puisque since
puissant(e) powerful
punition *f* punishment

Q

quai *m* platform
qualité *f* quality; **vie** *f* **de —** quality life

quand when
quant à moi as far as I'm concerned
quartier *m* neighborhood, district
quasiment almost
quatuor *m* quartet
que (qu') what, whom, that; **ce que** what
quel(le) which, what; **— que soit** whatever
quelconque any
quelqu'un someone, somebody
quelquefois sometimes
quelque(s) some; **quelque chose** something; **quelque part** somewhere
querelle *f* quarrel
querelleur(se) quarrelsome
queue *f* tail; **— de cheval** ponytail; **faire la —** to stand in line
qui who, that
quiconque anyone who
quitter to leave
quoi what
quotidien *m* daily newspaper
quotidien(ne) daily

R

racine *f* root
raconter to tell
radin *(fam)* stingy
radiologie *f* x-ray
raffiné(e) refined
raid *m* long-distance trip
raide straight (hair)
rail *m* track (from railroad)
raisin *m* grapes
raison *f* reason; **avoir —** to be right
rajeunir to make younger
ralentir to slow down
ramasser to gather, pick up
ramener: se — à to come down to
randonnée *f* hiking
rang *m* rank; row
rangée *f* row
ranger to pick up; **— la vaisselle** to put dishes away
rapatrier to return back to France
raphia *m* palm frond
rapidement rapidly
rappel *m* review; calling to arms
rappeler to remind, call back
rapport *m* relationship; **par — à** in relation to
rapprocher: se — de to get closer to
rarement rarely
raser to raze, to tear down; **se —** to shave
rassasier to satisfy the appetite (of)
rassemblement *m* assembly, gathering
rassembler: se — to gather
rassurer to reassure
rater to fail, go wrong
ravi(e) delighted
ravoir to get back

rayon *m* ray; **— de soleil** ray of sunlight
rayonnant(e) shining
réagir to react
réalisateur(trice) movie director
rébarbatif(ve) disagreeable
rebut *m* scrap
récemment recently
recensement *m* survey
recette *f* recipe
recevoir (*pp* **reçu**) to receive; to host
réchauffement *m* warming; **— de l'atmosphère** global warming
réchaud *m* hot plate
recherche *f* research; **— appliquée** applied research
rechercher to look/search for
récidiviste *m* repeater
récit *m* story, short novel
réclamer to require
récolte *f* harvest
récompense *f* reward
reconnaître to recognize, accept
reconquête *f* recovery
reconvertir: se — to convert (oneself)
récréation *f* (lunch) break
recueil *m* book, collection
reculer to go backward; to put off
rédacteur(trice) editor
redoutable formidable, frightening
redresser: se — to sit up
réduire (*pp* **réduit**) to reduce
refait(e) redone, renovated
réfléchi(e) reflexive
réfugier: se — to take refuge
regarder to watch, look at
régi(e) governed
régime *m* diet
réglementation *f* regulations, rules
regretter to miss
régulièrement regularly
reine *f* queen
rejeter to throw back, reject, drive back; **— la responsabilité de l'attentat sur** to blame the attack on
rejoindre (*pp* **rejoint**) to join
relâché(e) released
relever to pick out, raise
reloger to relocate
remettre (*pp* **remis**) to hand over to
remord *m* remorse
remplir to fill (out)
remporter to win
remuant(e) fidgety
remue-méninges *m* brainstorming
rencontrer to meet
rendre (*pp* **rendu**) to give back, return; **— visite à** to visit; **— hommage** to pay homage/tribute; **se —** to go
renforcer to tighten; **— la sécurité** to tighten security
renfort *m* reinforcements, supplies
renommé(e) famous, renowned
renouvelable renewable

Lexique **277**

rénover to remodel
renseignement *m* information
renseigner: se — to get information
rentabilité *f* profitability
rentable profitable
rentrée *f* beginning of the school year
rentrer to get home; to put back
renvoyer to send (back), dismiss, kick out
répandre (*pp* **répandu**) to spread wide
répartition *f* division
repas *m* (*pl*) meal; **— principal** main meal
repassage *m* ironing
repasser to iron; **fer** *m* **à —** iron
repêchage *m* re-test
repère *m* (point of) reference
répéter to repeat; **— une pièce** to rehearse a play
répétition *f* repetition; rehearsal
repeuplement *m* restocking
réplique *f* response, reply
répondeur *m* **automatique** telephone answering machine
répondre (*pp* **répondu**) to answer
reposer: se — to relax, to rest
reprendre (*pp* **repris**): **se —** to grab on to each other
repris *m* **de justice** habitual delinquent
réseau *m* circle, network, source; **— d'amis** circle of friends
résidence *f* **universitaire** (college) dormitories
responsabilité *f* responsibility; **nier toute — dans** to deny any responsibility for; **rejeter la — de l'attentat sur** to blame the attack on
réseau *m* network; **— terroriste** terrorist network
ressentir to feel
restauration *f* **collective** cafeteria (dining area) in a workplace
rester to stay, remain
résumé *m* summary
retour *m* return; **— en arrière** return to the past
retourner to go back; to give back; **(se) —** to turn around/back
retraite *f* retirement; **prendre sa —** to retire
retraité(e) retired
retroussé(e) turned up
retrouver: se — to meet (each other); **se — (dans)** to wind up (on)
réunir: se — to meet at
réussir to succeed; **— à (un examen)** to pass; **— à passer** to make it through
réussite *f* success
revanche *f* revenge; **en —** on the other hand
rêve *m* dream
réveiller: se — to wake up
revendiquer to demand, lay claim to; **— ses droits** to demand one's rights
revenir (*pp* **revenu**) **à** to result in

revenu *m* income; **faible —** low income
rêver to dream
rêveur(se) dreamer
réviser to service; to revise
révision *f* review
rez-de-chaussée *m* ground floor
rideau *m* curtain
rigoler (*fam*) to laugh, have a good laugh
rigolo (*fam*) funny
ris de veau *m pl* calf sweetbreads
rivage *m* river bank
riz *m* rice
RMI *m* (**revenu minimum d'insertion**) minimum income given by the French government to unemployed people
robe *f* dress
robot cuisine *m* food processor
rôder to prowl, wander
rognon *m* kidney
rôle *m* role, function; **à tour de —** taking turns
roman *m* novel
rôtie *f* toast (*French Canadian*)
roue *f* wheel; **— de la fortune** wheel of fortune
rouge red
rougir to blush
route *f* way, road
routier(ière) related to roads
roux(sse) redhead
rue *f* street

S

sable *m* sand
sac *m* bag; **— à linge** laundry bag; **— de couchage** sleeping bag
sachet *m* packet
sage well behaved; **—-femme** *f* midwife
saignant(e) rare (beefsteak)
saillant(e) salient, outstanding
sain(e) healthy
sale dirty
salé(e) with salt, savory
saleté *f* dirt, filth; **vivre dans la —** to live in squalor, filth
salir to dirty
salle *f* room, hall; **— d'eau** bathroom; **— de bains** bathroom; **— à manger** dining room; **— de séjour** living room
saluer to greet
samedi *m* Saturday
sang *m* blood
sanguin(e) of blood
sans without; **— égard** without regard
sans-abri *m pl* homeless
santé *f* health; **état** *m* **de —** state of health
saoûler: se — to get drunk
satellite *m* **de communications** communication satellite
sauf except

saumon *m* salmon
sauter to jump; **faire —** to brown
sauvage wild; **nature** *f* **—** wilderness; **stationnement** *m* **—** random parking
sauvegarde *f* protection, preservation
sauvegarder to protect
sauvetage *m* rescue; **opération** *f* **de —** rescue operation
savant(e) scientist
saveur *f* taste, flavor
savoir (*pp* **su**) to know
savoir-faire *m* know how
savon *m* soap
savoureux(se) tasty
scellé(e) sealed
SDF (**sans domicile fixe**) with no permanent home
séance *f* showing (movie); session
sec (**sèche**) dry
sèche-cheveux *m* hair dryer
sèche-linge *m* clothes dryer
sécher to dry; **— un cours** (*fam*) to cut a class
séchoir *m* dryer
secours *m* help
secousse *f* shaking
sécurité *f* safety; **être soucieux(se) de —** to be security conscious; **renforcer la —** to tighten security
secrétaire *m f* secretary; **— de direction** administrative assistant
séduire (*pp* **séduit**) to seduce, charm, captivate
Seigneur *m* Lord
sein *m* breast
séjour *m* stay
sel *m* salt
semaine *f* week
sembler to seem
semis *m* seedbed
sens *m* direction; meaning; **— unique** one way
sensibilité *f* sensitivity
sensible noticeable; sensitive
sentiment *m* feeling
sentinelle *f* guard
sentir to smell; **se —** to feel
serpent *m* snake
serré(e) tightened, crowded, pressed
serrer to tighten; **— la main** to shake hands
serviette *f* (**de toilette**) (bath) towel
servir: se — de to use
seuil *m* doorway; **— de pauvreté** poverty level
seul(e) lonely; alone
seulement only
sida *m* AIDS
siècle *m* century
sifflement *m* whistle (sound)
sifflet *m* whistle (object)
signaler (**un crime**) to report (a crime)
signe *m* sign; **—s de reconnaissance** gang emblems
simplement simply; **tout —** simply

sirène *f* siren
siroter to sip
situation *f* location; **avoir une bonne —** to have a good job
ski *m* ski; **— de piste (alpin)** downhill skiing; **— de fond** cross-country skiing
SMIC *m* (salaire minimum interprofessionnel de croissance) minimum wage
smoking *m* tuxedo
société *f* company, business
sœur *f* sister
soie *f* silk
soigné(e) well-groomed
soigneusement carefully
soi-même oneself
soir *m* evening
soit... soit either . . . or
sol *m* ground
soleil *m* sun; **rayon** *m* **de —** ray of sunlight
sommeil *m* sleep
somnoler to doze
son *m* sound
sonner to ring
sonorisation *f* soundproofing
sopitif(ve) soporific, sleep-inducing
sorcière *f* witch
sort *m* plight
sortie *f* opening (of a film); exit
sortir to go out, to come out; to take out
sou *m* penny; **sans le —** penniless
souci *m* concern; **ne pas prendre le — de** to not bother to
soucieux(se) conscious; **— de sécurité** security conscious
souffler to breathe
souffrir to suffer
soufre *m* sulfur
souhaiter to wish, desire
soulager to relieve
soulever to lift, raise
souligner to underline; to stress
soupe: — *f* **populaire** soup kitchen, soup line, bread line
source *f* spring (water); source
sourd(e) deaf
sourire *m* smile
souris *f* mouse
sous under; **— vide** vacuum packed; **—-culture** *f* subculture
sous-marin *m* submarine
sous-sol *m* basement
soutien *m* support
souvenir (*pp* **souvenu**): **se —** to remember
souvent often, a lot
spacieux(se) large, roomy
speaker(ine) announcer
spécialisation *f* (academic) major
spectacle *m* show
spot *m* **publicitaire** commercial
stage *m* internship

stationnement *m* parking; **— sauvage** random parking
STT (sciences et technologies tertiaires) *f pl* science and technology in service industry
subir: faire — to impose
subtile subtle
subvention *f* financial support (grants, subsidies)
succulent(e) delicious
succursale *f* branch office, branch
sucre *m* sugar
sud *m* South
sueur *f* sweat; **à la — de son front** sweat of one's brow
suffir to be enough; **ça suffit** it's enough
suffisant(e) sufficient
suivre (*pp* **suivi**) to follow; to take (classes); to stalk
sujet *m* subject; **au — de** about, concerning
superflu(e) superfluous
suppléer to make up for
supplicier to torture
supprimer to suppress, take away
surdité *f* deafness
surface: grande — *f* hypermarket
surfer to surf; **— sur Internet** *m* to surf the Internet
surgelé(e) frozen; **produits —s** frozen food
surgir to arise; **— de** to rise from
surlendemain *m* two days later
surmené(e) to be exhausted
sursis: avec — with a suspended sentence
surtout above all, especially
surveillant(e) guard
surveiller to supervise; watch
survenue *f* occurrence
survivre (*pp* **survécu**) to survive
susceptible (de) capable (of)

T

tabasser (*fam*) to beat up
table *f* table; **— basse** coffee table; **— de nuit (de chevet)** bedside table, nightstand; **— roulante** serving table; **mettre la —** to set the table
tableau *m* blackboard; chart; painting
tablette *f* shelf
tabouret *m* stool
tache *f* spot; stain; **—s de rousseur** freckles
tâche *f* chore; task; **—s ménagères** household chores
taille *f* height, size
tailler to cut
taire (*pp* **tû**): **se —** to remain/to be quiet
tam-tam *m* drum
tandis (que) while
tant so much; **en — que** as; **— de** so many; **— mieux** so much the better

taper à la machine to type (on a typewriter)
tapis *m* rug; carpet
tarif *m* fare
tard late; **plus —** later
tarte *f* pie; **— Tatin** caramelized apple pie
tartine *f* slice of bread with butter and/or jam
tasse *f* cup
tâter to try
taurine of a bull
taux *m* (*pl*) rate(s); **— de chômage** unemployment rate; **— de criminalité** crime rate
teint(e) colored, tinted
teinturerie *f* dry cleaner's
télécommande *f* remote control
télécommandé(e) remote-controlled
télécopieur *m* fax machine
téléguidé(e) remote-controlled
téléphoner: se — to call each other
téléspectateur(trice) TV viewer
téléviseur *m* TV set
tellement so much; **— de** so many; **pas —** not so much
témoin *m* witness
temps *m* time; weather; **à plein —** full time; **à — partiel** part-time; **de — en —** from time to time; **emploi du —** schedule; **en même — que** at the same time as
tenace persistent
tendre (*pp* **tendu**) to stretch; **sous-—** to underlie
teneur *f* content; **forte —** high content
tenir (*pp* **tenu**) to take, hold (on); **— à** to insist on; **— compte de** to take into account; **— le coup** to hold out, last; **— pour acquis** to take for granted
tension *f* pressure; **— artérielle** blood pressure
termitière *f* termite hill
terrain *m* field; piece of land; **— de sports** sports field
terre *f* land; mud
tête *f* head; **—-à-—** *m* one-to-one conversation, in private
têtu(e) stubborn
TGV *m* (train à grande vitesse) high speed train
tiers *m* third
timbre *m* stamp
tintement *m* clanging
tirade *f* speech
tirer to shoot; to draw (something); **s'en — à bon compte** to accomplish
tireur(se) shooter; **— fou (folle)** sniper, someone who kills randomly
tiroir *m* drawer
tisser to weave
tissu *m* fabric
titre *m* title; **— de transport** type of ticket
toile *f* canvas

toiletteur *m* (de chiens) (dog) groomer
toit *m* roof; **sous le — familial** at home
tôle *f* metal
tomber: au — du jour/de la nuit at nightfall; *(v)* to fall; **— de sommeil** to fall asleep
tondeuse *f* **à gazon** lawn mower
tondre (*pp* **tondu**) to mow; **— la pelouse** to mow the lawn
torchon *m* kitchen towel
tôt early; **— ou tard** sooner or later
toujours always; still; **comme —** as always
toupie *f* top
tour *f* tower; **les —s jumelles** the Twin Towers, the World Trade Center
tournage *m* filming
tournée: en — on rounds (on a tour)
tourneur *m* worker who fashions wood
tout(e)/tous/toutes all; **tout** *(adv)*; **— à coup** all of a sudden; **— à fait** absolutely; **— au long** for the duration; **— d'un coup** suddenly; **— en** all the while; **— simplement** simply; **— de suite** right away, immediately
tout-à-l'égout *m* main sewer
traduire (*pp* **traduit**) to translate; to reveal
traînée *f* streak, trail
traîner to hang out, kick around
traire (*pp* **trait**) to milk (cows)
trait *m* feature
traite *f* trade; **— des esclaves** slave trade
traiter to treat
trajet *m* trip
tranche *f* slice; group; **— d'âge** age group
transports *m pl* **publics** public transportation
traquer to track down
traumatisant(e) traumatic, horrible
travail *m* (*pl* **travaux**) work; **— à la chaîne** assembly-line work; **travaux dirigés** lab work
travailler (**chez, avec, dans**) to work (at/for, with, in)
travailleur(se) (**à la chaîne**) (assembly-line) worker
travers: à — through
treizième thirteenth
trépidation *f* flurrying about
très very, a lot
trésor *m* treasure
tressé(e) woven, interlaced
tri *m* sorting out, selection
tribunal *m* court
tricher to cheat
tricot *m* knitting; **faire du —** to knit
tricoter to knit
trier to sort out
tringle *f* rail
triompher: faire — to uphold
tripes *f pl* cow or beef intestines
troisième third
trottoir *m* sidewalk

troué(e) with holes
troupeau *m* herd
trouver: se — to be, find oneself
truand *m* gangster
truite *f* trout
tuer to kill
tuyau *m* pipe, tubing

U

université *f* college, university
urbanisme *m* **moderne** modern urbanization
usine *f* factory
utile useful

V

vacances *f pl* vacation
vache *f* cow
vagabond *m* tramp, vagrant, wanderer
vague *f* wave; **— de terrorisme** terrorist spree
vaillance *f* bravery
vaisselle *f* dishes; **lave-—** *m* dishwasher; **ranger la —** to put the dishes away
valeur *f* value
valoriser to enhance; validate
vaniteux(se) vain, conceited (person)
vapeur *f* steam
vautour *m* vulture
veau *m* veal; **ris de veau** *m pl* calf sweetbreads
vedette *f* movie star
veille *f* night before; **la — au soir** the night before
veillée *f* late evening
veiller to be awake
veine *f* *(fam)* luck; **avec de la —** with luck
vendre (*pp* **vendu**) to sell
vendredi *m* Friday
venir (*pp* **venu**) to come; **— de** have just; to come from
vent *m* wind
vente *f* sale; **prix** *m* **de —** sale price
ventre *m* stomach; **avoir le — vide** to have an empty stomach
verdoyer to be green
verger *m* orchard
véritable genuine, real
vérité *f* truth
verre *m* glass
vers toward(s); around, about
verser to pay; to pour
vert(e) green
vertigineux(se) breathtaking
vêtement(s) *m (pl)* clothing
vêtu(e) dressed
veuf (veuve) widower (widow)
viande *f* meat
victime *f* victim; **prendre pour —** to victimize

vide empty; **sous —** vacuum packed
vider to empty
vie *f* life; **conduite** *f* **de —** lifestyle; **mode** *m* **de —** lifestyle; **niveau** *m* **de —** standard of living; **— de qualité** quality life; **— dure** hard life; **— nocturne** night life
vieillir to get old, to age
vieux/vieil (vieille) old
vif(ve) alive; lively; **au vif** on edge
vigne *f* vineyard
ville *f* city, town; **en —** downtown
vin *m* wine
vingtaine *f* twenty or so
viol *m* rape
violenter to assault, nug
violer to rape
violeur *m* rapist
vis *f* screw
visage *m* face
viser to aim at/for
vite quickly, fast
vitesse *f* speed; **— maximale** speed limit
viticulteur (viticultrice) wine producer
vitré(e) with a window (glass); **baie** *f* **vitrée** bay window
vivant(e) lively; alive
vivre (*pp* **vécu**) to live; **— d'expédients** to live from hand to mouth
vœu *m* wish
voici here is/are
voie *f* track; **— ferrée** railroad
voilà here (is/are); there (is/are)
voile *m* veil
voile *f* sailing; **faire de la planche à —** to go windsurfing
voilier *m* boat
voir (*pp* **vu**) to see; **se —** to see each other
voisinage *m* neighborhood
voiture *f* car; **— piégée** car bombing
voix *f (pl)* voice(s)
vol *m* theft; **— à l'étalage** shoplifting; **— avec violence** armed robbery
vol-au-vent *m* filled puff pastry shell
volaille *f* poultry
voler to steal; to fly
voleur(se) thief; **— à l'arraché** purse snatcher; **— à la tire** pickpocket; **— à l'étalage** shoplifter
vouloir (*pp* **voulu**) to want; **— dire** to mean; **en — à** to bear a grudge against
volonté *f* will, willingness
voyage *m* travel, journey; **gens du —** *m f pl* people who travel in campers
voyager to travel
voyelle *f* vowel
vrai(e) true; **c'est vrai** it's true
vraiment really
vu given
vue *f* sight
vulgaire common, popular; vulgar, rude

Index

A

active voice (**voix active**) MC 214, MP 214–217
activities, leisure MC 88–89, MC 91–95, MC 106–107, MC 110–111, MC 113, MC 118–120; routine MC 97
adjectives (**adjectifs**) comparative MC 22, MP 21; gender MC 20–21, MP 20; indefinite MP 54; irregular MC 21, MP 20; meaning changes MC 28, MP 35; placement MC 27–28, MP 33, MP 35; plurals MC 20–21, MP 20
adverbs (**adverbes**) comparative MP 21
Africa MC 35–36, MC 44–46, MC 71–73, MC 132–133, MC 149–152
agreement adjectives MP 20; adverbs MP 21; past participles MP 99–100, MP 111
aller future MP 198; + infinitive, near future MP 179, MP 197; present indicative MP 5; present subjunctive MC 146, MP 152, MP 178
à quelle heure interrogative MC 59, MP 65, MP 74–75, MP 80
art MC 27–28, MC 125–129
articles with physical features MC 134
aussi... que MP 21
aussitôt que with future MC 201, MP 200
auxiliary verbs (**verbes auxiliaires**). See **avoir**, **être**.
avoir auxiliary verb MC 101, MP 99, MP 116, MP 126–127, MP 160–161; future MP 198; imparfait MP 100; past participle MP 99; present indicative MP 5; present subjunctive MC 146, MP 152, MP 178
avoir envie de + infinitive near future MP 197
avoir l'intention de + infinitive near future MP 197

B

Barthes, Roland MC 76–77
Bastille Day MC 112
Ben Jelloun, Tahar MC 176–177
Butor, Michel MC 222–240

C

ça fait... que MP 134
Cameroon MC 35–36
Carnaval MC 99
Casablanca MC 149–152
ce dont relative pronoun MC 32, MP 45–46
ce que relative pronoun MC 32, MP 45–46
ce qui relative pronoun MC 32, MP 45–46
certainty (**certitude**), expressions of MC 179, MP 177
c'est (**ce sont**) descriptions MC 42–43, MP 53–54
cheese MC 82–84
cinema MC 115–117, MC 132–133, MC 206–212
combien de interrogative MC 59, MP 65
commands. See imperative.
comment interrogative MC 59, MP 65, MP 74–75
comparatives (**comparatifs**) MC 22, MP 21
compter + infinitive near future MP 197
conditional (**conditionnel**) sentences MC 189, MP 189, MP 201–202; See also present conditional.
Constant, Raphaël MC 101–103
crime MC 101–103, MC 156–161, MC 181–187

D

de MP 197; with passive voice MC 214, MP 217; See also **dont**.
depuis MC 123, MP 131–132, MP 134
descendre passé composé MP 116
describing people MC 134, MC 136–138
dès que with future MC 201, MP 200
devoir future MP 198
diversity MC 174–177
dont relative pronoun MC 32, MP 43, MP 45–46
doubt (**doute**), expressions of MC 179, MP 177–178

E

eating habits MC 55–57, MC 67–68, MC 71–73, MC 76–79, MC 82–84
emotion, expressions of MC 154, MP 158, MP 160–161
environmental issues MC 191–199
envoyer future MP 198
espérer + infinitive near future MP 197
est-ce que... ? MC 59, MC 80, MP 65, MP 74, MP 80, MP 89–90
être auxiliary verb MC 101, MP 99–100, MP 115–116, MP 126–127, MP 160–161; descriptions MC 42–43, MP 53–54; future MP 198; imparfait MC 97, MC 101, MP 100, MP 126–127; with passive voice MP 215; past participle MP 99; present indicative MP 5; present subjunctive MC 146, MP 252, MP 178
exchange programs MC 216–217, MC 220–221

F

faire future MP 198; past participle MP 99; present indicative MP 5; present subjunctive MC 146, MP 152, MP 178
falloir future MP 198; negative MP 154; present indicative MP 5; with subjunctive 153
familiar (**langage familier**) use of future MC 201, MP 196–197; interrogatives MC 80, MP 89–90
food MC 50–57, MC 67–68, MC 71–73, MC 76–79, MC 82–84
formal (**langage soigné**) use of future MC 201, MP 196–197; interrogatives MC 80, MP 89
friendship MC 164–168
future (**futur**) MC 201, MP 196–198; with conditional sentences MC 201, MP 201–202; expressed by present tense MP 196–197; usage MC 201, MP 198, MP 200; See also **aller** + infinitive, near future.

H

HLM, life in MC 37–38
housing MC 10–11, MC 14–18, MC 25, MC 30–31, MC 35, MC 37–38, MC 39–41

I

if clauses. *See* conditional sentences.
il/elle est (ils/elles sont) MC 42–43
il y a… que MP 134
imparfait MC 97, MC 101, MC 103, MC 108, MP 100; with conditional sentences MP 189, MP 202; with **depuis** MC 123, MP 131–132; usage MC 97, MC 101, MC 103, MC 108, MP 110–111, MP 118–119; with **venir de** MP 129
imperative with conditional sentences MP 201–202; instead of future MC 201, MP 201
indicative (**indicatif**) usage MC 179, MP 177; *See also* present indicative.
infinitives (**infinitifs**) with expressions of emotion MC 154, MP 157–158; with expressions of necessity and volition MC 146, MP 154; negating MP 154
informal (**langage courant**) interrogatives MC 80–81, MP 89–90
interrogatives formal and informal MC 80–81, MP 89–90; information questions MC 59, MC 64, MP 65; inversion MC 63, MC 80, MP 74–75, MP 89; with prepositions MC 69, MP 80; yes/no questions MC 58, MP 65
inversion. *See* interrogatives, inversion.
invitations, extending, accepting, and refusing MC 113

L

leisure, activities MC 88–89, MC 91–95, MC 106–107, MC 110–111, MC 113, MC 118–120
liaison MP 139–141
literature MC 37–38, MC 44–46, MC 101–103, MC 115–117, MC 170–172, MC 176–177, MC 222–240
lorsque with future MC 201, MP 200

M

Martinique MC 99, MC 101–103, MC 110–111, MC 115–117
moins… que MP 21
monter passé composé MP 116
Morocco MC 149–152, MC 176–177
movies MC 115–117, MC 132–133, MC 206–212
museums, art MC 125–128

N

nationality MC 43, MP 53–54
near future (**futur immédiat**) MP 197
necessity, expressions of MC 146, MP 150–154
negative with **depuis** MC 123, MP 131; expressions MP 5, MC 224, MP 224–225; of **falloir** MP 154; with infinitives MP 158; **passé composé** MP 100; present indicative MP 5, MP 224–225; with subjunctive MC 179, MP 177

O

object, direct (**objet direct**) agreement MP 111; relative pronouns MP 41, MP 111
object, indirect (**objet indirect**) MP 111
occupations MC 43, MP 53–54
opinions, asking for and giving MC 177, MC 180, MC 211
où interrogative MC 59, MP 69, MP 65, MC 79–80; relative pronoun MC 69, MP 41, MP 45–46, MP 80
Oyono, Ferdinand MC 44–46

P

par with passive voice MC 214, MP 214, MP 216
Paris, museums MC 125–128
participles (**participes**). *See* past participles.
partir present subjunctive MP 151, MP 178
passé composé MC 96 MP 99–100, MC 101, MC 103, MC 108; with **depuis** MC 123, MP 131–132; usage MC 96, MC 101, MC 103, MC 108, MP 110–111, MP 115–116, MP 118–119, MP 200
passer passé composé MP 116
passive voice (**voix passive**) MC 214, MP 214–217
past. *See* **depuis, imparfait, passé composé**, past subjunctive, **plus-que-parfait, venir de**.
past conditional MC 189, MP 187–188; usage MP 188, MP 202
past participles (**participes passés**) MP 99; agreement MP 111; with **passé composé** MP 99; with passive voice MP 215; with past subjunctive MP 160–161
past subjunctive (**passé du subjonctif**) MC 154, MP 160–161
pendant MP 134
penser with **à** or **de** MP 85; + infinitive, near future MP 197
plus… que MP 21
plus-que-parfait MC 121, MP 126–127; with conditional sentences MP 189, MP 202; with **depuis** MC 123, MP 132
pourquoi interrogative MC 59, MP 65
pouvoir future MP 198; past participle MP 99; present indicative MP 5; present subjunctive MC 146, MP 152, MP 178
préférer with subjunctive MC 146, MP 153–154
prendre past participle MP 99; present subjunctive MC 146, MP 152, MP 178
prepositions (**prépositions**) with relative pronouns MP 43; with verbs MC 69, MP 80, MP 197, MP 216–217
present conditional (**présent du conditionnel**) MC 189, MP 185–186; usage MP 185–186, MP 202
present indicative (**présent de l'indicatif**) MP 4–5; with conditional sentences MP 201–202; used to express future MP 196–197; usage MC 179, MP 200
present subjunctive (**présent du subjonctif**) MC 146, MP 150–153, MP 178; usage MC 146, MC 154, MP 150–153, MP 157–158
professions MC 139–144, MC 149, MC 151–152
pronouns (**pronoms**) disjunctive MC 80–81, MP 89–90 interrogative MP 65; pronominal verbs; *See* verbs, pronominal; reflexive MP 111; *See also* verbs, pronominal; relative MC 32, MP 40–41, MP 43, MP 45–46, MP 80, MP 111; relative replacing a clause MC 32, MP 45; stress MC 80–81, MP 89–90
pronunciation consonants MP 94–95; **liaison** MP 139–141; vowels MP 59–62

Q

quand with future MC 201, MP 200; interrogative MC 59, MP 65
que interrogative MC 59, MC 64, MP 65, MP 76; relative pronoun MC 32, MP 40–41, MP 45–46; with the subjunctive MP 157
quel interrogative MC 64, MC 69, MP 80, MP 76–77
questions. *See* interrogative.
qui interrogative MC 59, MP 65; relative pronoun MC 32, MC 69, MP 40, MP 43, MP 45–46, MP 80
quoi interrogative MC 69, MP 80

R

racism MC 174–177
registres de langue MC 80–81, MP 89–90
religions MC 43, MP 53–54
retourner passé composé MP 116
Rochefort, Christiane MC 37–38
routine, activities MC 97

S

Saint-Exupéry, Antoine de MC 170–172
savoir future MP 198
Senegal MC 71–73
September 11, 2001 MC 181–185
si clauses. *See* conditional sentences.
social class MC 43, MP 53–54
sortir passé composé MP 116; present subjunctive MP 151, MP 178
stereotypes MC 6
subject (**sujet**) agreement with pronominal verbs MC 103; relative pronouns MP 40–41
subjunctive (**subjonctif**). *See* past subjunctive, present subjunctive.

T

terrorism MC 181–187
theater MC 132–133
transportation MC 240–241
travel MC 170–172, MC 216–217, MC 220–241

U

university life MC 2–5, MC 93–94, MC 149–150, MC 215
U Tum'si, Meiji MC 132–133

V

valoir with subjunctive MP 153
venir past participle MP 99; present subjunctive MC 146, MP 152, MP 178; **venir de** + infinitive MC 123, MP 129
verbs (**verbes**) auxiliaries. *See* **avoir, être**; irregular MP 5, MP 99–100, MP 178, MP 185, MP 198; with prepositions MP 80, MP 197; pronominal MC 96, MP 4, MP 99, MP 161; regular MP 4, MP 99–100, MP 178, MP 185, MP 198; *See also* active voice, future, **imparfait,** indicative, infinitives, negative, **passé composé,** passive voice, past conditional, past participles, past subjunctive, present conditional, present indicative, present subjunctive, **plus-que-parfait.**
voice. *See* active, indicative, passive, subjunctive.
voilà… que MP 134
voir future MP 198; past participle MP 99
vouloir + infinitive near future MP 197; present indicative MP 5; present subjunctive MP 152–154; with subjunctive MC 146, MP 152–154

Z

Zobel, Joseph MC 115–117

France
MER DU NORD
Pays-Bas
Allemagne
Angleterre
Dunkerque
Calais
Belgique
NORD-PAS-DE-CALAIS
Lille
Valenciennes
Luxembourg
LA MANCHE
Cherbourg
HAUTE-NORMANDIE
Amiens
PICARDIE
Le Havre
Rouen
Metz
Rhin
Meuse
Reims
ALSACE
LORRAINE
Seine
Caen
BASSE-NORMANDIE
Paris
CHAMPAGNE-ARDENNE
Saint-Malo
Versailles
Nancy
Strasbourg
Brest
ÎLE-DE-FRANCE
Fougères
Moselle
VOSGES
BRETAGNE
Troyes
Rennes
Le Mans
Orléans
Mulhouse
PAYS DE LA LOIRE
Blois
Chambord
Angers
BOURGOGNE
Saône
St-Nazaire
Tours
Dijon
Besançon
Loire
Chenonceaux
Nantes
Chinon
Azay-le-Rideau
Bourges
Chalon-sur-Saône
FRANCHE-COMTÉ
Nevers
JURA
Suisse
CENTRE
Poitiers
La Rochelle
Vichy
LIMOUSIN
Clermont-Ferrand
Annecy
OCÉAN
Rhône
POITOU-CHARENTES
Limoges
Lyon
ATLANTIQUE
Saint-Étienne
RHÔNE-ALPES
Italie
Grenoble
Périgueux
AUVERGNE
Bordeaux
MASSIF CENTRAL
ALPES
PROVENCE-ALPES-CÔTE-D'AZUR
Rodez
AQUITAINE
Garonne
MIDI-PYRÉNÉES
Avignon
Monte-Carlo
Nîmes
Tarascon
Grasse
Monaco
Biarritz
Montpellier
Aix-en-Provence
Toulouse
Bayonne
Nice
Béziers
Pau
Marseille
Toulon
Cannes
Carcassonne
Narbonne
PYRÉNÉES
LANGUEDOC-ROUSSILLON
Perpignan
Andorre
Espagne
MER MÉDITERRANÉE
CORSE
Ajaccio
0 75 km
©1993 Magellan Geographix SM Santa Barbara CA

Afrique

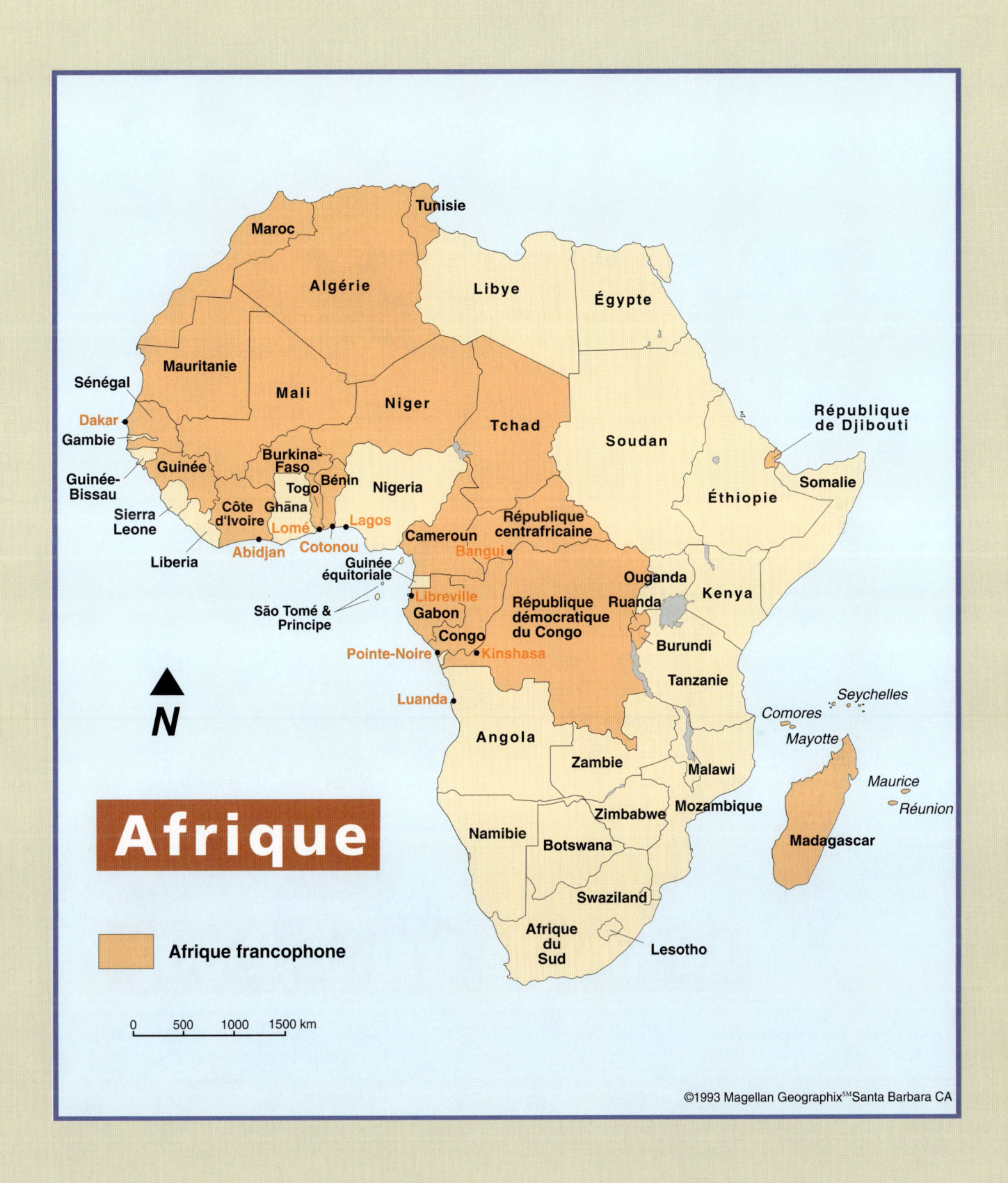

Afrique francophone

0 500 1000 1500 km

©1993 Magellan Geographix℠ Santa Barbara CA

Maps 285

Le monde francophone

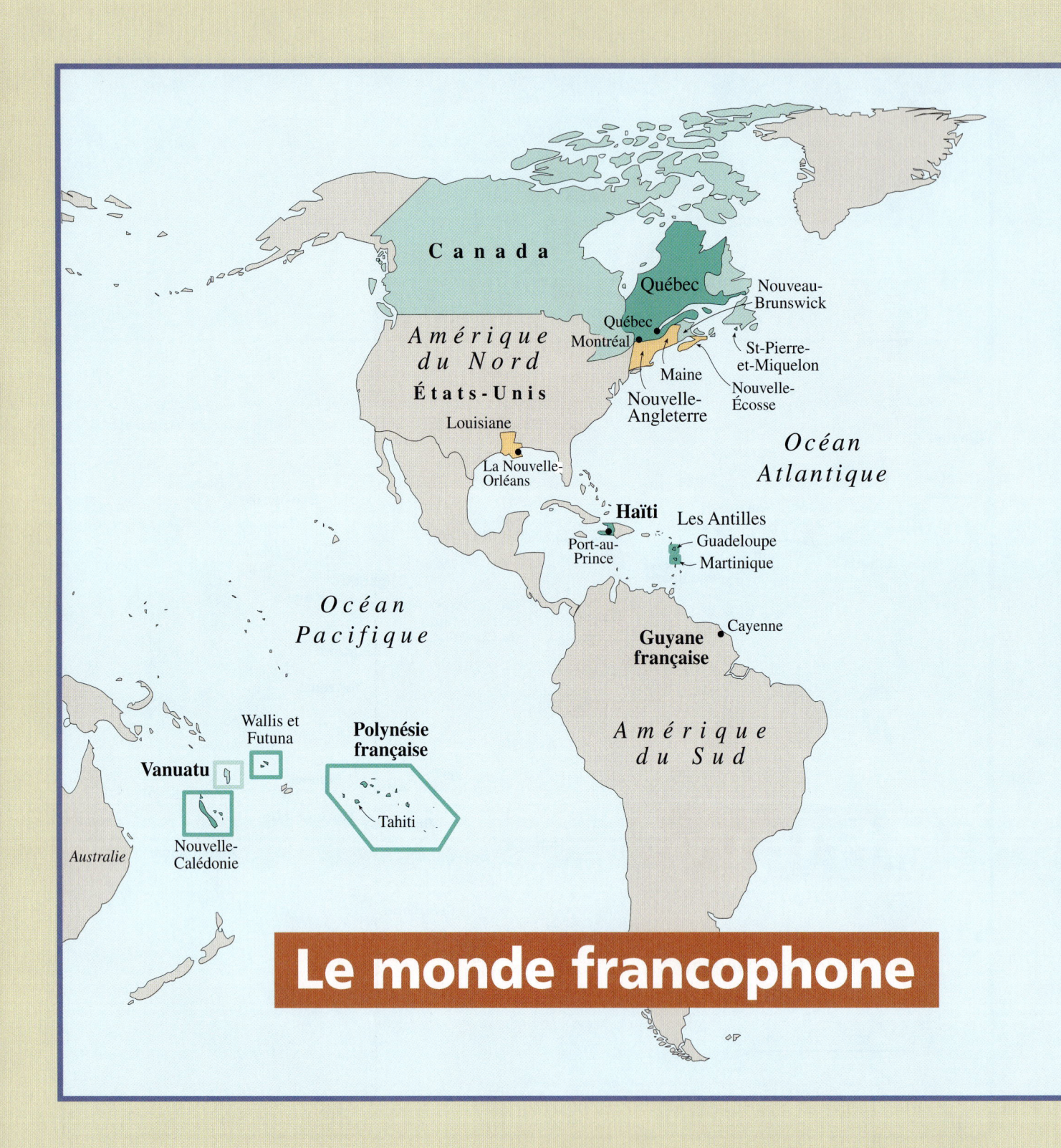

Canada
- Québec
  - Québec
  - Montréal
- Nouveau-Brunswick
- St-Pierre-et-Miquelon
- Nouvelle-Écosse

Amérique du Nord
- États-Unis
  - Maine
  - Nouvelle-Angleterre
  - Louisiane
    - La Nouvelle-Orléans

Océan Atlantique

Haïti
- Port-au-Prince

Les Antilles
- Guadeloupe
- Martinique

Océan Pacifique

Guyane française
- Cayenne

Amérique du Sud

Vanuatu

Wallis et Futuna

Polynésie française
- Tahiti

Nouvelle-Calédonie

Australie

Carte de la Francophonie

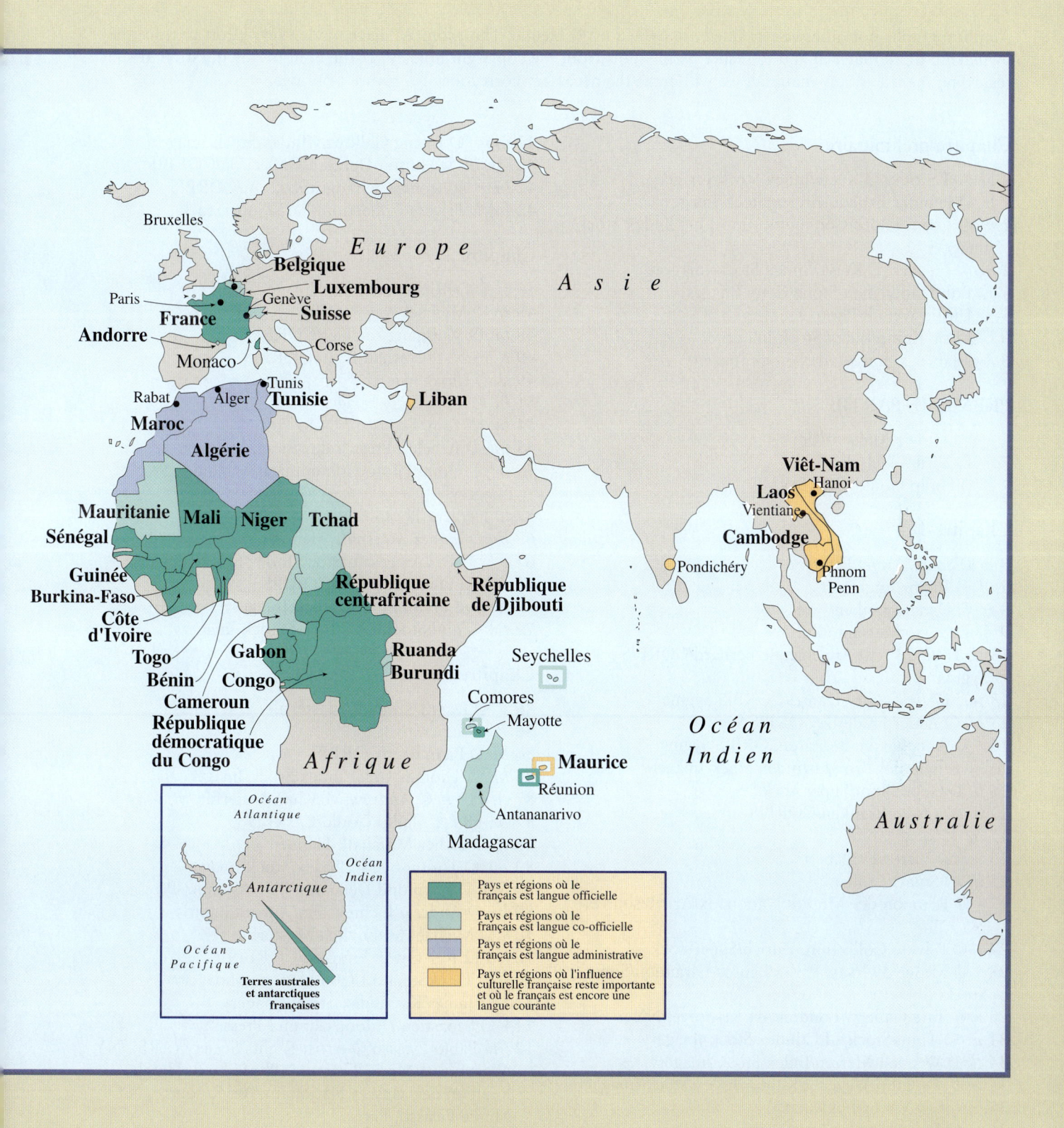

Europe
- Bruxelles
- Belgique
- Luxembourg
- Paris
- Genève
- France
- Suisse
- Andorre
- Corse
- Monaco

Afrique
- Rabat
- Maroc
- Alger
- Algérie
- Tunis
- Tunisie
- Mauritanie
- Sénégal
- Mali
- Niger
- Tchad
- Guinée
- Burkina-Faso
- Côte d'Ivoire
- Togo
- Bénin
- Gabon
- Congo
- Cameroun
- République démocratique du Congo
- République centrafricaine
- République de Djibouti
- Ruanda
- Burundi
- Seychelles
- Comores
- Mayotte
- Maurice
- Réunion
- Antananarivo
- Madagascar

Asie
- Liban
- Pondichéry
- Viêt-Nam
- Hanoi
- Laos
- Vientiane
- Cambodge
- Phnom Penh

Océan Indien

Australie

Antarctique
- Océan Atlantique
- Océan Indien
- Océan Pacifique
- **Terres australes et antarctiques françaises**

Légende:
- Pays et régions où le français est langue officielle
- Pays et régions où le français est langue co-officielle
- Pays et régions où le français est langue administrative
- Pays et régions où l'influence culturelle française reste importante et où le français est encore une langue courante

Maps 287

Photo Credits

All photographs not otherwise credited are owned by © Heinle, Thomson. We have made every effort to trace the ownership of all material and to secure permissions from the copyright holders. In the even of any question arising regarding the use of any material, we will make the necessary corrections for future printings.

Chapitre préliminaire

2 *bl* © Timothy O'Keefe/Index Stock Imagery
2 *tr* © Jennifer Broadus/Index Stock Imagery
2 *m* © Omni Photo Communications, Inc./Index Stock Imagery
2 *br* © Henryk T. Kaiser/Index Stock Imagery
3 © Bob Handleman/Stone/Getty Images
5 © Ulrike Welsch/Photo Edit
6 *l* © Eric Kamp/Index Stock Imagery
6 *r* © James Lemass/Index Stock Imagery

PREMIERE PARTIE

7 *t* © Ludovic Maisant/Corbis
7 *m* © Ulrike Welsch
7 *b* © Philip Gould/CORBIS

Chapitre 1

8 *tl* © Scott Daniel Peterson
8 *bl* © Victor Englebert
8 *tr* © Owen Franken
9 © Ludovic Maisant/Corbis
13 *tl*, 17 *tr*, 23 t © Annebicque Bernard/CORBIS Sygma
13 *tm*, 17 *bl* © Giry Daniel/CORBIS Sygma
13 *bl* © Astier Frederik/CORBIS Sygma
16 *t* © Annebicque Bernard/CORBIS Sygma
16 *m* © Jennifer Broadus/Index Stock Imagery
16 *b* © GoodShoot/SuperStock
17 *m* © Owen Franken/CORBIS
17 *br* © Beryl Goldberg
23 *mr* © Victor Englebert
23 *bl* © Stuart Cohen
27 *l* © Réunion des Musées Nationaux/Art Resource, NY
27 *r* © Private Collection, Zurich/SuperStock
28 *l* © Musée d'Orsay, Pariss/Lauros-Giraudon/SuperStock
28 *r* © Tate Gallery, London/Art Resource, NY
31 *m* © ThinkStock LLC/Index Stock Imagery
34 *tl* © Wendell Metzen/Index Stock Imagery
34 *tr, b* © Philip Wegener-Kantor/Index Stock Imagery
35, 36 *tl* © Victor Englebert
36 *tr* © Ben Mangor/SuperStock
36 *br* © Edgar Cleijne/Peter Arnold
37 *t* © Dennis Degnan/CORBIS
42 *t, bml* © Bettmann/CORBIS
42 *ml* © Réunion des Musées Nationaux/Art Resource, NY
42 *mml* © Austrian Archives/CORBIS
42 *mmr* © Ewing Galloway/Index Stock Imagery
42 *mr, bl* © Hulton-Deutsch Collection/CORBIS
42 *bmr* © Archivo Iconografico,S.A./CORBIS
42 *br* © Private Collection, Paris/SuperStock

Chapitre 2

48 *tl* © DeRichemond/The Image Works
48 *tr* © Michael Newman/Photo Edit
48 *br* © Wolfgang Kaehler/CORBIS
49 *t*, 56 *bl* © Nathan Benn/CORBIS
49 *b* © Ulrike Welsch
51 *bl* © Taxi/Getty Images
51 *br* © Tony Freeman/Photo Edit
55 *ml* © Benelux Press/Index Stock Imagery
55 *br* © Omni Photo Communications/Index Stock Imagery
57 © Hemera Photo Objects
60 *br* © Esther Marshall, Heinle
67 *t* © Great American Stock/Index Stock Imagery
71, 72 © Owen Franken/CORBIS
77 © Bud Freund/Index Stock Imagery
79 *t* © ThinkStock LLC/Index Stock Imagery

Chapitre 3

86 *tl* © David Schmidt/Masterfile
86 *tr* © SuperStock
86 *bl* © PicImpact/CORBIS
86 *br* © Thomas Craig/Index Stock Imagery
87 *tl*, 112 *b* © Andrew McKim/Masterfile
87 *br*, 99 *l* © Philip Gould/CORBIS
89 *tl* © Esther Marshall, Heinle
89 *ml* © Thomas Craig/Index Stock Imagery
89 *bm* © Raymond Delalande/JDD/Gamma-Presse
89 *br* © Andrew Lichtenstein/Aurora Photos
104 © Michael Mahovlich/Masterfile
105, 112 *t* © Owen Franken/CORBIS
106 © ThinkStock LLC/Index Stock Imagery
110 © James Kay/Index Stock Imagery
114 © Sebastien Dufour/Gamma-Presse
127 *tl* Pablo Picasso © Artist Rights Society (ARS), NY, "Portrait of Marie-Therese." Photo by B. Hatala, Réunion des Musées Nationaux/Art Resource, NY. Musée Picasso, Paris.
127 *tr* Eugene Delacroix, "Liberty Leading the People." Photo by Herve Lewandowski, Réunion des Musées Nationaux/Art Resource, NY. Louvre, Paris.
127 *ml* Paul Cezanne, "Still Life with Curtain and Flowered Pitcher." Scala/Art Resource, NY. Hermitage, St. Petersburg.

288   *Quant à moi...* ■ *Manuel de classe*

127 *mr* Auguste Rodin. "Burghers of Calais." Photo by Vanni, Art Resource, NY. Musée Rodin, Paris.
127 *bl* Jean Dubuffet, Artist Rights Society (ARS), NY. "Je Vous Ecoute." Photo by Visual Arts Library, Art Resource, NY. Private Collection.
127 *br* Jacques Louis David, "The Oath of the Horatii." Photo by G. Blot/C. Jean, Réunion des Musées Nationaux/Art Resource, NY. Louvre, Paris.
128 *tl* Claude Monet, "Rouen Cathedral. The Portal, Grey Weather, Grey Harmony." Photo by Erich Lessing, Art Resource, NY. Musée d'Orsay, Paris.
128 *tr* Henri Matisse © Succession H. Matisse, Paris, © Artists Rights Society (ARS), NY. "Harmony in Red." Photo by Erich Lessing/Art Resource, NY. Hermitage, St. Petersburg.
128 *ml* Jean Antoine Watteau, "Embarkation for the Island of Cythera." Photo by Erich Lessing/Art Resource, NY. Charlottenburg Castle, Staatliche Schloesser und Gaerten.
128 *mr* Nicholas Poussin, "The Shepherds of Arcadia." Réunion des Musées Nationaux/Art Resource, NY. Louvre, Paris.
128 *bl* Auguste Renoir, "Bal du Moulin de la Galette, Montmartre." Photo by Herve Lewandowski, " Réunion des Musées Nationaux/Art Resource, NY. Musée d'Orsay, Paris.
128 *br* Paul Gaugin, "Ta Matete." Photo by Erich Lessing/Art Resource, NY. Kunstmuseum, Basel.

DEUXIEME PARTIE

130 *tr* © Christine Osborne/CORBIS
130 *mr* © Zefa Visual Media/Index Stock Imagery
130 *br* © Mark Segal/Index Stock Imagery

Chapitre 4

139 *l* © Jon Riley/Index Stock Imagery
143 *b* © ThinkStock LLC/Index Stock Imagery
156 *t* © Randy Taylor/Index Stock Imagery
156 *bl* © ThinkStock LLC/Index Stock Imagery
156 *br* © Frank Siteman
157 *t* © Dave L. Ryan/Index Stock Imagery
157 *br* © ThinkStock LLC/Index Stock Imagery
158 © Grantpix/Index Stock Imagery
159 *t* © Zefa Visual Media/Index Stock Imagery
159 *b* © Spencer Grant/Photo Edit
160 *t* © AbleStock/Index Stock Imagery
160 *b* © A. Ramey/Photo Edit

Chapitre 5

163 © David Turnley/CORBIS
165 *t* © Melissa Goodrum, Heinle
165 *br* © Jeff Greenberg/Index Stock Imagery
174 © Rudi Von Briel/Index Stock Imagery
175 *t* © Bill Bachmann/Index Stock Imagery
178 *t* © Bob Kramer/Index Stock Imagery
178 *bl* © Royalty Free/Getty Images
181, 184 *b* © Fabrik Studios/Index Stock Imagery
184 *t* © SW Production/Index Stock Imagery
186 © Ralf-Finn Hestoft/Index Stock Imagery
187 © Chris Hires/Gamma-Press
193 © Zefa Visual Media/Index Stock Imagery
193 *l* © Inga Spence/Index Stock Imagery
193 *r* © BSIP Agency/Index Stock Imagery
194 © David Frazier
195 © Phil Lauro/Index Stock Imagery
197 *t* © ASAP Ltd. /Index Stock Imagery
197 *b* © David Porter/Index Stock Imagery

Chapitre 6

216 *t* © Henryk T. Kaiser/Index Stock Imagery
216 *ml* © Royalty Free/CORBIS
216 *b* © Greer & Associates, Inc./SuperStock
223 *t* © Marc Granger/CORBIS
226 *t* © Roger Ressmeyer/CORBIS
226 *b* © David Ball/Index Stock Imagery
227 *t* © SuperStock
227 *b* © Royalty Free/Getty Images
229 *t* © Peter Walton/Index Stock Imagery
229 *b* © Colin Paterson/SuperStock
230 *t* © David Ball/Index Stock Imagery
230 *b* © Bill Brooks/Masterfile
233 © Gary Neil Corbett/SuperStock
234 © Ron Johnson/Index Stock Imagery
235 © Steve Vidler/SuperStock
237 © Stock Montage/Index Stock Imagery

Text and Realia Credits

10 *Géographie première,* © Bordas, Paris 1982, p. 121

11 Courtesy of Groupe immobilier Mercure, Rennes, France

11 Courtesy of Immobilier Bragato, Auch, France

11 Courtesy of Immovac, Paris, France

11 Courtesy of Immo City, Paris, France

11 Courtesy of Agence Palomar, Blagnac, France

16 Courtesy of Fidim Immobilier, Paris, France

17 *La France au quotidien,* © Presses Universitaires de Grenoble, 2001, pp. 66, 69

18 Gérard Mermet, *Francoscopie 2001,* © Larousse / HER 2000, pp. 175–177, 180

18 *L'Express International,* 27 juin–3 juillet 2002, Paris

37–38 Christiane Rochefort, *Les petits enfants du siècle,* © Éditions Bernard Grasset, Paris, 1961, pp. 41–43

44–46 Ferdinand Oyono, *Une vie de Boy,* © Éditions Julliard, Paris, 1956, pp. 57–64

55–57 Gérard Mermet, *Francoscopie 2001,* © Larousse / HER 2000, pp. 184–191, *Francoscopie 2003,* © Larousse

71–72 Mylène Rémy, *Le Sénégal aujourd'hui,* © Les Éditions du Jaguar, 2003, ISBN 2-86950-372-5, pp. 230–231

76–77 *Mythologies,* Roland Barthes, © Éditions du Seuil, 1957, coll. Points Essais, 1970, pp. 74–79

82–83 Claudine Roland and Didier Grosjean, *Copain de la cuisine,* © Éditions Milan, 1999, pp. 122–123

93 Adapté de Gérard Mermet, *Francoscopie 2001,* © Larousse

115–116 Joseph Zobel, *La Rue Case-nègres,* © Présence Africaine, Paris 1948, pp. 221–223

118 Adapté de Gérard Mermet, *Francoscopie 2003,* © Larousse

121 Adapté de *Les Dernières Nouvelles d'Alsace,* 29 avril 2002

132–133 *Planète Jeunes,* no. 52, août–septembre 2001

139–140 *Fille ou garçon, tous les métiers sont permis,* © Okapi, Bayard Jeunesse, 2002, pp. 13, 15

149–152 *Planète Jeunes,* no. 46, août–septembre 2000, pp. 6–8; [photographes] © Nicolas Cornet/*Planète Jeunes*

166–167 *Planète Jeunes,* no. 53, octobre–novembre 2001, pp. 22–23

170–172 Excerpts from *Le Petit Prince,* Antoine de Saint-Exupéry, © 1943 by Harcourt, Inc. and renewed 1971 by Consuelo de Saint-Exupéry, reprinted by permission of the publisher

174 Gérard Mermet, *Francoscopie 2001,* © Larousse / HER 2000, p. 218

176 *Le Racisme expliqué à ma fille,* Tahar Ben Jelloun, © Éditions du Seuil, 1957, coll. Points Essais, 1970, pp. 7, 9, 10–11

181 Texte de Arnaud Schwartz, *L'Amérique touchée au cœur,* © Okapi, Bayard Jeunesse, 2001

182–183 Courtesy of Hélène Gresso, *New York, la ville qui ne dort jamais, est devenue fantôme!*

184–185 Texte de Guillemette Faure, *11 septembre, 1 an déjà,* © Okapi, Bayard Jeunesse, 2002, pp. 6–7

186–187 *Planète Jeunes,* no. 35, octobre–novembre 1998, pp. 12–15

193–194 Gérard Mermet, *Francoscopie 2001,* © Larousse / HER 2000, p. 262

194 *Le Journal Français,* vol. 24, no. 8, août 2002

195 *Planète Jeunes,* no. 39, juin–juillet 1999, pp. 12–15

198 *Paris le journal,* no. 125, 15 mai 2002, Paris

199 *Planète Jeunes,* no. 45, juin–juillet 2000, pp. 12–14 ; [photographe] © Karim Boye/Hoa-Qui

206 *Pariscope,* nos. 1781, 1774

208 Adapté de © Okapi, no. 687, 1er février 2001

222–238 Michel Butor, *Réseau aérien,* © Éditions Gallimard, pp. 7–34